한반도 경영전략 시리즈 I

통일이 묻고 평화가 답하다
'북한과 헤어질 결심을 해야 평화가 온다'고

통일이 묻고
평화가 답하다
"북한과 헤어질 결심을 해야
　　　　평화가 온다"고

김 진 무 지음

이 책을 저의 스승이신 중앙대학교 정치외교학과 윤정석 교수님께 드립니다.

머리말
"고도를 기다리며" = "통일을 기다리며"

1953년 초연된 연극 '고도를 기다리며'에서 작가 사무엘 베케트는 기다림을 연극으로 만들었다. '고도를 기다리며'는 아무 목표도 없이 오직 기다림이 목적이 되어버린 인간들을 그리고 있는 것이다. 혹시 '고도'가 우리가 기다리는 '통일'이 아닐까?

'고도를 기다리며'에서는 주인공 블라드미르와 에스트라공이 어느 시골 길에서 '고도'라는 인물을 기다리고 있다. 그러나 이들은 자신들이 기다리고 있는 장소와 시간이 맞는지, '고도'가 누구인지도 모르면서 그냥 막연히 기다리고 있다. 그러나 '고도'라는 인물은 끝내 등장하지 않았고, 단지 소년 전령을 통해 "오늘은 못 오고 내일은 꼭 온다"는 전갈만 받게 된다. 이들은 50년 가까운 시간동안 '고도'를 기다리고 있다. 이제 그들에게 '고도'를 기다리는 것이 습관이 되어버렸다.

연극 '고도를 기다리며'는 마치 지난 70여년 동안 '통일'이 "누군지도 모르고, 언제 어떻게 오는지도 모른 채 기다리는 행위가 습관이 되어버린" 우리를 그리고 있는 것은 아닌지? 우리는 분단 이후 매일 '통일'을 외치면서 기다렸다. 정치인, 학자, 전문가들은 "통일이 오늘은 못 오고 내일은 꼭 온다"고 하면서 준비하고 있으라고 한다. 그리고 세월은 하염없이 70년이 흘렀고 지금도 기다리고 있다. 그리고 또 얼마나 더 기다려야 하는지 아무도 모른다.

연극에서는 '고도'가 누구인지, 무엇을 의미하는지는 전혀 밝히지 않았다. 물론 작가인 베케트조차 고도가 누구이며 무엇을 의미하냐는 질문에 "내가 그걸 알았더라면 작품 속에 썼을 것"이라고 대답했다는 이야기는 유명한 일화로 남아 있다. 이처럼 우리 중에 아무도 '통일'을 정확하게 알지 못한다. 어떤 이는 '민족통일'이라고 하고, 또 어떤 이는 '통일 대박'이라고 한다. 또 어떤 이는 '합의 통일'이라고 하고 다른 이는 '흡수통일'이라고 한다. 또 우리는 '통일'이 언제 올 것인지를 아무도 모른다.

그런데 '고도를 기다리며'에서 주인공 블라디미르가 "습관은 우리의 모든 이성을 무디게 하지"라고 말한다. 우리도 '통일'을 기다리는 것이 습관이 되어 우리의 이성을 무디게 하고 있다. '통일'이 '민족적 사명'이라는 말로 포장되어 우리의 이성을 무디게 하여 새로운 길로 나아가는 것을 막아버리고 있는 것은 아닌지. 우리의 미래, 민족의 미래를 오로지 '통일'에 기대면서 통일되어야만 우리 민족의 번영과 영화가 찾아올 것이라는 신기루를 찾고 있는 것은 아닌지.

김진무

차례

머리말 "고도를 기다리며" = "통일을 기다리며"_vi

시작하며 통일은 '가상과 현실'의 '복합체'Meta-verse이다_xvi

제1부 통일 버스는 오고 있는가

1장 민족주의 관점에서 본 통일 / 3

1. 우리는 하나의 민족이다 ·· 3
2. 탈민족주의와 다민족국가 ·· 8
3. 통일을 반대한다는 사람들 ······································ 10
   청년세대의 개인주의적 탈권위적 특성_10
   미래 세대에게 북한은 어떤 존재일까_11

2장 통일은 대박나는 사업인가 / 15

1. 통일 열기를 불러일으킨 박근혜 대통령의 '통일대박론' ············· 15
2. 독일은 통일 초기 수많은 시행착오와 정책 실패를 겪었다 ··········· 17
3. 한반도 통일의 편익과 비용을 다시 계산해보자 ····················· 23
   통일의 '비용보다 편익 중심'으로 계산된 '통일대박론'_23
   통일비용을 내는 세대는 희생해야 한다_28

비경제적 통일비용도 계산해야 한다_32
'통일쪽박론'의 근거는 '불확실성'이다_35
통일 이후 한시적 남북한 분리운영은 가능한가_40

3장 갈등도 혼란도 없는 통일이 되어야 한다 / 45

1. 통일 30년, 독일을 하나로 만드는 데 실패했다. ························ 45
   통일은 분단된 사람들이 하나가 되는 과정_45
   동서독의 경제적 격차와 사회적 박탈감_47
   동독의 사회적 공동체 붕괴와 심리적 상실감_50
   동독의 차별 인식과 정치세력화_53

2. 동서독보다 더 이질화되고 적대적인 남북한 ························ 58
   교류 없이 완전히 단절된 남북관계_58
   통일 후 북한 지역 대규모 실업, 절대빈곤 확산_60
   불만과 증오, 차별과 멸시 그리고 혐오_64

4장 북한 체제가 붕괴하면 통일해야 하나 / 69

1. 독일 통일은 평화적이었고, 동독 주민은 절대적으로 지지했다 ········· 69
   분단국가의 흡수통일 시나리오와 독일 통일의 이상_69
   동독의 붕괴와 민주적 대체정부 수립_71
   동독 주민의 압도적 지지가 통일 성공의 결정적 요인_75

2. 북한은 붕괴할 것인가 / 79
   북한 붕괴에 대한 논의는 현재진행형이다_79
   경제난과 시장의 확산이 북한을 붕괴시킬 것인가_81
   북한은 70년 동안 3대 세습정권 유지_87
   북한 붕괴는 예측할 수 없다_92

3. 북한이 붕괴하면 무조건 흡수통일해야 하나 ························ 93

5장 '민족공동체 통일방안'은 실현할 수 있는가 / 97

1. 한반도 통일이 점진적, 합의에 의해 이루어져야 하는 이유 ············ 97
   점진적, 평화적, 합의에 의한 통일이란_97
   점진적 통일과 기능주의 통합이론_100
   한반도 통일은 북한이 동의하는 평화적 통일이어야 한다_102

2. 남북한 모두 점진적, 합의에 의한 통일방안을 제시 ················· 103
  ❶ 대한민국의 통일방안: '민족공동체 통일방안'_103
    박정희 정부의 '평화통일 3단계 기본원칙'_103
    전두환 정부의 '민족화합 민주통일방안'_104
    노태우 정부의 '한민족공동체 통일방안'_105
    김영삼 정부의 '민족공동체 통일방안'_106
  ❷ 북한의 통일방안: '고려민주연방공화국 창립방안'_108
    1960년 '과도적 연방제'_108
    1973년 '고려연방국 창설안'_109
    1980년 '고려민주연방공화국 창립방안'_109
    1991년 '고려민주연방공화국 수정안'과 2000년 '낮은 단계 연방제'_111
3. 예멘의 합의에 의한 통일 사례: 내전과 재통일 ····················· 113
    남북 예멘, 인구 4배 차이에도 불구하고 대등한 통일 합의_113
    통일 예멘의 분열과 내전 그리고 재통일_115
    예멘 통일과 재통일 사례에서의 시사점_117
4. 점진적, 합의에 의한 통일의 성공조건 ······························ 120
    화해와 협력 그리고 북한의 변화_120
    국제환경 여건 조성으로서 미국과 중국의 적극적 지지_122
    갈등과 분쟁의 해결 통한 평화정착_123

제2부 북한은 평화를 원하지 않는다

6장 전쟁과 휴전 그리고 위기의 일상화 / 127

1. 냉전체제가 불러온 분단과 전쟁 ······································ 127
    분단은 냉전이라는 국제정치의 산물이다_127
    6.25전쟁은 북한이 일으킨 공산주의 통일전쟁이었다_128
2. 휴전과 위기의 일상화 ··· 129
    '정전협정'이라는 사이비 평화체제_129
    군사적 위기의 일상화_134

냉전기 '비무장지대 전쟁'_135
탈냉전기 '서해 NLL 전쟁'_138

3. 남북간 군비경쟁과 안보 딜레마의 악순환 …………………………………… 142

❶ 북한의 군비증강: 재래식 전력에서 비대칭전력으로_142
'국방·경제 병진노선'에서 '핵·경제 병진노선'으로_142
1980년대 독자적으로 선진화된 무기 개발·생산 능력 확보_144
탈냉전기 경제위기로 군수산업 낙후, 비대칭전력 증강 주력_144
핵무기 등 대량살상무기와 사이버 전력 강화_146
최근 재래식 전력의 현대화 추진_150

❷ 한국의 군사력 증강: '율곡사업'과 '국방개혁'_153
1974년 '율곡사업'으로 군사력 현대화 시작_153
'국방개혁' 통한 군사력의 기술 집약·첨단화 추진_154
세계적 수준의 무기체계 독자적 개발 능력 보유_155

❸ 한국의 전략적 한계와 딜레마_157
북한의 핵무기 보유, 남북 군사력 비교 무의미_157
북한의 핵무기 중심 '비대칭 군사전략'과 남한의 '참수작전'_160
한국의 전략적 딜레마_162

7장 한반도 평화정착을 위한 조건 / 165

1. 평화를 위한 노력 ……………………………………………………………………… 165
평화와 안보 딜레마_165
'남북기본합의서'와 4번의 남북정상회담_167
2번의 남북국방장관회담과 8번의 장성급회담_172
30년 동안의 남북간 군사합의 모두 무효화_175
한반도 평화체제 구축을 위한 논의와 시도_179

2. 한반도 평화체제 구축의 필수요건과 로드맵 / 181
평화협정과 종전선언_181
남북한 + 미국·중국의 '2+2 평화보장체제'_184
한반도 평화체제 구축을 위한 단계적 로드맵_185

3. 한반도 평화정착을 위해 극복해야 할 과제 …………………………………… 188
남북한 상호 신뢰와 실체 존중_189
남북 군비경쟁 종식 및 군사력 감축_189

한반도 평화체제와 북한 비핵화 병행의 문제_193
통일을 전제로 하는 평화체제의 문제_194

8장 북한은 핵 개발국이 아니고 핵 보유국이다 / 197

1. 북한의 전술핵무기 개발과 선제 핵공격전략 ·· 197
   핵 개발 1단계: 핵물질 대량 확보, 핵·미사일 기술 완성_198
   핵 개발 2단계: 핵·미사일 기술 고도화와 전술핵 개발_201
   핵 지휘통제체제와 선제 핵공격전략_203

2. 국제사회 비핵화 사례와 핵 보유국 인정의 조건 ································· 206
   리비아·우크라이나·남아공 비핵화 사례_206
   이란 비핵화 협상 사례_209
   인도·파키스탄·이스라엘 '핵 보유 인정'의 조건_212

3. 북한의 핵 보유 의지 과소평가가 비핵화 실패 원인 ···························· 215
   제1차 북한 핵 위기와 1994년 '제네바 합의'_215
   제2차 북한 핵 위기와 2007년 '2.13 합의'_217
   제3차 북한 핵 위기와 미·북 정상회담: 싱가포르(2018년)와 하노이(2019년)_219
   북한은 비핵화가 아니고 핵 보유국이 목적이었다_222

4. 미국의 '일괄 핵 포기'와 북한의 '단계적 비핵화' 충돌 ·························· 223
   광범위하고, 복잡하고, 엄청난 규모의 북한 핵시설_223
   북한의 '단계적·동시적' 비핵화 협상전략_227
   미국, '압력강화론'과 '동결협상론' 대립_231

5. 북한은 절대로 핵무기를 포기하지 않을 것이다 ··································· 236
   합의 가능, 실행 가능, 지속 가능한 비핵화 로드맵_236
   북한 비핵화를 위한 중국과 러시아의 협력_238
   대북 제재는 북한 비핵화에 효과가 있었나_239

9장 남북경협과 공동 번영의 꿈 / 245

1. 남북경협의 역사: '금강산 관광'에서 '5.24 조치'까지 ···························· 245
   남북경협의 시작: 1990년 '남북교류협력법' 제정_245
   남북경협의 확대: 금강산관광과 개성공단_246
   남북경협의 중단: '5.24 조치'와 개성공단 폐쇄_248
   남북경협 30년 평가_250

2. 김정은 정권은 개혁개방으로 가고 있나 ·· 253

❶ '핵·경제 병진'은 결국 핵 개발을 위한 것이었다_253
  계획경제체제와 자력갱생_253
  김정일의 '7.1 경제관리개선 조치'_254
  김정은의 '우리식 경제관리 방식'_256
  '경제·핵 병진노선'과 자력갱생으로의 회귀_258
  체제위협 최소화하는 모기장식 개방정책_260
  김정은 정권의 경제정책은 개혁개방이 아니다_264

❷ 수령의, 수령에 의한, 수령을 위한 북한 경제_266
  수령경제가 지배하는 북한의 대외경제(외화벌이)_266
  '제2 경제' 위상을 가진 '수령결사옹위'의 군사경제_269
  북한의 시장화와 수령을 위한 부패_271

3. 경협을 통한 남북 공동 번영은 이루어질 수 없는 꿈 ···················· 273
  남북 경협은 한국 경제 미래 번영에 결정적 요소_273
  북한은 남한과의 교류를 강력히 통제_275
  북한의 개혁개방에 대한 극도의 거부감_277
  남한은 경협을 위한 막대한 투자비용 감당 불가_278
  국제사회 대북 제재, 남북경협 원천적 봉쇄_280
  북한 경제의 중국 의존 심화_283
  남북 공동 번영의 조건_286

10장 대남전략과 대북정책: 남북관계는 개선되었나 / 289

1. 북한의 대남전략 변화: 적화통일이냐, 생존이냐 ························· 289

❶ 김일성 정권: (무력) 적화통일과 남조선 혁명전략_289
  사회주의 체제 건설 및 김일성 절대독재 확립_289
  무력 적화통일과 남조선 혁명기지 구축_290

❷ 김일성·김정일 공동정권: 체제경쟁전략_292
  미·소 화해 분위기와 사회주의 경제침체_292
  통일전선전략 강화와 남한과의 체제경쟁_293

❸ 탈냉전과 최악의 경제위기 '고난의 행군': 생존을 위한 공존전략_295
  소련 붕괴와 독일 통일 그리고 경제위기_295
  생존을 위한 남북한 공존 전략_296

❹ 김정일 정권: 생존을 위한 대남 경제실리 추구전략_298
　미국의 반테러 전쟁과 경제위기 지속_298
　생존을 위한 대남 경제실리 추구전략_299

❺ 김정은 정권: 핵 개발 위한 대남 강압전략_300
　북한 핵 개발 강행과 국제사회 강력한 제재_300
　핵 개발 방해 요소 제거 위한 대남 강압전략_303
　전술핵 개발로 공세적인 적화통일전략으로 전환 가능성_305
　북한 대남전략의 변화론과 불변론 논쟁_305

2. 한국의 대북정책: 봉쇄냐, 포용이냐 ··· 309
　대북정책의 유형: 봉쇄정책과 개입정책(포용정책)_309
　냉전기 대북정책: '북진통일론'에서 '체제경쟁에서의 승리'로_311
　노태우·김영삼 정부: '남북기본합의서'와 제1차 북핵 위기_312
　김대중·노무현 정부: 포용정책과 남북경협 확대, 퍼주기 논란_314
　이명박·박근혜 정부: 엄격한 상호주의, 군사적 대치 격화_316
　문재인 정부: 비핵평화 프로세스, 북한의 선제 핵공격 전략_320
　진보와 보수의 첨예한 대립현장인 대북정책_322

3. 남북관계는 개선할 수 있을까 ··· 326
　절대로 변화할 수 없는 절대독재 '수령제'_326
　흡수통일을 목표로 하는 남한의 대북정책_327
　극단적인 체제경쟁의 '제로섬 게임' 남북관계_328
　미국의 대한반도 정책에 종속된 대북정책_329
　중국의 북한 옹호_329
　남북 평화 공존의 조건_330

제3부　한반도 경영전략

11장 미래 국가전략으로서 '통일'과 '분단관리'의 한계 / 335

1. 통일의 '불편한 진실'은 모든 것이 불확실하다는 것이다 ··············· 335
　통일은 모두의 행복을 위한 수단적 가치_335
　북한 붕괴라는 허상_337

통일은 '정치'가 아니고 '경제'이다_338
통일은 '적대'의 종식이지만 '갈등'의 시작이다_339
통일은 '초불확실성'이다_341
통일 불가론의 확산_344

2. 분단은 앞으로 우리에게 엄청난 평화비용을 요구할 것이다 ·················· 345
정전협정이 남북간 적대의 근본원인이다_345
짧은 평화 그리고 위기의 일상화_346
신냉전의 도래와 분단의 고착화_348
북핵의 인질이 되고 있다_349
남북간 적대의 근본적 원인은 '특수관계'이기 때문이다_352

3. 탈냉전 '3대 신화'의 한반도 적용은 실패했다 ····················· 353

12장 한반도 경영을 위한 '3단계 전략체계' / 357

1. 왜 '한반도 경영전략'인가: 평화는 생존전략이자 미래전략 ····················· 357

2. 3단계 한반도 경영전략체계 ································ 363
1단계: 비용 최소화를 목표로 하는 '분단관리전략'_364
2단계: 평화를 위한 첫걸음 '분리독립전략'_365
3단계: 민족의 미래 번영을 위한 '통일전략': 불확실성의 최소화_366

마치며_368

참고문헌_369

시작하며

통일은 '가상과 현실'의 '복합체'~Meta-verse~ 이다

통일이 되면

통일이 되면 통일이 되면
남북한 사람들이 다 같이 모여 밤새 이야기하고
통일이 되면 통일이 되면
7,700만 국민들 다 같이 손잡고 하늘을 올려다보고
통일되면 통일이 되면
남북한 가로막는 선 없앨 거야
통일되면 통일이 된다면

(한지명 북면초등학교, 통일부 어린이 기자단 공식 카페에서)

'우리의 소원' 통일의 그날이 오면 우리는 할 일이 너무나 많다. 헤어졌던 가족이 만나 그동안 못다 한 얘기를 하면서 한을 풀어야 한다. 그리고 우리 이제 다시 모였으니 잘 살아보자고 굳게 약속할 것이다. 그런데 통일 그날은 언제 오는가? 기다리면 오는 것인가? 통일이 오면 헤어진 민족이 모여서 잘 살 수 있는가? 통일은 우리가 마음만 먹으면 할 수 있는 것인가?

"통일은 (반드시) 온다," "통일은 (반드시) 된다," "통일을 하자," "통일을 이루자," "통일을 기다리자," "통일을 달성하자," "통일을 성취하자," "통일 되면," "통일의 그날이 오면,"

통일은 항상 가정(if ... then)으로만 표현되었다. '통일이 되면' 헤어진 부모형제가 다시 만날 수 있는데 너무나 행복할 거야. '통일이 되면' 북한이 가진 지하자원을 이용하여 부자가 될 거야. '북한이 붕괴하면' 통일될 것이니 조금만 기다리자. 통일은 항상 절대선善이었고, 민족의 한이었으며 눈물이었다. 남북이 분단되지 않았으면 우리는 부자가 되어 너무나 행복하게 살 수 있었을 거라는 회한이었다. 이처럼 통일은 항상 우리의 꿈속에 존재했던 이상세계였다. 현실이 아니고 가상세계였던 것이다. 그러면 현실에서의 통일은 무엇일까?

매년 수많은 통일 관련 연구가 발표되고 세미나가 열린다. 그 연구들은 통일이 되면 통일국가를 잘 만들어서 번영하자고 한다. 그러나 언제 통일되고 어떻게 통일되는지 등 현실 세계에 관한 것은 모두 가정 사항(if ... then ..)이다. 통일과 관련하여 핵심적인 통일 시기와 방법을 가정 사항으로 처리한 연구의 결과들은 결국 통일이 가상세계라는 것을 말해준다.

지난 30여 년 동안 많은 연구가 하나 같이 독일 통일 사례에서 교훈을 찾아 한반도 통일에 적용하였다. 아마 독일 현지보다 대한민국에서 독일 통일에 대해 더 많이, 더 자세하게 연구되었을지도 모른다. 이 연구들은 독일이 통일 초기 엄청난 통일비용으로 어려움을 겪자 한반도 통일은 쪽박을 차는 일이라며 공포심을 조장하였고, 시간이 지나면서 독일이 통일의 편익을 누리며 번영의 길로 접어들자 통일은 대박이라며 빨리 통일하자고 외쳤다.

그런데 독일 통일이 대박이든 쪽박이든 결국 통일의 결과일 뿐이다. 독일 통일의 과정은 절대로 한반도 통일에 적용될 수 없을 것이다. 이는 독일 통일 대박론이라는 통일의 결과는 우리에게는 이상의 세계이자 가상의 세계이지 현실이 아니다.

독일도 예멘도 '통일'이 모든 것을 보장해주지 않는다는 것을 보여주었다. 독일도 예멘도 통일의 과정에서 경제적 어려움과 사회적 갈등으로 엄청난 고통을 겪었으며, 예멘은 남북간의 갈등이 폭발하여 전쟁이라는 비극적 결과로 이어졌다. 이는 '우리의 소원'이라며 마음속에 그려왔던 가상의 통일이 현실 세계와 얼마나 괴리가 있는지를 잘 보여주고 있는 것이다.

이러한 현실에도 불구하고 우리는 여전히 한반도 통일이 ① 경제적 번영을 이루어야 하며, ② 갈등도 분쟁도 없고, 누구도 차별받고 손해보지 않는 사회를 건설하여야 하고, ③ 아무도 통일을 위해 희생하지 않는 이상세계가 되어야 한다고 생각한다. 이는 통일이 가상 세계를 현실로 접목하는 'Meta-verse'이며, 미래에 우리를 행복하게 해 줄 모든 것을 싣고 오는 'Bus'라고 믿고 있는 것이다. 그러나 70여 년 분단된 남북의 역사라는 냉정한 현실은 'Meta-verse'가 될 수 없다는 것을 보여준다.

PART I

통일 버스는
오고 있는가

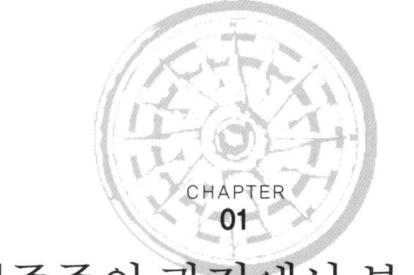

CHAPTER
01
민족주의 관점에서 본 통일

1. 우리는 하나의 민족이다

"우리는 하나의 민족이다(Wir sind ein Volk)." 이는 동서독의 통일은 당연하다는 구호였으며, 분단된 한반도에서도 가장 강력한 통일 구호이다.(박순성, 79) 통일의 절대적 가치가 민족이라는 것을 말해주는 것이다.

민족이란 일정한 지역에서 장기간 공동생활을 함으로써 언어, 풍습, 종교, 정치, 경제 등 각종 문화 내용을 공유하는 집단으로 결합된 인간집단의 단위이다. 따라서 민족은 '집합적 기억'의 역사와 신화를 공유하는 공동체이며, 한민족은 혈통을 기반으로 태어나 한반도 일원에서 대대로 살아온 사람들과 그 후손들의 공동체인 것이다.

이러한 민족의 개념에 기반을 둔 민족주의는 문화적 동질성을 바탕으로 독립된 근대국가를 건설하려는 집단의식이다. 유럽에서는 근대화 과정에서 '하나의 민족은 하나의 국가를 이루고 살아야 한다'는 민족을 근간으로 하는 근대국가 건설의 핵심 동인이 되었다.(윤민재, 80) 이러한 근대적 개념의 민족국가의 목표는 자기 민족과 민족 구성원의 자존과 존엄을 보장하는 것이었다. 반면에 하나의 독립국가를 구성하지 못하고 분열되어 있거나 다른 민족의 지배를 받는 민족은 '민족'으로서 존중받지 못했던 것이 근대 역사였다.(박순성, 79)

우리 사회에서도 민족주의는 오랫동안 중심적 세계관이며 정서였다. 우리 민족은 동일한 언어, 문화와 혈통을 지닌 단일한 민족으로서 오랫동안 공동체 의식을 갖고 통일국가를 유지해왔다. 따라서 이러한 민족의 역사 공유에 의한 '집합적 기억'이 한민족공동체 형성의 토대가 되었다. 한민족공동체 의식은 지난 100여 년 동안 식민지 지배와 외세의 개입에도 생존의 마지막 보루였으며, 경제성장과 민주화를 이룩하며 선진국으로 발전할 수 있었던 원동력이 되었다.

그런데 1945년 일제로부터 독립하자마자 남북으로 분단되면서, 민족주의는 수천 년 한민족이 분단된다는 현실을 도저히 받아들일 수 없었던 '통일 당위론'의 핵심 논리를 구성한다. 이 시기의 민족주의는 분단 직후 '분단 이전 상태로의 회귀'였으며, 이는 '분단에 따른 고통'을 해소하고, '민족의 한'을 풀어야 한다는 다분히 감정적인 정서에 바탕을 둔 것이었다.

이와 같은 정서는 해방 직후 민족의 분단을 막고자 고군분투하였던 백범 김구 선생의 다음과 같은 말씀에서 잘 나타나 있다.

"철학도 변하고 정치·경제의 학설도 일시적이어니와 민족의 혈통은 영구적이다. 일찍이 어느 민족 안에서나 종교로, 혹은 학설로, 혹은 경제적·정치적 이해의 충돌로 두 파, 세 파로 갈려서 피로써 싸운 일이 없는 민족이 없거니와, 지내놓고 보면 그것은 바람과 같이 지나가는 일시적인 것이요. 민족은 필경 바람 잔 뒤의 초목 모양으로 뿌리와 가지를 서로 걸고 한 수풀을 이루어 살고 있다. 오늘날 소위 좌우익이란 것도 결국 영원한 혈통의 바다에 일어나는 일시적인 풍파에 불과하다는 것을 잊어서는 아니 된다"(김구, 1997).

통일이 '절체절명의 민족주의적 과제'라는 절규였다. 민족이기에 통일해서 하나의 국가를 형성해야 한다는 다분히 감정적 정서는 통일 당위성에 매우 중요한 가치를 제공하였다. 송두율은 "우리의 응축된 역사가 민족통일의 전제"라고 하면서 "반쪽짜리 민족국가"를 "하나의 민족과 하나의 국가를 건설하는 것이라는 점에 대해서 어느 누구도 이의를 제기할 수 없을 것"이라고 주장하였다.(송두율, 1995; 이석호 외, 5~7) 강만길도 "우선 수천 년을 함께 살아온 동족이니까 다시 통일해서 함께 살아야 한다"라고 하면서, 통일된 민족국가를 수립하여 근대국가를 완성하는 것은 "역사 발전 과정의 필연적 과업"이라고 하였다.(강만길 외, 1997, 9~10; 이석호 외, .5~7)

이와 같은 분단 직후의 급박한 민족주의적 관점은 6·25전쟁을 거치면서 '한민족공동체 복원'이라는 관점으로 진화한다. 6·25전쟁이라는 끔찍한 동족상잔은 남북간의 적대감을 낳았고, 체제경쟁이 격화되면서 민족 간에 극심한 대립과 갈등이 계속되자, 분단으로 인해 한민족이 생존의 위기에 처했다고 생각하게 되었다.(조철호, 110) 따라서 이러한 위기 상황을 타개하기 위해서는 통일을 통해 '한민족공동체'를 복원해야 한다고 인식한 것이다.

하지만 시간이 지나고 세대가 바뀌면서 '민족'이라는 감상적이고 집단적인 가치가 더 이상 통일의 당위성으로서 설득력을 잃어갔다. 아니 보다 이해타산적인 '민족의 번영'이라는 이름을 단 '통일대박론'으로 발전하게 된 것이다. 세월이 흘러가고 세대가 바뀌면서 같은 민족이기 때문에 통일해야 한다는 추상적·심정적 접근이 한계에 부딪히게 되었고, 그 한계를 보완하기 위해 부각된 것이 바로 경제적 접근이다.

이 접근은 통일을 새로운 국가공동체로 발전시켜 나아가는 창조적인 과정으로 보면서,(이효원, 84) 통일이 만들어나갈 민족과 국가의 번영을 최고의 가치로 내세우는 것이다. 이렇게 통일이 민족번영이라는 관점으로 바뀌게 된 배경은 지난 70여 년 동안 대한민국이 선진국으로 발전하였던 동력으로 통일도 번영으로 이끌 수 있다는 자부심이 작용한 것이기도 하다.

이러한 관점은 통일이 '민족의 중흥과 번영'의 토대라는 비전으로 발전하였고, 박근혜 정부의 '통일 대박론'이 탄생하게 된 배경이라고 할 수 있다. 물론 탈냉전 이후 김대중 정부를 비롯하여 역대 정부의 통일정책이 독일 통일이 대박이었다는 사실에 기초하였다는 점에서 새로운 아이디어는 아니었다. 그럼에도 불구하고 민족주의 관점에서의 통일 당위성에 대한 부정적 인식이 확산되고 있던 시점에 '통일 대박론'이 통일에 따른 경제적 이득을 구체적이고 광범위하게 논의하는 계기를 제공하였다는 데 의미가 있었다.

한편 통일의 당위론적 가치로서 민족주의는 통일이 인류 보편적 가치의 실현을 위한 '민족책임론'이라는 관점으로도 발전한다. 이는 북한의 심각한 경제난과 사상 유례없는 독재로 인해 인권을 유린당하는 북한 주민이 인간의 존엄과 가치를 누리며 살 수 있도록 하기 위한 윤리적 책임을 강조하는 것이다. 즉 북한 주민의 고통을 해결하여 남북한 주민 모두의 행복을 보장하는 주체가 민족공동체라는 것이다.

이와 같은 우리 민족의 강인한 민족 정체성은 "우리가 왜 통일을 해야 하는가?"라는 질문에 대한 가장 원초적인 근거이자 강력한 동인이 되어왔다. 남북한 주민에게 거의 집단 무의식처럼 내면화되어 있는 '같은 민족'이라는 정서는 통일에 대한 열망을 계속 유지하게 하였다. 같은 민족이라는 정서와 감정은 대한민국의 헌법과 북한의 노동당 규약은 물론이고 남북이 합의한 각종 합의문에도 통일의 핵심 가치이자 불가침의 성역으로 자리 잡고 있다.

대한민국 헌법 전문에는 "조국의 민주개혁과 평화적 통일의 사명에 입각하여 정의·인도와 동포애로써 민족의 단결을 공고히 하고…(후략)"라고 되어 있다. 또한 북한 노동당 규약의 서문에도 "민족 자주의 기치, 민족대단결의 기치를 높이 들고 조국의 평화통일을 앞당기고 민족의 공동 번영을 이룩하기 위하여 투쟁한다"라고 통일의 핵심 가치로 민족을 구체적으로 명시하고 있다.

남북한이 공식적으로 제시하고 있는 통일방안도 민족주의에 기반하고 있다. 대한민국의 공식 통일방안은 이름도 『민족공동체 통일방안』이며 그 목표를 '민족의 염원인 통일을 성취하기 위한' 것이라고 하면서, "통일은 우리 민족의 커다란 소망인 동시에 우리나라가 당면한 중요한 과제다. … 통일은 민족적 동질성을 회복하는 것이다"라며 이질화된 민족을 한민족공동체로 회복하는 것을 통일의 중요한 가치로 인식한 것이다.

북한도 1980년 제6차 당 대회에서 제시한 『고려민주연방공화국 창립방안』에서 "북과 남이 서로 상대방의 사상과 제도를 인정하고 용납하는 기초 위에 '민족 통일정부'를 세우고" '민족 통일정부' 하에 최고 의결기구로 '최고민족연방회의'를 구성하도록 하고 있어 핵심 가치가 민족인 것이다.

한편 남북간 주요 합의문에서도 '민족'이라는 개념이 핵심이다. 1992년 '남북기본합의서'에서는 남북한 간의 관계가 "나라와 나라의 관계가 아닌 통일을 지향하는 과정에서 잠정적으로 형성되는 특수관계"라고 규정하였다. 여기서 '특수관계'란 '같은 민족 내부관계'로서 '민족적 화해'와 '민족 공동의 이익과 번영'을 추구할 것을 함축하는 것이다.

김대중 정부의 2000년 제1차 남북정상회담에서 발표된 '6.15 남북공동성명'은 제1항에서 "남과 북은 나라의 통일문제를 그 주인인 우리 민족끼리 서로 힘을 합쳐 자주적으로 해결한다"라고 하였다. 노무현 정부의 2007

년 제2차 남북정상회담에서 채택된 '10.4 남북 정상선언'도 제1항에 "남과 북은 우리 민족끼리 정신에 따라 통일문제를 자주적으로 해결해 나가며 민족의 존엄과 이익을 중시하고 모든 것을 이에 지향시켜 나가기로 하였다"라고 밝혔다. 그리고 문재인 정부의 2018년 9월 남북정상회담 '평양 공동성명'에서 "민족자주와 민족자결의 원칙을 재확인하고, … 현재의 남북관계 발전을 통일로…"라며 민족의 통일을 지향하기로 하였던 것이다.

2. 탈민족주의와 다민족국가

최근 민족의 위상은 약화되고 있으며 통일의 당위적 가치로서 민족주의도 큰 변화를 맞고 있다. 이러한 변화는 탈냉전과 세계화의 바람이 거세게 몰아치면서 탈민족주의가 급격히 확산되었던 것과 일치한다. 탈냉전 이후 세계화, 정보화, 네트워크화가 진전되면서, NGO, 국제기구, 지역기구, 다국적기업 등과 같은 초국가적 행위자가 증가하였다. 그리고 경제적으로는 FTA를 비롯한 지역 경제통합이 진행되면서 초국가적인 인적·물적 교류가 확대되고 국가 간의 경계가 약해지고 있다. 이러한 세계화와 국가 간 경계의 약화는 필연적으로 민족을 기반으로 하는 국가체제에 대한 변화를 요구할 수밖에 없었다. 급속히 진행되어 온 세계화가 개방성, 연대성을 요구하면서, 폐쇄성과 배제성을 기본 속성으로 하는 민족주의에 도전하고 있는 것은 자연스러운 현상일 것이다.(차승주, 2012, 476)

이처럼 탈냉전과 함께 시작된 세계화 바람은 우리 사회를 다문화사회로 바꾸었으며, 개인주의적 가치관을 가진 새로운 세대가 등장하게 하였다. 이러한 변화는 우리 사회에서 급격하게 탈민족주의적 경향을 확산시켰고, 그에 따라 통일의 당위적 가치로서 민족을 퇴보하게 만든 원인이 되고 있다.

특히 탈냉전과 세계화의 또 다른 키워드는 다문화주의다. 세계화에 따른 초국가적 인적 교류가 확대되면서 세계는 기존의 민족국가에서 다문화사회로 빠르게 변화되어왔다. 한국도 1990년대 이래 외국인의 유입이 늘어나면서, 2000년대 중반부터 급속히 다문화사회로 변화하고 있다. 한국에 많은 외국인이 들어와 살게 되면서 다문화사회로의 변화를 자연스러운 현상으로 받아들이고 있다. 한국인의 다문화 수용성에 대한 한 설문조사에서 "우리나라가 앞으로 단일민족, 단일문화 국가가 되어야 한다고 생각하는가?"라는 질문에 긍정적으로 답한 비율이 37%였고, 다민족, 다문화 국가가 되어야 한다고 생각하는 응답이 60%로 나타나 다문화 국가로 변화하는 것에 매우 긍정적인 태도를 엿볼 수 있다.(백승대 외, 39; 이석호 외, 20~21)

다문화주의에서의 공동체는 서로의 다름을 그대로 인정한 공동체로서 타 문화와 민족에 대한 이해와 상호 존중을 기반으로 하고 있으며, 이는 필연적으로 민족주의의 약화가 나타날 수밖에 없는 시대적 흐름을 보여주는 것이다. 그리고 이러한 현상은 그동안 통일의 핵심 가치였던 한민족, 민족 정체성, 민족 통합 등의 개념을 쇠퇴시키고 있다.(박형빈, 220)

다시 말하면 지금까지 통일의 정당성은 남과 북이 혈연과 언어와 문화를 같이하는 하나의 민족이라는 '순혈주의적 민족주의'에 기반하고 있었다. 그런데 다문화사회로의 변화는 사회경제적으로 단절된 북한보다, 일상에서 늘 접하는 새로운 사회 구성원과 정체성을 공유하는 것을 긍정적으로 인식하고 있다는 것을 시사한다.

물론 대한민국의 다문화사회로의 전환으로 나타난 또 다른 현상은 '한민족'이라는 정체성보다 '대한민국'이라는 정체성이 더 중시되고 있는 것이다. 즉 젊은 세대들을 중심으로 '우리나라'의 구성원으로 북한 주민보다는 국내 거주 외국인이나 귀화인을 꼽고 있으며, 이는 민족보다 '대한민국 국민'을 중요한 정체성으로 인식하고 있다는 것을 보여주는 것이다.(이석호 외, 22)

3. 통일을 반대한다는 사람들

청년세대의 개인주의적 탈권위적 특성

탈민족주의의 핵심 키워드는 개인주의이다. 개인주의는 '개인'을 중요하게 여긴다. 그리고 개인주의적 성향의 발전은 기존 개인의 권리를 인정하지 않고 집단만 강조하는 '국가'나 '민족'에 대해 강한 거부감을 나타낸다.

개인주의는 젊은 청년세대의 특징으로 자주 거론된다. 우리 사회에서 현재의 청년세대를 40세 이전까지로 정의하는 경우, 소위 X세대, Y세대, MZ 세대 등으로 부르고 있는데, 이들의 정서와 감정은 분단 이전에 출생한 세대나 베이비붐 세대와 큰 차이를 보인다. 이들 청년세대가 태어나 성장하던 시기에는 한국 사회가 대중소비사회로 접어들면서 민주화, 다원화가 빠르게 진전되었고, 밖으로는 세계화와 탈냉전이 전개되었다. 이들은 경제적 어려움 없이 자랐기 때문에 개인주의적이고, 탈권위적 특성을 보인다. 이는 이전 세대들이 근검절약을 미덕으로 여겼고, 민족주의적이었으며, 여전히 가부장적 문화의 잔재를 지니고 있다는 것과 큰 차이를 보인다.

이러한 청년세대의 개인주의적이고 탈권위적인 특성은 국가가 개인을 동원의 객체로 여기는 것에 반대하는 반집단주의 성향을 보이며, 민족주의에 기초한 통일론은 지나치게 집단주의적이고 국가 중심적이라고 인식하고 있다. 또한 청년세대의 개인주의는 이기주의적 성향을 강하게 띠고 있다. 청년세대들은 "객관적으로 보면 통일해봤자 이득도 없고, 오히려 문제가 더 많이 생길 것 같은데 굳이 남남인 저들과 통일해야 할 필요가 있나?"라며 통일에 대해 거부감을 표현한다.

통일연구원의 한 여론조사에서 "북한에 관심 없다"란 응답이 60%를 넘어섰으며, 통일은 '국가만 이익'이고 개인에게는 이익이 되지 않는다는 답변이 '개인도 이익'이라는 답변의 2배를 넘는 것으로 조사되었다. 즉 통일 연구원 조사의 질문이 국가 통일 편익(귀하는 통일이 대한민국 국가 전체에 얼마나 이익이 될 것이라고 생각하십니까?)과 개인 편익(귀하는 통일이 자신에게 얼마나 이익이 될 것이라고 생각하십니까?)의 두 가지였다. 그런데 국가 편익이라고 답한 비율이 2016년 조사에서 55.9%, 2018년에는 73.9%로 나타나 2년 전에 비해 증가한 것으로 나타났으며, 반면에 개인 편익이라고 응답한 비율은 2017년 24.3%, 2019년 조사에서는 39.5%로 나타나 국가 편익에 비해 매우 낮았던 것이다.(이상신 외, 56)

　이러한 청년세대들의 성향은 최근 청년 실업 문제로 고통을 받고있는 상황에서 "우리도 살기 힘든데 북한을 도와주어야 하나?"라며 통일에 대해 반발하는 모습을 어렵지 않게 발견할 수 있다. 청년세대는 민족과 국가 차원이 아닌 개인 수준에서 통일의 경제적 이익에 주목하고 통일이 민족이라는 공동체 문제가 아니라 개인의 삶과 밀접하게 연관되어 있다는 점을 인식하고 있다고 볼 수 있다.(변현종, 2016, 128) 따라서 청년세대의 정서는 '단순히 한민족이니까 통일해야 한다'는 감성적 민족주의와 통일을 위해 개인의 희생을 감내해야 한다는 식의 논리에 강한 거부감을 나타낸다.

미래 세대에게 북한은 어떤 존재일까

미래 세대는 민족에 대해 어떤 생각을 하고 있을까? 첫째, 미래 세대에게 북한은 어떤 존재일까에 대해 질문해 보자. 사실 분단의 장기화로 분단 이전에 출생하여 통일된 한반도를 기억하는 세대는 이미 대부분 사망하였거나 80~90대 이상의 고령이다. 그리고 그들로부터 분단 이전의 한반도에 대한 이야기를 직접 들었거나 교육을 받았던 베이비붐 세대도 이제는 노년기에 접어들었다. 물론 이산의 아픔을 겪었던 사람들도 가까운 시일 내에 모두 사라질 것이다.

이는 대한민국과 북한이 한민족이었다는 기억을 지닌 사람은 급격히 감소하면서 남북간의 정서적 유대감은 약해질 수밖에 없다는 것을 의미한다. 따라서 미래 어느 시점에 통일이 추진된다면 남과 북이 한민족이었다는 기억이나, 북한 사람들과의 유대가 없는 세대가 주체가 될 것이라는 의미이다.

2018년 7월 31일 문화체육관광부가 발표한 '남북관계에 대한 인식 조사'에서 "귀하는 북한 주민을 한민족이라고 생각하십니까?"라고 질문하였는데, 응답자의 약 83.6%가 동의하였다. 그러나 "북한 주민을 한민족이라고 인식하지 않는다"라고 응답한 비율이 만 19세~29세는 28.2%, 만 30~39세는 20.4%로 나타나, 40대의 15.0%, 50대의 10.5%, 60대 이상의 11.6%보다 훨씬 높았다.(노현종, 11; 문화체육관광부, 24) 이는 세대가 지날수록 북한을 같은 민족이라고 생각하는 비율이 감소하고 있다는 것을 의미한다. 그리고 이는 우리 사회에서 한반도에 대한 기억의 소실과 북한 주민과의 유대 약화 문제가 심화될 수 있음을 나타내는 것이다.

이렇게 북한에 대한 유대감이 급격히 하락한 것은 서로 다른 체제로 70여 년을 완전히 분리된 채로 살아오면서 실질적으로 매우 다른 사회로 변화되어 갔다는 것을 의미한다. 이는 젊은 세대로 올수록 '민족의 통일'을 이루어야 한다는 열망이 급격히 식어가고 있는 것이다. 이러한 현상은 젊은 세대들이 "북한 문제와 관련하여 정서적 집착이나 이데올로기적 편향으로부터 벗어나 매우 냉철해지고 있는 것"이라는 평가를 받고 있다.(박명규 외, 2013, 264)

둘째, 미래 세대에게도 북한은 같은 민족이라는 감정이 남아 있을 가능성이 높다고 하더라도 '반드시 통일해야 하는가'라는 질문을 해보자. 2020년 통일연구원의 '통일의식 조사'에서 "남북이 한민족이라고 해서 반드시 하나의 국가를 이룰 필요는 없다"라고 질문하였는데, 통일하지 않아야 한다는 응답이 2017년에는 35.7%에서 2020년에는 46.9%로 높아졌다.

그런데 통일연구원의 2020년 조사만을 세대별로 구분하면 밀레니얼 세대(53.8%), IMF 세대(50.9%), X 세대(47.4%)가 산업화 세대(35.8%), 전쟁세대(40%)보다 통일에 대해 부정적인 인식이 높게 나타난 것이다. 이 조사 결과는 젊은 세대들에게 북한과 한민족이라도 통일할 필요가 없다는 인식이 확산되고 있다는 것을 의미한다.(이상신 외, 49~51)

이러한 조사 결과는 북한에 대한 기억이나 민족적 유대감과 관계없이 통일이 현실적 여건을 초월하여 추구되어야 할 사안은 아니다는 인식으로 해석될 여지가 있다는 점이다. 즉 청년세대는 '(단순히) 같은 민족이기 때문에 하나의 국가를 이루고 살아야 하는가'에 대해 의구심을 갖고 있다는 것을 의미한다.(박순성, 79) 물론 이러한 인식에는 세계의 여러 국가는 1 민족 다국가, 혹은 다민족 1 국가를 형성하고 있다는 점도 작용하였을 것이다.
(최장집 182; 백낙청, 82~83)

물론 아직까지 미래 세대가 모두 남과 북이 하나의 민족이라는 것 자체를 부정하고 있다고 볼 수는 없다. 그러나 미래 세대의 인식 변화를 무시한 채 민족적 동질성에 기반한 하나의 민족국가를 형성하기 위해 통일이 반드시 필요하다는 일차원적인 전통적 관념에 매몰되지 말아야 한다는 것이다.(변현종, 2016, 127)

CHAPTER
02

통일은 대박나는 사업인가

1. 통일 열기를 불러일으킨 박근혜 대통령의 '통일대박론'

2014년 1월 6일 박근혜 대통령은 신년 기자회견에서 "지금 국민 중에는 통일비용이 너무 많이 들지 않겠는가, 그래서 굳이 통일을 할 필요가 있겠냐라고 생각하는 분들도 계신 것으로 안다. 그러나 저는 한마디로 '통일은 대박'이라고 생각한다"라고 '통일대박론'을 주창하며 국내외적으로 엄청난 반향을 불러일으켰다. 국내에서는 갑자기 통일 열기가 달아올랐고 국제사회도 한반도 통일이 가져올 글로벌 경제에 미치는 영향에 대해 관심이 높아졌었다.

물론 당시 '통일대박'에 대한 관심이 높았던 것은 그 무렵 김정일 사망 등 북한 내부 상황이 급변한 것도 작용하였다. 특히 북한에서 2011년 12월 김정일 국방위원장이 사망하고 나이 어린 김정은이 권력을 승계하였고, 2013년 고모부 장성택의 처형 등 북한 내부의 정치적 상황이 급변하고 있었다. 이러한 북한 내부 정치 상황으로 인해 북한 체제가 붕괴하거나 급변사태가 발발할 가능성에 국내외의 관심이 집중되고 있던 상황이었다. 이렇게 북한 내부가 불안정한 상황에서 '통일대박론'이 제기되자 국민들은 '통일이 가까워졌다'고 인식하며 열광하는 상황이 되었던 것이다.

한편 국제사회도 '통일대박론'에 높은 관심을 보였다. 박근혜 대통령은 2014년 1월 22일 스위스에서 열린 '다보스 포럼'에 참석하여 "통일이 되면 북한 지역에 엄청난 SOC 중심의 투자가 일어날 것이고, 북한뿐 아니라 중국 동북 3성과 러시아 연해주 지방 등 주변국들에도 대대적이고 연쇄적인 투자가 기대된다"라고 하자 국제사회에서 한반도 통일이 주요 이슈로 부상하였던 것이다.

박근혜 정부의 '통일대박론' 이후 통일이 가져올 경제적 번영에 대한 연구들이 봇물처럼 쏟아졌다. '통일대박론'이 제기된 직후 설치된 '통일준비위원회'에서 2014년 10월에 개최한 세미나에서는 통일한국의 연간 성장률을 4.51%(남한 2.63%, 북한 9.55%)로 예상하면서 2050년 1인당 GDP가 73,747달러(남한 지역 82,421달러, 북한 지역 57,396달러)에 이를 것이라는 주장이 제기되었다. 이러한 전망은 통일한국이 2030년 세계 11위(35,718달러)이지만, 2050년에는 미국(9,4264달러)에 이어 2위(8,3808달러)가 될 것이라는 주장이었다.(장규득, 38~41)

또한 국회 예산정책처가 2014년 11월에 발표한 자료에서는 2060년 통일한국의 GDP는 5조 5천억 달러로 세계 9위, 1인당 GDP가 79,000 달러로 세계 7위가 될 것으로 전망했다. 이는 통일한국 경제가 연평균 2.7% 성장할 것이라는 전망인데, 북한 지역 연평균 9.0%, 남한 지역 연평균 2.1% 성장을 전제로 한 것이었다.

이러한 '통일대박' 전망은 국책 연구기관인 대외경제정책연구원(KIEP)이 2015년에 발표한 "남북한의 통일편익 추정"이라는 보고서에서도 나타나 있다. KIEP는 통일한국이 연평균 5%의 경제성장을 달성하여 2055년 명목 GDP가 8조 7,000억 달러로 전망하였는데, 이는 미국, 중국, 인도 등 경제 및 인구 대국 다음가는 세계 4위 규모다.(이일형 외, 2015) 한편 노벨경제학상 수상자이자 미국 컬럼비아대 석좌교수인 조지프 스티글리츠도 2015년 3월 서울에서 열린 한 컨퍼런스에서 "관리만 잘하면 통일은 축복"이라며 "인구 8천만 명의 내수시장이 생기는 만큼 한국에 '내수 부진'이라는 말이 사라질 것"이라고 강조하기도 했다.(장규득, 38~41)

물론 한반도 통일의 '대박' 전망은 박근혜 대통령이 '통일대박론'을 제기하기 이전부터 세계적인 관심을 받고 있었다. 그중 가장 많이 언급되던 연구 결과가 미국 투자자문회사인 골드만삭스의 2007년과 2009년 연구보고서다. 이 보고서는 "통일한국의 GDP는 2040년대에는 프랑스, 독일과 일본을 추월한 후, 2050년에는 6조 560억 달러에 이를 것"이며, "2050년 남한 지역 주민의 1인당 국민소득은 96,000달러"에 이를 것이라고 전망하였다.

또한 세계적인 투자자인 짐 로저스도 "향후 20년 동안 한반도가 세계에서 가장 흥미진진한 나라가 될 것"이라며, 향후 10~20년간 북한과 한국이 중국, 일본을 제치고 아시아에서 가장 매력적인 투자처가 될 것이며 한반도의 경제력이 일본을 상회할 것이라고 전망하기도 하였다.

2. 독일은 통일 초기 수많은 시행착오와 정책 실패를 겪었다

'통일대박론'의 배경에는 독일 통일이 대박이었기 때문이라는 인식이 있다. 세계의 분단국가들 중 독일만이 통일을 평화적으로 이루면서 경제적으로 성공한 유일한 모델이다. 2014년 3월 26일 독일을 방문한 박근혜 대통령에게 메르켈 총리는 "독일 통일은 행운이자 '대박'이었다. 그래서 '통일은 대박'이라는 말이 나의 느낌도 반영하고 있다"라며 '통일대박론'을 지원하기도 하였다.

독일 통일 이후 지난 30여 년 동안 우리 사회에서는 독일 통일 사례에 대해 엄청난 연구를 수행하였고, 독일의 정부 관료나 전문가들이 한국을 방문하면 예외 없이 독일 통일의 한반도 적용을 논의했다. 그리고 통일독일의 경제적 발전이 같은 분단국가인 한반도 통일의 모범 사례가 될 것이라는 기대는 역대 정부가 모두 가졌던 희망의 메시지였다. 김대중 대통령 이후 모든 대통령이 독일의 통일대박 현장에서 '베를린 선언', '드레스덴 선언' 등의 이름으로 한반도 통일의 희망 메시지를 발표한 것은 이러한 이유에서였다.

독일은 통일 30여 년이 지난 현재 국내총생산(GDP)의 규모에서 미국, 중국, 일본에 이어 세계 4위, 수출 규모는 중국, 미국에 이어 3위, 연간 개발 원조액 규모는 세계 2위라는, 명실상부한 경제 대국 위치를 확보하였다. 특히 유럽에서 독일의 위상은 항상 1등이다. 현재 국내총생산(2020년 기준 GDP)이 3조 8,060억 달러로, 프랑스(2조 6,030억 달러)와 영국(2조 7,080억 달러)을 큰 폭으로 앞설 정도로 유럽 내에서 독보적인 존재가 되었다.

통일 이후 동독의 경제도 지속적으로 발전하여 1990년 서독 경제력의 43%였으나 2018년에는 75%까지 상승하여 EU 평균치에 이르렀다. 동독 주민들의 소득은 연방정부의 보조금 지원에 힘입어 2019년 현재 1인당 소득이 서독 주민의 85%에 도달하였고, 소비수준은 90%에 이른 것으로 파악되고 있다.(정형곤, 6~8) 이와 같이 동독 주민의 경제수준이 높아지면서 자유로운 시장경제하에서 현저하게 향상된 생활수준을 누리고 있으며, 행복지수도 통일 이전에 비해 월등히 높아졌다.

그런데 이와 같은 독일 통일이 성공적이었다는 평가에 대해 환호를 보내면서도 지난 30여 년 동안 많은 어려움이 있었고, 이를 극복하기 위해 엄청난 노력이 필요했다는 점은 점점 잊혀가고 있는 것도 사실이다. TV로 베를린장벽이 무너지는 것을 시청하면서 전 세계가 환호했던 독일 통일은 통일 직후 경제·사회 전반에 걸쳐 큰 충격을 주었다. 특히 통일을 주도한 서독 연방정부는 통일 독일의 밝은 미래를 약속했고, 동·서독의 주민들은 통일이 가져올 후유증에 대해 심각하게 생각하지 않았다. 그러나 통일 이후 독일의 상황은 연방정부의 예상과는 엄청난 차이를 보였으며, 심각한 부작용을 초래하며 통일 독일에 엄청난 부담이 되었다.

독일 통일의 과정에서 가장 문제가 되었던 것은 통일 초기 급속한 경제통합정책으로 인한 심각한 부작용이었다. 예를 들면 통일 직후 경제통합을 위해 '단일 노동시장 형성', '화폐통합' 등을 급격하게 추진하면서 동독 지역 경제가 급속도로 붕괴하였다. 동독 지역의 급격한 임금인상을 초래하였고, 그에 따른 생산비용 상승, 동독 기업의 경쟁력 약화, 그리고 광범위한 기업 도산 등으로 대량실업이 발생하였다. 이러한 정책적 실패로 인해 통일 초기의 동독 경제는 GDP가 30% 이상 급락하였다.(이종규 외, 6)

이와 같은 통일 초기에 엄청난 정책적 실패의 첫 번째 원인은 당시 서독 정부가 동독 경제에 대해 거의 알지 못했다는 점이다. 즉 동독의 경제수준은 과대평가되었고 통일비용은 과소평가되었다. 기업 부문은 과도한 고용, 낮은 효율성, 낙후된 기술, 낮은 품질 등 문제가 심각하였다는 것을 몰랐었다.

둘째, 엄청난 통일비용을 충분히 준비하지 못했다는 점이다. 동독과 같은 사회주의 계획경제 국가의 재정, 기업, 가계 등 모든 경제주체가 자본주의 시장경제에 적응하는 것이 매우 어렵다는 점을 간과하였던 것이다. 즉 사회주의 체제하의 기업과 노동력은 경쟁력이 없고, 공장과 기업, 그리고 각종 인프라는 매우 열악한 상태였다. 따라서 통일 이후 동독 경제의 모든 부문이 재건축되어야 했는데, 이는 엄청난 통일비용이 소요되는 사업이라는 점을 몰랐던 것이다.

이와 같은 상황에서 독일 통일 초기 통합의 과정에서 정책적 실패와 시행착오를 반복하면서 엄청난 비용과 부작용, 그리고 후유증이 발생하게 되었다. 첫째, 통일 초기 동독 산업이 붕괴하자 독일 경제가 마이너스 성장으로 전환되면서 각종 통일비용이 급격히 증가하였다. 특히 통일 초기부터 동독 주민의 사회보장, 동독 기업의 생존과 경쟁력 향상, 인프라 건설 등에 막대한 비용을 지출하면서 재정부담이 급격히 증가하였다.

서독 정부는 1991년부터 4년간 약 1,150억 마르크의 통일비용이면 통일을 완성할 수 있을 것으로 예상했다. 그러나 예상과 달리 실제 통일비용은 급증하여 2003년까지 약 1조 2,800억 유로(1마르크는 2유로)에 이르는 막대한 비용이 지출되었고, 2004년 이후에도 매년 서독 GDP의 5% 정도(약 1,000억 유로, 2,000조 원)가 투입되고 있다.

독일 할레경제연구소의 보고서에 따르면 통일 이전에 서독의 1인당 GDP는 G7 국가의 평균치를 상회하는 수준이었으나, 1990년 통일과 함께 G7 국가 평균치보다 낮아졌고, 이후 현저히 느린 추세로 성장하였다고 평가하였다. 통일 직전인 1988년 서독 지역의 경제성장률은 3.7% 정도였는데, 통일 직후 1991년(5.6%)을 제외하고 1992년부터 마이너스 성장을 기록하면서 경제 성장세가 크게 둔화되었다. 가장 큰 이유는 동독 지역의 경제가 화폐통합 등의 부작용으로 예상과 달리 빠르게 붕괴하였기 때문이었다.(박해식, 2017, 4~5) 이러한 상황은 동독 경제는 물론이고 서독 지역 산업 경쟁력에도 부정적으로 작용하였다.(정형곤, 6; 이종규 외, 7)

둘째, 동독 지역에 대한 사회보장비 지출이 급증하면서 통일독일 정부의 재정이 급격히 악화되었다. 통일 직후 동독 지역의 경제수준을 서독 수준으로 끌어올리는 것을 목표로 추진하였는데, 동독 지역 대부분의 기업이 도산하고 대량실업이 발생하자 엄청난 복지비용이 필요하였다. 1991년에 약 1,400억 마르크에 머물던 정부의 이전지출은 1996년과 1997년에 1,800억 마르크를 상회하는 수준까지 증가하였다. 막대한 복지비용을 충당하기 위해 독일 정부는 국채를 발행하였다. 이에 따라 서독 정부의 GDP 대비 부채 비중은 1991년 39.5%에서 1996년 58.5%로, 2010년에는 80% 이상으로 급격하게 증가하였다.(박해식, 4~5; 정형곤, 3~4) 이러한 서독 정부 재정적자의 증가는 서독 경제에 매우 부정적인 영향을 미칠 수밖에 없었다.

셋째, 서독 지역 주민의 경제적 부담이 크게 증가하였다. 2010년까지 약 2조 유로(현재 원화로 환산하면 약 2,700조 원)에 달하는 연방재정이 동독 지역에 지원됐다. 이러한 엄청난 자금을 조달하기 위해 독일 정부는 ① 세율과 사회보험료 인상 등 증세 조치, ② 국채 발행을 통한 재정적자의 확대, ③ 공공지출 대폭 삭감 등의 조치를 하였다.

먼저 독일 정부는 1991년 '특별연대세'라는 명목으로 소득세와 법인세에 각각 7.5%씩 부과했고, 이후 폐지됐다가 1995년 부활하였고, 1997년부터 세율이 5.5%로 낮아졌지만 아직도 시행되고 있다. 이와 같은 독일 정부의 세금 인상 조치는 결국 서독 지역 주민에 대한 과도한 부담이 되었고, 불만의 대상이 되고 있다. 또한 서독 지역의 공공지출 삭감은 사회보장 혜택의 축소를 의미하였는데, 이 조치로 인해 서독 지역에서 소득 분배의 불균등이 심화되고 있다고 비판받고 있다.

이렇게 통일에 따른 경제적 부담이 크게 증가하자 서독 지역 주민들은 통일 결과에 대해 불만의 목소리를 높아져 갔으며, 이 불만은 동독 지역 주민들에 대한 원망으로 전이되고 있다.(박종철 외, 2011, 41~42)

넷째, 통일 이후 동독 지역 인구의 서독 유입으로 독일 전체의 경제·사회적 문제가 되고 있다. 통일 이후 동독 주민의 이주는 동독 지역에서 지속적 인구 감소를 초래하였고, 급속하게 고령화가 진전되는 등 인구구조를 변화시켰다. 이는 동독 지역에서 노동 공급을 감소시키고 내수를 위축시킴과 동시에 기업 성장을 둔화시키는 등 악순환으로 나타났다.(김창권, 48~49)

1989년에서 2008년까지 동독에서 서독으로의 누적 순유출자 수는 약 176만 명으로 추산되는데 이는 1989년 동독 지역 인구의 11.6%였다. 같은 기간 동독 여성 약 47만 2천 명이 순유출되었는데, 이는 동독 지역의 급격한 출산율 저하로 인구 감소를 가속화하였다. 즉 동독 지역 출산율이 1994년 독일 역사상 최저 수준인 0.77에 달하였는데, 서독 지역의 1.40과 큰 차이를 보였다.(김창권, 43~45)

이처럼 독일은 통일 이후 30여 년 동안 수많은 시행착오와 정책적 실패로 인해 엄청난 어려움을 겪었다. 그러나 이러한 어려움에도 불구하고 통일 30여 년이 지난 현재 독일 통일은 경제적 측면에서는 성공적이었으며, 대박이었다.

즉 독일 통일은 엄청난 비용이 들었지만 당시 독일 정부가 그런 엄청난 비용을 감당할 능력이 있었다는 것을 의미한다. 통일 당시 서독 정부는 건전한 재정 능력, 세계 2위의 외환보유고, 높은 국가신용도, 안정적 거시경제 여건 등을 바탕으로 매년 GDP의 5% 정도의 엄청난 통일비용을 감당할 수 있는 능력이 있었다. 이러한 경제적 능력이 통일 초기의 거시경제적 불안정을 단기간에 해소하고, 통일 과정을 성공적으로 이끌었던 것이다.(정형곤, 15~16) 대한민국이 한반도 통일 시 발생할 비용을 감당할 능력이 있는가를 깊이 고려해야 한다는 것을 시사한다.

그러나 이러한 독일 통일이 가져온 경제적 번영, 통일 대박의 이면에는 지난 30여 년 동안의 수많은 시행착오와 정책적 실패를 겪었으며, 아직도 그 후유증이 남아 있다. 즉 독일 통일 대박은 오랜 시간 동안의 혼란과 고통, 실패를 극복해온 과정이었다는 점이다. 독일 통일 이후 1998년부터

2005년까지 독일 총리를 지낸 슈뢰더 전 총리는 "통일은 시간을 갖고 해야 하는 것으로, 장기적 프로세스의 결과"라며 "현재 언제, 어떻게 통일이 될지 논의하는 것은 전혀 중요하지 않다"라고 강조했다.(2018.10.4. 연합뉴스 인터뷰)

특히 슈뢰더 전 총리는 2019년 10월 24일 한국경제신문과의 인터뷰에서 "통일이 됐다고 순식간에 경제 강국으로 올라서는 건 불가능하다"라며 독일 통일이 매우 어려운 과정을 거쳐 성공하였다는 점을 강조하였다. 그리고 한반도 통일에 대해서는 슈뢰더 총리는 "한국이 초기 통일비용을 감내할 경제력을 갖춰야 하는데, 북한은 옛 동독보다 경제가 훨씬 낙후돼 있어 더 많은 비용이 들 가능성이 있다"고 하면서 한반도 통일은 훨씬 어려운 과정이라고 강조하였다.

3. 한반도 통일의 편익과 비용을 다시 계산해보자

통일의 '비용보다 편익 중심'으로 계산된 '통일대박론'

박근혜 대통령이 외친 '통일대박론'은 통일의 경제적 효과 중 통일편익이 중심이었고, 이는 그동안 엄청난 통일비용이 들 것이라는 공포를 불식하기 위한 의도가 있었던 것도 사실이다. 물론 이러한 통일비용과 편익에 대한 연구는 상당 부분 독일 통일 과정의 영향을 받았다고 할 수 있다. '통일대박론'은 독일 통일이 성공적이었으며, 그 성공을 결정지을 수 있었던 요인은 무엇인가에 대해 우선적으로 관찰하였고, 그러한 요인들을 한반도에 적용하려고 한 것이었다.

① 내수시장 확대: 통일 한반도 인구가 약 8,000만 명으로 증가, 내수시장이 크게 확대되어 시장과 생산 요소의 확대 효과를 창출

② 통합의 시너지 효과: 북한의 풍부한 자원과 값싼 노동력, 남한의 기술과 자본이 결합하여 시너지 효과를 창출

③ 분단비용 절감: 남북한 적대관계가 해소됨에 따라 국방비, 체제 유지비 등 분단 비용 절감 효과를 창출

④ 생산성 증대: 북한 지역 SOC와 사업개발 투자로 인한 생산량 및 생산성 증대

⑤ 대북 투자: 남한 지역 경기 활성화

⑥ 중국 등 북방 경제영역으로의 확대 등

이처럼 통일대박론을 주장하는 연구들은 통일에 "거의 무한한 미래재의 가치"가 있으며, 통일의 경제적 효과 이외에도 화폐 가치로 나타낼 수 없는 각종 인도주의·정치·문화적 효과 등 비경제적 효과도 막대할 것이라고 주장한다.

하지만 '통일대박론'의 열기가 한차례 휩쓸고 지나가자 비판도 만만치 않게 제기되었다. '통일대박론'에 대한 첫 번째 비판은 통일의 방법과 시기 등 통일의 복잡성에 대해서는 어떠한 검토도 하지 않은 막연한 희망적 사고wishful thinking라는 비판이다. 특히 '통일대박론'이 흡수통일을 전제로 하고 있다고 비판하였다. 이러한 비판은 통일대박론 제기 이후 많은 연구가 흡수통일을 전제로 하고 있었기 때문인데, 흡수통일이 언제, 어떻게 이루어지는지에 대한 논의는 전혀 없다는 비판이었다. 특히 대한민국의 공식 통일방안인 '민족공동체 통일방안'을 무시하고 흡수통일을 염두에 두고 북한 체제의 붕괴를 전제로 한 것이 아니냐 하는 비판이 제기되었던 것이다.

둘째, '통일대박론'은 통일의 결과만을 부각하려고 했다고 비판되었다. 독일 통일이 30여 년의 과정에서 많은 어려움을 극복한 결과였는데, 이러한 과정에 대한 심각한 고민 없이 독일 통일이 성공적이었고 대박이었다는 통일 30년 후의 결과만을 부각했다는 것이다. (변현종, 138~139)

셋째, '통일대박론'이 지나치게 경제적 측면만을 강조한 논리라는 것이다. '통일대박론'에서는 통일에 따른 편익이 화폐 가치로 얼마인가에만 집중하고 있다는 비판인 것이다. 그런데 한반도 통일은 초기 지리적·정치적 통일을 완성하면 그 이후 경제, 사회 등 다양한 분야의 통합이 진행되면서 하나의 사회문화적 공동체를 이루어가는 과정을 의미한다. 따라서 통일 이후 경제 발전은 사회적 요인에 절대적으로 영향을 받을 수밖에 없다. 통일 이후 사회적으로 안정되지 못한다면 북한 지역의 경제 발전을 위해 자본과 인력을 투입하여 시너지 효과를 기대하기는 어려울 것이다. 통일의 경제적 효과에 영향을 미칠 수 있는 정치, 사회, 문화 등 경제 외적인 요인들의 영향을 모두 고려한 '통일대박론'이 되어야 한다는 것이다.

넷째, '통일대박론'에서 제시하고 있는 경제 발전 전망과 관련한 대부분의 근거가 매우 불확실한 정보에 의존하고 있다는 점이다. '통일대박론'에서 제시하고 있는 장미빛 전망은 최소한 현재의 남한과 북한의 각종 경제, 사회지표에 근거하여야 한다. 그런데 우리는 북한의 노동력, 기술 수준, 산업 실태 등은 물론이고 인프라 실체에 대해서도 거의 알지 못한다. 또한 그동안 북한이 제공하는 인구통계가 상당 부분 왜곡되어 신뢰성이 결여되어 있다.(김진수 외, 24) 따라서 통일 이후 산업동학에 대한 예측이 수반되어야 하는데 현재 가용한 자료로는 이러한 예측을 하는 것은 불가능하다.

또한 통일한국의 경제전망은 미래 특정 시점의 상황을 적용하여 전망하는 것이다. '통일대박론' 이후 각종 장밋빛 전망은 대부분 20~30년 이후의 통일된 한반도 상황을 전망하고 있다. 그런데 지금 세계는 4차 산업혁명, 미국과 중국의 패권경쟁 본격화 등 경제환경이 매우 빠르게 변화하고 있다. 따라서 장기적인 미래 어느 시점의 한반도 통일과 그 경제적 효과를 전망하기에는 불확실성이 너무 높다.

다섯째, 한반도 '통일대박론'이 주장하는 통일의 경제적 효과라고 주장하는 요인들이 상당 부분 과장되었거나 현실에서 효과가 없을 것이라는 비판이다. 먼저 한반도 통일로 '수출 중심'에서 '내수 중심' 국가로 전환할 수 있어 경제안보의 취약성을 극복할 수 있다는 주장에 대해 비판한다. 일본은 1억 2천만 명 인구를 가지고 내수 중심의 경제를 운용하고 있지만 지난 30년 장기침체에서 벗어나지 못하고 있다. 반면에 인구 8,200만의 독일은 내수보다는 수출 주도 경제이기 때문에 현재와 같은 경제성장을 지속하고 있다는 평가이다. 따라서 내수 중심 경제로 번영할 수 있다는 통일경제의 효과는 과장되었다는 비판인 것이다.

또한 '통일대박론'의 근거 중 하나인 남한의 자본과 기술, 그리고 북한의 자원과 노동의 결합에 의한 시너지 효과도 과장되었거나 오히려 부정적 영향을 미칠 것이라고 비판한다. 먼저 북한 인적 자원의 질에 대한 것이 과장되었다는 것이다. 북한은 고등학교 교육까지 의무교육이어서 다른 개발도상국들에 비해 상당히 질 좋은 풍부한 노동력이 있다고 알려져 있다.

그러나 북한 주민들은 지난 30여 년 동안 극도로 빈곤한 생활을 해왔기 때문이 영양 부족으로 인한 불량한 건강 상태, 국가 공중의료 체계의 붕괴로 인해 결핵 같은 전염병 만연, 무너진 사회 도덕과 희박한 준법의식 등 북한 주민들의 질적인 문제는 사실상 심각하다는 것이다. 그리고 북한 주민들의 상당수는 아직도 사회주의, 주체사상 등 한국과는 완전 다른 이념에 세뇌되어 있는 것도 사실이다.(세르게이 루코닌. 45~46)

이러한 북한 주민들의 질적인 문제는 북한 노동력의 생산성 문제와 직결되는 것이라고 할 수 있다. 동독 노동자의 질적 수준이 매우 낮았다는 경험과 개성공단 등 남북경협 현장에서 북한 노동자의 생산성 수준이 매우 낮았다는 점이 참고되어야 할 것이다.

북한의 지하자원 문제 역시 불확실성이 매우 높다. 물론 북한에 엄청난 지하자원이 매장되어 있는 것은 틀림없다고 평가된다. 2006년 한국광물

자원공사의 발표에 따르면 북한 지역에는 306종의 지하자원이 있으며, 이 중에서 사용할 수 있는 지하자원의 종류만 200여 종에 이른다고 추정했다. 북한에는 무연탄, 갈탄, 철광석도 풍부하고, 특히 마그네사이트는 세계 총매장량의 50%가 매장되어 있고, 흑연은 세계 3위, 텅스텐은 세계 6위에 이를 정도이고 최근에는 희토류도 상당히 많이 있는 것으로 보도되고 있다.

그런데 이러한 북한의 지하자원에 대한 평가가 최근 상당히 회의적인 시각으로 변화하고 있다. 우선 북한의 지하자원에 대한 잠재적 가치 평가액이 과거 7,000조 원에서 3,000조 원대까지 낮게 평가되기도 하는 등 평가의 신뢰성이 매우 낮아지고 있다는 점이다. 그 이유는 먼저 지난 20여 년 동안 북한이 발표하는 광물자원 생산량에 변화가 별로 없으며, 2004~2005년 발표 후 공식적인 확인도 해주지 않고 통계도 없기 때문이다. 또한 광물자원을 개발할 때 가장 중요한 조건은 인프라인데 발전, 송배전망에다 철도, 도로까지 나무나 낙후되어 있어 인프라 건설비용이 너무 많이 들 것이라는 우려도 작용하기 때문에 북한 지하자원의 경제성에 회의적인 시각도 존재한다.

여섯째, 북한 경제의 수준과 규모로는 통일 이후 유입될 대규모 자금을 수용하는 것이 불가능하여, 통일 한국의 경제가 장밋빛 전망처럼 단기간 내에 발전하는 것은 불가능할 것이라는 비판이다. 북한은 1990년대 경제위기를 겪으면서 물리적인 경제 능력뿐만 아니라 제반 인적·제도적·기술적 기반이 상당히 붕괴하였다. 이는 통일이 대박이 되려면 북한 지역에 인적·제도적·기술적 기반이 대규모 자금 투입을 감당할 수 있어야 하는데 현재의 수준으로는 불가능할 것이다.(최진욱 외, 73)

결론적으로 '통일대박론'에서 제시하고 있는 통일의 경제적 효과 추정치는 모든 상황이 최선일 때를 가정한 낙관적 추정치라는 비판을 받고 있다. '통일대박론' 이후 발표된 많은 연구는 독일이 통일 과정에서 수많은 어려움을 잘 극복했기 때문에 우리도 어려움을 잘 극복하여 성공할 수 있다는 것을 전제로 하고 있다. 그런데 독일 통일과 한반도 통일이 상황과 환경이 너무나 다르다는 점에서 볼 때 과연 통일 과정과 효과가 연구 결과들이 제시하고 있는 시나리오와 같이 전개될 수 있을지에 회의적인 것이다.

독일 통일이 준비 없이 무모하게 통일로 뛰어들면서 막대한 정치·경제·사회적 통일비용으로 인해 엄청난 시행착오와 정책 실패를 겪었다는 점을 반면교사로 삼아야 할 것이다. 독일 통일이 우리에게 주는 교훈은 '통일쪽박론'을 경계하라는 것으로 받아들여야 할 것이다.(김병연, 8)

통일비용을 내는 세대는 희생해야 한다

통일연구원은 통일비용에 대해 "이질적인 관계에 있었던 남한과 북한이 체제를 통합하고 하나의 안정된 상태에 이르기까지 소요되는 일체의 비용"이라고 정의하였다.(통일연구원, 2004) 이러한 정의에 따라 통일비용은 통상적으로 경제적 투자비용, 위기관리비용, 제도 통합비용 등으로 구분하였다.

또한 대외경제정책연구원은 통일비용을 첫째, 한국정부가 북한 지역 지원을 위해 재정에서 지출하는 직접 통일비용(재정이전지출)과 둘째, 사회혼란비용으로 구성되는 간접 통일비용의 합으로 정의하고 있다. 그리고 직접 통일비용은 독일 통일의 경험을 반영하여 크게 ① 인프라 구축비용(대북 SOC 투자비용 및 사업개발비용), ② 사회보장비용(위기관리비용 및 제도 통합비용), ③ 비구속성 이전 비용(통일기금 및 각종 지방재정조정비용), 그리고 ④ 기타 소멸성 비용(북한 지역 행정비 및 국방비)으로 구성된다는 것이다.

하지만 통일비용에 대한 더욱 구체화된 정의에 대해서는 연구자마다 조금씩 차이가 있다.(신장철, 93; 임수호 외, 2016, 62~64) 통일비용 연구를 수행한 기준

연도, 통일을 위한 준비 기간, 추계 방법과 기준, 경제적 발전 단계 차이 등에 의해 통일비용 계산이 영향을 받을 수 있다는 것이다.(신장철, 101) 즉 이와 같이 통일비용 계산에서 고려해야 할 많은 변수가 존재한다는 것은 연구 주체에 따라 통일비용 추정의 결과에도 큰 차이가 있을 수밖에 없다는 것을 의미한다.

한반도 통일비용 계산은 연구자 및 연구기관에 따라 적게는 150조 원에서 많게는 5,000조 원에 달하는 엄청난 차이를 보이는 것은 당연한 결과라고 할 수 있다.(신장철, 96) 물론 해외 연구도 국내 연구와 마찬가지로 통일비용의 규모에 있어서 큰 차이를 나타내는 공통된 특징을 보였다. 예를 들면, 미국의 랜드연구소(2005년)는 최소 500억 달러(약 50조 원)를 예상했던 반면,(국회예산정책처, 6) 미국 스탠퍼드 대학교의 피터 벡Peter Beck은 최대 5조 달러로 랜드연구소의 100배 정도가 소요될 것으로 추계하기도 하였다. 여기서 참고로 5조 달러는 한화로 약 5,800조 원에 해당되며 이 금액은 남한 국민 한 명당 무려 1억 5,000만 원을 부담해야 하는 것을 의미한다.(신장철, 98)

그런데 이렇게 엄청난 통일비용을 추정한 연구들이 발표되자 탈냉전 이후 독일 통일에 열광하며 한반도 통일에 대한 기대가 부풀었던 국민들 사이에 통일에 대한 거부감이나 반대론이 확산되기 시작하였다. 즉 '통일하면 망한다'는 분위기였던 것이다. 그런데 이렇게 통일에 부정적인 여론이 비등하던 시기에 박근혜 대통령이 통일비용보다 편익이 훨씬 더 크다고 하면서 '통일대박론'을 외치고 나오자 통일비용과 편익 연구가 일대 전환기를 맞게 되었던 것이다.

특히 많은 연구가 이전의 통일비용 중심에서 통일의 경제적 효과에 초점을 맞추면서 기존의 통일비용 계산을 신랄하게 비판하기 시작하였다. 이들은 기존의 통일비용 계산에 대해 "추상적이고 주관적 판단에 의해 자의적으로 설정된 가정과 목표 지표, 모호한 추계 방법들이 동원되어 타당성과 객관성이 결여되어 있다"라고 하는가 하면, "(연구자) 자신의 연구 의도와 목적을 앞세워 경쟁적으로 그 규모를 발표하였고, 그 수치는 가히 천문학적 수준이었다"라고도 비판하였다.(신장철, 95, 101)

그리고 이 연구들은 이렇게 과도한 통일비용 추정으로 인해 국민, 특히 젊은 세대들이 통일에 대한 왜곡된 인식을 갖게 하였고, 그로 인해 통일에 대해 무관심과 회의적 시각을 가지게 되었다고 비판하였다.

통일비용과 관련한 이들의 비판을 요약하면, 첫째, 기존의 연구가 통일비용 계산에 있어 독일식 통일 사례에 지나치게 집착하면서 통일비용과 편익 산출의 이론적 설계가 잘못되어 있는 오류가 있었다고 지적하였다.(신장철, 101) 특히 비용 산출에 초점을 맞추면서 다양한 측면의 유·무형적 편익들에 대한 고려가 부족했으며, 통일로 인해 해소될 수 있는 분단비용에 대한 가치가 깊이 있게 고려되지 못했다고 비판하였다.(한석지, 135)

둘째, 기존 연구의 대부분은 남한에 의한 일방적 물질적 지원만을 강조하고 통일 이후 얻게 되는 이득을 상쇄하지 않았다고 비판하였는데, 이는 비용은 곧 투자라는 개념으로 전환해야 한다는 의미이다. 예를 들면 통일과 동시에 자동적으로 소멸되는 분단비용, 통일비용을 투입해서 북측의 경제 건설 과정에서 얻게 되는 남측의 경제적 이득과 장기적 소득 증대 등을 편익에 포함해야 한다는 주장이다.(최진욱 외, 17; 김정수, 2010, 1~26; 신창민, 22) 이는 기존의 통일비용 연구가 대부분은 소모적이고 비용적인 측면을 중심으로 연구되었다고 비판하며, 통일에 막대한 통일비용이 소요되지만 그 비용은 엄청난 이득을 거두기 위한 투자로 계산되어야 한다는 주장이다.

셋째, 비용은 단기적이고 편익은 영원하다는 주장이다. 이 주장은 통일 편익은 통일비용과는 비교도 할 수 없을 만큼 크다는 주장으로 연결된다. 왜냐하면 통일비용은 그 규모가 얼마이든 단기적이고 유한한 반면, 통일에서 오는 편익은 통일 한국이 존속하는 한 영원히 발생하기 때문에 그 크기는 논리적으로 무한대라는 주장이다. 독일의 통일 대박도 통일 초기에 발생한 엄청난 비용이 투자되어 어려웠지만, 이 비용이 장기간에 걸쳐 경제·사회적 변화로 이어지면서 편익으로 나타났다는 주장이다.

이렇게 통일비용과 관련한 논쟁이 비용은 단기적이고 편익은 영원하다는 주장으로 사실상 일단락되는 것처럼 보였다. 그런데 이러한 비용과 편익 논쟁에서 세대 간의 갈등이라는 또 다른 측면의 이슈가 부상하였다. 그동안 통일이 민족의 번영이라는 편익이 너무나 크기 때문에 통일 초기에 발생할 통일비용을 감내하고 희생하는 용기와 결단이 필요하다고 인식해 왔다. 그런데 통일편익을 위해 통일비용을 감내하고 희생해야 한다는 주장은 매우 합리적인 것 같지만, 현실에서는 세대 간 갈등 심화라는 엄청난 뇌관을 안고 있다.

통일비용과 편익 논쟁의 중심에는 통일비용은 통일 초기에 집중적으로 발생하는 반면, 편익은 비용이 투자된 후에야 비로소 본격적으로 발생한다는 시간 차이가 고려되어야 하는 것이다. 다시 말하면 통일편익은 통일비용을 지급한 세대가 누릴 수 없고, 다음 세대가 누릴 이득이기 때문에 통일편익은 통일을 추진하는 세대의 희생을 전제로 발생하게 되는 것이다. 여기서 통일비용을 지급하는 세대가 통일을 추진하는 세대이기 때문에 통일 추진 세대가 통일 자체를 반대하는 통일 불가론의 근거가 되고 있기 때문이다.

통일편익과 비용에 대한 세대 간의 갈등은 박근혜 대통령의 '통일대박론' 제기 이후 조사된 여론조사에서 '통일대박론'에 대한 인식이 상당히 부정적으로 나타났다는 점에서 잘 나타나 있다. 서울대학교 통일평화연구원에서 조사한 『2014 통일의식조사』에 따르면 "통일이 남한사회에 이익이 된다"고 응답한 비율이 절반 정도(최고 55.9%, 최저 47.5%)에 불과하였다는 점이다.(박명규 외, 2014, 51~52) 이러한 현상은 많은 남한의 젊은 세대는 통일로 인한 현실적인 혼란과 비용이 자신들의 부담이 될 것을 우려하고 있기 때문이라고 할 수 있다.(최진욱 외, 116~117)

비경제적 통일비용도 계산해야 한다

박근혜 대통령의 '통일대박론'은 한반도 통일의 비용 중심 연구에서 편익 중심 연구로 전환하는 계기가 되었다. 이 연구들이 발표한 통일편익은 최소 200조 원, 최대 1경 4,000조 원으로서, 이전의 통일비용 150조 원에서 5,000조 원보다는 훨씬 크다고 추정하였다. 그리고 이러한 통일편익 중심의 연구들은 화폐 가치로 나타낸 통일편익은 전체의 일부에 불과하며 통일의 경제적 효과보다 비경제적 효과, 즉 화폐로 환산할 수 없는 효과가 훨씬 크다고 주장한다.

먼저 화폐 가치로 계산할 수 있는 한반도 통일편익은 ① 국방비·체제 유지비 등 분단비용의 절감, ② 시장과 생산 요소의 확대, ③ 남북한 산업구조의 보완적 변화로 인한 효과 등 다양한 분야에서 발생한다는 것이다. 이를 지역적으로 구분하면 남한 지역에서는 대북 투자로 인한 경기 활성화, 중국과의 무역 확대, 북한 지역에서는 SOC 투자와 사업개발 투자로 인한 생산량 증대 및 생산성 제고 등을 예상할 수 있다는 것이다.(임수호 외, 2016, 67~68)

그런데 이러한 경제적 편익 외에도 각종 인도주의적·정치적·문화적 편익 등 비경제적 편익 역시 막대할 것이라는 주장이다. 즉 ① 통일은 남북 간의 군사적 대치와 북핵 문제로 인한 전쟁의 공포 해소, ② 소모적인 남남갈등과 이념 대립의 해소, ③ 북한 주민의 생활수준 향상과 인권 문제 해결, ④ 이산가족 문제의 해결과 결합, ⑤ 한민족의 정체성 회복과 민족 역량의 발휘, ⑥ 한반도의 국제적 위상 강화, ⑦ 동북아 정세의 안정과 세계 평화체제의 구축에의 기여 등(신장철, 제73권, 104) 경제외적인 통일편익은 통일비용과 달리 계량화가 어렵다는 주장이다.(임수호 외, 2016, 67~68)

하지만 시간이 지나면서 과거 통일비용에 대한 비판이 제기되었던 것처럼 통일편익에 대해서도 많은 비판이 제기되었다. 첫째, 많은 통일편익 연구가 통일의 경제적 효과를 지나치게 부풀리고 비용은 의도적으로 낮추려고 했다는 것이다. 이는 과거 연구들이 비용을 지나치게 부풀렸다는 비판을 받았던 것과 비슷한 현상이 나타났다는 것이다. '통일대박론'에 대한 국민의 환호에 부응하기 위하여 통일비용이 통일의 걸림돌이 되어서는 안 된다는 강력한 목적의식을 가지고 편익을 최대한 긍정적으로 추산하려 했다는 것이다. 그 결과 통일편익 연구는 지나치게 낙관적인 예상을 하거나, 기존 연구에서는 포함되었던 통일비용의 항목을 누락하고, 혹은 비용을 의도적으로 낮게 추정하려고 했다고 비판하였다.(이석호 외, 15)

둘째, 한반도 통일비용은 독일 통일비용보다 훨씬 더 많이 들 것이기 때문에 통일 편익에 대한 강조에도 불구하고 통일비용은 여전히 대한민국에 엄청난 부담이 될 것이라고 비판한다. 특히 독일 통일 초기 정책 실패는 통일 과정에서 겪었던 어려움의 일부분에 불과하며, 독일 통일은 정책 실패보다는 불가피한 지출, 사전에 예상할 수 없었던 지출 등 엄청나게 복잡하고 불확실성이 높았다고 주장한다. 이는 독일 통일에서 막대한 비용이 발생한 것은 통합정책의 실패에서 비롯된 것이기 때문에 한반도 통일을 잘 관리하면 비용을 충분히 절감할 수 있다는 '통일대박론'의 주장에 대한 비판이기도 하다.

사실 독일은 1970년대부터 동독과 서독 상호 간 교류가 확대되어 동서독 주민 간 동질화가 상당히 진전되었는데 반해, 남북한은 지난 70여 년 동안 거의 단절되어 이질화가 상당히 심화되어 있어 한반도 통일에 기본적으로 더 많은 비용이 필요하다는 것이다. 또한 인구와 소득 측면에서 독일(동독이 서독에 비해 인구 1/4, 소득 1/3 수준)에 비해 한반도 통일(북한이 남한에 비해 인구 1/2인, 소득 1/58)은 엄청난 차이가 있다는 주장이다.

셋째, 통일편익을 강조하는 연구들은 비경제적 편익만을 강조하고 비경제적 비용은 무시했다는 비판을 받고 있다. 통일의 성공은 통일 과정에서 정치, 경제, 사회, 안보 등 제반 상황이 안정적으로 관리되어야만 통일편익을 기대할 수 있다. 통일 이후 미중 패권경쟁 심화 등 주변 국제환경이 악화되거나, 북한의 사회 혼란, 남북 갈등의 심화 등 심각한 정치사회적 혼란을 예상할 수 있는데, 이러한 요인들을 잘 관리하지 못하면 통일은 재앙이 될 수 있다.

물론 일부에서는 독일도 같은 문제가 있었지만, 시간이 지나면서 점진적으로 해결되어 갔다고 주장한다. 하지만, 독일 통일 당시의 유럽을 포함한 국제 정세나 동서독 간의 장기간 교류 확대 등 대내외 환경이 통일에 상당히 우호적이었다고 평가된다. 반면에 한반도 통일 과정은 매우 불안정한 동아시아 정세, 철저하게 폐쇄된 사회에서 살아온 북한 주민들의 자유민주주의 자본주의 체제 적응 등 엄청난 혼란을 야기할 수 있는 요인들이 산재해 있다는 것이다.

넷째, 통일편익이 분단비용을 절감할 할 수 있다는 주장에 대해 비판한다. 물론 분단비용은 남북간의 경쟁이나 대립 등으로 발생하기 때문에 통일이 되면 상당한 분단비용은 소멸할 가능성이 있다. 그러나 대표적인 분단비용인 국가안보를 위해서는 통일 이전보다 더 많은 비용이 필요할 것이라고 주장한다. 즉 통일되면 북한의 군사적 위협이 소멸될 것을 예상하며, 그에 따라 병력을 감축하고 군비도 축소할 것이기 때문에 국방비가 크게 감소할 것으로 예상한다. 그러나 분단비용의 가장 큰 비중을 차지하는 국방비는 통일이 되면 감소될 것이라고 낙관할 근거는 부족하다.

특히 통일이 되면 북한의 위협은 소멸되지만 동아시아 주변국들의 잠재적 안보위협은 증가할 것이라는데 대부분의 전문가는 동의한다. 동아시아 지역은 지정학적 측면에서 다양하고 복잡한 갈등 분쟁요인이 잠복해 있고, 미국과 중국의 패권경쟁으로 인해 갈등 마찰이 증대될 것으로 예상된다. 또한 역내 국가들의 배타적 민족감정과 다양한 위협 인식 및 역사 문화적 이질성, 독도, EEZ 등 영토 문제 등도 지역적 안보협력의 증진에 중대한 장애물로 작용할 것이다.

이와 같이 불안정한 국제정세에서 통일이 되면 압록강, 두만강의 1,500km 국경을 접하게 될 중국은 물론이고 일본, 러시아 등 주변국과 국경, 해양에서의 잠재되어 있던 갈등이 표면화할 가능성이 높다. 그런데 우리의 주변국들은 세계 최강의 군사력을 보유한 강대국으로서 그들의 군사적 위협에 대비하기 위해서는 북한의 군사적 위협에 대비하기 위한 것보다 훨씬 더 많은 국방비가 필요할 것이다. 그 이유는 현재 북한의 군사적 위협에 대비하기 위해서 상대적으로 비용이 저렴한 지상군 중심이지만, 주변국 위협에 대비하기 위해서는 엄청난 비용이 소요되는 해군과 공군력을 비롯한 미사일 등 비대칭 첨단무기에 대한 투자가 필요하기 때문이다.

'통일쪽박론'의 근거는 '불확실성'이다

'통일쪽박론'은 그동안 통일비용이라는 이름으로 우리에게 익숙해져 있는 용어이다. 2014년 박근혜 대통령이 '통일대박론'을 주창하기 전에는 독일 통일에 엄청난 통일비용이 들었다는 연구 결과들이 발표되면서 우리 사회에는 '통일은 곧 재앙이다'는 인식이 확산되었다. 이러한 인식에는 막대한 통일비용으로 통일하면 대한민국이 망하거나 아니면 현재보다 더 못사는 상황이 될 수도 있다는 우려를 의미한다.

물론 '통일대박론' 제기 이후에도 통일비용과 편익에 대한 논쟁은 사실 통일이 대박이냐 아니면 쪽박이냐의 논쟁인 것이다. 그런데 여기서 우리가 주목해야 할 것은 이러한 통일이 대박이냐 쪽박이냐 하는 논쟁은 단순히 비용과 편익 논쟁으로 결론을 낼 수 있는 문제는 아니라는 점이다. 즉 통일편익이든 비용이든 경제적 계산 이외의 변수가 너무나 많다는 것이다. 이는 독일이 통일 초기에 많은 정책 실패가 너무나 많은 변수가 작용했던 불확실성에서 비롯되었기 때문이다.

그런데 통일 대박에 영향을 미치는 요인들은 대부분 눈에 보이는 것들이라면, 이러한 대박을 방해하여 쪽박이 될 수 있게 만드는 요인들은 대부분 현재 또는 통일 이후 어떻게 전개될지 전혀 예측할 수 없는 불확실성에서 비롯된다는 점이다. 즉 서독도 통일 이후 전개될 상황을 전혀 예측하지 못했기 때문에 엄청난 시행착오를 겪었던 것이다. 이러한 '통일쪽박론'은 통일로 인해 대한민국이 통일 이전보다 더 못살게 되는 상황으로 발전할 수도 있고, 국가적인 위기 상황으로 발전할 수도 있다는 것을 우려하고 있는 것이다.

이러한 통일 이후 나타날 불확실성의 대표적인 요인들을 정리하면 다음과 같다. 첫째는 한반도 통일을 성공시키려면 엄청난 비용이 소요될 것인데, 대한민국의 경제적 능력이 과연 감당할 수 있겠느냐는 것이다. 독일 통일 이후 총리를 지낸 슈뢰더 전 총리는 "한국이 초기 통일비용을 감내할 경제력을 갖춰야 하는데, 북한의 경제는 옛 동독보다 훨씬 낙후돼 있어 더 많은 비용이 들 가능성이 있다"라고 하면서 한반도 통일은 독일 통일보다 훨씬 어려운 과정이 될 것이라고 우려한 바 있다.

슈뢰더 전 총리의 우려와 같이 한반도 통일과 독일 통일의 주요 여건들을 비교해보면, 대한민국이 통일을 감당할 능력이 서독의 능력보다 훨씬 열악하다는 것을 알 수 있다. 독일 통일 이전인 1989년 서독의 1인당 GDP는 16,000달러 정도였는데, 동독은 9,600달러(환율 적용시 4,500달러)

1/4 정도였다. 반면에 한국은행이 발표한 2021년 북한의 명목 국민총소득GNI은 36조 원, 남한의 1/58, 1인당 GDP로 1/28이다. 총인구 측면에서는 동독(1천 6백만) 인구는 서독 인구(6천 3백만)의 1/4이었지만, 북한의 인구(2천 4백만)는 남한 인구(5천만)의 1/2 정도이다. 이는 산술적으로 통일 이후 대한민국 국민 1인당 부담해야 할 통일비용은 엄청나다는 것을 의미한다.

한편 서독은 1990년 당시 세계 3위의 경제력과 세계 최고의 강세통화였던 마르크를 보유하였다. 반면에 대한민국은 현재 세계 10위권의 경제력이며 잠재성장률과 출산률 하락 등 미래 한국 경제의 전망을 어둡게 하는 요인들이 산적해 있다는 점에서 통일을 감당할 경제적 능력 측면에서 본다면 서독보다 훨씬 열악하다.

독일은 애초 통일비용을 GDP의 1.5% 수준으로 예상했으나 1991년부터 2003년까지 연평균 GDP의 4%를 통일비용으로 지출해야 했으며, 이는 당시 총예산의 25~30%에 이를 정도로 엄청난 규모로서 독일은 상당한 어려움을 겪었던 것으로 알려졌다. 그런데 남북간의 격차가 동서독 간의 격차보다 훨씬 큰 한반도 통일은 독일보다 훨씬 심각한 경제·사회적 비용을 치르게 할 수 있다.(정형곤, 3~4)

과거 이명박 정부 당시에 통일 재원을 마련하기 위해 '통일 항아리'를 제안하는 등 많은 기관, 전문가가 엄청난 통일비용을 예상하고 통일 재원 마련 방안을 연구해왔다. 물론 대한민국의 경제적 능력이 통일비용을 감당할 수 없다는 인식하에 국제기금 마련 등 국제사회의 지원과 투자를 계획하고 있는 것도 사실이다.(장형수 외, 44) 그리고 국제기금 등이 통일 한반도에 엄청난 이득을 가져올 수 있을 거로 기대하면서 투자할 수 있을 것이다.

하지만 통일 한반도의 불안정, 미국과 중국의 패권경쟁과 동아시아 정세 불확실성 등 수많은 제약 조건이 국제기금의 투자에 부정적으로 작용할 가능성도 동시에 존재한다. 따라서 만약 한반도 통일에서 통일비용을 감당하지 못하는 상황이 된다면 통일 이전의 대한민국보다 더 못사는 통일 한국이 될 수밖에 없을 것이라는 '통일쪽박론'을 우려하지 않을 수 없는 것이다.(박해식, 6)

둘째, 통일 직후 경제통합 과정에서 북한 지역에 대량실업이 발생할 것이고 이는 통일 한국의 정치, 경제, 사회 등 모든 분야에 엄청난 부담이 될 것이다. 즉 통일 이후 동독과 같이 북한도 산업구조 재편에 따라 대량실업을 피하기는 어려울 것이다. 남북간의 경제적 격차가 동서독보다 훨씬 크기 때문에 북한 노동자들의 임금은 급격하게 인상될 것이고 반대로 실업률은 급증하며 남북한 모두에게서 엄청난 혼란을 초래할 것이다.

통일 이후 북한 지역에서 발생하게 될 실업의 규모를 추정하는 연구는 최소 180만 명에서 최대 660만 명에 이르는 것으로 추계되었는데 이는 현재 북한 인구 2천5백만의 1/4에 해당하는 규모다.(선한승, 79; 조동호, 1994, 48; 김진수 외, 84~85) 따라서 북한의 대량실업 발생은 엄청난 사회 불안 요인인 동시에 복지 수요를 폭발적으로 증대시키는 등 남한에 감당할 수 없을 정도의 경제 사회적 부담을 안기게 될 것이며, 북한 주민들의 불만이 정치적 불안으로 이어질 가능성이 크다. 이러한 정치·사회적 불안정은 통일 한국의 경제를 최악의 상황으로 몰고 갈 수도 있을 것이다.

셋째, 한반도 통일 직후부터 북한 주민의 대규모 남한 이주가 발생할 것이고 이는 북한 경제의 공동화를 촉진하는 동시에 남한 경제에도 큰 부담이 될 가능성이 매우 높다. 독일의 경우 동독 주민이 서독으로 이주하였지만, 동독 인구가 서독 인구의 1/4 정도에 불과하여 이주에 따른 문제의 심각성이 전체 경제를 흔들 정도는 아니었다. 그러나 북한 인구가 남한의 절반 수준이고 경제력 격차가 1인당 GDP로 1/28 정도로 엄청나게 큰 상황에서 북한 주민의 남한 이주는 통일 한국의 경제에 상상하기 어려울 정도로 큰 충격을 가할 가능성이 높다.

대외경제정책연구원의 2016년도 연구보고서 『통일 후 남북한 경제 한시 분리운영 방안: 노동 및 사회복지 분야』에서는 통일 시 얼마나 많은 북한 주민이 남한으로 이주를 할 것인가를 세 가지 시나리오에 대입해 최소한 200만여 명이 남한으로 이주할 것으로 추정하였다.(김진수 외, 30~31) 그리고 다른 연구는 최소 140만 명에서 최대 600만 명에 이를 것으로 추정하기도 하였다.(이종원 외, 54 ; 김보민, 185) 특히 독일 통일 시 동독에서 서독으로의 이주자 가운데 30세 미만의 젊은 층이 67%를 차지하였다는 점에서 볼 때 한반도 통일 시에도 북한의 주 노동력인 젊은 층이 대규모로 남한으로 이주할 것으로 예상할 수 있다.(김창권, 38)

그런데 북한 주민의 대규모 남한 이주는 단기적으로는 남한 사회의 혼란뿐만 아니라 남한 노동시장에서의 왜곡된 공급 증대로 인한 혼란이 예상된다. 이러한 대규모 이주는 북한 지역의 성장 동력을 상실시켜 통일비용 부담을 증대시키는 동시에 통일한국의 경제에도 심각한 부작용을 초래할 것이다.(김창권, 29) 통일이 대박이 되기 위해서는 북한 지역의 개발이 성공적으로 진행되어야 하는데, 북한 지역의 인구 공동화는 통일경제에 심각한 영향을 미칠 가능성이 높다.

마지막으로 독일 통일과 같은 급진적 흡수통일은 재앙이 될 수 있다는 것이다. 사실 많은 연구는 통일 방식이 통일비용과 편익에 큰 영향을 미친다고 밝히고 있다. 2010년 6월 KDI 연구 결과에 따르면, 북한이 개방을 하지 않은 상태에서 급격하게 붕괴될 경우 30년간 2,525조 원에 이르는 통일비용이 발생하지만, 북한이 점진적인 개방을 거친 뒤 통일될 경우에는 급격한 붕괴 때의 1/7 수준인 380조 원의 통일비용이 필요하다고 발표하였다. 이러한 결과는 우리의 예상이나 의도를 벗어나 진행되는 급격한 통일은 경제적 부담을 넘어 통일 과정의 불확실성을 증폭시켜 한반

도 전체의 위기 상황을 초래할 가능성이 크다고 경고하는 것이다.(변현종, 141)

그러나 그동안 국내에서 수행된 많은 통일 관련 연구는 독일과 마찬가지로 급진적으로 이루어질 것을 전제로 하였다. 사실 대부분의 통일연구에서 통일 방식을 급진 흡수통일로 상정하고 있는 것은 북한 체제의 특성 등을 고려하여 북한과 합의 통일 가능성은 매우 낮게 보기 때문인 것도 있다. 그런데 많은 전문가는 한반도 통일이 독일식의 급진적 통일이 된다면 독일이 경험했던 혼란을 넘어서 '재앙'이 될 수 있다고 경고하고 있다.

결론적으로 독일 통일 상황보다 불확실성이 더욱 높고, 경제적 대처 능력은 훨씬 낮은 대한민국이 독일 통일과 같은 정책 실패나 시행착오 없이 통일을 추진할 수 있을까? 또한 엄청난 비용과 노력을 장시간 투입해야 하는 통일 세대의 인내심은 어디까지 가능할까?

통일 이후 한시적 남북한 분리운영은 가능한가

'통일대박론' 주장의 핵심 요지는 통일비용보다 통일편익이 훨씬 더 크다는 것이다. 반면에 '통일쪽박론'은 통일편익이 얼마나 되든지 간에 통일 관리가 잘못되면 통일로 인해 엄청난 고통을 겪을 수 있고, 심각한 위기 상황이 될 수도 있다는 경고다. 사실 '통일대박론'과 '통일쪽박론'을 모두 검증할 방법은 없다. 한반도 통일이라는 엄청난 과정을 실험실에서 실험을 통하여 검증할 수는 없다. 또한 독일 통일의 과정을 일반화해서 한반도 통일에 적용할 수도 없다.

그러나 통일이 민족의 미래 번영을 위해 매우 중요하기 때문에 만약 통일 기회가 와서 추진해야 한다면 독일 통일과 같이 반드시 대박을 만들어야 할 것이지만, 통일이 재앙이나 위기가 되지 않도록 하는 것이 더욱 중요할 것이다. 따라서 한반도 통일에 대한 기존의 연구들은 통일의 긍정적 측면을 극대화하고 통일의 부정적 측면을 최소화하는 길을 찾기 위하여 많은 노력을 하였다.

그러한 연구의 첫째는 통일의 부작용을 최소화하기 위한 '통일 이후 남북한 경제의 한시적 분리운영 방안'이다. 이 방안은 다음을 전제하고 있다. ① 한반도 통일도 독일식의 급진적 통일이 될 가능성이 높다, ② 통일 초기에 엄청난 비용이 들 것이다. ③ 한반도 통일의 비용은 단기적인 투자이고 편익은 자손 만대에 걸쳐 혜택을 볼 것이다. ④ 독일식의 급속한 통합을 추진할 경우 한국은 '경제적 재앙'에 직면할 가능성이 높다는 것 등이다.(임수호 외, 2016, 7)

'통일 이후 한시적 분리운영 방안'의 핵심 요지는 통일 이후 일정 기간 남북한을 인위적으로 분리하여 통일비용은 최소화하면서 북한의 경제수준을 상당 부분 끌어올려 남북한의 경제적 격차를 줄인 이후에 통합을 추진하자는 것이다.

그런데 여기에는 몇 가지 문제가 있다. 첫째, 경제적 측면에서 볼 때, 북한의 경제수준을 남한 수준으로 끌어올리는 데 얼마 동안의 시간이 필요할 것인가가 불확실하다는 것이다. 독일 통일 30여 년이 지났지만 동독 지역의 경제 수준은 서독 지역의 80% 수준이다. 이 기준을 적용할 때 2021년 기준으로 북한 주민 1인당 GDP가 남한 1인당 GDP의 80%에 도달하기까지 남북이 매년 8%의 차이로 성장한다고 하여도 30년 이상이 소요될 것으로 추정된다는 점이다.(정형곤, 3~4) 북한 주민의 어느 정도의 소득수준에서 '한시적 분리'를 종료하고 본격 통합에 들어갈 수 있을까?

둘째, '한시적 분리운영 방안'은 정치·사회적 측면에서 북한 주민의 기본권 침해 문제와 북한 주민들의 정치적 저항 문제가 제기될 것이다. '남북한 분리운영 방안'은 북한 주민의 남한 이주 제한, 남한 지역 취업에 대한 고용허가제, 북한 근로자의 노동 3권 제한, 남북한 지역 차등적 최저임금제 시행 등을 포함하고 있다. 이 정책들은 헌법의 자유권적 기본권(거주

·이전의 자유, 직업 선택의 자유), 사회적 기본권(노동의 권리, 노동 3권) 및 평등권을 제한하는 조치에 해당한다는 점에서 실제로 시행되면 위헌 논란이 불가피할 것이다.(임수호 외, 2016, 31)

그리고 일단 정치적 통일이 이루어지면 통일한국의 헌법에 따라 동등한 유권자가 된 북한 주민들이 한국과 똑같은 권리와 의무를 갖게 된다. 따라서 한시적이기는 하지만 남과 북을 분리한 것에 대해 차별이라고 저항하면서 정치적으로 세력화한다면 통일 한국은 엄청난 정치적 혼란에 빠질 수 있다.

한편 통일의 부작용을 최소화하기 위하여 통일을 약속하더라도 북한을 먼저 변화시키면서 통일을 점진적으로 진행하자는 방안도 제기되었다. 통일 이전에 북한의 개혁개방이 먼저 이루어지고 부분적으로나마 체제 이행이 이루어져서 북한 지역의 경제를 상당히 발전시킴으로써 통일비용을 최소화하자는 주장이다. 이 과정에서 남북한의 동질화도 상당히 진전되어야 할 것이다.(김보민, 189)

이 방안은 통일이 우리 경제 미칠 충격을 최소화하기 위해 북한의 적극적인 개혁개방과 남북 경제공동체를 형성하는 방안이다. 즉 경제공동체는 남북 상호 간의 경제적 이익을 보장하며, 남북 양측에 더 큰 시너지 효과를 창출하며 상호 간 이해도를 높일 수 있다는 것이다.

그런데 이 방안은 지나치게 이상적이라는 비판을 받을 수밖에 없다. 그 이유는 이 방안의 전제 조건이 남과 북이 통일에 합의하고, 북한이 개혁개방을 추진해야 한다는 것이기 때문이다. 그런데 이들 전제 조건은 북한 독재체제의 본질적인 변화를 통해 자유민주주의 체제로의 전환을 합의한다는 것을 의미하는데 현재의 남북관계를 고려할 때 가능성이 희박하다.

한편 한반도 통일이 대박이 되기 위한 조건으로서 많은 전문가는 통일과 통합은 장기적 사업이기 때문에 치밀하게 계획한다면 성공할 수 있다고 주장한다. 서독이 통일 직후부터 수많은 시행착오와 정책적 실패를 반복한 것도 통일 이후 전개될 상황을 전혀 예측하지 못했다는 점이다. 일부에서는 지난 30여 년 동안 수많은 연구가 독일 통일의 교훈을 분석하여 각종 대안을 마련하였기 때문에 완벽하지는 않지만 상당 부분 예측할 수 있는 시나리오를 만들 수 있다고 주장한다

그런데 서독이 통일 초기 정책적 실패와 시행착오로 혼란과 어려움을 겪었던 근본 원인은 동독의 정치, 경제 등 제반 상황에 대해 거의 알지 못했기 때문이었다. 그리고 우리도 역시 북한을 거의 알지 못하고 있어 현실적으로는 통일 이후에 전개될 상황에 대한 치밀한 계획을 수립할 수 없다는 데에 문제가 있다. 또한 독일 통일과 한반도 통일이 엄청난 차이가 있다는 점에서 독일 사례가 한반도 통일에 적용하여 계획을 수립하는 많은 연구가 과연 정책실패나 혼란 없는 치밀한 계획을 결과물로 내놓았는지 의문이 제기되는 것이다.

CHAPTER
03

갈등도 혼란도 없는 통일이 되어야 한다

1. 통일 30년, 독일을 하나로 만드는 데 실패했다.

통일은 분단된 사람들이 하나가 되는 과정

한동안 우리 사회를 흥분시켰던 '통일대박론'은 우리에게 많은 것을 생각하게 하였다. '통일대박론'으로 인해 통일이 되면 우리는 세계에서 가장 잘사는 나라가 될 것이라는 '신기루'를 쫓기 위해 수많은 전문가가 모여서 경제적 편익을 계산하기 시작하였다. 그런데 이처럼 통일이 경제적 손익 계산 중심으로 논의될 때, 다른 한편에서는 한반도 통일이 과연 경제적 관점에서만 접근할 수 있는 문제인가에 대해 더 깊은 고민과 성찰이 요구된다는 목소리도 점점 더 커지고 있었다. 여기에는 "인간의 행복이 경제적 가치로 결정되는가"라는 원초적 질문도 포함되어 있었다.

우리는 그동안 독일 통일이 경제적 번영을 이루자 한반도 통일을 통한 경제적 번영을 최고의 가치로 여겼다. 그러나 독일이 통일된 지 30년이 지났지만 내부에서는 "독일 통일은 완성되지 않았다"라거나 심지어는 "독일 통일은 실패했다"라고 단언하는 상황이 계속되고 있는 것이다. 이는 독일 국민들의 통일에 대한 인식이 우리가 보는 독일 통일 대박론과는 큰 차이가 있는 것이다.

사실 독일 내부에서의 통일에 대한 인식은 장기간 분단되었던 사회가 통합된다는 것은 단순히 정치적인 통일과 경제적인 문제해결 이상의 심각한 사회적 문제가 있다는 것을 깨닫는 계기가 되었다는 것이다. 통일은 국가의 통합이기도 하지만, 본질적으로는 사람의 통합이다. 독일 통일은 그 안에 사는 사람들이 통일로 인해 사회적·심리적인 불안정과 상실감으로 인한 두려움, 절대적 만족이 아니라 상대적 빈곤이며 박탈감, 갈등과 충돌이 통일의 성패를 결정하는 가장 중요한 요인이라는 것을 교훈으로 남겼다. 독일 통일은 인류 보편적 가치, 즉 통일로 인해 합쳐진 사람들의 삶과 행복이 통일 과정에 결정적인 요인이라는 것을 보여준 것이다.

이렇게 본다면 한반도 통일에 대한 개념을 더욱 명확하게 정의할 필요가 있다. 즉 한반도 통일은 장기간 대립되었던 상이한 체제를 하나로 만드는 일로 끝나는 것이 아니라, 남과 북의 모든 구성원인 인간들이 지리적·역사적·물리적·심리적인 분단을 극복하고 진정으로 하나가 되는 과정이 되어야 한다는 것이다.

이러한 개념 정의에 따르면 광의의 통일의 개념을 1단계 '정치적 통일'과 2단계 '통합'으로 나누어서 구체화할 필요가 있다는 것을 의미한다.(이경, 3~6) 이처럼 한반도 통일을 2단계로 구분하여 정의할 경우 한반도 통일의 완성은 정치적 통일이 아니라 "남과 북의 구성원인 모든 국민의 삶을 통합하여,"(박범종, 82) "남북의 주민이 하나의 삶과 양식과 정신문명을 공유하는 것"을 의미한다.(이종석, 15)

이처럼 한반도 통일이 국민의 삶의 통합이며 행복의 문제라면 한반도 통일이 지향하여야 할 몇 가지 중요한 목표가 있다. 첫째, 통일은 이질화된 가치관을 통합해야 한다. 이는 북한의 정치적 독재와 고립된 폐쇄 체제를 청산하고 자유민주주의, 시장경제, 평화주의, 국제주의 가치를 모두 공유할 수 있게 해야 한다는 것을 의미한다.(조한범 외, 20)

둘째, 통일은 남북한 주민 모두의 행복을 증진하고 삶의 질을 높일 수 있어야 한다. 이는 통일이 인간의 보편적 가치를 추구하고 실현해야 한다는 관점으로서 특히 현재 북한 주민들이 겪고 있는 현실적인 고통을 해결하는 윤리적 책임이 통일의 과제가 되어야 하는 것이다.(변현종, 2016, 129~131)

셋째, 통일은 남북 주민들 간의 상호 이해도를 높이기 위해 문화적·심리적 일체감을 이루어야 한다. 통일은 분단으로 인한 대립과 적대를 해소하고 이질화된 주민들을 동질화하여 남과 북의 주민들 간에 일어나는 갈등을 최소화하고, 발생한 갈등도 조기에 합리적으로 해소할 수 있도록 통합해야 한다. 이러한 통합이 실패하면 결국 '분열'로 갈등과 혼란이 따라올 수밖에 없으며, 통일이 재앙이 될 수도 있는 것이다.(박범종, 82)

마지막으로 통일이 민족공동체 회복을 추구해야 할 것이다. 분단 이후 대립과 불신의 벽을 허물고 사회통합을 이루기 위해서는 올바른 민족의식과 역사의식에 기초한 민족 정체성을 바탕으로 하는 민족공동체를 회복하는 것이 매우 중요하다.

동서독의 경제적 격차와 사회적 박탈감

"독일 통일은 상이한 체제와 경제력 격차라는 무거운 짐을 안고 이루어진 것으로서 엄청난 사회적 갈등을 가져왔다. 동독 주민들이 느끼는 상대적 박탈감과 통일 후유증은 간단하지 않았다. 서독 주민들도 엄청난 세금, 동독 이주민에 의해 발생되는 주택 문제, 범죄 등으로 사회가 불안정하게 되는 것에 불만을 가졌다."(김관호, 78)

2020년 '독일 통일현황에 관한 연방정부의 연차보고서'에 따르면 독일 정부는 "통일이 이루어진 지 30년, 독일은 성공적인 국가가 되었다. 독일의 생활수준은 다른 여러 나라보다 전반적으로 높다"라고 하면서, 특히 동독 지역의 1인당 GDP는 통일 이전에 비해 4배로 늘어났다고 강조하였다. 이 보고서에 따르면 동독 지역 소득은 1991년 서독의 32%(베를린 지역 포함 시 43%)에서 2019년에는 서독의 69%(베를린 포함 시 75%)로 높아졌다. 또한 독일 전체 평균과 비교하면 1991년 동독이 독일 전체의 37%(베를린 포함 시 49%)에 불과하였으나, 그 비율이 73%(베를린 포함 시 79%)까지 높아졌다는 것이다.

　물론 동독 지역이 서독 지역 소득의 70% 정도밖에 안 된다고 소득 격차를 비판할 수 있을 것이다. 그러나 유럽에서 독일의 소득이 매우 높다는 점을 고려할 때 동독 주민들의 소득이 유럽의 평균 이상으로서 상당히 풍요로운 경제생활을 하고 있다는 것을 의미한다.(김영찬)

　그런데 이렇게 외면적·경제적으로 나타난 독일 통일의 화려한 성적표에도 불구하고 동독 주민들은 물론이고 서독 주민들조차도 여전히 통일에 대해 상당히 비판적이라는 점은 현재 독일 통일의 현주소를 보여준다.

　동서독 지역의 경제적 격차에 대해서는 첫째, 통일 30년이 지난 지금도 동독의 경제 및 산업의 기반 여건은 서독에 비해 매우 열악하며, 전문인력 수급, 임금과 노동생산성 등 투자환경이 취약하다. 통일 직후 동독의 기업은 대부분 도산하였다. 그리고 현재까지 동독 지역에 본사를 둔 기업은 독일 30대 대기업은 없고, 500대 기업도 36개에 불과하다. 정부 부처와 정부 지원 연구기관도 모두 서독에 있다. 혁신과 기술 진보, 경영진의 능력 등과 같은 총요소생산성(TFP)을 향상하는 요인들이 서독에 비해 현저히 떨어진다. 동독 제조업 노동자의 1인당 부가가치 창출은 서독의 절반 수준에 불과하며, 이를 주도할 수 있는 고급 인재들은 여전히 서독으

로 계속 이주하고 있다.(대외경제정책연구원, 2020)

둘째, 통일 직후 동독 지역의 산업 및 기업의 붕괴와 대량실업이 발생하였고 여전히 서독 지역보다 실업률이 높다. 1989년 동독 지역 노동자가 약 900여만 명이었는데, 1991년 상반기 고정적 직장을 가진 사람은 500만 명에 불과하였고, 약 240만 명은 완전 실업, 나머지는 잠재적 실업 상태인 임시고용 내지 단축노동자로 전락하였다.

이러한 동독 지역의 실업률은 여전히 서독 지역과 큰 격차를 보이고 있다. 예를 들면 2006년 실업률은 동독 17.3%, 서독 9.1%로 차이가 컸었고, 2018년에는 동독 지역이 6.9%, 서독 지역이 4.8%로 조사되면서 그 격차가 크게 줄기는 하였지만 여전히 동독 지역이 높다. 그러나 실업은 생계의 문제 이외에도 심리적 좌절감이나 패배감을 느끼게 하는 요인으로서 동독 지역 주민들의 사회적 불안감을 가중시키는 요인이 되어 왔다.

셋째 서독 지역에 대한 동독 지역 주민들이 느끼는 상대적 빈곤도 실업 문제 못지않게 사회통합을 저해하는 중요한 요인이 되고 있다. 2020년 독일 정부 보고서는 동독 지역 소득이 1991년 서독의 32%(베를린 지역 포함 시 43%)에서 2019년에는 서독의 69%(베를린 포함 시 75%)로 높아졌지만, 이러한 통계는 아직까지 동서독 주민들의 소득 격차가 매우 크다는 것을 보여준다.

물론 독일이 유럽 국가 중에서 소득이 매우 높기 때문에 동독 지역 주민들이 유럽 전체 평균보다 높은 소득수준이기는 하다. 즉 구매력평가 기준 1인당 GDP가 동독 지역에서 가장 취약한 지역이 EU 27개국 평균 대비 84%, 라이프치히는 99%에 달한다고(2016~2018 평균) 강조하고 있다. 또한 프랑스의 많은 지역에 필적하며 폴란드 등에 비해서는 월등히 높다는 것이다. 그럼에도 불구하고 동서독 간에는 아직까지 상당한 소득 격차가 존재하며, 이는 동독 주민들의 상대적 박탈감이나 동서독 갈등의 매우 중요한 요인이다.

동독의 사회적 공동체 붕괴와 심리적 상실감

독일 통일에 대한 동독 주민들의 인식은 정치·사회적 측면에서도 매우 부정적이다. 첫째, 동독 주민들의 사회적 공동체 붕괴에 따른 상실감으로 인해 엄청난 사회적·심리적 충격을 받았다. 그에 따라 구동독 체제에 대한 향수와 새로운 체제에 대한 거부감이 확산되었다는 점이다.

통일 직전까지 동독은 사회주의 계획경제체제를 유지하면서 집단 중심적 생활을 영위하였다. 국가가 책임지는 일자리, 완벽한 고용, 직장 내에서의 집단생활환경 등은 동독 주민들의 생활 규범과 행위 기준을 형성해 왔다. 예를 들면 당시 동독 주민들에게 직장은 경제적 필요 충족은 물론이고 개인이나 가정 문제를 해결하는 공동체였으며, 국영기업인 직장의 주인이었다. 이러한 직장을 통해 형성된 공동체는 사회적 안정감을 줬으며, 자신의 존재감을 확인하고 또 확인받을 수 있는 중요한 자산이었다.(동독인의 독일 통일 이야기 11)

그런데 통일 직후 대부분의 기업이 도산하고 대규모 실업자가 발생하자 동독 주민들이 공유하였던 기존의 사회주의 공동체가 붕괴하면서 전혀 예상하지 못한 새로운 생활환경에 적응하도록 강요되었다. 하루아침에 평생 다니던 기업이 도산하자 갈 곳을 잃어버린 동독 주민들은 엄청난 절망감에 빠졌고, 정부의 지원으로 경제적으로 궁핍하지는 않더라도 더는 자신을 필요로 하지 않는 사회 속에서 말할 수 없는 상실감을 느끼며 과거를 회상하였다.(동독인의 독일 통일 이야기 11) 이렇게 통일로 인한 급격한 공동체 붕괴는 구동독 사회의 제도나 가치관에 대한 향수가 다시 살아나게 하였다.(김관호, 77)

둘째, 급작스러운 통일과 새로운 체제에의 적응 문제는 동독 주민들에게 가치관의 혼란과 사회적 불안감을 증폭시켰다. 통일로 인해 서독 지역 주민들은 바뀐 것이 없었지만, 동독 지역 주민들은 모든 것을 바꾸어야 했다. 돈도 바꾸고, 학교의 교육 내용도 달랐고, 자유 민주주의와 시장경제라는 새로운 체제에 적응해야 했다. 이와 같은 상황에서 동독 지역 주민들은 냉혹해진 사회적 환경, 유대감의 상실, 사회적 경쟁과 분주함 등으로 엄청난 스트레스를 받았다. 특히 동독 지역 주민들은 시장경제체제에서 요구되는 경쟁 능력 및 직업 전환교육, 가치관의 급격한 변화 등으로 매우 불안한 시간을 보냈다. 물론 시간이 흐르면서 젊은 세대를 중심으로 새로운 생활 여건에 성공적으로 적응하고 있지만, 통일 당시 40대 이상의 세대는 여전히 어려움을 겪고 있다.(박종철 외, 2011, 46)

셋째, 통일 이후 정치 사회적 통합 과정에서 동독인들이 철저하게 소외되었다는 점이다. 통일 이후 동독 지역 주 정부의 정치 지도자들은 물론이고 사회의 주요 관리직은 서독 출신이 독점하였다. 옛 동독의 공산 정권에서 마지막 총리를 지낸 한스 모드로 독일 좌파당 명예당수는 통일 30주년을 맞아 조선일보와의 인터뷰에서 "통일한 지 30년이 지났지만 동독인으로서 대학 총장이 되거나 연방 대법관이 된 사람이 한 명도 없다"라며, "대사나 군 장성도 동독 출신이 거의 없는 등 고위 공직자의 80% 이상을 서독 출신이 독식하고 있다"라고 했다.(조선일보, 2020.10.4.) 물론 통일 초기 과거 공산 엘리트들을 배제했던 결과이기도 하지만, 동독 지역의 행정, 사법, 군, 교육 그리고 기업의 체제를 재편하는 과정에서 동독 지역 주민들은 배제되고 서독인들이 과도하게 진출하였다는 평가이다.

이러한 현상은 동독 지역 주민들의 열등감을 부채질하는 동시에, 동독이 서독의 식민지로 전락했다는 감정을 촉발했으며 동독 지역주민들의 불만을 더욱 증폭시켰다. 통일 이후 태어난 오토 브레너 재단Otto Brenner Foundation의 라이너 파우스가 "동독 사람들은 독일을 공정하지 않다고 인식하고 있다"라고 강조한 것은 동독 출신 젊은 세대들도 차별받고 있다는 문제의 심각성을 나타내는 것이다.

넷째, 동독 지역 주민들의 통일에 대한 평가가 시간이 지날수록 부정적으로 변화하였다. 동독 주민들은 1990년 3월 18일 첫 국민투표를 통해 압도적인 지지로 통일을 희망했고, 통일 이후 1993년 10월 독일 일간지 '디 자이트'의 여론 조사에서도 응답자의 85%가 통일되어 매우 기쁘다고 응답한 반면, 통일이 되지 않았으면 좋았을 것이라는 응답은 15%에 불과했다. 그리고 경제에 대해서도 좋다(62%), 그저 그렇다(31%)는 긍정적 답변이 93%이고 나쁘다는 응답은 7%에 불과했다. 또한 2000년 통일 10주년을 계기로 시행한 여론 조사의 결과에서도 75%가 통일을 긍정적으로 평가했으며, 94%가 자유 향유를 높이 평가했고 동독 시절로 되돌아가고 싶다는 응답은 15%에 불과했다.

하지만 2000년 여론 조사에서의 또 다른 결과는 응답자의 91%가 통일 후유증에 시달렸고, 85%가 동서독 지역 간의 불균형 발전을 비판하였다는 점이다. 이러한 현상은 동독 주민들이 통일 10년이 지나면서 동서독의 경제적 격차나 상대적 박탈감, 차별 등 통일의 부작용이나 후유증을 본격적으로 인식하기 시작했음을 의미하는 것이었다.

이러한 통일 10주년 즈음 동독 주민들의 통일에 대한 부정적 인식은 통일한 지 20년이 지나면서 통일에 대한 부정적 인식이 더욱 증가한 것으로 나타났다. 2008년 12월 여론 조사기관 포르사Forsa 가 구동독 주민 1,800명을 대상으로 조사한 결과, 현 상황이 통일 전보다 좋아졌다는 답변이 54%, 통일이 이익이 되었느냐는 질문에 긍정적인 대답은 39%에 불과하였다.

그리고 2020년 독일 정부 보고서에 따르면 동독 지역 주민들의 57%가 실질소득의 증가와 구매력 향상에도 불구하고 자신을 '2등 국민'으로 여긴다고 대답하였고, 최근 여론 조사에서는 동독 주민들이 "통일이 성공적"이라고 답한 비율은 38%에 불과했고, 40세 이하는 더 낮아서 20%였다.(국민일보, 2019.11.7)

사실 이와 같은 통일 이후 각종 여론조사를 추적해 보면 통일 이후 동독 주민들의 소득은 계속 높아졌지만, 이와는 반대로 통일에 대한 인식은 더욱 부정적으로 되어 가고 있다는 것을 의미한다. 독일 통일에 대해 외부에서는 경제적 번영을 부러워하지만, 독일 내부에서는 오히려 통일에 대해 부정적인 인식이 증가하고 있는 것이다.

다섯째, 동독 지역 주민들 중에 통일독일 민족이라는 공동체적 정체성에 회의를 느끼면서 구동독 사회주의에 대한 향수를 느끼고 있는 사람들이 크게 증가하고 있다는 것이다. '우리는 하나다'라는 구호 아래 분단된 독일이 하나로 통일되었을 때 민족공동체적 정체성이 회복되는 것은 당연한 일로 여겨졌었다. 그러나 지난 30여 년 동안 동독 지역은 여전히 서독에 차별받고 있다는 상대적 박탈감으로 인해 동독 지역 주민들의 정체성은 혼란 상태에 빠지게 되었다. 그리고 시간이 지나면서 과거의 동독과 관계에서 자신의 정체성을 새롭게 발견하는 '동독에 대한 선별적인 향수Ostalgie'를 느끼고 있다는 것이다.(박종철 외, 2011, 37)

여섯째, 통일에 대한 불만은 동독 지역 주민만이 아니라 서독 지역 주민들에게서도 높게 나타난다. 서독 지역 주민은 통일 이후 세금 부담 가중, 동독 이주민에 의해 발생하는 실업, 주택, 범죄 문제 등으로 인한 사회적 불안 증가로 불만이 크게 높아졌다. 이러한 서독 주민들의 불만은 동독 주민들과 함께하는 통일 독일의 국민으로서의 정체성에 회의를 느끼면서 동독 지역 주민들을 원망하는 목소리를 높이고 있다(박종철 외, 2011, 42)

동독의 차별 인식과 정치세력화

이처럼 독일 통일 이후 30년이 지났지만 여전히 동서독 주민들 간의 마음의 벽은 높다. 아니 시간이 지날수록 더 높아져 가고 있다. 이렇게 동서독 주민들의 마음의 벽이 높아지고 있는 데에는 서독 주민들보다 동독 주민들의 인식이 더 크게 작용하고 있는 것이 사실이다. 즉 동독 주민들의 소득이 높아지면 질수록 동서독 간의 차이, 차별, 상대적 박탈이라는 심리적 자의식이 더욱 강해지고 있는 것이다.

독일에서는 이러한 현상에 대해 '내적 통일'의 문제라고 지적하고 있다. 그리고 독일은 이러한 '내적 통일' 문제로 인해 통일 이후 30년이 지난 아직까지도 '동서독 지역 주민들 간의 상호 이해 증진 강화', '동등한 생활 여건의 조성' 등이 매우 중요한 정책 아젠다가 되고 있다. 그리고 최근까지도 연방경찰 재교육센터, 대법원 형사재판소, 연방 원거리교통청, 독일 철도교통중앙연구소 등 다양한 연방정부 기관을 동독 지역으로 이전하는 것이 중요한 정부의 정책이 되고 있다. 이와 같은 독일 정부의 정책들은 동독 지역이 모든 분야에서 여전히 차별되고 소외되고 있음을 반증하는 것이다.

이러한 동독 주민들의 '차별 인식'에 대해 구동독의 공산당 정권에서 마지막 총리를 지낸 한스 모드로 독일 좌파당 명예당수는 조선일보와의 인터뷰에서 통일한 지 30년이 지났지만 "진정한 '하나 된 독일'은 달성되지 않고 있다"라고 하면서, "독일은 여전히 정치, 경제, 사회 등 각 분야에 걸쳐 이원적인 사회구조를 갖고 있다"라고 통일을 비판하였다. 그리고 더 나아가 모드로 전 총리는 이러한 내적 통일의 문제에 가장 크게 영향을 미친 것은 동독 주민들이 그동안 겪었던 피해의식에 있다고 하면서 "동독인들은 하루아침에 법체계, 화폐, 문화를 잃고 새로운 시스템에 적응하느라 고난을 겪었고", 그 결과 "여전히 동독인들은 자본주의에 대한 불신이 크고 서독인들은 그런 동독인들을 불신하고 있으며, 통일 이후 출생한 동독 젊은이들마저도 사회적 신뢰를 얻지 못하는 실정"이라고 독일의 사회

통합 정책을 신랄하게 비판하였다.(조선일보, 2020.10.4.)

한편 2015년 한겨레신문과 부산시가 공동으로 개최한 국제심포지엄에 참석한 독일 오스나브뤼크대 스첼 교수는 '독일 통일의 교훈'이라는 주제 발표에서 독일 통일은 '옛 동독의 식민화'라고 강하게 통일을 비판했다. 스첼 교수는 통일 이후 동독 지역의 실상에 대해 "실업률은 서독 지역보다 두 배가 높고, 생활비는 더 비싸지만, 임금은 평균 30% 낮으며, 종합병원, 기술학교, 유치원, 탁아소 등의 사회 시스템도 무너졌다"라고 비난하였다.

그리고 특히 여성이 "독일 통일의 최대 패배자"가 되었다고 했는데, 시스템이 뒷받침되지 않는 사회에서 여성은 직업을 포기하고 전업주부로 돌아설 수밖에 없었고, 출산율은 떨어졌다고 주장했다. 스첼 교수는 이러한 상황을 종합하여 "동독의 상황은 통일 당시보다 나아진 게 없다"라면서 동독을 향한 향수, 이른바 '오스텔지어'Ostalgia가 확산하고 있다고 독일 통일을 비난했다.(한겨레, 2015.11.18.)

독일 통일에 대한 이러한 신랄한 비판은 주로 동독 지역 인사들의 견해이기는 하지만, 통일 이후 계속되어온 각종 여론조사에서 나타난 것처럼 동독 주민은 물론 서독 주민들조차도 통일에 대한 긍정적 인식이 점점 낮아지고 부정적으로 변화되어 온 것은 사실이다. 통일 30년이 지났지만, 동독과 서독의 갈등은 여전히 진행되고 있으며 이러한 갈등은 통일 독일을 분열시키고 통일국가 정체성을 약화하고 분열시키는 등 사회통합을 더욱 어렵게 만드는 요인이 되고 있는 것은 사실이다.

통일 이후 시간이 지나면서 동서독 주민들 간의 갈등이 점점 더 악화되면서 상대 지역을 원망하는 형태로 발전하면서 동독 주민들이 자신들을 위해 정치세력화하려는 현상이 강하게 나타나고 있다. 동독 주민들은 자신들을 서독의 식민지 또는 2등 국민이라는 인식을 매우 강하게 느끼고 있으며, 이러한 자조적인 인식은 자신들의 이익을 대변하는 정치세력의 필요성으로 강하게 인식하고 있는 것으로 볼 수 있다.

우선 통일 이후 실시된 1990년 첫 총선에서 통일 전 동독을 통치했던 사회주의 통일당(SED)의 법적 계승 정당인 민주사회당(PDS)이 17%의 지지로 집권 기민당(CDU), 자민당(FDP) 연정에 이어 제2당으로 등장하는 이변이 일어났었다.(김관호, 76) 물론 그 이후 2007년까지 3~5%의 지지율을 꾸준히 기록하며 존재를 이어나갔으며, 2007년 좌파당에 흡수되었다. 그리고 좌파당은 구동독 지역을 배경으로 한 정치세력으로 지속적으로 세력을 확대하고 있다.(김면희, 28)

그런데 2013년에 창당된 극우정당 '독일을 위한 대안'(대안당, AfD)이 동독 지역에서 새롭게 지지를 확대하면서 동독 주민들을 대변하는 정당으로 부상하고 있다. 대안당은 2017년 9월 총선에서 12.7%를 얻어 제3정당으로 연방하원에 진입했는데 동독 지역에서의 높은 지지가 기반이 되었다. 그런데 이렇게 대안당이 동독 주민들의 절대적 지지를 받은 이유가 독일 정부의 동독 지역에 대한 차별이었다는 사실은 독일의 내적 통합의 한 단면을 보여주는 것이다.

사실 대안당의 정치적 슬로건은 반이민, 반난민 등 극우적 성향을 보인다. 그런데 2010년대 중반 중동 난민들이 유럽으로 쏟아져 들어올 때 적극적인 난민 수용 정책을 편 메르켈 총리는 난민들을 동독 지역에 대량으로 보냈는데, 이것이 동독 주민들의 거센 반발을 초래한 것이었다. 특히 난민들이 똑같은 사회보장과 기초생활보장을 받으며 이웃으로 정착하자, 통일 후 30년 동안 차별을 받아오던 동독인들의 서독으로부터의 상대적 박탈감을 증폭시켰던 것이다. 따라서 동독 지역 주민들은 반이민을 슬로건으로 내건 대안당을 지지하면서 연방정부에 반발하고 있는 것이다.

이렇게 동독 주민들이 대안당이라는 극우 정당을 지지하게 된 상황에 대해 베를린 자유대 김상국 교수는 "동독인들은 현실에 대한 실망감과 박탈감을 표시하는 가장 효과적인 저항을 극우 정당 지지라 생각한다"라고 설명하였다. 또한 베를린 자유대 앙케 피들러 교수도 "극우의 득세는 동독인들이 통일 이후에 갖는 불만을 보여주는 증거"라고 했다. 한편 통일 전 동독 라이프치히대 교수였던 불프 스카운 박사는 과거의 사회주의자들이 이제는 극우로 변신했다는 더욱 급진적인 견해를 내놓았다.

물론 이러한 독일 통일의 후유증과 부작용 등 내적 통합 문제가 실제보다 많이 과장되어 있다는 주장도 제기되고 있기도 하다. 일부는 독일 정부가 의도적으로 부풀리고 있다든가, 또는 동독 지역 출신 인사들이 특히 부각하고 있다는 것이다. 이중 설득력 있는 몇 가지를 예로 들면 첫째는 독일 통일 이후 유럽의 최강국으로 부상하면서 국제사회의 기대가 너무 높아지자 이를 거절하기 위한 방안으로 독일 정부가 직접 나서서 통일 후유증을 계속 거론하고 있다는 것이다. 둘째는 통일 후 경제구조의 개편을 위해 국민의 고통 감내를 호소하는 과정에서도 통일 후유증 문제가 부각되었다는 것이다. 그리고 셋째는 동독 주민들의 과도한 기대와 엄살이라는 주장인데, 동독 주민들이 정부 지원을 더 많이 얻어내기 위해 불만과 어려움이 심각한 것처럼 행동하는 경우가 많았다는 것이다.

하지만 동독 주민들이 정부 지원을 더 얻어내기 위한 것이라는 주장은 동독 주민들이 서독 주민들보다 더 못살고 차별받고 있다는 것을 방증하는 것이기도 하다. 또한 독일 내에서의 다양한 연구와 여론조사에서도 독일 통일의 내적 통합 문제의 심각성을 지속적으로 발표하고 있는 것도 사실이다.

이러한 독일 통일에 있어 '내적 통합'의 문제는 한반도 통일에 많은 교훈을 주는 것은 틀림없다. 독일 통일 30년의 역사를 거슬러 올라가면 통일 과정과 통합 과정이 엄청난 고통의 시간이었다는 것을 알 수 있다. 그리고 통일 이후 세대가 이미 40대인 사회의 주류세대로 접어들었지만, 통일의 후유증은 여전히 남아 있다. 이는 지난 30여 년 동안의 통일 부작용이나 후유증이 매우 심각했음을 알 수 있게 한다.

한편 독일 통일의 후유증이나 부작용으로 지칭되는 내적 통합의 문제가 독일 통일 과정의 속도 및 방식과 밀접한 관련이 있다는 점은 한반도 통일에 시사하는 바가 크다. 독일은 통일 이후 급격한 체제 통합을 추진하며 짧은 시간 내에 서독의 정치·사회 체제를 동독에 이식하는 작업을 진행하였다. 이는 동독에서 주민의 적극적인 참여 없이 일방적으로 동독인들의 경제적·정치적·도덕적 자산을 몰수하는 과정이었다. 이 과정에서 많은 정책적 실패와 시행착오를 거듭했으며, 막대한 통일비용이 소요됨은 물론이고 동독 주민들에게 엄청난 상실감을 안겼다. 이는 통일 30년이 지나도록 동서독 간의 갈등이 지속되고 있는 가장 중요한 원인이다.

2. 동서독보다 더 이질화되고 적대적인 남북한

교류 없이 완전히 단절된 남북관계

통일 이후 통합의 과정에 관한 연구들은 대부분 독일 통일 사례에 근거하여 한반도에서 발생할 수 있는 문제점들을 식별하고 그것을 해결하기 위한 대안들을 찾아가는 방법으로 진행하였다. 그리고 이 중 많은 연구가 한반도 통합이 독일식으로 진행되면 엄청난 어려움이 있을 것이며 심지어는 통일이 재앙이 될 수 있다는 경고도 아끼지 않았다. 물론 이러한 경고는 독일과 한반도의 통합환경 차이가 너무 크다는 것에 기인한다. 구체적으로는 한반도 통합환경이 독일 통일 당시의 환경보다 훨씬 열악하거나 불리하다는 것에 초점이 맞추어진다.

이러한 차이를 고려한다면 독일과 한반도의 통합환경을 몇 가지 차원에서 비교해 볼 수 있다. 첫째, 경제적인 측면으로서 통일의 주체인 서독과 대한민국의 국력 또는 경제력이 큰 차이가 나며, 통일 대상인 동독과 북한의 경제력도 큰 차이를 보인다는 것이다. 통일 당시 서독의 경제력이 세계 4위였던데 비해 현재 대한민국은 세계 10위권으로서 훨씬 열세에 놓여 있다. 여기서 주목해야 할 점은 서독의 동독에 대한 엄청난 경제적 지원이 동독 주민들의 불만과 동서독의 갈등을 완화하는 데 매우 중요한 역할을 했다는 것이다.

그런데 한반도 통일 시 대한민국의 경제력으로 세계 최빈국이자 남한 인구의 1/2인 북한 지역의 경제를 재건하고 북한 주민들의 기대치 이상으로 소득수준을 단기간에 끌어올리는 것이 회의적이라는 점이다. 만약 통일 초기에 북한 지역 주민들에게 충분한 경제적 지원이 제공되지 못한다면 통합에 엄청난 장애가 될 가능성이 높다.

둘째, 통일 이전 동서독 주민들보다 남북한 주민들 간의 이질화가 훨씬 심각한 수준이라는 점이다. 먼저 독일은 분단 45년 만에 통일이 되어 분단 당시의 세대 상당수가 생존해 있었지만, 한반도는 현재 분단 70년을 넘어가면서 분단세대는 거의 사라졌다. 이는 현재 남한과 북한에 살고 있는 주민들은 대부분 분단 이후 완전히 단절된 세계에서 서로 다른 체제와 사회에서 교육받고 생활해왔다는 것을 의미하며, 사회문화적 동질성을 찾기 매우 어려워졌다는 것을 의미한다.

또한 분단 이후 동서독 사이에는 상당한 교류와 협력이 있었지만, 남북 간에는 교류가 거의 없는 단절된 상태이다. 동서독은 통일 이전부터 무역, 여행, 청소년, 스포츠, 언론, 지역, 문화, 교회 등 다양한 형태의 교류가 있었고, 1972년 '동서독 기본조약'을 통해 이것을 제도화했다. 따라서 통일 이전에 이미 상호 이해의 수준이 매우 높았던 것이다. 물론 이러한 동서독 주민들 간의 상호 이해가 통일 이후 서로 갈등하며 분열은 하였지만, 위기로 발전하지 않았던 요인이라고 할 수 있다.(박순성, 86~87)

그런데 한반도에서는 분단 이후 현재까지 70여 년 동안 남한과 북한이 상호 수용할 수 없는 체제를 유지하며 교류가 거의 없는 단절된 상태에서 남북한 주민들은 심각하게 이질화되어 갔다. 이러한 이질화는 통일 이후 상호 이해의 기반이 거의 없다는 것을 의미하며, 이는 갈등과 분열이 심화될 가능성이 매우 높은 환경이라고 할 수 있다.

셋째, 동서독은 전쟁을 겪지 않았지만, 남북간에는 민족의 비극인 6·25전쟁과 끊임없는 군사적 충돌로 상호 적대감이 매우 높다는 점이다. 특히 6·25전쟁 이후에도 1.21사태, 울진·삼척무장공비침투, 연평해전, 천안함 폭침이나 연평도 포격 등 각종 도발과 군사적 충돌로 남북 상호 간에는 적대 감정이 계속 쌓여 왔다. 이런 상황에서 남한에서는 반공과 멸공으로 대표되는 북한에 대한 적대의식 교육이 계속되었고, 북한은 남한을 적화통일하는 것을 정권의 궁극적인 목표로 주민들에게 대남 적대감을 고취하는 세뇌 교육을 계속해왔다. 이렇게 세뇌된 적대감이 통일과 함께 하루아침에 사라지지는 않을 것이다.

이처럼 독일과 한반도의 통일환경은 상당히 큰 차이를 보인다. 남북한이 동서독보다 훨씬 더 이질화되어 있고, 적대적이라는 점은 남북간에는 화합이나 통합보다는 갈등으로 증폭될 가능성이 훨씬 더 높다는 것을 의미한다. 특히 한반도 통일이 독일과 같은 급진적 통일로 진행될 경우 통합의 과정에서 나타날 문제들이 독일 통일 과정에서보다 훨씬 심각하게 나타날 수 있다는 점을 시사하는 것이다.

통일 후 북한 지역 대규모 실업, 절대빈곤 확산

한반도 통일이 급진적으로 진행되었을 경우 우려되는 경제적 측면의 문제들은 대규모 실업의 발생과 절대빈곤의 확산, 그리고 대규모 인구 이동 등이다. 특히 대규모 실업과 심각한 빈곤 문제는 통일 이후 북한 지역 주민들의 사회적 불안과 불만을 일으킬 수 있고, 지역에 따라서는 폭동까지도 이어질 수 있는 매우 중요한 문제이기 때문에, 통합과정을 성공시키는 데 결정적인 요인이 될 것이다.(김진수 외, 19)

물론 한반도 통일 이후 북한 지역의 경제적 문제는 독일 통일 당시와 상당히 다른 양상을 보일 가능성이 높다. 왜냐하면 독일 통일 당시에는 사회주의 계획경제체제가 나름대로 잘 작동되고 있어서 대부분의 노동자가 국영기업이나 집단농장 등에 소속되어 있었고, 국가의 배급체계도 그런대로 유지되고 있었다. 따라서 독일 통일 이후 산업구조 재편 과정에서 기업이 도산하고 대량실업이 발생하였으며, 이러한 대량실업으로 인해 빈곤층이 급증하였다.

그런데 북한은 1990년대 최악의 경제난을 겪으면서 많은 국영기업이 이미 도산하였고, 경제위기에서 살아남은 기업 중 많은 기업이 거의 경쟁력이 없는 상태이다. 그리고 북한에는 시장이 확산되었고, 대부분의 북한 주민들이 생계를 시장을 중심으로 영위하고 있다는 점이 동독과 다른 점이다. 이는 북한 주민들이 과거 동독처럼 단순한 노동자가 아니며, 실제 경제행위는 시장을 통해 이루어진다고 하여야 할 것이다. 또한 북한은 전체 인구의 약 10% 이상이 농업에 종사하고 있으며, 농촌 지역 거주민이 40%에 달하는 사실상 농업 국가인데, 이는 구동독과 큰 차이가 있다고 할 수 있다.

이와 같은 북한과 동독의 차이를 고려하면서 한반도 통일 이후 경제적 측면의 문제를 살펴보면, 첫째, 상기한 것처럼 북한은 동독과 경제구조가 다르기는 하지만, 통일 이후 북한 지역에서도 대규모 실업이 발생할 가능성이 매우 높다. 일단 통일 이후 북한의 국영기업들은 산업 경쟁력을 중심으로 재편되는 과정에서 대부분 도산할 것이다. 따라서 군수공장 등 국가전략기업들에서 특별히 우대받으며 전업으로 근무했던 노동자들은 실업 상태가 될 가능성이 크다. 또한 통일 과정에서 북한군이 해체되면서 약 100만여 명에 이르는 군인들이 실업자가 될 것이다. 그런데 이 군인들은 대부분 20대의 젊은 노동력이라는 측면에서 이들이 실업 상태로 사회로 나온다는 것은 상당히 큰 충격을 북한 사회에 줄 것이다.

그런데 한반도 통일이 북한 시장에 어떤 영향을 미칠 것인지에 대해서는 보다 심층적인 연구가 필요하다. 특히 김정은 정권 이후 국제사회의 강력한 경제제재로 외화벌이가 제한되자 시장이 김정은 정권의 통치자금은 물론이고 당·정·군 정부 기관들의 운영자금을 조달하는 통로가 되고 있기 때문이다. 즉 북한 시장은 당·정·군 기관, 권력 엘리트가 사실상 지배하고 있는 것이다.

따라서 북한에는 이미 김정은 정권의 통치자금은 물론이고 당·정·군 등 권력 기관이 운영하는 특권경제와 인민경제, 시장경제를 구분하는 것이 쉽지 않게 되었다. 오히려 김정은 정권의 통치자금 등 특권경제가 작동하는 데에는 시장이 주요한 토대가 되고 있는 것이다. 당과 군 등에 의해 운영되는 외화벌이 기관과 회사, 이를 후견하고 보호하는 권력 엘리트와 이에 봉사하는 일꾼들은 모두 사실상 시장을 자신의 중요한 활동 근거와 수단으로 삼고 있다.(홍민, 206)

이러한 상황에서 통일 직후 북한 정권의 붕괴와 북한 경제와 산업의 재편이 급속하게 진행된다면 시장을 지배하고 있는 고위 관료들의 몰락, 북한 신흥 부자들의 역할 제한, 국경 봉쇄 등 다양한 요인이 영향을 미치며 시장은 일대 혼란에 빠질 가능성이 높다. 그리고 북한의 시장이 매우 원시적인 상황이라는 점을 고려한다면 남한으로부터 현대식 상거래가 도입되면 북한 시장은 일거에 붕괴될 가능성이 높다.

한편 북한에서 농업에는 전체 인구 2,400만 명의 10% 이상이 종사하고 농촌지역에 인구의 40%가 거주하고 있을 정도로 매우 노동집약적이며, 과잉 노동력이 종사하고 있다. 1960년대의 후진적 농업구조와 기술, 비료, 농약, 종자, 비닐, 농기계, 에너지 등 농업생산 자재가 부족하여 단위 면적당 생산량은 형편없이 적다. 또한 농업 생산 기반과 산림의 황폐화로 자연재해와 기후변화에 취약하여 매년 큰 피해 입고 있다.

특히 매년 식량 부족상황을 겪고 있는 북한에서 농민들은 수탈의 대상으로서 사실상 최하층을 형성하고 있는 것이 사실이다. 그런데 이러한 농민들은 현재도 농촌을 벗어나 장사를 하면서 잘살고 싶다는 욕구가 매우 강한 것으로 알려졌다. 따라서 통일 이후 젊은 농민들의 대규모 도시 이주를 예상할 수 있는데, 이들이 도시로 들어오더라도 실업자로 전락할 가능성은 매우 크다는 사실이다.

이처럼 통일 이후 북한의 국영기업 도산, 시장의 붕괴, 그리고 농촌 인구의 도시 유입, 북한군 해체 등으로 대규모 실업이 발생할 것이다. 한반도 통일 과정에서 북한 지역에서 발생하게 될 실업의 규모를 추정한 대외경제정책연구원 연구에 따르면, 2014년 북한 인구 자료를 이용하여 15세 이상 인구 1,983만 2,000명 가운데 70.2%인 1,392만 2,000명이 경제활동에 참여하는 것으로 추정하였다. 그리고 독일 통일과 같은 상황이 발생한다는 가정하에 통일 후 1년 차에 488만 7,000명, 2년 차에 445만 5,000명, 3년 차에 433만 명, 4년 차에 394만 명의 실업자가 발생할 것으로 예상하였다.(김진수 외, 84~85) 이는 경제활동 참가 인구의 1/3을 넘는 숫자로써 노동 인력이 각 가구의 경제 주체라고 본다면 북한 전체 인구의 절반 정도는 대규모 실업의 영향을 받게 된다는 것이다.

둘째, 북한 지역의 대규모 실업 발생으로 주민의 대부분이 절대빈곤에 놓일 가능성이 크다. 특히 북한 경제에서 소위 장마당이라고 하는 시장이 큰 역할을 하고 있다는 점에서 시장의 붕괴는 북한 주민들의 생활에 결정적인 영향을 미칠 가능성이 높다. 사실 최근 유엔식량계획(WFP)은 북한 전체 인구 2,500만 명의 40%가 영양실조 상태에 놓여 있다고 발표할 정도로 북한 주민 대부분은 매우 빈곤하다. 이와 같은 요소들을 종합하면 통일 직후 북한의 대부분의 인구가 빈곤 상태가 될 것이고, 1000만 명 이상은 기아선상에 놓일 가능성이 높다. 이러한 북한 지역에서의 빈곤층의 급증은 심각한 정치적 불안으로 이어질 가능성이 크며, 통일 직후부터 엄청난 통일비용을 요구할 것이다.(김진수 외, 40; 김구륜 외, 113)

셋째, 한반도 통일 시 북한 지역 주민들이 겪을 경제적 어려움을 적절히 관리하지 못할 경우 남한으로 대량으로 이주하려고 할 것이고, 이는 북한 지역의 급격한 인구감소와 고령화로 인한 인구 공동화를 야기할 것이다.(김창권, 48~49) 또한 북한 주민들의 대규모 남한 이주는 남한 지역에서의 노동시장 갈등을 심화시키고 범죄 증가, 주택난 등으로 남한 사회가 매우 불안정해질 가능성이 크며, 이는 남한과 북한 주민들 간의 갈등을 악화시키는 요인이 될 것이다. 많은 연구에서 북한 주민의 남한 이주를 최소 140만 명에서 최대 600만 명에 이를 것으로 추정하기도 하였는데, 북한 인구의 10% 이상이 이주하는 것이다.(이종원 외, 54; 김보민, 185) 이처럼 대규모 인구가 이동한다면 남북한 지역 모두에 엄청난 영향을 미칠 것이다.

불만과 증오, 차별과 멸시 그리고 혐오

대규모 실업이나 경제적 어려움은 북한 지역은 물론이고 남한 지역에도 사회적으로 큰 영향을 미칠 것이다. 첫 번째는 북한 사회가 엄청난 정치적 혼란 상황에 빠져들 가능성이 높다. 통일 직후 북한 지역에 대규모 실업과 빈곤층이 급증할 가능성이 높은데, 충분한 경제적 지원이 이루어지지 못할 경우 북한 주민들은 경제적 지원을 요구하며 시위를 할 것이고 대규모 소요사태로 발전하는 등 통제 불가능한 상황으로 발전할 것이다.

둘째, 북한 주민들의 남한에 대한 불만과 증오가 급증할 가능성이 크다. 통일 이후 냉혹해진 사회적 환경, 유대감의 상실, 가족 및 친지 간에 느꼈던 포근함의 상실, 분주함 등으로 인해 엄청난 스트레스를 받을 것이며, 이로 인해 사회 전체가 불안감에 빠져버리면서 외부에 대한 적대감을 표출할 것이다.(박종철 외, 2011. 46) 또한 남한이 통일을 주도하고 남한의 체제를 북한에 이식하는 과정에서 북한 주민들은 정치·사회적으로 철저하게 소외될 가능성이 크다. 그리고 남한에 비해 상대적 빈곤 및 대량실업 등을 겪으면서 북한 주민들의 상대적 박탈감은 증대될 것이다.

또한 북한 지역을 이끌어 나가는 정치 지도자들은 물론이고 사회 전반에 걸쳐 주요 관리자들은 남한에서 파견될 것인데, 이러한 상황에서 북한 주민들은 자신들을 남한의 식민지 또는 '2등 국민'이라 자조하면서 열등감에 빠질 것이다. 과거 북한을 그리워하는 과거 회귀의 심리적 향수도 증가할 가능성이 크다. 실제로 남한에 정착한 탈북민 중에 상당수가 적응하지 못하고 있다는 통계도 있다.

셋째, 남한 주민들의 북한 주민들에 대한 차별과 멸시, 혐오가 극단적인 인종차별로 발전할 가능성도 매우 높다. 북한 주민 대부분은 가난하며, 영양 상태가 열악하다. 특히 1990년대 경제난 시기 이후 출생한 젊은 층은 어린 시절의 영양 상태가 매우 열악하였기에 성인이 되어서도 체구가 매우 작아서 남한의 동년배와 비교할 때 상당한 열등의식을 가질 수도 있을 것이다. 또한 국가 의료체계가 붕괴하여 기생충과 옴 등 후진국 병은 물론이고 결핵 등과 같은 전염병 보균율이 매우 높다. 마약중독자도 상당히 많은 것으로 알려져 있다.

또한 김씨 일가의 독재체제에 대한 우상화로 세뇌된 인지 수준, 경제난으로 무너진 사회 도덕과 희박한 준법의식으로 절도, 사기 등 각종 범죄가 만연되어 있다. 이러한 북한 주민들에 대한 남한 주민들의 차별과 멸시로 인해 심각한 사회적 문제가 발생할 가능성이 높다. 사실 1990년대 이후 3만여 명에 달하는 탈북민들이 남한 사회에 정착하였으나 차별 때문에 남한 사회 적응에 어려움을 겪고 있는 것은 이미 잘 알려진 사실이다.

넷째, 남한 내에서의 통일에 대한 불만과 함께 반대 여론이 급증할 것이다. 통일 이후 남한 주민들은 엄청난 통일비용을 위해 많은 세금을 부담해야 할 것이다. 또한 대규모 북한 주민 이주로 인해 노동시장 혼란, 각종 범죄 등이 증가하면서 남한 사회도 최악의 경우 혼란한 상황에 빠질 가능성이 높다. 이러한 상황에서 남한 주민들은 북한 주민에 대해 극도의 거부감을 느끼게 될 것이며 통일 반대 여론이 급증할 것이다.

이처럼 한반도 통일 이후 나타날 남북한에서의 정치, 경제, 사회적 상황들은 사회통합에 큰 부담이 될 수 있고, 더 나아가 통일 그 자체를 위협하는 요인이 될 수도 있다. 한반도 통일 이후 통합 과정에서의 다양한 부정적 요인이 복합적으로 작용할 경우 나타날 수 있는 몇 가지 시나리오를 정리하면 다음과 같다.

첫째, 북한 내부의 정치적 불안이 증폭되어 대규모 소요사태가 발생하면서 북한 사회가 급격히 혼란으로 빠질 가능성이다. 통일 직후 북한 주민들은 남한 주민들처럼 잘살 수 있을 것이라는 기대에 부풀어 있을 것이다. 하지만 남한 정부가 북한 주민들의 기대를 충족시킬 수 있을 만큼 충분한 경제지원을 하는 것이 사실상 어려울 가능성이 높다. 왜냐하면 북한 지역 주민 2,400만 명이 모두 남한 주민들과 대등한 경제생활이 가능한 지원을 요구하는 등 기대치가 매우 높을 것이기 때문이다. 물론 북한의 낙후된 인프라와 행정체계 등으로 인해 경제지원이 단기간 내에 충분하게 지원되는 것도 거의 불가능할 것이다.

그런데 이와 같은 경제적 지원 문제는 시간이 지날수록 북한 주민들이 겪고 있는 새로운 체제에 대한 부적응, 오랜 세월 익숙해진 사회에의 심리적 상실 등 사회 문제들, 점령군처럼 북한 지역을 통치하는 남한 정부에 대한 반발 등 정치적 문제들과 함께 복합적으로 작용하면서 불만이 증폭될 가능성이 크다. 이렇게 남한 정부의 통일정책에 대한 불만이 소규모 시위로 발전하고, 전국적으로 확산하면서 북한 지역에서의 극심한 정치적 혼란으로 발전할 가능성이 높다.

둘째, 남북한 지역 갈등이 심각한 수준으로 높아질 가능성이다. 북한 주민들은 통일 이후 상대적 박탈감 이외에도 남한 주민들로부터의 차별과 멸시로 인해 남한의 식민지, 2등 국민이라는 인식이 확산될 것이고 이로 인해 남한에 대한 적대감이 확산될 것이다. 물론 남한 주민들도 북한 주민들에 대한 혐오, 엄청난 통일비용에 대한 세금 부담 등으로 북한에 대한 거부감이 급속히 확산될 것이다. 이러한 상황에서 남한 지역에서는 북한 주민들에게, 그리고 북한 지역에서는 남한 주민들에게 테러를 가하는 등 물리적 충돌이 발생할 수도 있을 것이다.

셋째, 이러한 북한 지역 주민들의 불만과 남한 주민에 대한 적대감으로 인해 북한 지역의 이해를 강력히 대변할 수 있는 정치세력이 필연적으로 등장할 것이다. 통일 독일에서 동독 지역의 이해를 대변할 좌파당이나, 대안당이 급성장한 것과 같은 필요에 의해서다. 그런데 독일에서 동독 지역 인구가 서독지역 인구의 1/4이지만, 북한 지역의 인구는 남한 인구의 1/2이나 되기 때문에 북한 지역을 기반으로 하는 정치세력은 통일 한반도에서 상당한 정치적 영향력을 가질 가능성이 높다. 이러한 정치적 영향력을 가진 정치세력은 통일을 무력화하면서 북한 지역의 분리독립 등 극단적인 주장을 할 가능성도 배제할 수 없다.

넷째 통일 한반도에서 상상할 수 있는 최악의 시나리오는 북한 지역에서 최악의 소요사태가 발생하여 반정부 무장투쟁으로 발전하는 것이다.

북한 지역 남자들은 대부분 최소 10년 이상 군 복무를 하였고, 여자들도 상당수가 5년의 군 복무 경험이 있는 군사국가였기에 무장할 수 있는 능력이 있다. 또한 북한 지역의 지리적 특성상 험준한 산악지형이 많고, 중국과 1,500km에 달하는 국경을 접하고 있다는 점도 무장투쟁에 유리한 지리적 측면이 있다. 물론 북한 지역에 등장한 정치세력이 이러한 무장투쟁을 직간접적으로 지원할 가능성도 있으므로 이 경우 북한 지역은 더욱더 혼란으로 빠져들 가능성이 높다.

하지만 북한 지역에서의 무장투쟁이 남북한 간의 내전으로 발전할 가능성은 크지 않을 것이다. 일부에서는 종족 문제 등으로 내전을 벌이는 아프리카나 중동 지역처럼 통일된 남북한 사이에서의 내전 가능성을 언급하기도 한다. 그러나 북한이 남한으로 흡수통일되는 과정에서 북한 지역이 완전히 무장 해제된 상황이고, 또한 중국 등 주변국들이 한반도의 불안정을 원하지 않을 것이기 때문에 무장 세력들이 외부 지원을 받기가 매우 어려울 것이다.

한반도 통일은 통합을 통해 분단된 민족을 다시 하나의 민족공동체로 묶어내는 과정이며 동시에 그 결과다. 물론 한반도 통일은 아직 가보지 못한 길이기에 섣불리 판단하기는 어렵다. 그러나 독일 통일의 사례는 미래 한반도 통일을 그려보는 데 도움이 될 수 있을 것이다.

그런데 한반도 통일환경을 독일과 비교하면 통일 과정이 훨씬 더 어려우리라는 것을 쉽게 예상할 수 있다. 이는 막대한 통일비용을 수반할 뿐만 아니라, 한반도 통일 과정 전체를 와해시키며 한반도 전체가 혼란으로 빠져드는 소위 '통일쪽박론'이 현실화될 수 있다는 것을 의미한다.

CHAPTER
04

북한 체제가 붕괴하면 통일해야 하나

1. 독일 통일은 평화적이었고, 동독 주민은 절대적으로 지지했다

분단국가의 흡수통일 시나리오와 독일 통일의 이상 理想

'북한 사회주의 체제는 절대로 붕괴한다' 그리고 '북한 체제가 붕괴하면 통일이 된다'는 두 가지 명제는 탈냉전 소련 사회주의 붕괴와 독일 통일이라는 역사로부터 생긴 믿음이다. 이러한 믿음으로 인해 북한의 경제위기나 최고 지도자의 사망 등 이상 징후가 있을 때마다 북한이 붕괴할 것이니 통일을 준비해야 한다는 논의가 유행처럼 지나갔다.

이러한 북한 체제의 붕괴 가능성에 대한 믿음은 탈냉전 이후 역대 정부의 대북정책 결정에 중요하게 작용하였다. 김대중 정부가 기회가 있을 때마다 "우리는 북한이 붕괴하는 것을 바라지 않고, 흡수통일도 추구하지 않을 것"이라고 강조하였지만, 이는 북한의 붕괴 가능성을 강조하는 역설적인 표현이었다. 왜냐하면 김대중 정부의 햇볕정책도 북한의 변화를 통한 통일이 목표였기 때문이다. 물론 이명박 정부의 '비핵, 개방, 3000', '통일항아리' 그리고 박근혜 정부의 '통일대박론'과 '통일 준비'는 북한의 붕괴를 전제로 한 것이었다.

또한 대한민국 정부는 북한 지역이 헌법상 우리의 영토라는 헌법 제4조에 근거하여 북한의 정권이 붕괴한다면 한국이 북한 지역을 점령하는 것은 헌법적으로 정당하다고 보고 그 실행계획을 준비해 왔다. 즉 '작전계획 5029'나 '충무계획' 등은 북한의 붕괴에 대비하기 위한 것이다. 한미연합 '작전계획 5029'는 북한 체제의 불안정을 우려한 미국의 주도로 북한의 핵무기 등 대량파괴무기 통제 등을 위해 작성하였으며, '충무계획'은 유사시 북한의 대량 난민 수용, 북한 지역 비상 통치 등과 관련하여 한국 정부가 작성한 것으로 알려졌다.

대한민국의 공식적인 통일방안이 점진적·단계적 통일을 전제로 하는 '민족공동체 통일방안'이지만, 대부분의 국내외 전문가들의 견해는 대체로 한반도 통일이 급격한 흡수통일 방식이 될 것이라고 보고 있다. 2013년 통일연구원에서 실시한 한반도 통일에 대한 주변국 전문가 설문조사에서 한국 주도의 통일이 급격한 흡수통일 방식으로 진행될 가능성이 크다고 전망하였다.(배정호 외, 147~148) 또한 2014년 일민국제관계연구원에서 실시한 설문조사에서는 다수의 국내 전문가들이 북한 붕괴에 의한 통일 가능성이 가장 크다고 응답하였다.(일민국제관계연구원, 15; 고종건, 62)

한편 한반도 통일이 북한 체제의 붕괴 이후 남한에 흡수되는 것을 상정하더라도, 과거 사례 등을 종합하면 그 형태와 과정은 여러 가지 시나리오로 나타날 수 있다. 첫째, 북한의 붕괴와 급변사태에 직접적인 군사적 개입을 통해 통일을 추진하는 방식인데, 한미연합 '작전계획 5029'가 대표적이다. 이 계획은 북한 정권의 붕괴로 인해 급변사태가 발생하고 무정부 상태로 악화되는 것을 상정하고, 대한민국 헌법 제3조 영토 조항에 근거하여 군대와 경찰을 북한에 투입하여 흡수통일하는 것을 상정하고 있다.

두 번째 흡수통일 시나리오는 베트남 통일과 같이 대한민국이 북한을 군사력으로 점령하는 형식의 전쟁에 의한 흡수통일이다. 그러나 베트남식 전쟁을 통한 통일은 6·25전쟁의 민족적 비극과 한반도의 평화적 통일을 지향하는 대한민국의 헌법 정신을 고려할 때 절대로 피해야 할 통일 방식이다.

세 번째 흡수통일 방식은 독일 통일이다. 이 방식에 따르면 북한 정권이 스스로 붕괴하고, 그 이후 북한에 새로운 민주적 대체정부가 수립된 이후 통일에 대한 북한 주민들의 동의를 거쳐 흡수통일되는 것이다. 독일식 흡수통일은 평화적이었으며, 동독 주민들의 절대적 지지에 근거하였다. 그리고 이러한 독일 내부에서의 통일 열기를 국제사회가 승인하고 지지해주었다. 이처럼 독일 통일의 과정은 처음부터 끝까지 평화적이었으며, 서독과 동독 쌍방의 합의에 의해 합리적으로 결정되었다는 점에서 가장 이상적인 한반도 통일 모델로 인식되었다.

동독의 붕괴와 민주적 대체정부 수립

독일 통일은 소련의 지도자 고르바초프의 개혁정책 추진으로 시작되었다. 1985년 소련 공산당 서기장에 임명된 고르바초프는 취임하자 소련의 개혁과 개방을 추진하면서, 동독을 포함한 모든 동유럽 국가에 민주화와 서방과의 협력을 권장하면서 동유럽 사회주의 국가들은 급격한 변화를 맞게 되었다.

독일 통일은 크게 여섯 단계로 진행되었는데, 첫 번째 단계는 동유럽 국가 공산당 정권이 붕괴하면서 동독 내에서도 민주화 운동이 시작되었다. 1989년 폴란드에서 민주화 혁명으로 공산당 일당독재가 종식됐으며, 헝가리, 체코슬로바키아, 루마니아 등 다른 동유럽 국가도 민주혁명으로 공산당 정권이 무너졌다. 이러한 동유럽의 민주화 바람 속에서 동독에서도 언론, 집회, 여행의 자유 등을 요구하는 민주화 바람이 거세게 일어나기 시작하였다.

두 번째 단계는 동독 공산당 정권의 붕괴이다. 동독의 붕괴는 주민들의 대규모 탈출로부터 시작되었다. 동유럽 국가들의 민주화 열기가 확산하자 1989년 5월 2일 헝가리 개혁정부가 오스트리아와의 국경 철조망을 철거하는 등 주변 국가들의 적극적인 협력으로 동독 주민이 대규모로 탈출하였다. 1989년 9월 말까지 약 25,000명의 동독 주민이 제3국을 경유하여 서독으로 탈출하면서 독일 통일이 세계적인 관심을 끌기 시작하였다.

이렇게 동독 주민들의 대규모 탈출로 혼란스러운 상황에서 1989년 10월 7일 동독 건국 40주년 행사에 참석한 고르바초프가 동독의 개혁을 공개적으로 촉구하면서 소련군의 동독 시위 불개입과 유혈진압 불가를 경고하였다. 이는 고르바초프가 동독의 민주화를 지지한다는 것을 의미했으며, 이에 따라 라이프치히에서 시작된 시위가 전국적으로 확산하는 계기가 되었고, 동독은 정치적 혼란 상태로 빠져들었다. 이렇게 상황이 악화되자 1989년 10월 18일 20여 년 동안 독재자로 철권통치를 했던 호네커 동독 공산당 서기장이 퇴진하고, 후임으로 크렌츠가 공산당 서기장으로 선출되었다.

하지만 동독 내 민주화 시위가 공산당의 일당독재 폐지와 내각 퇴진을 요구하는 전국적인 규모로 확산하면서 극도로 혼란한 상황으로 발전하였다. 이러한 상황에서 동독 공산당은 내각을 총사퇴시키고 새로 한스 모드로를 임명하는 동시에 베를린 장벽 개방과 여행 자유화 계획 등 주민들의 민주화 요구를 일부 수용하는 조치를 하였다. 이 조치로 베를린 장벽이 붕괴하였는데, 당시 상황이 전 세계로 생중계되는 등 독일 통일의 일대 전기를 만들게 되었으며, 결국 1989년 12월 3일 동독 공산당이 해체를 결정하면서 공산당 정권이 붕괴하였다.

세 번째 단계는 동독에 대체정부 수립이다. 동독 공산당 정권이 붕괴한 이후 잠정적으로 한스 모드로 내각 체제를 유지하면서, 1990년 3월 18일 총선을 실시하여 새로운 민주정부를 구성하였다. 이 총선에서는 동독 주민들의 투표율이 93.4%를 기록했으며, 새로 출범한 기민당이 40.8%의 지지를 얻어 승리하였으며, 1990년 4월 12일 기민당의 드 메지에르가 총리로 선출되어 신정부가 출범하였다.(장삼열, 92~95)

네 번째 단계는 동독과 서독의 통일 합의 단계이다. 서독 정부는 동독 내 민주화 시위가 확산되는 등 정세가 급격히 변화하자, 1989년 11월 28일 연방하원에서 '독일과 유럽의 분단 극복을 위한 10개 항의 방안'을 제시하였고, 동독에서도 1990년 2월 1일 모드로 총리가 중립화된 연방국 통일을 골자로 한 4단계 통일방안을 제시하면서 동서독 간에 통일에 대해 논의가 본격화되었다. 이와 같은 동서독에서의 통일 분위기로 인해 서독은 통일을 본격적으로 추진하기 위하여 1990년 2월 7일 연방 정부에 '독일 통일위원회'를 구성하고, 동독에 우선 경제통합을 위한 '화폐, 경제와 사회 통합조약'을 제의했다.

그리고 1990년 4월 12일에 동독에서 국민투표로 새로 선출된 기민당의 드 메지에르 수상과 서독의 콜 수상은 4월 27일 본에서 회담을 갖고 '화폐, 경제와 사회 통합조약'에 합의함으로써 통일작업이 본격화되었다. 이 조약은 화폐를 독일 마르크로 하는 단일 시장경제체제를 채택하기로 하여 사실상 통일국가로 진입하게 되는 것이었다.(장삼열, 95~97)

그 이후 서독과 동독은 '선거조약', '통일조약' 등을 연이어 체결하였는데, 특히 통일조약은 통일을 달성하기 위한 헌법적 전제로 서독의 기본법을 준용하기로 하였다. 즉 전문과 9장 45조의 본문, 의정서와 특별규정으로 구성되어 있는데, 제1조에는 동독 5개 주가 1990년 10월 3일 자로 독일연방공화국(서독)에 편입되면, 제2조에서는 독일의 수도를 베를린으로 정했으며, 의회와 행정부의 소재지 문제는 독일 통일이 이뤄진 뒤에 결정하도록 했다. 제3조에서는 서독 기본법(헌법)이 통일과 함께 동독 지역에서도 효력을 발생하도록 했다.(김면회, 18~19)

다섯 번째 단계는 미국, 소련, 영국, 프랑스 등 2차 세계대전 전승 4국을 비롯하여 폴란드 등 주변국들이 독일 통일을 승인한 것이다. 2차 세계대전 이후 전승국들이 독일을 분단시킨 것은 독일의 국력을 약화해 또다시 전쟁을 일으키지 못하게 하겠다는 것이었기 때문에 전승국들은 독일이 통일하는 것에 대해 의구심을 가질 수밖에 없었다. 특히 소련을 비롯하여 영국과 프랑스는 강하게 반발했다.

그러나 전승국 중에서 미국만은 독일 통일을 적극적으로 지지하는 태도를 보이면서 영국과 프랑스에 독일 통일 지지를 촉구했고, 소련과 폴란드를 설득하는데 많은 노력을 기울였다. 이렇게 미국의 적극적인 도움으로 서독 콜 수상은 1990년 2월 10일 고르바초프와의 협상을 통해 독일 통일에 대한 자결권을 우선 약속받았으며, 7월 15~16일 코카서스 회담에서는 통일 독일의 병력 감축, 소련에 대한 대규모 경제지원 등을 합의하면서 소련의 최종적인 동의를 받아냈다.(장삼열, 95~97)

이렇게 소련, 영국, 프랑스 등 주변국들의 지지가 확인되자 동독과 서독 그리고 전승 4대국 외무장관들은 1990년 2월 13일 캐나다 오타와에서 독일 통일 관련 문제를 협의하기 위한 '2+4 회담'을 개최하였다. 당시 독일 통일과 관련해서 가장 중요한 의제는 통일 독일의 NATO 잔류와 폴란드 국경 설정이었는데, '2+4 회담'에서 통일된 독일이 NATO 회원국으로 남는 것이 바람직하다는 결론을 도출하였다. 그리고 1990년 9월 12일 모스크바에서 개최된 제4차 회담에서 '2+4 조약'을 체결하면서 독일이 통일과 동시에 완전한 주권을 갖는 것을 승인하였다.

그리고 독일 통일 과정에서의 마지막 여섯 번째 단계는 통합 단계이다. 1990년 7월 1일 '화폐, 경제와 사회 동맹조약'이 발효되고, '2+4 회담'이 순조롭게 진행되자 통일은 빠르게 진전되었다. 1990년 8월 31일 서독 내무장관과 동독의 정무차관이 '통일조약'에 서명하였고, 1990년 10월 3일 0시에 통일이 되었으며, 통일 이후 통합의 과정은 서독과 동독이 합의한 '화폐·경제·사회통합조약'과 '선거조약', '통일조약' 등에 따라 진행되었다. 물론 통합의 과정은 서독 제도의 동독 지역으로의 이식과 확대 작업이었고, 동독 지역의 사회경제적 재편과정이었다.

이와 같은 독일의 통일 과정은 정말 기적처럼 이루어졌다. 통일은 동독 주민들의 대량 탈출이 시작되었던 1989년 5월부터 1990년 10월 1일까지 약 1년 5개월의 짧은 기간에 완성되었다. 독일 통일은 매우 안정적·평화적이었으며, 내부적으로는 동서독 주민들의 적극적인 지지와 대외적으로는 주변 전승국들의 승인을 이끌어내면서 진행된 한편의 극적인 드라마였다.

동독 주민의 압도적 지지가 통일 성공의 결정적 요인

독일 통일은 먼저 동독 공산주의 정권이 붕괴하면서 통일의 여건이 조성되자, 서독은 강력한 추진력으로 통일을 성취한 것이었다. 이러한 독일 통일 과정은 동독 공산주의 정권 붕괴 과정과 동독 붕괴 이후 통일 과정 등 크게 두 단계로 구분할 수 있으며, 독일 통일에 영향을 미친 요인들도 같은 방식으로 구분할 수 있을 것이다.

먼저 동독이 붕괴하는 데 영향을 미친 요인들을 정리해보면 다음과 같다. 첫째, 동독의 심각한 경제난으로 공산당 정권에 대한 주민들의 불만이 컸다는 점이다. 당시 소련을 비롯한 유럽 사회주의 국가들은 1980년대 이르면 경제적으로 거의 파산 상태였다는 것이 탈냉전 이후 드러났다.

1970년대부터 사회주의 체제의 구조적 모순인 산업 생산성이 하락하면서 경제 상황이 급격히 악화되었던 것이다.

물론 동독은 우수한 산업기술력과 독일인 고유의 근면성과 근검절약 기질로 동유럽에서 가장 잘산다는 평가를 받았다. 하지만 동독도 소련으로부터 값싸게 공급받던 석유 등 원자재가 소련 경제의 악화로 감소하면서 재정상태가 심각하게 악화되었다. 통일 이후 밝혀진 동독 경제의 진실은 공장 대부분은 폐허 수준이었고, 기계는 완전 구형이고 폐기 직전 상태였고, 건물과 교통, 통신 등 인프라 등도 매우 낙후되어 있었다. 동독의 생산성은 서독의 25~30% 수준에 불과할 정도였으며, 동독의 국영기업들은 회계장부 조작과 부실한 사내 보유금, 필요 이상의 고용 등으로 전부 거품이었던 것이 드러났다.

둘째는 동독 주민들의 자유에 대한 열망과 시민사회운동의 확산이었다. 동독 경제가 파탄 상태에 이르자 동독 주민들의 공산당 정권에 대한 불만이 높아져 갔고, 서독의 경제를 동경하는 마음이 더욱 커져갔다. 이러한 상황에서 일부 동독 주민들은 서독으로 탈출을 감행하였고, 나머지는 거리로 나가 '민주화'를 외치며 '시민혁명'을 촉발했다.(장삼열, 99~100) 물론 당시 소련 고르바초프가 동유럽 민주화를 적극적으로 지지하면서 동독에서도 '노이에스포룸', '데모크라티 예츠트', '민주약진' 등 시민운동이 조직되어 동독 공산당 정권에 직접 도전하였다.(정영철, 144~145)

세 번째 요인은 서독의 '신동방정책'으로 동독 주민들의 서독에 대한 동경심이 크게 확산되었다는 점이다. 서독은 동독과 1972년에 체결한 기본조약을 토대로 동서독 사이에 인적, 문화적 교류를 비롯하여 우편과 통신 등 여러 분야에서 폭넓은 교류를 이어나갔다. 특히 서독은 동독에 경제지원을 할 때마다 동독 주민의 삶의 질 향상과 인권, 여행 규제 완화 및 교류 확대, 동독인의 서독 TV 등 방송 청취 허가 등을 요구해서 성사시켰다. 이러한 서독의 '신동방정책'의 영향으로 동독 주민들은 서독은 물론 서유럽 등 서방 세계를 동경해왔으며, 시민운동의 형성과 확산에 결정적으로 기여하였다고 할 수 있다.(김면회, 13~14)

네 번째 요인은 소련 고르바초프의 등장과 탈냉전이다. 독일 통일은 고르바초프의 등장이 결정적인 요인이었다. 1985년 고르바초프가 소련 공산당 서기장에 취임할 당시 소련 경제는 낮은 생산성, 부족한 소비재, 기술 혁신의 부재 등으로 파산 직전의 상태였다. 이에 고르바초프는 대대적 개혁이 필요하다고 판단하고, 글라스노스트(glasnost·개방)와 페레스트로이카(perestroika·개혁)를 통하여 경제, 사회 각 부문에 대한 매우 급진적인 개혁을 추진하였다.

이러한 상황에서 고르바초프는 소련의 개혁은 소련에 정치·경제적으로 의존하고 있던 동유럽 위성국가들의 개혁 없이는 불가능하다고 인식하고 동유럽 국가들을 개혁하기로 결정하였다. 고르바초프는 우선 동유럽 국가들을 소련에 종속시키는 '브레즈네프 독트린'을 폐기하는 조치를 하였다. '브레즈네프 독트린'은 "사회주의 진영의 어느 나라든 그 생존이 위협받았을 때 사회주의 진영 전체에 대한 위협으로 보고 다른 사회주의 국가는 이에 개입할 권리를 가진다"라는 것이었다. 그런데 '브레즈네프 독트린'의 실제 의도는 동유럽 국가의 내정에 간섭할 수 있는 명분을 만들려는 것이었다.

하지만 소련이 '브레즈네프 독트린'을 폐기한 것은 동유럽에 대한 개입을 원치 않는다는 것을 선언한 것이었고, 이에 자극받은 동유럽 국가들에서 민주화 운동이 급격히 확산되면서 공산당 정권이 붕괴하는 탈공산화로 연결되었던 것이다.

한편 동독 붕괴 이후 통일 과정에서도 서독 정부는 수많은 어려움을 잘 극복하고 통일을 성공적으로 이루어 냈다는 평가를 받는다. 동독 붕괴 이후 통일 과정이 성공적으로 이루어지는 데 기여한 요인들 중 첫 번째는 서독 정치 엘리트들의 전략적 결단이었다. 당시 서독의 콜 수상은 탁월한 정치적 감각으로 '기회의 창'을 잘 활용하였다. 동독 주민들의 대거 탈출 사태로 동독 지도부가 위기의식을 갖고 있을 때 서독은 동독의 안정을 원한다고 선언하였다. 그리고 동서독 정상회담을 비롯한 다양한 협상을 통해 동독 문제에 적극적으로 개입하면서 통일이라는 목표로 접근해가는 지혜를 보였다.

두 번째 요인은 서독의 강력한 국력과 성숙한 민주주의라는 우월한 국가 체제였다. 서독은 막강한 경제력을 동독과의 통일 협상에 적극적으로 활용하였다. 서독 정부는 동독 지역의 경제재건과 생활수준 향상에 필요한 재정 지원을 위해 '독일 통일기금'을 준비하여 동독과의 통일 협상을 이끌었다. 또한 서독은 소련에 50억 마르크의 장기 차관을 제공하였으며, 동독이 부담하던 소련군 주둔 비용은 물론 소련군 철수비용까지 부담하면서 소련의 지지를 이끌어 냈다.

세 번째 요인은 통일 과정에서 동서독 주민들 모두 통일을 희망하였고 열렬한 지지를 보냈다는 점이다. 특히 동독 주민들의 서독에 대한 높은 동경심은 국민투표에서 통일에 대한 압도적 지지로 나타났으며, 서독 국민도 이를 적극적으로 지지하였다.

네 번째 요인은 독일 통일 과정에서 서독의 탁월한 외교력과 미국의 적극적 지지가 전승국들의 지지를 얻어내는 데 크게 기여를 하였다. 특히 서독 콜 수상은 부시 미국 대통령과의 친밀한 인적 네트워크를 잘 활용하여, 미국의 확고한 지지를 확보하였다. 그리고 미국의 적극적인 협력은 소련을 비롯하여 프랑스, 영국 등 전승국들의 승인을 받아내는 데 결정적으로 기여하였다.(장삼열, 99~100)

그런데 이처럼 독일 통일의 과정이 성공적으로 완료되었지만, 동서독의 통합이라는 훨씬 더 어려운 과정이 기다리고 있었다. 즉 독일의 통일이 성공적이었다는 것은 동독과 서독을 정치적으로 하나의 국가로 만드는 데 성공하였다는 의미이지, 동서독의 정치,·경제·사회적 통합까지도 성공적으로 완성하였다 의미는 아니었다.

사실 독일 통일에 대한 부정적인 평가는 대부분 독일 통일이 급진적으로 동독을 흡수하였기 때문에 발생한 것이었다. 통일이 너무나 빨리 진행되었기에 독일 사람들은 통일을 미리 준비하지 못했으며, 통일 이후 통합의 과정은 시행착오를 반복하였고 많은 후유증을 남겼다. 특히 독일의 급속한 경제통합 및 시장경제로의 전환은 동독 지역의 대부분 기업이 도산하고 대규모 실업이 발생하면서 엄청난 통일비용이 소요되었던 것이다.(김면회, 17~18)

2. 북한은 붕괴할 것인가

북한 붕괴에 대한 논의는 현재진행형이다

한반도 통일이 독일 통일과 같이 흡수통일로 이루어지기 위해서는 북한 독재정권의 붕괴가 선행되어야 한다. 북한 정권의 붕괴후 대체정부가 수립되고 그 이후 남북간 합의에 의해 통일 과정에 진입한다는 것이 독일 통일에 적용해본 한반도 통일의 시나리오이다.

탈냉전 이후 지난 30여 년 동안 북한 붕괴론은 우리 사회에서 가장 뜨거운 이슈였다. 특히 소련 붕괴와 독일 통일 이후 북한 붕괴 가능성에 관한 주장이 봇물이 터지듯 하였다. 예를 들면, 1991년 당시 민족통일연구원이 주최한 국제학술회의에서 Foster-Carter가 "한반도가 2000년까지는 확실히 통일될 것이며… 어쩌면 빠른 시일 내에 통일될 가능성이 있다"라고 주장하면서 북한 붕괴 가능성을 본격적으로 제기하였다.(Aidan Foster ~Carter, 48) 1993년 Gavan McCormack은 "국가와 김일성 일가를 일체화한 북한 체제는 경제적 실패와 국제적 위기에 직면하여 흔적도 없이 사라질 것이며 그가 염원했던 한반도 통일은 남한에 의해 이루어질 것"이라고 주장하기도 하였다.(Gavan McCormack, 1~48; 장달중, 2; 김정수, 2001, 128) 이러한 탈냉전의 분위기가 확산되고 있는 상황에서 1994년 북한이 김일성 주석의 사망과 최악의 경제난으로 위기를 겪자 북한 붕괴에 대한 논의는 더욱 가열되었다.

하지만 1998년 김정일 체제가 출범하고, 2000년 남북정상회담이 개최되는 등 북한이 상당히 안정된 모습을 보이자 북한 붕괴론은 점차 그 힘을 잃어갔다. 그런데도 북한 붕괴론은 '북한 체제의 안정성 평가', '북한 체제의 내구력 평가' 등의 이름으로 계속해서 논의의 중심에 있었다. 그리고 2008년 김정일 뇌졸중 등 중병설, 2010년 튀니지, 리비아, 이집트 등 중동 민주혁명으로 독재정권 몰락, 2011년 김정일 사망과 20대 후계자 김정은 등장 등 북한 내부의 이상 징후가 발생할 때마다 북한 붕괴론 논의는 다시 활발해지곤 했다.

그런데 이러한 북한 붕괴를 논의하기 위해서는 먼저 붕괴란 어떤 상태를 의미하는 것인가에 대한 개념 정의가 필요하다. 즉 김정은 정권의 붕괴가 곧 북한의 붕괴인가? 아니면 사회주의 체제의 붕괴인가? 국가시스템의 마비에 이르러야 비로소 북한이라는 국가가 붕괴된다고 볼 수 있을 것인가? 논리적으로 보면 김정은 정권의 붕괴와 북한 체제의 붕괴는 다르다. 김정은 정권이 붕괴하더라도 다른 세력이 등장해 사회주의 체제를 계속 유지할 수도 있다. 이러한 의미에서 북한의 붕괴를 김정은 정권, 사회주의 체제, 조선민주주의인민공화국 등 세 가지 수준을 구별하여 사용해야 한다는 주장도 있다.(정성장, 1999, 3; 김영춘, 2; 이재봉, 1)

그런데 북한 체제의 속성으로 보아 김정은 정권의 붕괴가 북한 체제의 붕괴로 연결될 가능성은 상당히 크다. 동독도 20여 년간 장기 집권했던 호네커 정권이 붕괴하자 사회주의 체제도 붕괴하였으며, 대부분의 동유럽 사회주의 국가들도 정권 붕괴와 체제 붕괴가 동시에 일어났다. 또한 사회주의 국가의 붕괴가 반드시 무정부 상태를 의미하지는 않는다. 동독처럼 공산주의 정권이 붕괴한 이후 대체정부가 등장할 수 있기 때문이다.

경제난과 시장의 확산이 북한을 붕괴시킬 것인가

북한이 사회주의 국가 정치체제와 독재국가 체제의 특성을 모두 공유하고 있으므로 다른 사회주의 국가나 독재국가들의 붕괴 사례에서도 많은 시사점을 찾을 수 있다.(김진무, 2015. 3~5; 김진무, 2014) 특히 소련과 동유럽 사회주의 국가들의 붕괴는 먼저 경제위기가 심화하면서 정치, 사회 등 전 분야의 위기로 발전하였고, 고르바초프가 이러한 경제위기를 타개하기 위한 개혁정책을 추진하면서 체제가 붕괴되었다

한편 독재국가의 붕괴 사례인 2011년 중동 민주혁명(소위 재스민 혁명)에서는 높은 물가와 실업률 등 심각한 경제난으로 시민들의 불만이 팽배해 있는 상황에서 비밀경찰 등을 이용한 폭압적 공포정치에 대한 민중의 의식변화가 중요한 촉발 요인이 되었다. 물론 민중들의 의식변화에는 페이스북, 트위터, 유튜브 등 소위 소셜 네트워크 서비스(SNS)가 결정적으로 기여하였다.(인남식, 2011)

이러한 사회주의 국가들과 독재국가들의 붕괴 사례들을 참고하여 북한 붕괴에 영향을 미칠 수 있는 요인들을 분석하면, 다음과 같다. 첫째는 장기간 계속되고 있는 경제난이 구조적으로 작용하고 있다. 소련 등 사회주의 국가나 중동 독재국가 모두 붕괴 직전에 이미 심각한 경제난으로 주민들의 불만이 커져 있었다. 물론 북한도 1990년대 이후 경제위기가 계속되고 있다. 1998년 김정일 정권 출범 이후 한국, 중국 등 국제사회의 지

원으로 가까스로 위기 상황을 극복하였고, 2012년 김정은 집권 이후 '우리식 경제관리개선'을 추진하며 생산성 제고를 위해 노력하고 있기는 하다. 하지만 핵 개발로 인한 국제사회 대북 제재 강화, 코로나 팬데믹으로 인한 국경 봉쇄, 자연재해로 인해 거의 매년 심각한 식량난을 겪는 등 경제위기가 반복되면서 주민들의 삶은 극도로 피폐해져 있다.

또한 북한 경제에서는 과다한 군사비와 김씨 왕조의 우상화 등 수령경제 유지를 위해 천문학적인 비용이 소요된다. 그리고 김정은 정권은 이런 엄청난 비용을 주민들에 대한 수탈로 조성하기 때문에 북한의 경제난은 구조적이다. 물론 북한의 핵 개발로 인한 국제사회의 강력한 제재도 북한의 경제난을 악화시키는 또 다른 구조적 요인이다. 따라서 이러한 문제들이 해결되지 않는 한 경제난 완화는 불가능하다.

이처럼 북한의 경제난은 구조적이며 장기적이기 때문에 주민들의 불만은 지속해서 쌓여갈 것이고 김정은 정권에 대한 저항의식으로 나타날 가능성이 있다. 또한 장기간의 경제난은 김정은 정권의 통치자금을 소진시키면서 엘리트들의 지배자에 대한 종속을 약화하고 지배연합을 불안정하게 만들 수 있어, 엘리트 분열이나 권력투쟁 가능성이 높아질 수 있다는 주장도 있다.

북한 붕괴에 영향을 미칠 가능성이 있는 두 번째 요인은 시장의 확산이다. 북한의 경제위기는 사회주의 계획경제를 시장경제로 변화시켰다. 그리고 사회주의 국가에서 시장이 주민들의 의식을 변화시키기 때문에 체제에 위협이 된다는 연구는 많이 있다. 북한 주민의 대부분이 시장을 통해 생활을 영위하고 있으며, 국제사회의 제재로 인해 무역 등을 통한 외화벌이가 어려워진 상황에서 김정은 정권의 통치자금, 당·정·군 각 기관의 운영자금도 대부분 시장에서 조달되고 있다. 오늘날 북한 경제에 시장의 위상은 절대적이다.

따라서 북한이 여전히 사회주의를 내세우고 있지만, 실질적으로 북한 경제를 주도하는 세력은 이른바 시장의 경제주체들이다. 북한 시장은 양적으로 급속히 확대되고 있으며, 2, 3차 산업으로 확산되면서 북한 경제를 근본적으로 변화시키고 있다. 즉 북한이 자본주의 시장경제가 되고 있다.

이러한 북한의 시장 확산은 다음 몇 가지 차원에서 북한 체제에 위협적일 수 있다. 첫째, 시장은 북한 내에 계층 간뿐만 아니라 지역 간에도 빈부 격차를 상당히 심화시키며 불안정 요인이 되고 있다. 북한 시장은 당·정·군 기관과 정치 엘리트들이 민간 신흥 부자들과 결탁하여 지배하고 있다. 즉 북한 시장의 큰손은 정치 엘리트들과 신흥 부자들이라는 것이다. 따라서 북한 전체 인구의 1/3 정도는 세계 최빈국 수준인 300달러이지만, 평양의 최상층은 시장으로부터 벌어들인 합법, 불법 소득으로 자본주의 선진국 수준의 소비를 즐기고 있다. 또한 농촌과 도시, 시장에서 장사할 수 있는 경제활동 인구와 취약계층 등 사회의 집단과 계층 간의 소득 차이도 상당하다.

둘째, 시장의 활성화로 인한 중앙정부의 통제력이 약화되고 있다는 점이다. 사회주의 국가에서 배급제와 계획경제체제는 중앙정부의 정치통제력을 뒷받침하는 가장 중요한 수단이었으며, 수령의 은덕이었다. 그러나 북한에서 국가계획이 약화되고 배급제가 중단되는 가운데 시장이 확산되자 주민들의 생활이 국가로부터 분리되는 탈수령화가 급속히 진행되었다. 이는 북한 체제 유지의 핵심 수단인 당과 수령에 대한 주민들의 충성심이 약화되고 있는 것이다.(김근식 외, 171)

셋째, 시장의 확산은 북한 주민들의 의식을 변화시키고 있다. 사회주의 체제에서 시장의 확산은 필연적으로 시민사회의 성장을 불러왔으며, 국가에 대한 가장 강력한 도전 세력으로 성장하였다. 북한에서 시장의 확산으로 체제 유지의 근간이었던 집단주의가 붕괴하고 개인주의, 물질 우선주의, 배금주의가 확산되고 있으며, 계층구조와 이데올로기의 절대성을 약화하고 있다. 특히 시장의 확산은 사회 유동성을 높였고, 지역 간, 계층 간에 외부 정보가 빠르게 확산되면서 주민들의 의식을 변화시키고 있다. 이러한 시장의 확산은 기존 사회주의 질서를 약화시킬 수 있는 시민사회 성장 가능성의 주요 요인이 될 수 있다.(김신, 48~50)

넷째, 시장이 새로운 수탈구조를 형성하여 부패를 구조화하고 있어, 국가 운영 메커니즘과 사회 통제를 약화하는 주요 요인이 되고 있다는 점이다. 현재 북한에서 뇌물 없이 되는 일이 하나도 없다고 할 정도로 부패가 일상화·구조화되어 있다.(조재욱, 41, 58)

이처럼 북한에서 시장의 확산은 계획경제체제와 중앙정부의 통제력을 약화했으며, 그에 따라 주민들의 사상적 통제도 크게 이완되고 있는 것이 사실이다. 즉 시장이 확산되면서 주민들이 국가에 의존하지 않게 되면서 국가에 대한 비판의식이 높아지고 있다는 점이다. 이는 북한의 전체주의적 독재체제에 도전할 새로운 세력이 시장에서부터 나타날 수 있다는 것을 의미한다.(김진무, 2014, 11~13)

한편 북한의 붕괴 위협에 있어 국제적 요인도 있는데, 대표적인 요인이 북한의 핵 개발에 대한 국제사회의 강력한 제재다. 이는 북한이 핵 개발을 강행하여 사실상 핵 보유 상태에 이르자 문제의 본질이 정권 차원에 있다고 보고 국제사회의 제재가 정권을 직접 위협하는 방향으로 목표를 설정하고 있기 때문이다.

유엔 안보리 제재는 2006년 북한의 제1차 핵실험부터 2017년 11월 화성 15형 ICBM 미사일 발사에 대한 2397호까지 11차례 결의되어 누적적으로 이행되고 있다. 또한 유엔 안보리 제재와는 별개로 미국, EU, 대한민국, 일본 등 개별 국가도 북한에 대한 제재를 강화하였다. 이처럼 북한의 핵 개발에 대한 국제사회의 광범위한 제재는 결국 북한 정권의 교체

Regime Change를 목표로 하고 있는 것이다. 즉 김정은의 통치자금에 큰 타격을 입혀 김정은과 엘리트 간의 균열, 경제난 심화로 인한 내부 혼란 등을 목표로 하고 있는 것이다.

마지막으로 북한의 대중국 의존 심화가 북한 정권에 위협이 될 수 있다. 경제난과 고립으로 북한은 중국의 지원이 절대적으로 필요하지만 중국에 대한 의존이 북한 정권에게는 위협이 될 수 있다는 의미다.(김진무 외, 2011년) 사실 북한과 중국은 동맹관계로서 '순망치한,' 또는 혈맹이라고 표현되지만, 이면에는 국경을 맞대고 있는 중국의 내정간섭이 정권의 존립을 위협할 수 있다는 북한 정권의 뿌리 깊은 불신이 도사리고 있다.(현성일, 346)

특히 김정일은 중국의 영향력 차단을 목적으로 1970년대부터 권력층 내 중국 연고자들을 전부 조사하여 지방으로 추방하는 조치를 취하였다. 그리고 김정일은 "중국을 이용하되 속을 주지 말라"고 하면서 "중국의 지원과 협력이 북한에 대한 정치적 영향력 확대로 이어지는 것을 차단할 것"을 주문했던 것으로 알려졌다.(채규철 외, 9) 이렇게 북한의 중국에 대한 불신이 역사적으로 매우 뿌리가 깊다는 것은 중국이 언제든지 자신의 정권을 위협할 것이라는 인식이 강하기 때문이다.

이와 같은 중국이 북한 정권을 위협할 수 있다는 주장은 다음과 같은 몇 가지 요인에 근거하고 있다. 첫 번째는 중국이 강대국으로 부상하는 과정에서 점차 국제사회의 규범을 중시하게 될 것이고 이는 북한의 체제 변화를 압박하거나 또는 북한을 버릴 수도 있다는 것이다. 특히 중국은 국제적 공분을 사고 있는 북한의 핵 개발을 옹호하는 것이 부담이 될 수밖에 없으며, 북한이 국제적 규범을 이탈하는 행위에 대해 국제사회의 기대를 저버릴 수 없다고 인식할 수 있다는 것이다.(최명해, 136) 이러한 중국의 정책으로 인해 북한은 중국이 언제든지 자신을 버리거나, 중국 자신의 관리체제로 편입시킬 것이라고 우려하고 있다.(채규철, 109)

둘째, 중국의 개혁개방 권유가 북한 정권에 위협이 될 수 있다. 1980년대부터 본격화된 개혁개방으로 중국이 자본주의 시장경제체제로 급격하게 변화하면서 북한 주민들의 의식 변화에 상당한 영향을 미칠 수밖에 없다.

물론 중국은 자신들의 성공 스토리를 북한에 알리고 개혁개방을 적극적으로 유도하기를 원했다. 그 이유는 중국이 세계 최빈국 북한을 이웃에 두고 있음으로써 경제적 부담이 되고 있으며, 탈북자 등도 사회적 불안정 요인이 되고 있기 때문이었다. 따라서 중국은 북한이 중국처럼 개혁개방을 통해 국제사회에서 정상국가로 활동하는 것이 중국의 국익에 도움이 된다고 인식하고 있다. 이러한 중국의 북한 변화 요구는 북한 체제에 위협이 될 수 있다.

셋째, 북한의 중국에 대한 경제 의존 심화가 북한에 대한 위협 요인이 된다. 북한의 대중국 무역 비중이 코로나 팬데믹 직전인 2019년까지 총 공식무역의 90% 이상으로 절대적인 위치를 차지하고 있다. 또한 북한의 대외무역에서 공식무역 이외에 비공식 무역과 밀무역 등이 상당한 부분을 차지하는데, 이들 무역도 거의 대부분 중국과의 거래다. 특히 북한의 대중국 경제적 의존 심화가 북한 정권에 위협적인 이유는 식량과 석유 등 국가 기간자원은 물론이고 각종 산업의 부품 원자재와 기술 등을 중국에 의존하고 있기 때문이다.

이렇게 북한의 중국에 대한 경제 의존이 절대적인 상황은 정치적으로도 예속될 가능성이 커질 수 있다는 것을 의미한다.(김진무 외, 2011) 중국이 북한에 경제제재를 가한다면 북한은 식량과 에너지 위기를 맞게 되고 사실상 공황 상태에 빠질 가능성이 크다. 북한은 만성적인 식량, 원유 부족국가이기 때문에 국내의 소비량을 줄이는 조처를 할 수 없으며 또한 수입국을 다양화할 수도 없기 때문이다.(유현정, 450; 조동호, 이상근, 376~377)

북한은 70년 동안 3대 세습정권 유지

미국의 평화기금The Fund for Peace에서 매년 발간하는 취약국가 지표Fragile State Index는 북한을 내전이 진행 중인 아프리카의 라이베리아, 에티오피아, 우간다 같은 나라들과 함께 정치적 불안정성이 고도로 높은 국가 중 하나로 분류하고 있다.(정성윤 외, 78~79) 하지만 소련 사회주의 붕괴 이후 북한은 경제난, 시장의 확산, 국제사회 제재와 압박 등 '3각 위기'의 지속에도 불구하고 적어도 3대 세습 정권 만큼은 잘 유지하고 있다.(박영민, 33-3, 32) 또한 최근 북한에는 코로나와 자연재해로 식량난이 심각한 것으로 보이는데도 불구하고 정치적으로 불안정하다는 징후는 없다.

이는 북한의 각종 지표가 여전히 불안정성이 높은데 "어떻게 3대 세습까지 70여 년이라는 장기간에 걸쳐 전체주의적 독재체제를 유지해 올 수 있었는가"라는 질문에 답을 구해야 한다는 것을 의미한다. 북한의 구조적인 불안정성에 대해서는 많은 논의가 있었으니, 이제는 체제가 지닌 안정 유지 메커니즘을 더욱 심층적으로 분석해야 한다는 것을 의미한다.(박영민, 33-3, 31)

물론 북한 정권과 체제가 지난 20여 년 동안 온갖 어려운 환경에도 불구하고 안정적으로 유지되고 있는 것에 관해 많은 연구가 진행되었다. 그리고 그러한 체제 안정 유지 메커니즘을 정리해보면 크게 북한 요인과 남한 요인 그리고 외부 환경 요인 등 세 가지로 구분할 수 있다.

먼저 북한의 체제 특성이 체제 안정화의 중요한 요인이라는 주장이다. 첫째는 권력의 초집중과 상호 감시·견제 체제에 의한 공포정치를 강화하고 있는 전형적인 전체주의 체제이다. 이러한 전체주의적 체제에서 북한 주민들은 인간의 기본권을 박탈당하는 반인륜적인 사회에서 살고 있다.(차성근, 114)

북한 안정화의 두 번째 체제 특성은 강력한 지배연합 체제가 체제안정에 기여하고 있다는 것이다. 독재 권력에 있어서 지배연합은 독재자와 권력 엘리트들이 강한 네트워크를 형성하는 운명공동체를 의미한다. 독재체제에서 권력 엘리트들은 자신들의 특권과 목숨을 유지하기 위해 독재자에게 기생하면서 충성을 다하고 아래로는 인민들을 수탈하여 독재체제 유지에 기여한다. 또한 독재체제가 붕괴하면 자신들이 향유하고 있는 특권을 상실하기 때문에 독제체제의 안정에 적극적으로 협력한다는 것이다.(김진무, 2014, 13~15)

사실 김정일 정권은 1990년대 최악의 경제위기 상황에서 선군정치라는 군부 중심의 지배연합을 강화하는 위기관리 체제를 구축하였다. 당시 군부 인물들을 대거 정치 권력의 중심에 포진시킴으로써 군을 이용한 위기관리 체제를 통해 체제 위기를 극복한 것으로 평가되었다.(김진무, 제1584호, 11~12) 김정은 정권도 초기 미숙한 용인술로 지배연합 체제가 불안정할 것으로 예상되었지만, 2013년 고모부인 장성택 처형을 계기로 엘리트들의 종속을 심화시켜 군부에서 노동당으로 권력의 중심을 이동하여 강력한 지배연합을 구축하고 있는 것으로 보인다.

세 번째 특성은 외부 세계와 철저히 고립된 폐쇄적 통치체제다. 이 논리는 북한 체제를 '국경독재 체제'라는 개념으로 설명하는데, '국경'이라는 경계를 통해 외부 세계와 철저히 단절된 폐쇄적 독재체제를 의미한다.(Lindenberger, 13~43; 김태현, 34~35) 북한은 동쪽과 서쪽은 바다, 남쪽은 휴전선으로 둘러싸여 있는 지리적 이점을 활용하여 외부 세계와 차단된 고립된 환경을 만들어 왔다.

북한은 이러한 고립된 환경에서 정보를 체계적으로 조작하는 선전선동을 통해 독재의 정당성과 외부에 대한 적개심 등을 반복적으로 주입하면서 주민들에게 온갖 폭력과 횡포, 수탈을 자행하였다. 하지만 외부 세계에 대해 전혀 알지 못하는 북한 주민들은 저항할 수 없는 환경이었다. 최근 시장이 확산되고 외부 세계에 상당히 개방되어도 북한 주민들이 독재정권의 불법적 폭력을 순순히 수용하고 있는 것은 지난 70여 년 동안의 폐쇄된 체제에서의 세뇌와 폭력에 대해 순종하는 관성이 작용하고 있다는 주장이다.(Lindenberger, 1999, 13~43; 김태현, 34~35)

한편 북한의 시장화가 체제에 위협이 아니라 체제 안정에 기여하고 있다는 주장도 제기되고 있다. 즉 사회주의 국가에서 시장이 주민 의식변화에 영향을 미쳐 체제에 위협이 된다는 논리는 북한 체제의 특수성으로 인해 북한에 적용되지 않는다는 주장인 것이다.

이러한 주장의 첫 번째는 북한에서 시장이 정권과 상호 공존하고 있기 때문이라고 주장인데, 이는 정권이 시장에서 통치자금을 조달하고 있기 때문이다.(박형중, 46-5, 217~219) 국제사회의 제재 강화로 대외무역이 어려워진 상황에서 당·정·군 등 권력 기관들이 대부분 국내 시장에서 독재자의 통치를 위한 충성자금과 자신들의 부를 축적할 자금을 벌어들이고 있기 때문이다.(홍민, 206)

이렇게 권력 기관이 시장에 깊이 개입함에 따라 시장 세력도 통치자금의 공급원으로서 정권 안정에 기여하고 있다는 것이다. 즉 북한에서 정치권력층은 시장에서 부를 축적하고 있으므로 시장의 신흥 부유층(돈주)들의 도움이 필요하며, 신흥 부자들도 지속적인 부를 축적하기 위해 정치적 후원이 필요하다. 따라서 권력과 신흥 부자들은 서로 적대적이기보다는 상호 공존하려고 한다는 것이다..(김근식 외, 171)

둘째, 북한 시장에 만연하고 있는 부패도 체제위협요인이라기보다는 체제 안정에 기여한다는 주장이다.(조재욱, 61) 저개발국가에서는 관료 권력이 개입하여 부패를 통해 시장 세력들을 보호하여 시장 활성화에 도움을 주는 동시에, 시장 세력과 결탁하여 독재국가의 국가통제를 강화한다는 논리다. 다든(Darden, Keith, 8; 조재욱, 45~46)에 따르면 관료의 부패가 국가 통제의 기제로 작동할 수 있는 것은 뇌물이 통치자가 내리는 급료가 되기 때문이라는 논리이다. 즉 통치자는 두 가지 수단, 즉 채찍과 당근을 활용하여 엘리트들의 충성을 요구한다. 즉 통치자는 뇌물 수수를 허용하면서 그에 대한 반대급부로 충성을 요구하며, 동시에 통치자가 관료들의 부패에 대한 처벌을 위협하며 체제 이탈이나 반란을 막는다는 것이다.(Charap, 14; 조재욱, 45~46)

한편 북한 정권 안정화의 남북관계 요인인데, 남북간의 계속되고 있는 적대관계가 북한 체제의 안정에 기여한다는 역설적인 주장도 있다. 이는 지난 70여 년 동안의 남북관계를 적대적 의존관계라는 시각에서 보는 것이다. 북한은 주민들에게 정권의 정당성과 체제결속을 강화하기 위한 수단으로 남한에 대한 적대 감정을 적극적으로 이용하고 있다는 것이 그 증거다. 북한은 주민들에게 6·25전쟁의 참상이나 식민지 고통, 국제사회의 대북 제재, 그리고 남한에 대한 적개심을 반복적으로 주입하여 세뇌시키는 방법으로 독재정권의 정당성을 확립해 왔다.

마지막으로 한반도를 둘러싼 국제적 환경이 북한 체제의 안정화에 기여하고 있다. 한반도 분단은 냉전이라는 당시 국제 정세의 산물이었고, 주변 강대국의 이해관계와 역학관계에 영향을 받을 수밖에 없다. 먼저 북한 체제의 안정에 영향을 미칠 수 있는 국제환경으로서 가장 핵심적인 요인은 중국과의 관계다.

중국이 북한의 안정에 도움이 되는 이유는 첫째, 북한과 중국의 동맹관계이다. 북한과 중국 간의 동맹조약은 1961년에 체결되었다. 물론 북중간 동맹조약이 계속 유지되고 있는 것인가에 대해 많은 논란이 있지만 아직 폐기되지는 않았다. 그리고 중국은 동맹조약상의 '자동 군사 개입' 여부에 대해 모호성을 유지하고 있다. 즉 이러한 모호성이 북한과 대치하고 있는 한국과 미국에는 북·중 간 동맹조약의 '자동 개입 조항'이 심리적 압박감으로 작용할 수 있다.

중국 요인의 두 번째는 중국의 대한반도정책 목표가 북한의 안정과 한반도의 현상 유지라는 것도 북한 안정에 기여한다. 중국은 한반도를 포함하여 주변국의 불안정이나 분쟁으로 인해 중국이 원치 않는 전쟁에 휘말릴 가능성을 경계하고 있다. 특히 북한 내부에 급변사태가 발발하여 한반도 전체가 불안정해지거나 대규모 난민이 중국으로 밀려드는 상황을 국가 안보의 위기 상황으로 인식하고 있는 것이다.

세 번째는 북한의 붕괴를 막아주기에 충분하게 성장한 중국의 국력이다. 중국의 국력은 북한의 거의 유일한 무역 상대국으로 북한 경제를 지탱하는 역할을 하고 있다.

네 번째 중국 요인은 중국이 북한 주민들의 탈출을 적극적으로 차단함으로써 북한 체제의 안정에 기여하고 있다. 동독 주민들이 주변국의 적극적인 도움으로 대규모로 탈출할 수 있었던 것이 동독 붕괴에 결정적으로 작용하였다. 따라서 중국이 북한 주민들의 탈출을 막고 있는 것은 대규모 탈북이 중국의 사회 안정을 해칠 가능성을 우려하는 것이지만, 북한 체제의 안정에 상당히 기여하고 있는 것이 사실이다.

마지막으로 북한 체제의 안정에는 북한의 핵무장도 중요한 요인이 된다. 북한의 핵무장이 외부 위협을 차단하려는 생존 전략이라는 것은 잘 알려진 사실이다. 국제정치적으로 핵무기는 지역 안보구조를 변형하거나 경쟁국과의 우열관계를 뒤집고 외부의 군사적 위협을 차단하는 효과가 있다. 물론 북한의 핵 개발이 국제사회의 강력한 제재와 압박을 초래하여 체제 안전에 위협이 되고 있는 것도 사실이다. 그러나 국제사회의 강력한 제재에도 불구하고 북한은 여전히 건재하며, 오히려 핵 개발을 가속화하며 사실상 핵 보유 상태에 이르렀다.

북한 붕괴는 예측할 수 없다

한반도 통일이 독일과 같은 방식의 흡수통일로 이루어진다면 먼저 북한이 붕괴하여야 한다. 그런데 북한과 같은 독재국가들이 스스로 정권을 포기하는 사례는 거의 없으며, 역사상 독재의 몰락은 언제나 갑자기 왔다. 프랑스혁명, 러시아혁명, 소련 사회주의 붕괴, 그리고 2010년 중동 독재정권의 몰락은 측근에 의한 암살 또는 제거, 군부 쿠데타, 민중봉기 등 사전에 전혀 예측할 수 없는 상황에서 일어났다.(한병진, 89)

이처럼 대부분의 독재체제 붕괴가 갑자기 일어난 것에 대해서 전문가들은 붕괴가 일어날 수 있는 환경 여건에 주목하였다. 즉 사회주의 및 독재국가의 붕괴는 경제난이 심화되면서 주민들의 의식 변화가 가속화되었고, 통치자의 능력이 엘리트들의 결속이나 분열에 영향을 미치면서 체제 불안정을 야기하였기 때문에 붕괴하였다고 주장한다.

그런데 이러한 연구들도 갑작스러운 독재국가의 붕괴에 경제난 등과 같은 환경 여건들이 정확하게 어떻게 작용했는지는 명확한 답을 주지 못하고 있다. 즉 물은 100도가 될 때까지 외형상으로는 어떤 변화가 나타나지 않으며, 또한 모래탑이 임계점에 도달하면 모래 한 알로도 허물어질 수 있는 원리이다.(한병진, 100) 즉 독재국가의 경제적 빈곤과 사회적 열악함은 비슷하다는 점에서 어떤 여건이 독재체제의 붕괴를 촉발하는지에 대한 답을 찾을 수 없었다.

북한도 지난 30여 년 동안 경제난이 지속되고 있으며, 시장이 확산되고 주민들의 의식도 변화하고 있다는 점에서 독재체제 붕괴의 여건이 상당히 성숙되어 있다. 그런데 김정일 정권에 이어 김정은 정권도 정치적으로 상당히 안정된 상태를 유지하고 있다. 이렇게 외형적으로 나타난 북한의 모습에서 북한이 붕괴할 여건이 성숙되어 붕괴 직전의 임계점에 와있는가 하는 것을 평가할 수 없다.

오히려 북한은 현재 붕괴 위협 요인과 안정화 요인이 혼재되어 있는 것이 사실이지만, 안정화 요인이 붕괴 요인보다 우세하다는 평가가 더 정확할 것이다. 특히 북한의 시장화로 인해 주민들의 의식이 변화하고 있지만, 그에 따른 자발적 시민운동의 가능성은 희박하며, 인터넷이 완전히 차단되어 대중 동원의 촉매가 될 수 있는 수단이 없기 때문에 북한 체제의 급격한 변화는 예상하기 어렵다고 할 수 있다. 물론 경제난 등 구조적인 요인과 체제 특성 등 안정화 요인이 급속히 변화한다면 중동 독재국가처럼 붕괴할 가능성을 배제할 수는 없을 것이다.

3. 북한이 붕괴하면 무조건 흡수통일해야 하나

북한 정권이 붕괴한다면 우리가 흡수통일해야 할 것인가에 대한 본질적인 논의가 필요하다. 물론 독일 통일의 과정은 동독이 붕괴한 이후 큰 어려움 없이 평화적으로 진행되었다. 따라서 북한이 붕괴한 이후 대한민국이 북한을 흡수통일하는 과정도 어려움을 잘 극복하여 평화적으로 이루어질 수 있을 것인가를 논의해야 한다는 것이다.

북한 붕괴 이후 한반도 통일을 추진하는 데 있어 첫 번째 맞닥뜨릴 난제는 남한과 북한 주민들의 지지 또는 동의 여부이며, 매우 중요한 요인이다. 우선 북한 주민들의 대한민국에 대한 적대감이 여전히 크다는 점을 고려해야 할 것이다. 북한은 외부 세계와 철저히 고립된 상황에서 주민들에게 남한에 대한 적대적 인식을 세뇌해왔다. 따라서 북한 주민들에게는 김일성 일가의 3대 세습독재자에 대한 개인 숭배와 남한과 미국에 대한 적개심이 마음 한가운데 뿌리 깊게 자리 잡고 있는 것으로 보인다.

물론 북한의 시장화로 북한 주민들이 남한 정보를 접할 기회가 크게 증가한 것은 사실이다. 특히 남한의 전자제품 등 각종 상품이 북한 시장에서 최고급으로 인식되고, 남한 가요, 드라마 등을 접하면서 탈북자들은 남한 드라마 등을 보면서 남한을 동경하였다고 밝히기도 하였다. 그러나 강원도나 황해도, 평안도 등 북한의 내륙 지역에서는 외부 세계와의 직접 교류가 많지 않다. 따라서 일부 국경 지역 주민들을 제외하면 대한민국에 대한 인식이 매우 적대적일 수 있다는 것을 의미한다. 최근 탈북한 북한 주민들이 남한으로 가는 것에 대한 두려움이 있었다고 증언하고 있는데, 이는 남한에 대한 적개심 같은 세뇌 교육의 영향이라고 할 수 있다.

한편 남한에도 통일을 반대하는 여론이 상당하다. 지난 20여 년 동안 통일 반대 여론이 꾸준히 거세어져 왔으며, 최근에는 통일 반대 여론이 찬성 여론보다 더 많은 것으로 나타나고 있다. 이처럼 남한 국민의 통일에 대한 부정적 인식에는 세계 최빈국 북한에 대한 혐오와 엄청난 통일비용 등이 중요한 이유로 작용하고 있다.

북한을 흡수통일하는 과정에서 맞닥뜨릴 두 번째 난관은 주변국의 승인 문제다. 한반도 분단은 독일과 같이 냉전이라는 국제적 상황의 산물이었고, 지금도 미국, 중국, 일본, 러시아 등 세계 최강대국들의 이해관계가 한반도에서 교차·대립하고 있다. 따라서 한반도 통일 과정에서 주변국들의 승인을 받는 것이 매우 어려운 과정이 될 것이다.

먼저 주변 강대국들은 기본적으로 한반도의 현상 유지를 원하고 있다. 이는 주변 4국이 모두 한반도 통일이라는 현상의 변경이 가져올 불확실성을 우려하고 있기 때문이다. 특히 중국은 북한의 혼란으로 새로운 국제적 분쟁 지역이 될 가능성을 우려하고 있고,(박순성, 88) 일본은 통일된 한반도가 경쟁국을 넘어 일본 안보에 위협이 될 것을 우려하고 있다.

다른 한편으로는 최근 미국과 중국 간의 패권경쟁이 심화되면서 신냉전 체제로의 회귀 가능성이다. 이러한 동아시아 지정학적인 대립은 중국과 러시아가 북한의 중요성을 새롭게 인식하도록 하고 있다. 따라서 중국과 러시아는 대한민국이 주도하는 한반도 통일을 용납할 가능성이 크지 않다. 특히 중국은 대한민국 주도의 통일로 미국이 압록강까지 진출하는 것을 안보위기로 인식할 가능성이 크다. 중국의 안보 인식이 이러하기에 북한이 붕괴하는 유사 상황이 발생할 경우 북한에 개입하여 친중 정부를 세우려고 시도할 가능성도 배제할 수 없을 것이다. 물론 대규모 북한 난민의 중국 유입, 핵무기 관리, 한반도 영향력 확대 등도 중국에는 사활적 이해관계이기 때문에 한반도 문제에 적극 개입하려고 할 가능성이 높다.(Ely Ratner, 2017)

셋째, 한반도 통일에서 독립국 북한을 흡수할 때 발생할 수 있는 국제법적 문제도 있다. 북한은 주권국가로 존재한 지 70여 년이 지났고, 유엔 회원국이며, 중국, 러시아, 영국 등 유엔안보리 상임이사국을 비롯하여 세계 많은 국가와 수교하고 있다. 또한 북핵 문제 논의를 위한 6자회담과 미·북 정상회담에 북한은 주권국가로 참여하였다.

그런데 UN 헌장 제2조 4항은 "국제관계에서 무력에 의한 위협 또는 무력의 행사를 어떤 국가의 정치적 독립 및 영토에 대해서 유엔 목적과 일치하지 않는 어떤 수단으로도 감행해서는 안 된다"라는 것을 명시하고 있다. 따라서 대한민국 헌법을 근거로 북한을 미수복 영토로 주장하는 것은 국제법적으로 인정되기가 어려울 가능성이 크며, 따라서 북한 영토에 개입할 수 없을 것이다. 물론 독일 통일과 같이 북한 정권 붕괴 이후 대체정부가 수립되고 대한민국과 통일조약을 체결한다면 국제사회는 인정할 것이다.

마지막 난관은 대한민국이 북한을 급진적으로 흡수통일한다면 통합의 과정에서 엄청난 비용과 사회 갈등 등 심각한 통일 부작용을 겪을 수 있다는 것이다. 독일은 통일을 급진적으로 진행한 직후 엄청난 통일비용 등 경제·사회적 후유증을 겪었다. 그런데 대한민국이 세계 최빈국 북한을 흡수통합하였을 때 나타날 문제들은 훨씬 더 심각할 수 있다는 것이다.

CHAPTER
05

'민족공동체 통일방안'은 실현할 수 있는가

1. 한반도 통일이 점진적, 합의에 의해 이루어져야 하는 이유

점진적, 평화적, 합의에 의한 통일이란

점진적 통일은 급진적 통일의 반대편에 있는 개념으로 통일 과정에 대한 시간적인 구분이다. 이 구분에 의하면 독일 통일은 1년여 만에 이루어냈으며, 베트남은 전쟁 종결과 함께 통일을, 예멘은 남북예멘의 합의와 동시에 통일이 이루어졌다는 점에서 모두 매우 급진적이었다고 할 수 있다. 그리고 아직 지구상에서 분단국가가 시간을 두고 점진적·단계적으로 통일을 이루어낸 사례는 없다.

한편 통일 과정을 분류할 때 평화적이었냐, 아니면 비평화적이었느냐를 구분할 수 있는데, 비평화적 통일은 무력을 통한 강제병합을 의미하며, 평화적 통일은 당사국 간에 합의에 따른 통일을 의미한다. 이 구분에 의하면 전쟁을 통해 통일을 이룬 베트남은 비평화적 통일 사례에 해당하며,

독일과 예멘은 평화적 통일 사례에 해당한다. 물론 예멘은 통일을 합의한 이후에 통합 과정에서 내전이 발발하여 북예멘이 무력으로 재통일한 사례다.

통일 과정에 대한 다음의 분류는 흡수통일과 대등한 통일로 구분된다. 흡수통일은 한 국가가 다른 국가로 편입되는 경우를 말하며, 대등한 통일은 합의에 의해 제도와 행정 등이 공유되는 것을 의미한다. 독일 통일의 경우가 흡수통일의 대표적인 사례이며, 예멘의 경우가 대등한 통일의 사례가 될 수 있다.

마지막으로 통일 당사국들이 합의에 의해 통일을 이루는 경우와 합의 없이 일방에 의해 강제로 통일을 이루는 경우가 있는데, 독일과 예멘은 합의 통일이며, 베트남은 강제통일이 된다. 따라서 이러한 통일의 분류 방법을 적용하면 독일 통일은 급진적, 평화적, 합의에 의한 흡수통일이며, 베트남은 급진적, 비평화적, 강제적 흡수통일이다. 그리고 예멘은 급진적, 평화적 합의에 의한 대등한 통일이 되는 것이다.

독일	급진적	평화적	합의에 의한	흡수통일
베트남	급진적	비평화적	강제적	흡수통일
예멘	급진적	평화적	합의에 의한	흡수통일

이러한 통일 과정에 대한 분류를 고려한다면, 대한민국의 공식적인 통일방안인 '민족공동체 통일방안'은 단계적, 평화적, 합의에 의한, 대등한 통일을 의미하는데, 이는 과거 분단국 통일 사례에서는 그 모델을 찾을 수 없다.

대한민국 헌법 제4조에는 "대한민국은 통일을 지향하며, 자유민주적 기본질서에 입각한 평화적 통일정책을 수립하고 이를 추진한다"라고 명시되어 있는데 이는 대한민국의 공식 통일방안인 '민족공동체 통일방안'의 기조가 되었다. 즉 '민족공동체 통일방안'은 대한민국 헌법 제4조를 실현하기 위해 더욱 구체적으로 추진할 통일 과정을 제시하고 있다.

우선 남한과 북한이 평화 공존과 교류·협력을 통해 북한의 변화를 촉진하여 한반도의 안정과 남북 공동체를 이뤄내면서 그 결과로 자유민주주의와 시장경제에 입각한 통일을 실현하는 것이다. 남북이 극한적으로 대립하고 있는 현 상황을 인정하고 화해와 협력을 확대하여 공존과 신뢰의 관계를 형성할 필요성을 인식하면서 점진적 평화통일이야말로 바람직하고 '더 나은 통일'이라고 규정하고 있는 것이다.(김근식, 13-2, 61)

이러한 점진적 합의에 의한 통일을 개념적으로 정리하면 첫째는 '과정으로서의 통일'이다. 남북간에 공존하도록 변화하는 과정을 거치면서 '사실상의 통일 상태'를 실현하는 것을 목표로 한다.

둘째, 통일은 합의와 타협의 결과이다. 즉 오랜 기간에 걸쳐 한반도 분단이 지속되면서 형성되어 온 적대적인 대결관계를 평화 공존의 협력관계로 변환시켜서 통일로 이끌고 가기 위해서는 장기간의 타협과 협상이 필요할 것이다.

셋째, 단계적 통일이다. 남한과 북한이 통일을 이루기 위해 신뢰를 구축해가면서 통일을 단계적으로 진행하는 것이다. 즉 '민족공동체 통일방안'의 경우 우선 남북간 화해·협력을 통해 신뢰를 구축하고, 이를 바탕으로 남과 북이 국가 연합을 형성하여 협력을 강화하고, 통일의 분위기가 충분히 무르익었을 때 1 국가 체제로 통일하는 단계적 절차를 강조하고 있다.

넷째, 점진적 통일 과정은 북한의 변화 과정이며, 북한이 붕괴하지 않아야 한다는 것이 전제 조건이다. 점진적 합의형 통일은 남북한 간의 신뢰와 화해를 통해 공존과 통합을 해나가는 과정을 의미하는데, 이는 북한이 변화하지 않으면 불가능하다. 즉 북한 지도부가 더욱 적극적인 개혁·개방

정책 추진을 결심해야 할 것이다.(오기성, 218~219)

그런데 북한이 점진적 통일 과정에서 시장화와 민주화라는 변화의 거센 물결에 휩쓸려 붕괴할 가능성을 배제할 수 없을 것이다. 만약 통일 과정에서 북한이 붕괴한다면 한반도는 엄청난 혼란 상황으로 빠져들면서 평화적인 통일을 할 수 없을 가능성이 높다. 특히 북한이 붕괴한 이후 대한민국이 급진적, 흡수통일을 해야 하는 상황이 온다면 통일이 가져올 정치·경제·사회적 부담이 엄청날 가능성이 높다.

점진적 통일과 기능주의 통합이론

점진적 합의에 의한 통일방안은 기능주의 통합이론에 근거한 것이다. 기능주의 통합이론은 데이비드 미트라니(Mitrany, David, 1943; 하상식, 15-2, 79)를 중심으로 제기되었는데, 개념적으로 정의된 기능주의는 '정치적 통합이 어려운 경우 경제, 사회, 문화, 기술 등 협력이 쉬운 분야부터 협력을 가속화·제도화하여 궁극적으로 정치적 화해와 협력을 도모한다'는 이론이다.(박종철 외, 2010, 38-39)

기능주의는 유럽의 통합을 설명하는 데 기여했지만, 독일 통일에서 중요한 역할을 한 브란트의 동방정책이 기능주의를 현실에 접목한 대표적인 사례이다. 서독의 동방정책은 동서독 간 이산가족의 재회, 경제기술협력과 군축 그리고 문화예술의 교류로 민족의 이질화 해소와 동질성 회복에 기여하여 통일의 기반이 되었다는 평가를 받았다.(정지웅, 211) 이러한 기능주의 통합이론에는 경제협력이 평화 공존을 가져온다는 경제평화론도 포함한다. 즉 경제평화론이란 교역이익의 창출이 무력 사용을 억제해 평화를 증진한다는 논리다.(Barbieri, Katherine & Jack S. Levy 464; 이정철, 2)

이러한 기능주의가 한반도 통일방안의 이론적 배경으로 제기된 이유는 현재의 극한적인 대립 상태를 화해와 협력으로 전환해야만 통일 가능성이 있다고 인식하기 때문이다. 남북한이 공동의 번영과 평화를 증진하는 최선의 방법은 사회와 경제 등 비정치적 분야에서 협력하여 상호 의존관계를 형성하는 것이며, 이러한 상호 의존의 관계는 공동이익을 창출하고 이 공동이익은 남북한을 불가분의 관계로 만들어 한반도 통일을 촉진할 수 있다는 것이다.

이러한 이유로 기능주의 통합이론은 한반도의 점진적이고 평화적인 통일을 추구하는 데 아주 매력적으로 다가왔으며, 김대중 정부의 화해와 협력 정책인 '햇볕정책'의 이론적 기반이 되었고, 한반도 통일방안의 정책적 기조로 자리 잡게 된 것이다.

물론 기능주의는 비정치적 협력이 반드시 정치적 통합으로 이어지지 않는다는 근본적인 한계가 있으며, 유럽 이외의 지역에서는 입증된 사례가 없는데 일반화를 과도하게 추구하고 있다는 비판을 받아왔던 것도 사실이다. 이러한 비판으로 인해 기능주의를 일부 수정한 신기능주의가 탄생하는 계기가 되기도 하였다. 즉 하스Ernst Haas 등은 비정치적 분야의 협력만으로 정치적 통합을 이루는 것에는 한계가 있다는 것을 인정하고 경제, 사회 등 기능적 교류 확대와 함께 이러한 교류와 협력을 정치적으로 제도화하는 과정이 필요하다고 대안을 제시하기도 하였다.(Haas, B, Ernst, 1958; 하상식, 15-2, 80)

물론 이러한 분단국가의 통합 이론으로서 기능주의에 대한 논쟁에도 불구하고 정치적으로 극한 대립관계에 있는 남북관계를 고려할 때 기능주의의 이론적 전제는 한반도의 통일방안으로서 큰 반향을 가져온 것은 틀림없다. 남한과 북한이 원조, 무역, 사회·문화 교류, 시민사회 교류 등을 통해 협력을 시작하고 이러한 협력이 정치·군사·안보적 협력으로 확산되어 궁극적으로 통일을 이룰 수 있다는 희망을 가지게 한 것이다.(박종철 외, 2010, 39-40)

한반도 통일은 북한이 동의하는 평화적 통일이어야 한다

한반도 통일이란 남한과 북한이 오랜 적대관계를 청산하고 다시 하나의 국가로 통합되는 것을 의미하지만, 너무나 이질화된 두 체제와 사람들을 단일하고 동질적인 것으로 만들어가면서 새로운 한민족공동체를 창조해내는 것을 의미한다. 그리고 이렇게 이질화된 남북을 하나의 공동체로 창조하는 것은 일회적인 사건으로 이루어질 수 없으며, 점진적으로 남과 북이 서로를 알아가면서 맞추어가야 한다는 것이다. 즉 오랜 시간이 필요한 과정이 되어야 한다는 것이다.

사실 대한민국에서 통일을 점진적인 과정으로 추진하여야 한다는 명제가 주류로 자리 잡게 되었던 배경을 보다 구체적으로 살펴보면 다음과 같다. 첫째, 한반도 통일이 평화적으로 이루어져야 한다는 절대적인 염원이 있기 때문이다. 민족의 비극인 6·25전쟁으로 인해 한반도 통일이 평화적이어야 한다는 명제는 우리에게는 절대적이다.

두 번째 배경은 북한의 붕괴를 전제로 한 급진적 흡수통일에 대한 우려이다. 특히 독일이 통일로 경제적으로 번영하게 되었지만, 급진적 흡수통일로 인한 부작용과 후유증과 상당했다는 점도 영향을 미쳤다. 따라서 한반도 통일이 급진적 흡수통일로 진행된다면 경제사회적 재앙이 될 개연성이 높다는 점을 우려하면서, '질서 있는 통일'에 대한 관심이 높아진 것이다.(임수호 외, 2016, 15)

셋째, 급진적 흡수통일이 북한의 붕괴를 전제로 한다면, 북한의 붕괴를 전혀 예측할 수 없는 상황에서 통일을 위해 북한의 붕괴를 무작정 기다려야 한다는 문제가 제기될 수 있다.

네 번째 배경은 남북간의 이질성이 심각하여 동질화하기 위해서는 많은 시간이 필요하기 때문이다. 남북간에는 인적, 물적 교류가 완전히 중단된 상태로 지난 70여 년 동안 정치, 문화, 사회, 경제, 가치관 등 모든 면에서 엄청나게 달라져 버렸다. 이러한 남북간의 이질화는 통일 과정에서 남북한 사람들은 이념적 대립보다 혐오와 차별이라는 더욱 해결하기 어려운 심각한 갈등을 초래할 가능성이 높다.(윤철기, 218)

2. 남북한 모두 점진적, 합의에 의한 통일방안을 제시

1 대한민국의 통일방안: '민족공동체 통일방안'

박정희 정부의 '평화통일 3단계 기본원칙'

박정희 정부는 집권 초기에 경제 건설에 매진하면서 뚜렷한 통일방안을 제시하지 않았다. 그런데 1970년대 초반 미국과 소련 간에 냉전의 해빙 무드가 조성되자 1970년 8월 15일 박정희 대통령은 광복절 기념식에서 '평화통일구상 선언'을 발표하였고, 1972년 남북간 비밀회담을 통해 '자주·평화·민족대단결'이라는 통일의 3대 원칙에 합의한 '7·4 남북공동성명'을 발표하면서 통일에 대한 관심을 보이기도 하였다.

그 이후 박정희 정부는 1974년 8월 15일 '한반도 평화정착 ⇨ 상호 문호개방과 신뢰 회복 ⇨ 남북한 자유총선거'라는 '평화통일 3단계 기본원칙'을 발표하였다. 그러나 '평화통일 3단계 기본원칙'에는 남북간의 합의나 통일의 구체적 절차와 통일의 최종 상태에 대한 내용은 포함되지 않았다는 점에서 실천적인 통일방안으로서의 요건은 충족하지 못한 것으로 평가된다. 그럼에도 불구하고 박정희 정부의 '평화통일 3단계 기본원칙'은 한반도 통일이 평화적이어야 하고 그러기 위해서는 점진적이어야 한다는 점을 최초로 강조하였다는 의미를 갖는다.

전두환 정부의 '민족화합 민주통일방안'

1982년 1월 22일 전두환 대통령은 "통일은 민족자결의 원칙에 의거하여 겨레 전체의 의사가 골고루 반영되는 민주적 절차와 평화적 방법으로 성취되어야 한다"는 것을 기본 원칙으로 하는 '민족화합민주통일방안'을 제시하였다. 이 통일방안은 4단계로 구성되는데, 1단계에서 남북 대표로 '민족통일협의회'의 구성 ⇨ 2단계에서 통일헌법 초안 마련 ⇨ 3단계에서 남북 전역에서의 자유 국민투표에 의한 헌법안 확정·공포 ⇨ 4단계에서 통일헌법에 따라 총선거를 실시하여 통일 국회와 정부를 구성한다는 것이었다.

그리고 '민족화합민주통일방안'은 최종 통일을 이룰 때까지 과도적 조치로 '남북한 기본관계에 관한 잠정협정'을 체결한다는 안을 포함하였다. 이는 남북간의 불신과 대치 상황을 인정하고 통일 저해요인을 없애기 위한 단계적 조치였다. 즉 '잠정협정'은 통일이 진행되는 과도기간 동안에 '사회 개방 8개 항, 교류·협력 8개 항, 긴장 완화 4개 항'으로 구성된 20개 시범실천사업을 추진할 것을 포함하고 있으며, 그 대표적인 사업으로 남북간 도로 연결, 이산가족 상봉, 교류 및 협력 확대 등을 제시하였다.

따라서 '민족화합민주통일방안'이 4단계 통일방안이라고 되어 있지만, 사실상 이 방안에 포함된 '잠정협정'이라는 과도적 조치로 점진적 성격을 가미하면서 2단계 통일방안이라고 할 수 있다. 즉 이 방안은 완전한 통일을 이루기 전에 먼저 화해와 협력의 과정을 통해 각종 통일의 장애 요소들을 제거해 나가는 단계적 조치가 필요하다고 인식하는 2단계 통일방안인 것이다. 물론 '민족화합민주통일방안'은 2단계든 4단계이든 통일이 점진적 합의에 의해 이루어져야 한다는 통일방안을 최초로 제시하였다고 평가된다.

노태우 정부의 '한민족공동체 통일방안'

노태우 정부 시기에는 1980년대 말 소련 사회주의가 붕괴하고 독일이 통일되는 등 탈냉전이 시작되었다. 물론 당시 대한민국은 경제가 급속하게 발전하면서 1988년 서울 올림픽을 개최하는 등 정치·경제적으로 위상이 크게 높아져 있어 모든 면에서 북한을 압도하고 있었다.

따라서 1985년 소련 고르바초프의 등장으로 동유럽에서 개혁이 진행되자 이를 기회로 활용하여 소련과 중국 등 사회주의 국가들과 수교하는 등 북방정책을 적극적으로 추진하였다. 그리고 소련 사회주의가 붕괴하면서 북한 체제의 붕괴 위험에 대한 관심이 높아지자 노태우 정부는 통일정책을 더욱 공세적으로 추진하기 시작하였다.

노태우 대통령은 1989년 9월 '한민족공동체 통일방안'을 특별선언 형식으로 발표하였는데, 주요 내용은 통일의 과정을 3단계로 나누어 점진적·단계적으로 추진한다는 것이었다.(박금혜, 19)

- 첫 번째 단계: 남북간에 합의하여 '민족공동체헌장'을 채택하여 통일이 될 때까지 남북관계를 이끌어갈 수 있는 규칙 수립
- 두 번째 단계: 남북연합 단계로서 '민족공동체헌장'에 근거하여 남북정상회의와 실행기구인 남북각료회의, 남북평의회 등의 과도기구 설치
- 세 번째 단계: 남북연합 단계에서의 과도기구에서 통일헌법을 제정하고 총선거를 통해 통일 국회와 통일정부를 구성하는 통일민주공화국 건설

이러한 '한민족공동체 통일방안'의 가장 큰 특징은 첫째, 한반도 통일을 과정으로 설정하고 점진적으로 추진하자는 것을 통일방안에 명시한 것이며, 둘째, 남북연합이라는 과도적 중간단계를 설정하여 남과 북의 서로 다른 체제가 공존하면서 민족 공동생활권을 형성해 나갈 수 있는 여건을 만들어 가자는 것이다. 이러한 과정에서 여건이 성숙되면 민족 전체의 의사에 따라 최종적으로 정치적 통합을 이루자는 것이다.

남북연합은 최고 의결기구로 '남북정상회의', 남북 정부 대표로 구성되는 '남북각료회의', 남북 국회의원으로 구성되는 '남북평의회', 이를 위한 실무 문제를 관장하는 '공동사무처' 등을 두고, 서울과 평양에 상주 연락대표를 파견하는 것이다. 특히 남북연합은 교류·협력을 확대하여 민족의 통합 기반을 확고히 하자는 과도적 단계를 더욱 구체화한 것으로서 매우 중요한 의미를 갖는다.

셋째, 처음으로 민족공동체 회복을 통일의 궁극적인 가치로 설정하였다는 것이다. 이는 남북이 오랫동안 대결과 적대를 반복하고 있는 현실을 극복하기 위해서는 서로 공유할 수 있는 가치인 민족공동체만이 이러한 분단 현실을 극복할 수 있다고 믿었기 때문이었다.

그리고 마지막으로 남과 북이 점진적으로 교류를 확대함으로써 동질성을 확대하여 공존할 수 있다고 하는 기능주의 통합이론을 처음으로 적용하였다는데 매우 중요한 의미를 갖는다.

김영삼 정부의 '민족공동체 통일방안'

1993년 출범한 김영삼 정부는 1994년 8월 광복절 경축사를 통해 '민족공동체 통일방안'을 제시했다. 이 방안은 노태우 정부의 '한민족공동체 통일방안'을 계승하면서, 탈냉전과 1991년 체결된 '남북기본합의서' 등 상황의 변화를 반영하여 수정한 것이다. '민족공동체 통일방안'에서 통일국가는 '자유민주주의 이념'을 기본 이념으로 하며, 통일의 목적을 민족공동체의 회복으로 분명히 하였다. 그리고 통일을 점진적으로 추구할 것을 명시하면서 ① 화해·협력 단계, ② 남북연합 단계, ③ 통일국가 완성 등 3단계로 설정하자고 제안하였다.

'민족공동체 통일방안'의 첫 번째 단계는 노태우 정부의 '한민족공동체 통일방안'의 '민족공동체헌장' 채택이라는 추상적인 단계에서 '화해·협력'이라는 보다 구체적인 행동을 중심으로 하는 단계로 정하였다. 이 단계에서는 분단의 평화적 관리, 각 분야의 기능적인 교류와 협력 확대 등을 통해 남북이 적대관계를 청산하고 화해함으로써 통일을 본격적으로 추진할 남북연합 단계의 기반을 구축하는 것이다. 이는 남북간에 교류와 협력을 확대하여 상호 신뢰를 구축해야만 평화와 통일을 본격적으로 추진할 수 있다는 인식에 기반한 것이다.

두 번째는 남북연합 단계로서 화해·협력 단계에서 구축된 상호 신뢰와 공존을 바탕으로 통일을 제도적으로 준비하는 것이다. 남북연합이란 국가연합을 의미하는데 남한과 북한이 주권국가로서 조약에 합의하여, 각기 주권을 보유하지만 그 주권의 일부를 공동의 상설협력기구에 이양하는 국가 결합체다. 대표적인 사례가 유럽의 EU공동체이다. 남북연합 단계에서는 남북정상회의와 남북각료회의를 구성하며, 남과 북의 국회 대표들이 함께 모여 통일헌법을 마련하는 등 통일을 위한 제반 법 절차를 준비하게 된다. 남북연합 단계는 과도적 통일체제로서 통일을 본격적으로 추진하는 단계다.

세 번째 단계는 통일국가 완성 단계인데, 남과 북은 국가연합 단계에서 합의한 통일헌법에 기초하여 민주적 절차에 따라 통일 국회와 통일정부를 구성하여 1민족 1국가를 완성하는 것이다.

김영삼 정부의 '민족공동체 통일방안'의 특징은, 첫째, 점진적 통일의 당위성을 확인하였다는 것이다. 즉 통일이 평화적으로 이루어져야 한다는 궁극적인 목표를 확인한 것이다.(김상범 외, 155~157) 둘째, 최초로 남북간의 이질성과 적대 인식을 극복하고 공존하기 위해서는 화해와 협력의 과정이 필요하다는 점을 인정하였다. 셋째, 통일국가를 본격적으로 건설하는 과정에서 남북 국가연합 단계를 두어 본격적으로 통일을 추진할 수 있는 기반을 조성한다는 것이다.

'민족공동체 통일방안'은 이후 역대 정부에서 특별한 통일방안을 제시하지 않았기 때문에 대한민국의 공식적인 통일방안으로 인정되고 있다. 이는 '민족공동체 통일방안'이 보수와 진보를 망라하여 지지를 받고 있다는 것을 의미하는데, 점진적이고 평화적으로 통일이 이루어져야 한다는 우리 민족의 염원을 공유하는 것이다.(박금혜, 20~21)

❷ 북한의 통일방안: '고려민주연방공화국 창립방안'

1960년 '과도적 연방제'

북한은 1960년 해방 15주년 경축대회에서 처음으로 '과도적 연방제'라는 통일방안을 제기하였다. 북한이 제안한 '과도적 연방제'는 가장 합리적이고 현실적인 평화통일의 방법이 남북 총선거를 통한 통일이지만 '남북 연방제'라는 과도적 대책이 필요하다고 강조하였다. 북한은 이러한 남북 연방제에 대해서 첫째, 남북한 정부 대표들로 연방정부의 협의·조정기구인 '최고민족위원회'를 구성하며, 둘째, 연방정부의 주된 업무는 경제·문화 발전의 통일적 조절이고, 셋째, 상호의 주권을 인정한다고 설명하였다. 이 방안은 국가연합 방안과 유사하다고 할 수 있으며, 북한이 처음으로 한반도에 두 개의 정치적 실체가 존재하고 있음을 인정하였다는 데 의미가 있다.(강성윤)

이처럼 북한이 6·25전쟁을 일으키며 무력통일을 추구하다가 갑자기 연방제 통일이라는 평화적 방안을 주장하게 된 배경은 당시의 남한 국내정세와 깊은 관련이 있었다. 당시 남한에서는 4·19혁명 이후 정치적 혼란 상태가 계속되었지만, 반면에 북한은 전쟁 후유증을 신속하게 치유하면서 국력이 남한보다 우위에 있었다. 따라서 북한은 남한 내의 정치적 혼란 상황을 이용하여 남한내 통일전선을 확대하려는 적화통일전략으로 평가되었다.

1973년 '고려연방국 창설안'

북한은 '과도적 연방제' 방안을 보다 구체화하여 1973년 6월 23일 '조국 통일 5대 강령'을 발표하면서 '고려연방국 창설안'을 공식적으로 제기하였다. '조국 통일 5대 강령'은 ① 남북간의 군사적 대치상태 해소 및 긴장상태 완화 ② 정치·군사·외교·경제·문화 등 다방면적 합작과 교류 실시 ③ 통일 문제를 위한 대민족회의 소집 ④ '고려연방국'이라는 국호에 의한 남북연방제 실시 ⑤ 남북한 동시 유엔 가입 반대, '고려연방국'이라는 단일 국호에 의한 유엔 가입 등이었다. 이 '조국 통일 5대 강령'에서 '고려연방국'이라는 명칭이 처음으로 제기되었다.(박선원, 142~144)

이러한 1973년 '고려연방국 창설안'을 1960년의 '과도적 연방제'와 비교할 때 몇 가지 차이점을 발견할 수 있다. 첫째, '과도적 대책'이라는 말이 빠졌으며, '고려연방국'이라는 국호를 제시하면서 단일 국호에 의한 유엔 가입을 주장하였다. 이는 북한이 주장하는 통일국가가 연방제인 것이었다. 둘째, 현존하는 두 제도를 '당분간' 그대로 두고 '대민족회의'를 통해 남북간의 협력을 한다는 것인데, 남과 북의 두 체제를 인정한다는 것을 의미했다. 셋째, 1960년 과도적 연방제와는 달리 남북 총선거를 제안하지 않았다는 점인데, 이는 인구 구성 등을 고려할 때 총선거에서 불리하다는 인식이 작용한 것으로 추정된다.(강성윤)

1980년 '고려민주연방공화국 창립방안'

북한은 1973년에 발표한 '고려연방국 창설안'을 수정하여 1980년 10월 조선노동당 제6차 당 대회에서 '고려민주연방공화국 창립방안'을 채택하였는데, 지금까지도 북한의 공식적인 통일방안이다.

북한은 '고려민주연방공화국 창립방안'에 대해서 "북과 남이 서로 상대방에 존재하는 사상과 제도를 그대로 인정하고 용납하는 기초 우에서 북과 남이 동등하게 참가하는 민족통일정부를 창립하는 것"이라고 밝혔다. 그리고 이 방안을 실천하기 위하여 민족통일정부의 구성과 기능을 제시하였다.

첫째, 연방국가의 통일정부인 최고민족연방회의는 남북한 같은 수의 대표와 적당한 수의 해외동포 대표로 구성

둘째, 최고민족연방회의는 상설기구로 연방상설위원회를 두는데 정치, 경제, 군사 정책을 관장하는 기능을 가짐

셋째, 최고민족연방회의의 공동의장과 연방상설위원회의 공동위원장을 남북이 윤번제로 선출

이 통일방안은 연방정부하에서 남북한의 독립성을 부여하는 내용을 포함하고 있는데, 첫째, 사상과 제도가 상이한 남북의 지역정부는 연방정부의 지도하에 독자적으로 정책을 추진한다는 것이다. 즉 북한의 연방제가 '1민족, 1국가, 2체제, 3정부(2지역정부와 해외동포)'의 통일방안이라는 의미다. 둘째, 연방정부는 정치, 국방, 대외문제 등 민족공동의 문제를 함께 토의하며, 지역정부는 연방정부의 지도 아래 민족 공동의 이익과 발전을 위해 협력한다는 것이다. 북한의 '고려민주연방공화국 창립방안'은 남한의 '민족공동체 통일방안'의 단계적, 점진적 통일방안과는 다른 '무단계적 통일 완성형 연방제'인 것이다.

그런데 이 방안은 통일을 위해 남한에 대해 선결 조건을 제시하고 있는데, 첫째, 남한 사회의 민주화 실현과 현 정권의 퇴진, 둘째, 남한의 반공법, 국가보안법 폐지, 셋째, 남한 내에서 공산당을 비롯한 모든 정치·사회단체 및 개별 인사의 자유로운 활동 보장, 넷째, 주한미군 철수, 다섯째, 평화협정 체결, 여섯째, 두 개의 조선 조작 책동 중지, 여섯째, 남한에 대한 내정 간섭 중지 등이다. 이러한 선결 조건으로 인해 북한이 제안한 통일방안이 대남전략의 하나로서 통일전선 확대 의도라는 평가를 받았다.

1991년 '고려민주연방공화국 수정안'과 2000년 '낮은 단계 연방제'

북한은 1991년 김일성의 신년사를 통해 '고려민주연방공화국 수정안'을 제시했다. 이 방안의 주요 내용은 첫째, 남북이 연방공화국을 구성하되 민족적 합의를 쉽게 이루어내기 위해 지역 자치정부에 외교, 국방, 입법, 경제 업무에 관해 더 많은 권한을 부여한 이후 중앙정부의 기능을 점차적으로 강화해가며, 둘째, 주요 국제 문제에 있어서는 중앙정부와 지역정부가 협의할 것을 포함하고 있다. 셋째, 남북이 따로 유엔에 가입할 수 있도록 하며, 넷째, 남북 당국과 정당, 단체 대표들로 구성된 '민족통일정치협상회의'를 소집해 통일방도를 확정할 것을 제안하였다.

이러한 1991년 수정안은 1980년 '고려민주연방공화국 창립방안'에 비해 다음 몇 가지 변화를 나타냈다. 첫째, '고려민주연방공화국 창립방안'이 완성형 연방제 통일이었는데, 수정안은 연방제로의 통일 초기에는 지역 정부에 권한을 강화하였다가 점차적으로 연방정부로 그 권한을 이양하면서 연방정부의 권한을 강화해 최종적으로 통일을 이루자는 점진적 방안이다. 둘째, 제도 통일이 '상대방을 먹는 것'이라는 표현을 사용하면서 당장 통일이 되더라도 상호 자치권을 강화하는 동시에 제도도 그대로 유지하도록 하자고 주장하였다는 점이다.

이렇게 북한이 통일방안을 수정하여 발표한 것은 당시 탈냉전과 독일통일이라는 북한에 불리한 정세 속에서 북한 지도부가 흡수통일 당할 수 있다는 위기 인식을 나타내고 있다고 할 수 있다.

한편 2000년 제1차 남북정상회담에서 발표된 '6.15 공동선언' 제2항에 "남측의 '연합제안'과 북측의 '낮은 단계의 연방제안'이 서로 공통성을 인정하고 앞으로 이 방향에서 통일을 지향시켜 나가기로 하였다"라는 내용이 포함되자 북한의 통일방안의 변화 가능성에 대한 논의가 확산되었다.

그런데 북한은 '6.15 공동선언' 발표 4개월 후인 2000년 10월 6일 개최된 '고려민주연방공화국 창립방안' 제시 20돌 기념 평양시 보고회에서 '낮은 단계 연방제'에 대해 구체적으로 내용을 밝혔다. 첫째, 하나의 민족, 하나의 국가, 두 개 제도, 두 개 정부의 대원칙에 기초하고, 둘째, 북과 남에 존재하는 두 정부가 정치, 군, 외교권을 비롯한 현재의 기능과 권한을 그대로 가지게 하며, 셋째, 그 위에 민족통일 기구를 설치하는 것이라고 하였다.

그런데 '낮은 단계 연방제'의 '낮은 단계'라는 수식어는 '높은 단계'가 있다는 것을 암시하는 것으로 해석되었으며, 북한이 그동안 통일의 최종 완성 형태로 '고려민주연방공화국'을 제시하였기 때문에 '높은 단계 연방제'는 '고려민주연방공화국'을 의미한다고 추정되었다. 따라서 북한의 발표를 토대로 보면 '낮은 단계의 연방제안'은 '고려민주연방공화국'이라는 통일국가가 완성될 때까지의 잠정적인 조치로서 남한과 북한이 내정, 군사, 외교권을 독자적으로 행사하는 2체제 2정부를 유지하는 것을 의미한다. 북한이 이렇게 과도적 조치를 제시한 것은 통일을 위해 남과 북이 협력하는 기간이 상당히 필요하다는 것을 인정하면서 점진적 단계적인 방안으로 진화하였다는 것을 의미했다.

특히 북한이 제안한 '낮은 단계 연방제'가 연방제라는 이름을 달고 있지만, 성격은 국가 연합에 가깝다는 점에서 남한의 통일방안과 유사하다고 볼 수 있다. 즉 '낮은 단계 연방제'에서는 연방국가를 구성하지만 남과 북이 내정, 군사, 외교권을 독자적으로 행사하게 한다는 점에서 2체제 2정부를 유지한다는 것을 의미하며, 이는 국가 연합 형태인 것이다.

3. 예멘의 합의에 의한 통일 사례: 내전과 재통일

남북 예멘, 인구 4배 차이에도 불구하고 대등한 통일 합의

예멘은 중동의 아라비아반도 서남단 홍해와 인도양이 만나서 수에즈운하로 들어가는 길목에 있다. 그런데 1869년 수에즈운하의 개통과 함께 당시 오토만제국이 식민통치하고 있던 예멘 지역이 수에즈운하를 통과하는데 전략적으로 매우 중요한 위치로 부상하게 되었다. 이러한 전략적 가치를 인식한 영국이 수에즈운하와 인접한 남예멘 지역에 본격적으로 개입하면서 분단이 시작되었다.

영국은 당시 남예멘을 통치하고 있던 20여 개 독립 부족왕국과 보호협정을 체결한 이후, 1914년 이 지역을 식민통치하던 오토만제국과 남북 예멘 분할 경계선 협정을 맺고 남예멘에 대한 통치권을 확보하였다. 그리고 독일과 동맹을 맺은 오토만제국이 제1차 세계대전에서 패배하자 오토만제국의 지배에 있던 북예멘은 이슬람 군주국으로 독립하면서 예멘의 분단은 돌이킬 수 없게 되었다.

이후 북예멘에서는 1962년 9월 군사쿠데타로 예멘 아랍공화국이라는 이슬람 종교국가가 수립되었고, 남예멘에서는 영국의 통치에 저항하는 무장투쟁 단체인 민족해방전선의 투쟁으로 영국이 1967년 철수하고 인민공화국이라는 사회주의 국가가 수립되었다. 이로써 예멘은 이슬람 종교와 사회주의라는 두 개의 다른 이념을 가진 국가로 분단되었으며, 남예멘은 소련, 북예멘은 사우디아라비아의 원조를 받아 국가를 유지하는 또 다른 외세가 개입하는 상황이 되었다.(이경, 11~14; 김국신, 16~19)

이러한 남북 예멘의 이념과 후원 국가의 차이로 인해 남예멘은 사회주의 체제로의 통일을 목표로 하였고, 반면에 북예멘은 이슬람교에 바탕을 둔 사회 체제로의 통일을 추구하는 상황으로 발전하게 되면서, 갈등과 충돌이 계속될 수밖에 없었다.

물론 예멘이 분단된 이후 남북 예멘 사이에는 간헐적으로 무력충돌이 발생하기도 하였지만, 통일을 위한 대화 노력도 계속되었다. 그런데 당시 남북 예멘이 계속해서 갈등할 수밖에 없었던 가장 큰 요인은 남북간의 갈등보다는 남북 예멘을 지원하던 후원국 사우디아라비아와 소련의 방해였다. 즉 냉전시기에 북예멘을 지원하던 사우디아라비아와 남예멘을 지원하던 소련은 모두 지정학적으로 매우 중요한 위치에 있는 예멘의 주도권을 장악하기 위하여 갈등을 부채질하며 통일 협상에 부정적인 태도를 견지했기 때문이었다.

이렇게 남북 예멘 간의 갈등이 계속되고 있던 상황에서 소련에 고르바초프가 등장하면서 소련에 경제적으로 의존하고 있던 남예멘에서 큰 변화가 나타났다. 고르바초프는 경제위기에 처한 소련의 개혁을 위하여 동유럽 위성국가들에 모든 지원을 중단하였고, 남예멘에도 경제 및 군사 원조를 중단한다고 통보하였다. 이처럼 소련이 갑자기 경제적 지원을 중단하자 남예멘은 경제적으로 위기 상황에 빠지게 되었다. 남예멘은 이러한 경제위기를 타개하기 위하여 서방세계와 북예멘에 협력을 요청하는 선택을 하게 되었다. 그런데 사회주의 국가인 소련의 지원을 받으면서 사회주의 경제체제를 유지해오던 남예멘이 자본주의 서방 국가들에 지원을 요청하기 위해서는 그동안 유지해오던 사회주의 정책들을 대대적으로 수정하는 개혁개방을 추진할 수밖에 없는 상황이 되었던 것이다.

한편 1991년 냉전이 종식되자 사우디아라비아도 예멘에 대한 관심이 급격히 줄어들게 되었다. 이로써 냉전시기 예멘 통일의 가장 큰 걸림돌이었던 소련과 사우디아라비아의 간섭이 사라지게 된 것이다.

이러한 남예멘의 개혁개방, 외세의 개입 중단 등 예멘의 전략적 환경이 변화하면서 통일에 우호적인 환경이 조성되자 남북 예멘 간의 대화도 활기를 띠기 시작했다. 1989년 11월 남북 예멘 간에 여행 제한 조치를 완화하면서 교류를 확대하는 조치를 하였고, 1990년 11월 30일 남북 예멘 정상이 남예멘의 아덴에서 만나 통일헌법안에 서명하면서 1991년 11월 30일까지 통일을 완료하기로 합의하였으며, 1990년 1월 22일 국경의 완전 개방을 선언하였다. 그리고 1990년 5월 22일 남북 예멘 정상은 남예멘의 수도 아덴에서 예멘의 통일을 선언하였다. 합의에 의해 통일을 이룩한 것이다.(이경, 11~14; 김국신, 16~19)

통일 예멘의 분열과 내전 그리고 재통일

남북예멘은 통일선언 이후에 본격적인 통합 절차에 진입하였다. 예멘 통일 초기 남북 예멘은 통합에 상당히 우호적이었다. 그 이유는 통일정부 구성에 있어 남북 예멘이 각각 1 : 1의 동등한 비중으로 통합하였는데, 이는 인구 구성에서 1/4에 불과한 남예멘에 매우 유리하였기 때문에 남예멘이 통일에 적극적으로 협조하는 유인이 되었던 것이다.

그러나 통일 직후부터 남북 예멘 간의 갈등을 증폭시키는 많은 구조적인 문제가 나타나기 시작하였다. 그 첫 번째가 경제적 문제였다. 통일 예멘은 정치적 혼란, 통일국가의 재정적 취약성, 관리 능력의 부재 등으로 인하여 경제적으로 매우 어려운 상황으로 빠져들었다. 특히 1990년 이라크의 쿠웨이트 침공으로 발발한 걸프전 당시 예멘이 미국의 연합군을 지지하지 않았다. 이에 대한 보복으로 미국과 사우디아라비아가 경제 원조와 차관을 중단하는 제재를 가하자 실업률이 급상승하는 등 심각한 경제 위기에 빠지게 되었던 것이다.

둘째, 종교적인 문제도 남북 예멘 갈등의 핵심이 되었다. 인구 구성상 다수인 북예멘 지역의 보수주의자들은 이슬람 율법을 모든 법의 유일한 근원으로 만들 것을 주장하였다. 그러나 사회주의 국가였던 남예멘에서는 이에 반발하여 시위가 발생하는 등 종교적인 갈등도 심각해져 갔다. 이처럼 종교적 갈등이 증폭되자 반정부 시위, 노동자들의 파업, 주민들의 폭동 등이 계속 발생하며 매우 혼란한 상황이 계속될 수밖에 없었다.

셋째, 군사적 문제는 통일에 있어 가장 심각한 문제가 되었다. 사실 통일선언 이후에도 남북 예멘은 각각 기존에 보유하고 있던 군대를 유지하면서 군사 통합을 계속 미루어 왔다. 통일 이후에도 남북예멘의 군대들은 현지에 계속 주둔하며 기존의 남북 예멘의 명령 계통에 따라 각각 운영되고 있었다. 따라서 남북 예멘의 갈등이 무력충돌로 발전할 수 있는 태풍의 눈이 될 수밖에 없었다.

이렇게 남북 예멘 간의 갈등이 증폭되는 등 혼란스러운 상황에서 통일 이후 남북 예멘이 동등하게 구성되었던 과도 정부의 30개월 통치 기간이 종료되었다. 따라서 1993년 4월 27일 총선거를 실시하고 새로운 정부를 구성하게 되었다. 그런데 총선 결과는 의회 의석수에서 북예멘의 국민회의 121석, 이슬람개혁당이 62석을 차지하였고, 남예멘의 남예멘사회당이 56석으로 전체 의석의 1/4인 소수당으로 전락하게 되었던 것이다. 남예멘 주민이 전체의 1/4 정도에 불과하였기 때문에 이러한 총선 결과는 당연한 귀결이었지만, 총선 이후 남예멘 정치인들은 북예멘 출신이 장악한 신정부의 권력구조에 대해 위기의식을 가질 수밖에 없게 되었다. 따라서 남예멘 사회당은 통일 직후와 같이 남북 예멘이 동등한 정치적 권한을 행사해야 한다고 주장하면서 북예멘과 대립하면서 정국은 더욱 혼란스러워졌다.

이렇게 남북 예멘 정치인들 간의 관계가 악화되자, 남북 예멘 군부 또한 상호 불신이 심화되어 각기 방위체제를 강화하게 되었고, 결국에는 최고도 경계 태세에 돌입하는 상황이 되었다. 그리고 통일 4년이 경과한 1994년 4월 27일 예멘 북부에 있는 합동군사기지에서 남북 예멘 군대가 충돌하여 800명 정도의 사망자가 발생하는 최악의 무력충돌이 발생하였다. 이러한 무력충돌이 발생하자 1994년 5월 5일 북예멘의 살레 대통령은 비상사태를 선포하고 북예멘군에게 남예멘의 수도였던 아덴으로의 진격을 명령하면서 남북 예멘 간의 전면전으로 확대되었다.

북예멘이 남예멘에 전면적인 군사 공격을 시작하자 남예멘 지도부는 1994년 5월 21일 새로운 예멘민주공화국을 창설한다고 선언하면서 북예멘에 전면전으로 맞섰다. 그러나 남예멘은 인구, 경제력, 군사력 등 모든 면에서 열세였고, 북예멘은 이라크와 수단 등의 지원도 받고 있었다.

따라서 1994년 7월 7일 북예멘군은 남예멘 수도인 아덴을 함락하였고, 남예멘 지도자들은 해외로 도피하였다. 남북 예멘 간의 전쟁은 1994년 4월 27일부터 7월 27일까지 약 90일간 계속되었고, 북예멘군이 승리하며 내전이 종료되면서 북예멘에 의해 재통일되었다.(조상현, 61~62)

예멘 통일과 재통일 사례에서의 시사점

이처럼 예멘은 통일 후 무력충돌로 인해 내전이 발생하였고, 무력으로 재통일된 사례다. 따라서 예멘 통일을 논의하기 위해서는 최초 남북 예멘의 합의에 의한 평화적 통일과 내전을 거치면서 재통일되는 상황을 구분해야 한다.

먼저 예멘 통일의 특징은 첫째, 협상에 의한 평화적 통일이었다. 남북 예멘은 1960년대 분단 직후부터 통일을 위해 협상을 계속하였으며, 결국 합의에 의해 평화적으로 통일을 이루어냈다는 데에서 독일이나 베트남 사례와 다른 매우 특별한 의미를 갖는다.

둘째, 예멘 통일의 특징은 점진적이라기보다는 급진적 통일이었다. 남북 예멘은 1989년 정상회담을 통해 통일헌법안을 승인하고, 1990년 5월 통일 선포와 동시에 통합 절차에 진입하는 급진적 통일이었다.(오기성, 215~216)

셋째, 서로 대립하였던 두 정치세력이 대등한 입장에서 통일의 결과를 균등하고 평등하게 나누어 갖는 통일 방식이었다. 사실 독일이나 베트남 통일은 일방의 우세한 힘에 의해서 통일이 되었고, 서독과 북베트남의 이념과 제도로 동독과 남베트남이 편입되었다. 그러나 예멘 통일은 남북 예멘의 인구, 국력 등의 차이에도 불구하고 호혜평등의 원칙하에 행정, 입법, 사법의 모든 권력을 동등하게 공유하였다.(이경, 21~24; 김국신, 16~19)

이처럼 남북 예멘은 주체적으로 대화와 협상을 통해 통일을 이룩하였다. 그런데 예멘 통일의 이면에는 탈냉전의 영향으로 남북 예멘 내부 정세도 급격히 바뀌면서 통일을 촉진하는 데 결정적으로 작용하였다는 것이다.

이를 보다 구체적으로 살펴보면 예멘의 통일을 촉진하였던 요인 중 첫째는 탈냉전이라는 국제적 환경의 변화였다. 예멘이 지전략적 요충지에 위치함에 따라 소련과 영국, 사우디아라비아 등 냉전의 대립에 연루될 수밖에 없었다. 그런데 탈냉전과 소련의 붕괴 이후 강대국들의 간섭이 중단되었고, 이러한 환경의 변화로 통일 논의에 있어 남북 예멘의 자율권이 강화되면서 통일이 촉진되었다.

두 번째 요인은 사회주의 국가인 남예멘에 대한 소련의 경제지원이 중단됨으로써 촉발된 남예멘의 경제위기와 개혁개방 추진이었다. 냉전이 종식되고 소련의 지원 중단으로 경제위기에 처한 남예멘은 서방 세계의 지원을 받아들이기 위해서 개방정책을 적극적으로 추진해야 했으며, 이러한 남예멘의 변화로 남북 예멘 간에 교류와 협력을 확대할 수 있는 환경이 조성되었던 것이다. 이러한 남예멘의 변화가 통일을 위한 대화를 다시 시작할 수 있는 계기가 되었던 것이다.(이경, 21~24; 김국신, 16~19)

한편 예멘은 통일 이후 내전을 겪고 재통일되었다는 점에서 합의에 의한 평화적 통일의 실패 사례라고 할 수 있다. 예멘의 통일이 파기되는 데 기여한 요인들은 다음과 같다. 첫째, 남북 예멘의 통일 합의가 불합리하였다는 점이다. 최초 예멘의 통일 합의가 인구 구성면에서 1/4에 불과한 남예멘에 북예멘과 균등하게 권력을 배분함으로써 갈등이 불가피하였다. 그런데 이러한 최초의 통일 합의가 남북 예멘의 기득권층의 이익을 보장하기 위한 정부 간의 비공개 밀실 합의였다는 점에서 문제가 발생할 소지를 더욱 키웠다고 할 수 있다. 통일이 합의되던 무렵 남북 예멘의 경계 지역에 석유가 발굴되면서 남북 예멘의 기득권층이 자신들의 이익을 상호 보장하기 위해 통일에 합의하였던 것이다.

 이렇게 국민의 동의 없이 밀실에서 합의된 통일은 통일 직후부터 남북 예멘 모두에서 문제가 되기 시작하였다. 북예멘에서는 막강한 영향력을 행사하는 이슬람 부족 등 보수 세력들이 합의가 민주공화국 이념을 수용하고 권력을 동등하게 배분한 것에 불만을 가지게 되었다. 그리고 남예멘에서는 통일 합의 당시의 50 : 50 비율의 권력분점이 통일 이후 선거에서 소수로 전락한 데 대해 반발하였다.(이경, 21~24; 김국신, 16~19)

 둘째, 정치적 통일 합의에 집중하며 경제, 사회 등 타 분야 통합을 무시함으로써 남북 예멘 간의 갈등을 증폭시켰다. 북예멘은 이슬람 종교가 지배하는 국가였지만, 남예멘은 사회주의 이념이 지배하고 있었다. 따라서 남북 예멘 간에는 종교적 갈등이 불가피했었다. 또한 통일 당시 남예멘은 소련의 지원이 중단되면서 경제적 어려움에 직면해 있었는데, 통일 후 경제통합,(조상현, 68~71) 화폐통합 등이 계속 미루어지면서 남예멘의 높은 실업률 등 경제난이 계속되자 갈등이 심화되었다.

 셋째, 예멘의 합의 통일이 실패한 가장 중요한 요인으로는 남북 예멘 간 군사 통합이 계속 지연되면서 남북 예멘이 자신의 군사력에 대한 통제를 유지하고 있었다는 점이다. 이러한 상황에서 남북 예멘 간 갈등이 점점 더 심화되자 결국 각각 통제하고 있던 군을 동원한 무력 사용을 결정할 수 있었던 것이다. 남북 예멘이 정치·사회적으로 갈등이 심화되더라도 남북 예멘의 군대가 통일정부의 일원적인 지휘 체계하에 있었다면 내전으로 발전하지는 않았을 것이라는 가정이 가능할 것이다. 예멘의 합의 통일이 실패한 핵심적인 요인은 군사 통합 문제였다.

4. 점진적·합의에 의한 통일의 성공조건

대한민국의 공식적인 통일방안인 '민족공동체 통일방안'은 점진적이고 단계적이며 합의에 의한 통일이다. 북한의 공식적 통일방안인 연방제통일도 '낮은 단계 연방제'를 거쳐 높은 단계인 '고려민주연방공화국'을 창립하는 단계적, 합의에 의한 통일을 지향하고 있다. 그리고 이러한 남북한의 통일방안은 외형적으로는 전쟁 없이 평화적으로 통일을 이루며, 통일로 인한 엄청난 경제적 비용과 사회적 갈등을 최소화할 수 있는 매우 합리적 방안이다.

그런데 분단국가의 통일 사례인 독일, 베트남 그리고 예멘은 모두 급진적인 통일 사례로서 점진적·단계적으로 통일을 이룬 성공 사례가 없기 때문에 점진적 통일방안에 대한 현실적이며 실질적인 평가를 하는 것이 사실상 불가능하다. 그럼에도 불구하고 대한민국의 공식적인 통일방안인 '민족공동체 통일방안'을 중심으로 이렇게 합리적인 방안을 어떻게 실현하여 통일을 이루어 낼 것이며, 추진 과정에서 나타날 문제는 무엇이며 어떻게 해결할 것인가 등에 대해 오랫동안 다양한 논의가 계속되어왔다.

화해와 협력 그리고 북한의 변화

한반도에서 점진적이고 합의에 의한 통일방안이 성공하려면 남한과 북한이 진정성을 가지고 화해하고 협력하면서 서로 공존해야 한다. 특히 통일이 단계적으로 진전되기 위해서는 단계마다 남과 북이 진정성을 가지고 대화하면서 불신과 적대를 청산해야 한다.

이처럼 남북간의 화해와 협력은 점진적 통일의 가장 중요한 전제조건이다. 그런데 분단 이후 70여 년 동안의 적대관계에서 벗어나 어떻게 해야 화해와 공존의 길로 접어들게 할 수 있을까라는 질문이 제기될 수밖에 없을 것이다. 냉전시기는 물론이고 탈냉전 이후 남북관계가 잠깐 동안 개선되기도 하였지만, 두 차례 연평해전, 천안함 폭침, 연평도 포격, 목함지뢰, 개성공단 남북 협력사무소 폭파 등 북한의 도발로 군사적 일촉즉발의 대치 상태가 지금도 계속되고 있다 이런 상황에서 남북간 화해와 협력을 위해 마주앉는 것조차 어렵다는 것이 현실인 것이다.

다른 한편으로는 한반도 통일이 자유민주주의 이념과 자본주의 시장경제체제에 기반하여야 한다는 것은 분명한 명제이다. 이는 통일한국이 북한의 1인 절대 독재체제의 통치를 받는 것은 절대로 수용할 수 없다는 것을 의미한다. 또한 남한이 세계와 어울려 살고 있듯이 고립되고 폐쇄된 북한도 세계와 공존할 수 있는 체제로 바뀌어야 한다. 그러나 북한의 수령제는 신격화된 절대 독재체제이며 북한의 목표는 오로지 독재체제를 유지하는 것이다.

따라서 북한의 1인 독재체제는 남한과의 교류와 협력을 저해하는 핵심요인이 된다. 북한이 효과적인 개혁·개방 정책을 시행하려면 소위 수령경제를 폐기하고 주민들에게 최소한의 정치적·경제적 자유가 허용되어야 하는데 그러한 정책은 불가능하다는 점이다.(양운철, 2018, 17) 특히 남한과의 교류가 증가하면 할수록 체제와 정권이 매우 위험해진다는 것을 너무나 잘 알고 있다는 점이다.(박종철 외, 2010, 16) 따라서 북한이 지금과 같은 체제를 유지한다면 점진적 통일은 사실상 불가능하다.

국제환경 여건 조성으로서 미국과 중국의 적극적 지지

점진적 통일 과정을 성공적으로 진전시키기 위해서는 미국, 중국 등 주변국을 포함한 국제사회의 적극적인 지지와 승인이 필수적이다. 독일 통일 당시 미국, 소련, 영국, 프랑스 등 제2차 세계대전의 전승국들을 포함한 주변국들의 지지가 매우 중요하였다는 점은 이미 논의한 바 있다. 그런데 미래 어느 시점으로 예정된 한반도 통일은 독일 통일 당시와는 엄청나게 달라진 국제환경에 직면하게 될 가능성이 높다.

한반도 통일에 결정적인 영향을 미칠 수 있는 가장 중요한 국제적인 변수는 점점 더 치열해지고 있는 미국과 중국의 패권경쟁이다. 사실 미국과 중국의 패권경쟁이 치열해지면 질수록 한반도 통일이 남한 주도로 진전되어 결국 미국의 영향권으로 들어가는 것에 대해 중국과 러시아가 강력한 제동을 걸 가능성이 매우 높다. 따라서 중국, 러시아의 이해관계를 고려하지 않고 남북한 간의 협력 확대만으로 통일을 이룰 수 있다고 보는 것은 비현실적이다.(박종철 외, 2010, 25~26)

한반도의 통일 과정에서 해결해야 국제적 협력이 필요한 또 다른 사항은 북한의 비핵화다. 북한의 핵 보유 문제는 핵확산금지조약과 관련된 국제사회의 공통의 문제이며, 북한의 핵 보유에 대해 매우 불안하게 바라보는 국제사회의 시선이 존재한다. 따라서 점진적 통일 과정이 진전되기 위해서는 국제사회가 북한에 핵 문제 해결을 강력하게 요구할 가능성이 높다. 또한 통일한국의 핵 보유 문제도 국제사회의 중요한 어젠다가 될 것이다.

그런데 북한이 통일 과정에서 안전 보장을 확신할 수 있을 때까지 핵 보유를 고집한다면 국제사회와 계속 충돌할 수밖에 없을 것이다. 국제사회가 승인하지 않는 한 북핵 문제와 통일 과정을 병행하는 것은 매우 어려운 과제일 것이다.

갈등과 분쟁의 해결 통한 평화정착

한반도의 점진적 통일 과정을 성공적으로 완료하여 통일에 이르는 데 가장 어렵고 중요한 과제는 통일 과정에서 발생할 갈등을 해소하고 무력충돌이나 내전으로 발전하지 않도록 하는 것이다.

사실 예멘의 통일 사례는 통일 과정에서 갈등이 증폭되어 무력충돌과 내전으로 발전할 수 있다는 것을 생생하게 보여주었다. 이질화된 두 개의 분단국이 통일을 이루는 과정은 갈등의 연속일 수밖에 없을 것이다. 독일도 평화적으로 통일되었지만, 서독 지역 주민들과 동독 지역 주민들 간의 갈등이 30여 년이 지난 지금까지도 독일 사회를 분열시키고 있다. 예멘은 통일 합의 직후부터 정치·종교·경제적으로 갈등이 계속 증폭되어 갔었다. 이와 같은 독일과 예멘의 통일 사례에서 보았듯이 한반도 통일 과정에서도 남한과 북한 사이에 다양한 갈등 요소가 잠재해 있다고 할 수 있다.

이처럼 한반도의 점진적 통일 과정에서 남북한의 갈등을 촉발할 첫 번째 요인은 극심한 이질성으로 인한 차별과 적대감이라고 할 수 있다. 특히 남한과 북한은 6·25전쟁이라는 민족적 비극을 겪은 후 교류가 완전히 단절되면서 정치·사회·문화적으로 너무나 달라져 있다. 특히 남북한의 경제적 차이는 통일이 진행되는 과정에서 차별과 혐오, 상호 불신 등으로 나타날 가능성이 매우 높다.

둘째, 남한과 북한의 체제와 제도가 전혀 다르기 때문에 통일 과정에서 남북이 공유할 수 있는 체제와 이념을 도출하는 과정에서 갈등이 표출될 수 있다. 통일 한반도의 이념이 자유민주주의 시장경제체제가 되는 것에 대해 우리는 모두 당연한 것으로 인식하면서, 북한의 1인 절대 독재체제는 절대로 수용할 수 없을 것이다. 그런데 북한이 이러한 방식의 정치적 통일에 동의하지 않는다면 한반도의 정치적 통일은 이루어지지 않을 것이며, 남북간의 갈등은 증폭될 가능성이 높다. 특히 점진적 통일 과정은 북한이 자유민주주의 시장경제체제로 수렴해가는 과정을 상정하고 있는데, 이 과정에서 북한의 독재 정권이 위험해질 수 있기 때문이다.(장형수 외, 22)

셋째, 한반도의 점진적 통일 과정에서 화해와 협력이 성숙되면 본격적으로 통일을 추구하기 위해 국가 연합을 구성할 것인데, 남북연합 체제를 구축하는 과정에서 운영상 남북한의 인구 구성과 차이가 생길 수 있고 이는 갈등의 원인이 될 수 있다. 즉 남북연합 체제를 운영하는 정치조직을 구성하는 데 있어 북한은 1대 1의 결합을 요구할 가능성이 높다. 북한은 과거 남북한 총선거에 대비해 인구는 남한보다 적지만 행정구역은 동등한 숫자로 조정하였다.

하지만 남한의 인구가 북한의 2배 정도이며, 국력에서도 엄청난 차이를 보이는데 1대 1의 등가성에 기초하여 남북연합을 운영하는 것은 비현실적이라는 비판에 직면할 것이고 남북간의 갈등의 요인이 될 가능성은 매우 높다. 이러한 통일정부 운영과 관련한 갈등은 예멘 통일의 교훈에서 잘 알 수 있다.(박종철 외, 2010, 22~24; 김상범 외, 172~176)

이와 같이 한반도 통일이 점진적으로 진행되는 과정에서 남북간에 수많은 갈등 요소가 잠복해 있다. 그런데 예멘 재통일 사례를 살펴보면 통일합의 이후 무력충돌과 내전으로 발전하게 된 가장 중요한 요인은 군사 통합이 지연되었기 때문이었다. 이러한 예멘 사례에서처럼 한반도의 점진적 통일 과정에서도 남북한이 군사 통합이 완료될 때까지 상당한 시간이 소요될 것이고, 그 과정에서 남북한은 각자의 군대를 통제하고 있을 가능성을 배제할 수 없다. 이러한 상황에서 남북한 간의 갈등이 심화된다면 군사적 충돌로 발전할 가능성이 매우 높아진다는 것을 의미한다.

PART

II

북한은 평화를
원하지 않는다

CHAPTER
06

전쟁과 휴전 그리고 위기의 일상화

1. 냉전체제가 불러온 분단과 전쟁

분단은 냉전이라는 국제정치의 산물이다

한반도가 분단된 이후 70년이 지나가고 있다. 한반도는 1945년 일제로부터 해방되자마자 연합국들이 강제로 분단시켜버린, 국제정치가 만들어낸 기형아이다. 전범국가 독일은 또다시 전쟁을 일으키지 못하게 해야 한다는 분단의 정당성이 있었다. 그러나 한민족은 식민지국가로서 국제정치에서 협상에 의해 분단된 것이다.

그리고 미국과 소련 간의 냉전이 분단을 고착화했다. 특히 미국과 소련의 냉전이 격화되자 우리 민족은 좌우 이념으로 나뉘어 격렬하게 대립했으며 갈등은 고조되었다. 사실상 내전이었다. 이러한 대립과 갈등으로 김구, 김규식을 중심으로 한 좌우합작이라는 이름의 통일 논의는 힘을 잃어버렸다. 그리고 1948년 8월 15일 미군 점령하의 남한에서 대한민국 정부가 수립되었고, 1948년 9월 9일 소련군 점령하의 북한에서 조선민주주의인민공화국 정부가 수립되면서 분단의 시대가 본격적으로 시작되었다.

그런데 남과 북에 수립된 두 개의 정부는 서로의 존재를 인정하지 않으면서 대립은 더욱 격화되기 시작하였다. 즉 남한과 북한은 각각 자신의 영토는 한반도 전체이며, 상대방의 영토를 미수복 영토라고 하면서 통일의 당위성을 주장했다. 남한은 '북진 통일'을, 북한은 '남조선 해방'을 외치며 충돌했다.

6·25전쟁은 북한이 일으킨 공산주의 통일전쟁이었다

6·25전쟁은 북한이 일으킨 '적화통일전쟁'이다. 6·25전쟁은 유엔군과 중국 인민지원군이 참전한 국제전으로 비화되었고, 1953년 7월 27일 휴전협정이 체결되기까지 3년 1개월간 계속되었다. 6·25전쟁은 엄청난 사상자가 난 민족의 비극이었으며 전 국토를 폐허로 만들었다. 군인과 민간인을 포함한 사망자는 남북한 전체 인구 3,000만 명의 5%인 150만여 명이었고, 부상자, 실종자는 6분의 1인 500만여 명에 이르렀다. 수많은 미망인과 전쟁고아가 발생했으며, 가족들은 남북으로 헤어졌다. 이렇게 엄청난 희생을 치르면서 6·25전쟁은 서로를 절대로 용서할 수 없는 증오와 적개심을 남겼다.

탈냉전 이후 구소련의 비밀문서가 공개되면서 6·25전쟁이 소련과 중국, 북한이 공모한 전쟁이었다는 사실이 분명해졌다. 소련이 6·25전쟁을 일으키면서 공산주의 진영의 확대를 도모하였고, 미국이 이러한 소련 공산주의의 확장을 막기 위해 국제연합군이라는 이름으로 서방 16개국을 모아서 대한민국을 구출하였다.

그런데 다른 한편으로는 6·25전쟁은 해방 직후부터 고조되었던 민족 내부의 갈등이 파열되었던 결과였다. 분단 직후부터 남한 내부의 좌우 대립과 갈등은 물론이고 남북간에도 소규모 무력충돌이 계속되던 상황이 폭발한 내전(내쟁)이었다.(임성재, 158) 6·25전쟁이 내전과 국제전 성격을 동시에 가지고 있는 것이다.

그런데 6·25전쟁의 참혹한 결과로 인해 남과 북은 서로에 대해 원망과 복수의 감정을 쌓아갔고, 적대와 불신이 더욱 심화되면서 분단은 더욱 공고화되었다. 한반도가 세계 유일의 냉전지대로 남아 격렬한 대치가 지속되고 있는 결정적인 이유가 6·25전쟁인 것이다.

"6·25전쟁은 남북 사이의 상호 적대와 불신을 더욱 심화시켰으며, 분단체제를 더욱 공고화시켰다. … 남북 모두 상대방과 진정으로 화해할 마음을 충분히 갖지 못했기 때문이었다. 아무리 국제적 환경이 개선된다고 해도, 결국 … 남북 내쟁의 본질적 완화 없이는 한반도 분단체제의 평화적 해소란 사실상 불가능에 가깝다는 전망을 갖게 한다."(김학준, 7~9)

2. 휴전과 위기의 일상화

'정전협정'이라는 사이비 평화체제

6·25전쟁의 휴전이 최초로 논의된 것은 1950년 12월 유엔에서 휴전 결의안이 채택되면서부터이다. 이러한 휴전 결의안에 따라 유엔 차원에서 캐나다, 인도 등 3인 위원회를 구성하여 1951년 1월 초까지 중공군을 접촉하여 휴전협정(『정전협정』)을 모색하였지만, 당시 전쟁 상황이 중공군에게 매우 유리한 상황이어서 유엔의 휴전협정 제안을 거절했다. 그러나 1951년 3월경부터 38선을 중심으로 전선이 고착화되면서 휴전협정 논의가 재개되었다. 그리고 1951년 6월 24일 공산군(북한군과 중공군)은 유엔

주재 소련 대사 말리크를 통하여 유엔군에게 휴전을 위한 회담을 개최할 것을 제의하면서 협상이 본격적으로 시작되었다.

휴전회담은 1951년 7월 10일 오전 11시에 개성에서 시작되어 1953년 7월 27일까지 765차례 열렸다. 휴전회담은 1951년 7월 26일 회담에서 군사분계선, 정전의 세부사항, 포로 교환 등을 의제로 설정할 것을 합의하였다. 그리고 이들 의제에 대해 2년여 동안 지루한 협상이 계속되었다. 사실 정전과 관련한 대부분의 문제는 초기에 합의하였다. 그러나 휴전선 확정과 포로 교환 문제가 첨예하게 대립하면서 1년 2개월의 시간이 흘러갔다. 특히 포로 교환 문제가 끝까지 쟁점이 되면서 1952년 5월 이후 장기간의 휴회에 들어갔다. 그런데 1953년 3월 소련의 스탈린이 갑자기 사망하자 중국이 새로운 포로 송환 원칙을 제시하면서 돌파구를 찾게 되었고, 1953년 7월 27일 『정전협정』에 합의하였다.

『정전협정』은 1953년 7월 27일 오후 10시에 발효됐으며, 대한민국은 『정전협정』문에 조인하지 않았다. 당시 이승만 대통령은 중공군 철수, 북한의 무장 해제, 유엔 감시하의 총선거 등을 주장하며 휴전을 반대하였기 때문이다. 따라서 정전협정문(휴전협정문)의 공식적인 명칭은 『유엔군 총사령관을 일방으로 하고 조선인민군 최고사령관 및 중국 인민지원군 사령관을 다른 일방으로 하는 한국 군사정전에 관한 협정』이 되었으며, 서언을 포함해 모두 제5조 63항으로 작성되었다.

『정전협정』의 본문 5개 조항은 다음과 같은 내용으로 구성되어 있다.

- 제1조는 군사분계선과 비무장지대에 대한 합의
- 제2조는 정화 및 정전에 관한 구체적 조치에 관한 합의
- 제3조는 전쟁포로에 관한 조치에 대한 합의
- 제4조는 쌍방 관계 정부들에의 건의에 관한 합의
- 제5조는 부칙 등에 관한 합의

이 협정으로 남북한 사이에는 군사분계선과 4km 너비의 비무장지대가 설치되었다. 『정전협정』의 구체적 보장책으로서 쌍방이 군사 인원, 군사 무기 및 자재 등을 보충할 경우에도 정전 성립 당시 보유하고 있던 정도를 초과하지 못하게 하였다. 여기에 『정전협정』의 집행을 위해 군사정전위원회 및 중립국 감시위원회를 두고 그 하부 기구를 각각 설치·운영하는 것을 규정하였다.

그리고 『정전협정』 60항에는 "3개월 내에" 한반도 문제의 평화적 해결을 위한 고위급 정치회담을 소집하도록 건의하고 있으며, 『정전협정』 제62항에는 평화적 해결을 위한 정치적 수준의 합의에 따라 명시적으로 대체될 때까지는 『정전협정』의 조항들이 계속 유효한 것으로 명시하였다.

그런데 『정전협정』 또는 정전체제는 많은 비판을 받아 왔다. 특히 정전 이후 북한의 수많은 군사적 도발로 많은 희생자가 발생할 때마다 정전체제에 대한 비판의 목소리는 높아갔다. 그러나 이러한 비판과 부정적 인식에도 불구하고 『정전협정』이 전쟁의 재발을 억제하였으며, 남북간에 수많은 위기의 상황에서도 위기관리의 기능을 수행하였다는 순기능적인 측면이 강조되기도 한다.(제성호, 14-17)

먼저 『정전협정』의 순기능에 대한 주장을 살펴보면 첫째는 『6·25전쟁』이라는 전면전을 중단시켜 정전체제를 유지하는 데 기여하고 있다는 점이다. 즉 『정전협정』 서문은 "쌍방에 막대한 고통과 유혈을 초래한 충돌을 정지시키기 위하여서 최후적인 평화적 해결이 실현될 때까지 한국에서의 적대행위와 일체 무장행동의 완전한 정지를 보장하는 정전을 확립"하는 것을 그 목적으로 한다고 되어 있다.

둘째, 『정전협정』이 전쟁(전면전)의 재발을 방지하고 억지하는 데 기여하고 있는 것은 사실이다. 특히 6·25전쟁이 엄청난 국제전이었다는 것을 목격하였기 때문이며, 미국, 중국 등 강대국의 이해가 첨예하게 교차하는 한반도에서의 전쟁 재발은 또다시 세계 전쟁으로 비화될 수 있을 것으로 우려하고 있다는 것이다.

셋째, 남북간 군사적 위기 발생 시 『정전협정』이 대화의 장이 되어 위기관리 기능을 수행하였다. 냉전기에 남북한 간에 수많은 무력충돌이 발생하였지만, 극단적인 위기로 발전하지 않았던 데에는 정전체제의 역할이 컸다고 할 수 있다. 적어도 북한이 군사정전위원회에서 철수한 1991년 3월까지 40년 동안에는 각종 『정전협정』 위반사건을 군사정전위원회에서 협의하고 처리하였다.(제성호, 14-17)

그런데 일시적이었어야 할 『정전협정』은 하나의 체제로 굳어졌다. 전쟁도 평화도 아닌 비정상적인 상황이 계속되면서 남북관계에서는 항상 갈등과 위기가 일상화되면서 정전체제가 갖는 부정적인 영향도 크다.

첫째, 정전체제가 전쟁의 재발을 막았는지는 몰라도 평화체제를 정착시키는 데에는 걸림돌이 되고 있다는 주장이다. 『정전협정』은 서언에서 "순수한 군사적 성질"이라고 규정하고 있어, 남북간의 정치적 평화 문제를 해결할 수 없다는 주장인 것이다.(송승종, 247-248)

물론 『정전협정』 체결 이후 평화체제 구축을 위한 많은 노력이 성공하지 못했던 이유가 정전체제라는 사이비 평화체제가 존재하여 긴박감이 떨어지기 때문이라는 주장도 있다. 아니면 남과 북이 각기 정치적 이익을 위해 적대적 의존관계를 유지하기 위하여 정전체제라는 기형적 상태를 이용하고 있다는 주장도 있다.

둘째, 냉전이 종식되었는데도 냉전의 산물인 정전체제가 남아서 남북간의 갈등과 대립을 증폭시키는 요인이 되고 있다는 주장이다. 6·25전쟁은 당시 미국과 소련의 대립이라는 냉전이 만들어낸 비극이었으며, 『정전협정』은 냉전의 최전방이었다. 『6·25전쟁』이 끝나자 미국은 한국, 일본과 군사동맹을 맺었고, 북한은 소련과 중국과 군사동맹을 맺어서 서로 휴전선을 사이에 두고 대치하는 상황이 계속되었다. 그리고 냉전이 끝난 이후에도 한미동맹, 미일동맹과 북중동맹은 여전히 유효하다. 최근에는 중국의 부상과 미중간의 패권경쟁으로 인해 한반도의 지정학적 중요성이 다시 부상하고 있으며, 휴전선은 또다시 미중 갈등의 최전선이 되고 있다.

셋째, 『정전협정』의 불완전성이 남북간에 군사적 충돌과 긴장의 주요 원인이었다. 『정전협정』에는 군사정전위원회나 중립국 감시위원회를 비롯하여 휴전선 기점 남북 2km 비무장지대라는 완충지대를 설치하였다. 그러나 이 정전 기구와 제도들은 북한의 도발을 원천적으로 차단하는 구속력을 갖지 못했다. 북한의 도발 등 군사적 충동이 발생하였을 때 군사정전위원회 등이 소집되어 회의는 하였지만 해결책은 도출하지 못했다. 특히 1994년 북한이 군사정전위원회에서 일방적으로 철수를 선언하자 군사정전위원회는 무력화되었다.

또한 『정전협정』이 남북간 해상경계선을 확정하지 못함에 따라 현재까지 군사적 충돌과 긴장이 계속되고 있다. 『정전협정』은 지상에서의 쌍방 군사력의 접촉선을 기준으로 군사분계선Military Demarcation Line을 설정하는 데는 분명하게 합의하였으나, 해상에서의 군사분계선을 획정하지 못했다. 이는 당시 유엔군이 제해권을 장악하고 있어서 해상에서는 쌍방 군사력의 접촉선 자체가 존재하지 않았기 때문이었다. 오히려 유엔군은 유엔군의 북방으로의 진출을 막기 위하여 1953년 8월 30일 서해에서는 서해 5도와 북한 해안 지역의 중간지점을 연결하는 북방한계선(NLL)을, 동해에서는 지상에서의 군사분계선을 연장하는 북방한계선(NLL)을 설정하면서 사실상 경계선 역할을 하도록 하였다

유엔군의 압도적 해·공군력으로 인해 북한은 『정전협정』 체결 이후 한동안 NLL에 대해 이의를 제기하지 않았다. 그런데 1973년부터 북한은 NLL의 무효를 주장하고 도발을 계속하면서 남북간에 가장 긴장이 고조된

수역이 되었다. 특히 북한은 서해에 새로운 경계선을 발표하여 기존의 NLL 이남으로 경계선을 확대하자 서해에서의 남북간 군사적 긴장은 고조되기 시작하였다. 1999년과 2002년 두 차례의 연평해전 등 남북간의 군사적 충돌과 한반도 불안정의 핵심 지대가 되었다.

군사적 위기의 일상화

1953년 '정전협정'이 체결되었지만 전쟁이 완전히 끝난 것은 아니었다. 휴전 직후부터 휴전선에서는 끊임없이 무력충돌이 발생하였으며, 서해 NLL은 최대 분쟁 지역이 되었다. 최근에는 북한의 핵무기에 대한 위협이 높아져 갔으며, 북한의 사이버 공격도 본격화되었다. 이처럼 분단 이후 한반도에는 군사 위기가 일상화되어 왔다.

〈표 1〉 '정전협정' 체결 이후 북한의 도발

구분		계	1950년대	1960년대	1970년대	1980년대	1990년대	2000년대	2010년대
계		3120	405	1340	406	228	222	241	264
침투		2002	386	1011	311	167	63	16	27
국지도발	계	1118	19	329	95	61	159	225	237
	지상	503	7	298	51	44	48	42	12
	해상	559	2	22	27	12	107	180	209
	공중	51	10	7	15	4	1	3	11
	전자전	5	0	0	0	0	0	0	5

출처: 국방부, 『2020 국방백서』 p.319

『2020 국방백서』는 1950년 6·25전쟁 이후 북한의 대남 도발이 침투 2,002건, 국지도발 1,118건 등 3,120회라는 엄청난 숫자를 보여주고 있다. 이는 산술적으로만 볼 때 '정전협정' 체결 이후 70년 동안 거의 매주한 번씩 북한이 도발하였다는 것을 의미한다. 그리고 위 〈표 1〉에서 보는 바와 같이 북한의 도발이 냉전기에 집중되었을 것이라는 예상과는 달리 탈냉전 이후에도 비슷한 추세를 보이고 있다.

특히 북한의 국지도발은 남북간의 군사적 충돌을 의미하는데, 이러한 군사적 충돌이 단순히 총격 사건으로 끝나기도 하지만, 남북간의 전쟁 위기를 고조시키는 엄청난 사건으로 발전하기도 하였고, 대규모 총격전으로 많은 인명이 희생되는 안타까운 사건으로 남기도 하였다.

2010년에 발간된 '한국의 군사적 긴장 고조'라는 제목의 미 외교협회 보고서는 1961년부터 2010년 8월까지 한반도에서는 모두 1,436건의 군사적 충돌이 발생하여 남·북·미군 1,554명(북한 887명, 한국군·경 416명, 한국 민간인 162명, 미군 89명 등)이 사망하고 1,161명이 부상한 것으로 발표하였다.(김강녕, 333)

냉전기 '비무장지대 전쟁'

냉전기 북한의 주요 군사적 도발은 1960년대에 집중되었다. 1950년대 19건이었던 북한의 군사 도발이 1960년대에 329건으로 증가하였다. 냉전기 북한의 군사적 도발의 특징은 첫째, DMZ에 집중되었으며, 많은 인명이 희생되었다. 대표적인 북한의 DMZ 도발은 1966년 10월 13일부터 22일 동안 강원도 양구 지역에서 17건의 총격 도발(국군 사망 26명, 부상 19명)이었다. 그리고 1968년에는 북한의 DMZ 도발이 236건이었는데, 북한군 321명과 국군 162명, 경찰과 민간인 35명이 사망하였다. 이 시기 북한의 군사 도발은 '비무장지대 전쟁'으로 불릴 정도였다.(박영민, 11-4, 140~141)

두 번째, 북한은 대한민국 대통령 암살을 4번이나 기도하였다. 1968년 1.21 사태, 1970년 6월 22일 '국립묘지 시한폭탄 설치'로 박정희 대통령 암살 미수 사건, 1974년 8월 15일 광복절 기념식 육영수 여사 총격 사망 사건, 그리고 1983년 버마 아웅산 국립묘지 전두환 대통령 암살 기도 사건 등이었다.

〈표 2〉 냉전기 북한의 주요 군사적 도발

	일시	내용	피해
50년대	1958.2.6	KNA 여객기 납북사건	승객 전원 귀환
60년대	1967.1.19	해군 당포함(56함) 격침	승조원 79명(전사/실종 39명, 부상자 40명)
	1968.1.21	1.21사태. 무장공비 30명 청와대 기습	군경 7명, 민간인 다수 사망
	1968.1.23	미국 정찰함 푸에블로호 나포	승무원 83명(1명 사망 13명 부상), 80명 귀환
	1968.10.30	울진·삼척 무장공비 120명 침투 (무장공비 113명 사살, 7명 생포)	군경 20명 사망, 민간인 다수 사망
	1969.4.15	미 해군 정찰헬기 격추	31명 전원 사망
	1969.12.21	KAL기 피납사건	승무원 전원 억류, 승객 30명 귀환
70년대	1970.6.5	북한 고속정, 연평도 공해상 해군 120톤급 방송선 납치	승무원 20여 명 사살
	1970.6.22	국립묘지 폭탄 설치, 대통령 암살 미수, 간첩 1명 설치 중 사망, 2명 사살	
	1974.6.28	해경 경비정 제 863호 공격, 침몰	승무원 8명 전사, 18명 실종, 2명 납북
	1974.8.15	북한 공작원 문세광, 박정희 대통령 암살 기도	육영수 여사 피살
	1976.8.18	판문점 도끼 만행 사건	미 장교 2명 살해. 인부 8명 중상
	1978	최은희, 신상옥 납치	
80년대	1983.10.9	버마 아웅산 국립묘지, 전두환 대통령 암살 기도	서석준 부총리 등 17명 사망, 13명 부상
	1987.11.29	KAL 여객기 858편(보잉747) 폭파사건	승무원/승객 135명 사망

자료: 동아연감 (2008~2009); 연합연감 (2008~2009);http://kin.naver.com/qna/detail (2010.5.5.) ; 안성호, "6·25전쟁 이후, 북한 무력도발과 한국의 글로벌 안보협력."『6·25전쟁 60주년, 전쟁과 평화에 대한 회고와 전망』북한연구학회 2010년 하계학술회의자료집, p.106

세 번째, 대규모 특수부대를 침투시켜 남한 내에서의 게릴라전을 통해 통일전쟁을 도모한 것이었다. 대표적인 사례가 1968년 '울진·삼척 무장공비 침투사건'이었다. 남한에 침투한 120여 명의 대규모 무장공비는 2개월 동안 게릴라전을 벌리면서 남한을 극도로 혼란스러운 상황에 빠지게 하였다.

네 번째 특징은 어선이나 항공기 납치, 폭파 등 민간을 대상으로 하는 테러를 자행하였다는 점이다. 1989년 5월까지의 통계에 따르면 어선 462척, 어부 3,677명을 납치하였고, 32척, 419명은 송환되지 않고 있다. 또한 1958년 대한항공의 전신인 KNA기와 1969년 12월 KAL기 납치, 그리고 1987년 11월 29일 KAL 858기 폭파 사건 등 북한의 민간에 대한 테러로 수많은 사람이 희생되었고, 북한에 억류되어 돌아오지 못하고 있다.

다섯 번째 특징은 주한미군에 대한 직접적인 군사적 공격을 강화했다는 점이다. 1960년대 북한군의 DMZ 내 총격 도발사건 중에서 상당수가 미군에 대한 직접적인 공격이었다. 그리고 북한은 1968년 1월 23일 북한 원산항 앞 공해상에서 미국의 정보 수집함 푸에블로호를 납치하여 승무원 83명을 11개월이나 억류하였다가 풀어줬다. 그리고 1969년 4월에는 청진 남동쪽 상공에서 정찰 중이던 미 해군 EC-121 정찰기를 격추해 탑승 승무원 31명 전원을 숨지게 했다.

1976년 판문점 도끼만행사건은 북한이 미군에 대한 직접적인 공격 행위로서 엄청난 정치적 파장을 불러왔었다. 특히 미국의 강력한 대응으로 한반도에 전쟁 위기가 고조되었다. 북한이 주한미군에 대해 직접적인 군사 도발을 계속한 이유는 주한미군에게 공포감을 주어 철수하도록 하기 위한 것으로서 적화통일의 여건 조성이 목적이었다고 할 수 있다.

탈냉전기 '서해 NLL 전쟁'

탈냉전기 북한의 군사 도발 횟수는 1990년대 159건, 2000년대 225건, 그리고 2010년대에 237건으로 1980년대 61건에 비해 크게 증가하였다. 특히 육상 도발보다는 해상 도발이 압도적으로 많아졌는데, 대부분 서해 NLL에서의 도발이었다. 또한 북한은 남한에 대해 해킹이나 DDoS, GPS 등의 사이버 공격을 본격화하기 시작하였다.

〈표 3〉 탈냉전기 북한의 주요 군사적 도발

연대	일시	도발 내용	피해
1990년대	1994.3.9	남북회담 시 북측 '서울 불바다' 위협	수도권 장사정포 위협
	1996.9.18	강릉 잠수정 침투	북한, 24명 사망 군경 13명, 민간 4명 사망
	1998.6.22	북측 잠수정 동해안 표류	북한 승조원 9명 자살
	1999.6.15	제1차 연평해전	북한 어뢰정, 경비정 파손
2000년대	2002.6.29	제2차 연평해전, 북한 경비정 화재	고속정 침몰, 6명 전사, 19명 중상
	2008.7.11	금강산 관광객 피격 사망	
	2009.7.7	사이버 공격, 디도스(DDos)공격	청와대, 정부, 금융사, 포털사이트 홈페이지 마비
	2009.9.6	임진강 상류 황강댐 기습방류사건	피서객 6명 사망
	2009.11.10	대청해전	북한 해군 경비정 반파
2010년대	2010.3.26	천안함, 잠수정 어뢰 공격, 격침	승조원 46명 전사
	2010.11.23	연평도 무차별 포격	해병 2명 전사, 민간인 2명 사망, 18명 중경상
	2011.3	사이버 공격, 좀비PC 10만여 대 이용	국회, 통일부 등 정부, 은행, 증권사 등 민간 피해
	2011.4	사이버 공격, 농협 전산센터 공격	농협 전산서버 273대 자료 파괴, 마비

연대	일시	도발 내용	피해
	2012.4	GPS 교란 공격	항공기, 선박 운항 피해
	2013.3	사이버 공격, KBS, MBC, YTN, 농협, 신한은행 등 악성코드 유포	서버, PC, ATM 등 총 5만여대 피해
	2013.6	사이버 공격, 청와대·국무조정실, 정당, 언론사 등 전산시스템 공격	전산시스템 마비 피해
	2014.4	GPS 교란 공격	항공기, 선박 등 피해
	2014.10.10	대북전단 발원지 연천 격파사격	연천 지역에 북한군 총탄 낙탄
	2014.12	사이버 공격, 한국수력원자력 해킹	한수원 조직도, 설계도면 등 6차례 85건 유출
	2015.8.4	목함지뢰 도발, 북한 준전시 선포(서부전선 아군 진지 포격)	국군 2명 부상
	2016.3.26	청와대 군사적 공격 위협	
	2016.4	GPS 교란 공격	
2020년대	2020.6.16	개성공단 남북공동연락사무소 폭파, 실제 폭파 영상 TV 중계	
	2020.9.21	서해 공무원 피살	

자료: 안성호, "6·25전쟁 이후, 북한 무력도발과 한국의 글로벌 안보협력." 『6·25전쟁 60주년, 전쟁과 평화에 대한 회고와 전망』 북한연구학회 2010년 하계학술회의자료집, p.107

이와 같은 탈냉전기 북한의 군사적 도발의 특징은 다음과 같다. 첫째, 북한의 군사적 도발이 서해 NLL에 집중되었다. 북한의 해상에서의 도발은 1980년대까지 총 61건에 불과하였는데, 1990년대 이후 최근까지 500여 건으로 증가하였고, 대부분 서해 NLL에서 발생하였다. 1999년 제1차 연평해전, 2002년 제2차 연평해전, 2009년 대청해전, 2010년 천안함 폭침과 연평도 포격 도발 등 탈냉전 이후 남북간의 군사적 충돌의 대부분이 서해 NLL에서 일어났다. 또한 북한은 서해 NLL을 향한 대규모 해안포나 미사일을 발사하며 NLL을 무력시위에 활용하였다.

둘째, 대한민국 영토를 직접 공격하였다. 북한은 2010년 11월 23일 연평도에 해안포 170여 발을 무차별적으로 포격하였고, 2014년 10월 10일 남한 지역에서 날려보낸 대북 전단을 향해 북한군이 14.5㎜ 고사총을 발사하여 연천 지역에 총탄이 떨어졌다. 천안함 폭침 도발 지역도 백령도 우리 영해였다.

셋째, 탈냉전기 남북간 군사적 충돌은 더욱 공개적이고 전쟁에 가까운 형태로 나타났다. 냉전기 북한의 도발은 은밀한 침투, 기습 등의 형태였다. 그러나 탈냉전기 북한의 군사적 도발은 공개적이었다. 1999년 제1차 연평해전은 북한 함정들과 남한의 함정들이 충돌하면서 일어난 해전이었다. 또한 2002년 6월 제2차 연평해전도 북한의 기습공격이 있었지만 북한 경비정 2척(등산곶 684호, 등산곶 388호)과 대한민국 해군 고속정 4척이 교전을 벌인 것이었다. 그리고 2009년 11월 대청해전도 NLL을 침범한 북한 고속정과 대청도 인근 해상에서 벌인 교전이었고, 북한의 연평도 포격도발은 CNN 등 언론매체를 통해 국제사회에 실시간 중계되기도 하였다.

넷째, 북한의 도발이 남한과의 전투에서 패배한 것에 대한 복수였다는 점이다. 2002년 제2차 연평해전은 제1차 연평해전 패배에 대한 복수였고, 천안함 폭침 도발도 대청해전의 복수였다는 것이다.

다섯째, 북한이 남한에 대해 공개적으로 전쟁을 위협하였다는 점이다. 북한이 공개적으로 전쟁을 위협한 대표적인 사례가 '서울 불바다' 발언인데, 이는 휴전선에 가까운 서울을 장사정포와 단거리 미사일을 이용하여 공격할 수 있다고 협박하는 것이다. 최초의 '서울 불바다' 발언은 1994년 3월 19일 당시 남북정상회담 실무 접촉에서 북측 대표인 박영수가 "여기서 서울이 멀지 않다. 전쟁이 일어나면 불바다가 되고 말 것이다"라고 한 것이었다.

그 이후에도 2010년 북한군 총참모부가 위협하였고, 최근에는 2017년과 2020년 조선중앙통신을 통하여 '서울 불바다'를 운운하며 협박하였다. 북한이 전쟁을 위협한 또 다른 사례는 2015년 발생한 북한의 DMZ 목함지뢰 도발 사건 이후 북한이 준전시 상태를 선포하고 주요 전력을 전방으로 추진 배치하는 등 전쟁 발발 가능성으로 위협한 것이었다.

여섯째, 북한이 해킹과 사이버 공격을 끊임없이 계속하고 있다. 2019년도 국방부 국정감사 자료에 따르면, 국방정보시스템에 대한 사이버 공격은 2013년 1,434회, 2017년 3,986건, 2019년 9,533건으로 매년 급격하게 증가해 왔다. 또한 2019년 9월 '통일부 해킹 및 사이버 공격 시도 탐지 현황'에 따르면, 2014년부터 2019년 7월까지 통일부에 대한 사이버 공격은 1,841건으로서 2015년 172건, 2018년 630건에서 급증한 것으로 나타났다. 국가정보원은 최근 5년간 국가 공공기관에서 발생한 사이버 공격 피해 건수는 약 1만 1,700여 건으로 집계되었는데, 그중 북한의 공격 비율이 70~80%로 압도적이었다는 것이다.

이러한 북한의 사이버 공격은 최근에는 우리의 정부 기간 전산망이나 군 지휘통제 체계 등을 마비시키려는 전쟁 연습으로 발전하고 있는 것이다. 북한은 2009년, 2011년, 2013년 등 여러 차례에 걸쳐 대규모 디도스(DDos) 공격으로 청와대 등 주요 정부 기관과 언론, 금융기관 포털사이트 등 민간 홈페이지를 공격하였다.

이외에도 한국수력원자력을 비롯하여 서울 메트로와 같은 국가 기간산업체와 원자력연구원·핵융합연구원·항공우주산업·항공우주연구원 등 국가안보 관련 기관에도 사이버 공격을 하였다.(성용은, 272) 이러한 북한의 사이버 공격으로 원전과 핵연료, 전투기 도면 등 핵심 국가안보 기술이 북한으로 넘어갈 수도 있다는 점에서 매우 위험했다고 할 수 있다. 실제로 북한이 한국수력원자력을 해킹한 이후 원자로를 폭파하겠다고 협박을 했던 것으로 알려졌다.

한편 북한은 GPS 교란과 같은 전자전 공격을 수시로 감행하고 있다. 북한은 2012년, 2014년, 2016년 세 차례나 의도적인 GPS 전파 교란 공격을 감행하여 항공기, 함정, 선박 등의 운항에 피해를 입기도 했다.

사실 북한의 사이버 위협은 북핵 위협이나 무력도발과 같이 우리에 대한 중대한 안보 위협이다. 북한이 정부, 언론사, 금융기관을 비롯하여 한국수력원자력이나 서울 메트로와 같은 기간산업에 대해 사이버 공격을 감행한 것은 국가의 통치 기능을 마비시키고, 사회 혼란을 야기하기 위한 전쟁 준비 차원이라고 해야 할 것이다. 세계적인 IT 강국으로서 한국이 인터넷 등 컴퓨터 네트워크 사회라는 점을 역이용하는 전략이다. 세계가 정보화되고 있고, 특히 대한민국은 세계 최고의 정보화 수준을 자랑하고 있는데, 북한은 이러한 대한민국의 정보화 능력을 마비 또는 파괴하는 것이 전쟁에서 승리할 수 있는 길이라고 인식하고 있는 것이다.

3. 남북간 군비경쟁과 안보 딜레마의 악순환

❶ 북한의 군비증강: 재래식 전력에서 비대칭전력으로

'국방·경제 병진노선'에서 '핵·경제 병진노선'으로

북한은 분단 직후부터 '군비지향형 중공업 우선정책'을 추진해 왔으며, 이러한 중공업의 발전은 국방산업을 발전시키기 위한 토대를 구축하는 것이 목적이었다. 특히 1960년대 초반 중국과 소련의 분쟁을 겪으면서 북한은 국방력 강화에 대한 필요성을 절감하면서 국방에서의 자위를 주창하고 국방산업의 대대적인 육성을 추진하였다.

북한은 1962년 12월 노동당 중앙위원회 제4기 제5차 전원회의를 개최하고, "국방력의 물질적 토대를 더욱 튼튼히 다지기 위하여 … 인민 경제 발전에서 일부 제약을 받더라도 우선 국방력을 강화하여야 한다"라고 결정하면서, '4대 군사노선'을 채택하였다. 4대 군사노선은 국방에서의 자위라는 원칙하에 '전군의 간부화, 전군 현대화, 전민 무장화, 전국 요새화'를 기본 내용으로 하는 것이었다.

이처럼 북한은 1960년대부터 '국방, 경제 병진' 정책을 강력히 추진하여 '국방에서의 자위'를 목표로 원료 채취에서 최종 무기 생산까지의 전 과정을 국내에서 자립적으로 수행할 수 있는 군수산업 체제를 구축하려고 하였다.(대외경제정책연구원, 2003/2004, 252) 이처럼 북한은 당시 모든 국력을 군사력 건설에 집중하려고 하였고, 따라서 1966년에 이르러서는 국가 예산에서 군사비가 차지하는 비중이 30% 이상으로 급증하였다.

북한의 '국방, 경제 병진노선'은 김정일 정권에서도 선군시대 경제 건설 노선이라는 이름으로 계속되었다.(김성주, 8) 그러나 북한의 '국방, 경제 병진노선'은 사실상 군사력 증강에 중점을 두면서 냉전기 북한의 군사력이 남한보다 우세한 군사력을 건설할 수 있었던 원동력이 될 수 있었던 것은 사실이다. 그러나 이렇게 모든 국력을 군사력 건설에 집중함에 따라 1970년대 이후 북한의 인민 경제는 점점 더 어려워질 수밖에 없었고, 1980년대에 이르면 경제난의 조짐이 나타날 정도로 주민들의 삶은 피폐해져가고 있었다.

1960년대부터 유지되었던 '국방·경제 병진노선'은 김정은 시대에 들어서면서 '경제·핵 무력건설 병진노선'으로 변경된다. 2013년 3월 31일 당시 김정은 국방위원회 제1위원장이 노동당 중앙위원회 전원회의에서 '경제 건설과 핵 무력건설을 병진시킬 데 대한 전략적 노선'을 제기하면서 "국방비를 늘리지 않고도 적은 비용으로 나라의 방위력을 더욱 강화하면서 경제 건설과 인민생활의 향상에 큰 힘을 돌릴 수 있게 합니다"라고 '경제·핵 병진노선'을 공식화하였다.

1980년대 독자적으로 선진화된 무기 개발·생산 능력 확보

북한은 6·25전쟁을 일으키기 위하여 1949년 소련과 '비밀군사협정'을 체결하고 당시로서 신예무기들을 도입하여 남한보다 월등히 우세한 군사력을 보유하게 되었다. 또한 북한은 일제 강점기에 건설된 흥남의 화학 공장 등 30여 개의 병기 공장을 가동하여 소량의 소화기와 탄약을 생산하였다. 참고로 당시 한국군에는 1949년 주한미군이 철수한 후 전차, 자주포, 대전차포, 전투기 등 주력 무기가 1대도 없었다.(김진무, 2006)

그리고 6·25전쟁 이후 북한은 군비증강을 본격화하기 시작하였다. 우선 북한은 소련과 '면허생산계약'을 통해 박격포, 경기관총, 권총, 대전차포, 무반동총, 대공포 등 각종 총포의 조립생산을 시작하였고, 모방생산으로 확대해 각종 재래식 무기와 장비의 양산 체제를 갖추기 시작하였다.

1970년대에는 모방생산 단계에서 독자적인 무기체계 개발 단계로 발전하였다. 이 시기에 북한은 항공 분야를 제외하고 지상무기와 해상무기의 상당 부분을 자체 개발·생산하는 대량생산 체제를 확립하였다.

이러한 군수산업의 발전으로 1980년대에 들어서는 북한은 전투기를 제외한 대부분의 무기체계를 자급하는 수준에 도달하게 되었다. 북한은 전차, 장갑차, 화포, 다연장 로켓포, 경무기 및 각종 탄약 등을 설계·생산할 능력을 보유하였고, 전체적인 종합조립 기업과 부품 설비의 생산창을 보유하였던 것이다. 이 당시 북한의 무기 개발 및 생산 능력이 남한보다 높은 수준이었다고 평가되었다.

탈냉전기 경제위기로 군수산업 낙후, 비대칭전력 증강 주력

1990년대부터 시작된 북한의 경제위기는 북한군에게도 엄청난 변화를 불러왔다. 북한의 군사비 투입이 절대적으로 감소하였고, 이에 따라 군수공장 가동이 대폭 감축되었다. 특히 소련의 붕괴로 최신 군사과학기술의 도입이 중단되자 신무기 개발이 위축될 수밖에 없었으며 북한의 군수산업은 낙후될 수밖에 없는 상황이 되었다.(김진무, 2006)

북한이 보유한 대부분의 무기는 소련제를 모방하거나 개량하여 자체 무기로 개발한 것이다. 이 과정에서 소련의 최신 군사기술과 부품, 원자재 등을 도입하여 자체적으로 군사과학기술을 발달시켜 왔던 것이다. 그런데 소련이 붕괴하면서 최신 무기는 물론 군사과학기술과 부품 원자재 등의 지원이 중단되자 최신 무기체계의 개발은 중단되었다. 그리고 시간이 지나가자 북한이 보유하고 있던 무기와 장비들은 낙후되기 시작하였다. 북한이 현재 보유하고 있는 대부분의 재래식 무기와 장비는 소련에서 1980년대 이전에 개발된 것이다.

예를 들면 탱크는 T-34(1941년형), T-54(1944년형), T-55(1958년형), T-59(1959년형, 중국), T-62(1962년형) 전차 등을 아직도 보유하고 있고, T-62(1972년형) 전차를 개량한 천마호가 아직도 주력이다. 해상 무기체계에서는 대부분의 함정이 컴퓨터 기반의 자동사격통제장치 없이 수동사격 통제를 하고 있는 것으로 파악되고 있다. 공군도 MIG-15(1949년형), MIG-17(1953년형), MIG-19(1955년형), MIG-21(1956년형) 등 아주 노후화된 전투기를 여전히 실전 운용하고 있다. 1988년 소련으로부터 조립생산 시설을 지원받아 1990년대 초반까지 MIG-29 전투기 20대를 녹다운 생산하였지만, 3대가 추락하고 17대를 보유하고 있다.

이처럼 탈냉전 이후 북한의 재래식 전력의 약화가 불가피해지자, 북한은 전력 증강의 중점을 비대칭전력의 강화로 전환하였다. 1990년대부터 본격화하였던 핵 개발을 비롯하여 미사일, 특수전, 사이버전 등 비대칭전력의 강화를 적극적으로 추진하기 시작한 것이다.

비대칭전력은 ① 적대적인 두 국가(가상적국) 가운데 한쪽은 보유하고 다른 쪽은 보유하지 못한 전력, ② 각국 간의 전력 비교가 무의미한 핵, 미사일, 화학무기, ③ 상대국의 취약점을 효율적으로 공격할 수 있는 전력 등으로 정의된다. 이 개념 정의에 따르면 대표적인 비대칭전력이 핵, 생화학무기 등 대량살상무기, 사이버전력, 특수전력 등이다. 이에 비해 대칭전력이란 탱크·전차·군함·전투기·포·미사일·총 등 국가 간 전력을 비교할 수 있는 무기를 뜻하며, 재래식 전력이라고 한다.

북한이 핵무기 개발 등 비대칭전력 증강에 매진한 이유가 재래식 전력 증강에 비하여 상대적으로 저렴한 비용으로 효과를 극대화할 수 있는 군사전략의 선택이라고 주장해왔다. 그러나 국토가 좁고, 인구가 밀집된 한반도 전장환경, 최첨단 무기체계를 갖춘 한미연합군 등을 고려하여 남한의 군사적 취약성을 집중적으로 공격할 수 있는 비대칭전력에 중점을 두고 있는 것으로 평가되어 왔다. 그 대표적인 전력으로 핵무기, 수도권을 공격할 수 있는 장사정포, 대규모 특수전력, 한미연합군의 첨단전력을 무력화하려는 사이버전력, 오끼나와와 괌 등의 미 증원군을 원거리 타격할 수 있는 미사일 등을 집중적으로 증강하여 왔다.

핵무기 등 대량살상무기와 사이버 전력 강화

북한이 집중적으로 증강해온 대표적인 비대칭전력이 핵, 생화학무기 등 대량살상무기와 사이버전력이다. 먼저 북한은 지난 30여 년 동안 핵, 미사일 개발에 모든 국력을 집중하였다. 6차례의 핵실험과 다양한 사정거리의 미사일을 발사하며 핵 개발을 계속해왔으며, 2017년 11월 29일 ICBM급 미사일인 화성 15형을 발사한 이후 '국가 핵 무력 완성'을 선언하였다. 최근에는 전술핵 개발 등 핵무기 고도화에 주력하고 있음을 밝히는가 하면 '핵 무력 정책법'을 제정하고 핵무기 사용을 위한 전략을 제시하기도

하였다. 따라서 국제사회는 이러한 북한의 핵 개발 능력에 대해 사실상 핵무기 보유국이라고 평가하고 있다.

한편 북한의 대량살상무기와 관련해서 절대로 간과해서는 안 되는 것이 생화학무기이다. 지난 2017년 말레이시아 공항에서 김정은의 이복형인 김정남이 북한 공작원에 의해 독극물인 VX로 피살되면서 북한의 화학무기 제조 기술의 고도화에 많은 관심이 쏠렸다. 사실 화학무기와 생물무기는 비료 공장, 제초제 또는 살충제 공장, 제약 회사, 생물학 연구소 등에서 적은 비용으로 손쉽게 생산할 수 있으며, 발견하기가 매우 어렵고 증거 인멸도 용이한 반면, 엄청난 혼란과 공포를 야기할 수 있는 매우 사악한 무기다. 하지만 그동안 생화학무기의 운반 및 투발 수단이 무기화의 최대 장애였다. 그런데 최근 무인기 기술이 급속히 발달하면서 생화학무기가 공포의 대량살상무기로 관심이 집중되고 있는 것이다.

북한의 생화학무기 개발에 대한 정보는 많지 않다. 다만 1960년대 초반 김일성의 '세균전이 남한 지역의 교란에 가장 효과적이므로 집중적으로 개발하라"는 지시와 1980년 "독가스 및 세균무기를 생산하여 전투에 사용하는 것이 효과적"이라는 김일성 교시 77호 등으로 북한군이 생화학무기 개발에 투자를 많이 해온 것으로 추정될 뿐이다.

그동안 수집한 정보에 따르면 북한은 총 25종의 화학작용제를 2,500~5,000톤가량 비축하고 있는 것으로 추정하고 있다. 신경작용제 6종(사린, V계열), 수포작용제 6종(겨자, 루이사이트), 혈액작용제 3종(시안화수소), 질식작용제 2종(포스젠), 구토 및 최루제 등을 개발·보유하고 있는 것으로 파악되고 있다. 한편 생물학무기는 무기 형태인 '작용제'로 생산하여 보유하는 것은 어렵다. 따라서 필요시 대량생산·무기화하기 위해 탄저균, 천연두 등 13종의 균체를 보유하고 있는 것으로 추정하고 있다.

그리고 생화학무기는 무인기의 발전으로 매우 위협적인 무기가 되고 있다. 그 이유는 화학무기를 탑재하면 특정 지점에 자폭 형태로 공격할 수 있으며, 생물무기를 탑재할 경우 낮은 고도에서 살포하여 피해율을 높일 수 있으며, 여러 지역에 동시다발적으로 공격할 수 있다는 장점이 있기 때문이다.

한편 북한은 2000년대 들어 사이버 전력을 본격적으로 강화하고 있으며, 한국뿐만 아니라 전 세계를 대상으로 사이버 공격을 감행하며 악명을 높이고 있다. 김정일은 2003년 이라크전쟁 이후 "지금까지 전쟁이 알(총알) 전쟁, 기름(에너지) 전쟁이었다면, 21세기 전쟁은 정보, 사이버전이다"라고 하는가 하면, "사이버전은 핵, 미사일과 함께 인민군대의 무자비한 타격 능력을 담보하는 만능의 보검, 전자전에 따라 현대전의 승패가 좌우된다"라고 사이버 전력의 중요성을 강조하였다. 이후 김정일은 "더 많은 정보 전사를 양성하라, 사이버 부대는 나의 별동대이자 작전 예비전력"이라고 하는 등 사이버 전력 강화를 적극적으로 추진하였다.

이후 북한은 사이버전력의 강화를 적극적으로 추진하였고, 2009년 정찰총국 내에 사이버 작전을 수행하는 '121부대'와 '110연구소' 등을 설치하였다. 그리고 북한군 총참모부가 2014년 최초로 사이버 작전이 포함된 합동군사훈련을 실시했다는 정보가 있었다. 이는 북한군이 군사전략과 작전에서 사이버전 개념을 매우 중요하게 인식하고 있음을 의미한다. 그리고 북한군은 2012년 전략사이버사령부를 창설하고 사이버전력을 6,000명 이상으로 대폭 증원하는 등 북한의 사이버 전투 역량이 급격히 강화된 것으로 추정되었다.(姚銀松; 차정미, 70~72)

북한 사이버 전력의 목표는 남한을 대상으로 사회 혼란 조성, 유사시 군사작전 방해, 국가 기능 마비, 체제 선전 등을 수행하는 것인데, 이러한 북한의 전략적 목표는 지난 2009년 이후 남한의 청와대를 비롯한 정부 기관, 언론사, 은행 등 금융기관, 서울 지하철 등 교통 시설과 원자력발전소 등 국가기간 시설에 대해 무차별적인 사이버 공격을 감행한 전례에서 잘 나타나 있다. 특히 자동화 및 네트워크화되어 있는 전력, 가스, 석유, 원전, 통신, 항공, 철도 등 대부분의 국민생활 기반 시설을 마비시키기 위한 것이었다.

물론 북한의 사이버 공격은 군사적 목적을 위해서 ① 평시 다양한 해킹 등의 수단으로 남한의 각종 정보를 탈취하여 정보적 우위를 선점하고, ② 전면전 발생 시 1차적으로 정보망을 공격해 미군의 지원을 지연시키고, ③ 2차적으로 우리 군의 C4I 체계를 타격해 우리 군의 지휘통제 체계를 마비시켜 전쟁의 주도권을 장악하는 것으로 판단된다.(임종인 외, 15~16)

한편 한국의 국방백서(2010년)는 북한의 대량살상무기와 사이버전력은 물론이고 특수부대, 장사정포, 잠수함전력도 비대칭전력으로 구분하고 있다. 이 중 북한이 전방 지역에 배치한 장사정포 1,000여 문 중에서 수도권을 타격 목표로 하는 300여 문의 장사정포(야포와 방사포, 단거리 로켓 등)는 매우 위협적인 재래식 비대칭전력이다.

북한이 70여 척 보유하고 있는 잠수함도 대표적인 비대칭전력이다. 북한 잠수함은 수상함과의 전투 기능도 있지만, 대규모 특수전력을 후방으로 침투시킬 수 있는 수단이기 때문이다. 북한의 비대칭전력인 잠수함의 경우 2015년 8월 북한의 목함지뢰 도발로 인해 남북간에 군사적 위기가 고조되었을 때 북한이 동해에 정박 중이던 50여 척의 잠수함(정)을 동시에 출항시키면서 위기가 급격히 고조되기도 하였는데, 이는 특수부대 침투를 상정한 위협이었다.

또한 북한이 보유하고 있는 20만여 명의 특수전력은 가장 위협적인 비대칭전력이다. 참고로 한국은 2만 5천여 명의 특수전력을 보유하고 있다. 북한은 1965년 최초의 경보병부대를 창설한 이후 몇 번의 개편 과정을 거쳐 1983년 '경보병지도국'으로 개편하였고, 최근 '특수작전군'으로 개편하면서 육군, 해군, 공군, 전략군에 이어 제5군으로 위상이 강화된 것으로 알려졌다.

북한의 특수전 부대는 전시 땅굴을 이용하거나 잠수함, 공기부양정, AN-2기, 헬기 등 다양한 침투 수단으로 한국의 전·후방 지역으로 침투하여 중요 국가·군사시설 타격, 요인 암살, 후방 교란 등을 수행하는 것이 목적이다.

현재 북한의 특수전 전력을 살펴보면, 정규 특수전 부대인 제11군단(폭풍군단)을 비롯하여 각 전방 군단 소속의 경보병 사단과 여단, 경보병 대대 등이 있으며, 해군의 해상저격여단, 공군의 공군저격여단(항공육전대) 등이 있다. 이외에도 정찰총국 예하의 정찰대대도 특수전 전력에 포함된다. 이와 같은 북한군 특수전 병력 20만여 명은 120만여 명의 1/6에 해당하는 막강한 전력이다.

최근 재래식 전력의 현대화 추진

탈냉전 이후 비대칭전력의 강화에 주력해오던 북한은 김정은이 '주체무기'를 강조한 이후 다양한 신형 무기들을 공개하면서 재래식 전력의 현대화를 추진하고 있다. 그런데 이 무기들이 2017년 이후 대량으로 공개되었다는 것은 최소한 2010년경에 재래식 무기와 장비의 현대화 작업을 시작하였다고 할 수 있다.

사실 북한이 탈냉전 이후 재래식 무기와 장비가 낙후된 것은 경제난도 원인이었지만, 실제로는 구소련의 군사 지원이 중단되면서 최신 군사과학기술을 도입할 수 없는 상황이었기 때문이었다. 또한 서방 국가들의 대북한 무기 장비 수출을 금지하는 '바세나르 협약'과 같은 강력한 제재로 인해 북한은 군사과학기술이나 부품, 원자재의 도입이 불가능하였기 때문이었다.

그런데 2010년대에 이르러 북한 경제도 많이 좋아졌지만, 특히 중국 경제가 급속하게 발진하면서 IT 등 첨단기술이 세계적 수준에 도달하게 되면서 중국으로부터 최신 군사과학기술, 부품 등의 도입할 수 있게 되었기 때문에 북한의 재래식 군사력의 현대화, 최신화가 가능하게 되었던 것이다. 특히 북한은 중국의 기업들에게 무역 특혜를 주고 이들 기업과 필요한 핵, 미사일을 비롯한 각종 무기와 장비의 부품, 원자재 등을 밀거래하였다고 2016년 아산정책연구원과 미국의 안보 분야 연구 기관인 C4ADS의 공동 연구로 발표한 바 있다. 즉 북한은 국제사회의 제재에도 불구하고 중국 기업을 이용하여 첨단기술과 장비를 구입할 수 있었기 때문에 북한이 재래식 군사력 현대화를 본격적으로 추진할 수 있게 된 것으로 판단된다.

한편 김정은은 '주체무기'라는 용어에 대해 2016년 5월 제7차 당 대회에서 "국방공업 부문이 정밀화·경량화·무인화·지능화된 '주체무기'를 개발해야 한다"라고 누차 강조하면서 '주체무기'의 개념이 확실해졌으며,(이중구, 손효종, 1-6) 그 이후 북한의 언론 발표를 통하여 주체무기가 '정밀화, 경량화, 무인화, 지능화'를 추구하는 것이라는 것이 명확해졌다. 그리고 이러한 네 가지 속성은 첨단 정보통신 기술은 물론이고 국방 선진국들이 보유하고 있는 최신 군사과학기술 수준으로 현대화되고 있다는 것을 보여주고 있다.

이처럼 '주체무기' 개발에서 시작된 북한의 최신 군사과학기술의 발달은 2019년 이후 다양한 신형무기와 장비들을 계속해서 공개하면서 그 실체가 드러났다. 북한은 2019년에는 5월 이후 수십여 차례 다양한 신형 단거리 발사체를 발사하였는데, 이들은 신형전술무기(북한판 이스칸데르, KN-23), 새무기(북한판 에이테킴스, KN-24), 대구경조종방사포(300mm 개량 신형방사포), 초대형방사포(600mm 발사포로 추정, KN-25) 등이었다.

특히 2021년에는 단거리 순항미사일(KN-27), 북한판 이스칸데르 대형화

개량형(KN-23), 신형장거리 순항미사일, 열차발사형 이스칸데르(KN-23), 극초음속활공체를 탑재하였다고 주장하는 화성-8형 등을 발사하였다. 2022년에도 준중거리탄도미사일(MRBM)급 '극초음속미사일', 화성 15형(사정거리 13,000km)과 이를 개량한 것으로 보이는 화성 17형, 신형 SLBM(화성-11나, 잠수함발사탄도미사일), 신형장거리 순항미사일(사정거리 1,800km 추정, KN-27), 중거리탄도미사일(IRBM) 화성-12형 등이었다.

이 중에서 북한판 이스칸데르는 러시아 이스칸데르-M처럼 완벽한 포물선 그리는 탄도미사일과 달리 편심탄도비행을 통한 회피비행, 상대적으로 낮은 고도 비행, 고도 조정과 경로 조정이 가능하고, 특히 최고점에서 하강 중 한차례 수평비행한 후 다시 하강 하는 등 요격이 매우 어려워 우리의 미사일 방어체계를 무력화할 수 있다는 점이다. 또한 에이태킴스도 목표물 타격 시 많은 자탄이 흩어져 타격하는 것으로 요격이 매우 어렵다는 특징이 있다. 극초음속미사일은 개발에 성공한 국가가 미국, 러시아, 중국 등 몇 나라에 불과할 정도로 첨단 군사기술이 필요하다. 따라서 극초음속미사일 개발이 사실이라면 북한의 군사과학기술이 상당한 수준에 도달하였을 것이라는 평가도 있다.

한편 북한은 거의 매년 개최하는 대규모 열병식에서 다양한 신형 재래식 무기와 장비들을 공개하는데, 2018년 10월 노동당 창건기념일 열병식에서는 155mm 자행형곡사포, 신형장갑 4륜구동차 등을 공개하였고, 2020년 10월 노동당 창건기념일 열병식에서는 M-2020 주력전차, M-2020 차륜형 장갑차 등이 공개되었다. 그리고 2021년 9월 9일 열병식에서는 신형 대전차미사일(미국의 재블린이나 스파이크와 유사하다고 평가) 등을 공개하였다.

한편 북한은 2021년 10월 11일 평양에서 개최한 무기전람회인 '자위-2021'에서는 오토멜라라 76mm 함포(신형스텔스 포탑 장착), 신형 8연장

대전차 미사일 발사차량, 차량형 레이더, 열화상카메라, 신형 단거리 공대공 미사일과 신형 중거리 공대공 미사일 등이 처음으로 공개되었다.

이처럼 '자위-2021'에서 공개된 지상 무기체계들은 기동성과 생존성이 향상된 신형 전차, 다양한 대전차미사일과 기동포를 탑재한 장갑차를 개발하여 노후 전력을 대체하였다. 특히 북한이 공개한 M-2020 전차는 미국의 M1 에이브럼스 전차나 영국의 챌린저-2와 같이 미국 등 서방 세계가 보유한 3세대급 이상의 전차와 외형 면에서 상당히 유사하다.

❷ 한국의 군사력 증강: '율곡사업'과 '국방개혁'

1974년 '율곡사업'으로 군사력 현대화 시작

한국군은 6·25전쟁을 계기로 미국의 대규모 군사 지원을 받아 무장을 시작하였다. 그러나 1960년대까지는 군사력 현대화나 군비증강에 투자할 재원이 없었다. 따라서 6·25전쟁 당시 미국이 지원해준 무기와 장비들은 시간이 지남에 따라 낙후되고 노후화되어 갔다.

이러한 상황에서 한국군이 무기와 장비를 현대화하는 계기가 되었던 두 개의 사건이 있었다.(『국방백서, 1997~1998』, 134~135) 첫째는 1966년 미국이 한국군의 베트남 파병을 요청하며 '브라운각서'를 체결하였는데, 이 각서에 "한국군 육군 17개 사단과 해병대 1개 사단의 장비를 현대화"한다는 조항이 포함되었다. 두 번째 사건은 1968년도 북한의 군사 도발이 빈번해지자 박정희 정부는 한국군의 현대화를 절감하게 되었고 '한국군 현대화 5개년 계획'(1971년~1975년)을 수립한 것이었다.

그러나 한국군 현대화 사업이 본격적으로 추진된 것은 박정희 정부가 자주국방을 기치로 1974년부터 추진한 '율곡사업'으로서 1974년부터 1997년 3차 사업 종료 시까지 약 34조 4,787억 원을 군사력 증강에 투자

하였다.(『국방백서, 2001~2002』, 39)

제1차 '율곡사업'(1974~1981)은 '최소한의 방위전력 확보'를 목표로 3조 1,402억 원(총 국방비의 31.2%)을 투자하였다. 세부 추진 내용은 소총·야포 등 기본 무기의 제작, 고속정 건조, 항공기(F-4) 구매 등이었다.

제2차 '율곡사업'(1982~1986)은 전두환 정부에서 추진하였는데, '방위전력 보완'을 목표로 5조 3,280억 원(총 국방비의 30.5%)을 투입하였고, K1 전차와 K200 장갑차를 개발했으며 해외 기술 도입을 통해 제공호와 장보고급 잠수함도 만들었다.

제3차 '율곡사업'(1987~1997)은 노태우, 김영삼 정부에서 추진하였는데, '이미 확보된 방위 전력의 보완 및 향상과 미래형 전력 확보를 위한 기반 조성'을 목표로 약 26조 105억 원(총국방비의 32.0%)을 투자하였다.(이미숙, 117)

이렇게 3차까지 추진된 '율곡사업'의 결과, 북한 대비 75%의 전력수준에 도달한 것으로 자체적으로 평가되었다.(국방부, 1994, 47; 국방부, 2002, 17; 이미숙, 110)

그리고 1997년 '율곡사업'이 종료된 이후 등장한 김대중 정부에서도 전군을 정예화·과학화·첨단화하여 '작지만 강한 군대'로 전환하겠다는 '국방정책 발전 기본개념'을 제시하였다. 이는 북한 위협에 중점적으로 대비하면서 미래의 불확실한 안보환경에도 동시에 대비하는 것을 목표로 하였다. 특히 국력에 기초한 적정 국방력을 구축하여 국가 이익을 확실하게 보호하겠다는 의지를 강조하였다.(이미숙, 122)

'국방개혁' 통한 군사력의 기술 집약·첨단화 추진

1997년 '율곡사업'이 종료되었지만, 북한의 핵 개발은 한반도 안보 상황을 근본적으로 바꾸었다. 또한 대한민국 경제가 급속히 발전함에 따라 국내 정치·사회적 변화가 빠르게 진행되고 있다는 요인도 안보정책과 국방정책의 수립에 영향을 미쳤으며, '국방개혁'의 필요성을 제기하였던 것이다.

먼저 노무현 정부는 대대적인 국방개혁을 추진하여, 2005년 '국방개혁 2020'을 수립하였다. '국방개혁 2020'은 2020년까지의 국방개혁 방향을 제시하는 것이었는데, ① 합동참모본부의 기능 강화, ② 육군, 해군, 공군 각 군의 균형발전 보장, ③ 기술집약형 군대로 개선 등을 목표로 하였다.

한편 2008년 출범한 이명박 정부는 노무현 정부의 '국방개혁 2020'을 계승하면서 '수정안'을 발표하였지만, 2010년 북한의 천안함 폭침과 연평도 포격 도발로 인해 2011년 3월 '국방개혁 307계획'이라는 새로운 개혁안을 발표하였다. '국방개혁 307계획'은 목표 연도를 2030년으로 하고 국방부, 합참, 각 군 본부 간 조직 개편(상부 지휘구조 개편)을 포함하여 73개의 장·단기 추진 과제를 제시하였다. 2013년 출범한 박근혜 정부도 '국방개혁 기본계획 14~30'을 발표하였는데, 그 내용은 이명박 정부의 방향을 유지하면서 내용을 더욱 구체화한 수준이었다.

한편 문재인 정부에서는 2018년 '국방개혁 2.0'의 기본적인 내용을 발표하였는데, 노무현 정부 이후 모든 국방개혁을 '국방개혁 1.0'으로 보았기 때문이었다. '국방개혁 2.0'에서는 2018년 4월 판문점 제3차 남북정상회담과 6월 싱가포르 미·북 정상회담 등을 고려하여 북핵 위협에 대응하기 위한 군사력 증강이나 현대화보다는 군의 병력 감축, 장군 수 감축, 복무 기간 단축, 합동성 강화 등 군의 효율성 향상에 중점을 두었다.

세계적 수준의 무기체계 독자적 개발 능력 보유

이처럼 2000년대 들어서 추진한 국방개혁의 결과, 세계적 수준의 무기체계를 독자적으로 개발하는 능력을 보유하게 된 것으로 나타났다. 중공업 기반이 없어 자국산 소총도 생산하지 못하던 국가가 50여 년 만에 엄청나게 발전한 것이다.(양욱,「중앙일보」 2022.8.24)

사실 1970년대에는 국방예산이 국가 전체 예산의 30% 정도를 차지할 정도로 당시의 국가 경제 능력을 고려할 때 엄청난 지출이었다. 그러나 한국 경제가 급속히 발전함에 따라 국방예산의 총액은 증가하였지만, 총 국가 예산에서 차지하는 국방예산 비중은 대폭 감소해 갔다.

〈표 4〉 국방예산 변화(1991~2023)

	1991년	2000년	2010년	2020년	2023년
총국방비(억 원)	7조4천	14조4천	29조5천	48조3천	57조
총예산 대비	23.8%	16.3%	14.7%	12.4%	9%
총GDP 대비	3.08%	2.22%	2.24%	2.52%	

1991년에는 국방비가 7조 4천억 원(GDP의 3.08%, 정부 예산의 23.8%)이었다. 그러나 2023년에는 국방예산이 57조로 크게 증가하였지만, 총예산 대비 9%로 낮아졌다.

이처럼 엄청난 국방비를 투입한 결과 1970년대 소총·야포 등 기본 무기의 제작으로 시작하여, 1980년대엔 독자적인 무기체계 개발을 본격화하였다. 그리고 1990년대엔 경제성장을 바탕으로 첨단 정밀무기 개발과 생산에도 많은 투자를 하였고, K1A1 전차와 K9 자주포 등의 개발·생산이 대표적이다.(김종대, 37~38)

2000년대에는 K1A1 전차, K9 자주포, KDX II(4200톤), KDX III(7,000톤) 구축함, 1800톤급 214급 잠수함을 자체 건조하였고, F-15K 전투기, UAE를 도입하여 실전배치하였다.(『국방백서 2001~2002』, 40~45; 이미숙, 108) 그리고 군 정찰위성, 고고도정찰용 무인항공기, K2전차, 광개토 III급 이지스함, 장보고 III급 잠수함, 울산급 Batch-II F-35A 전투기, KF-16 성능개량, 공중급유기, T-50/FA-50 전투기 등을 실전배치하였다. 또한 감시정찰을 위해 조기경보통제기를 도입하였다. 그리고 현무-2 탄도미사일과 현무-3

순항미사일, 한국판 패트리엇 PAC 3인 천궁Ⅱ 요격미사일, 한국판 고속기동포병로켓시스템인 천무· 다연장로켓 등도 개발하여 실전배치하였다.

한편 2016년 9월 9일 북한이 5차 핵실험을 감행하자 '한국형 3축 체계'라 불리는 킬 체인, 한국형 미사일 방어체계, 대량응징보복체계의 구축을 추진하기 시작하였다. 그리고 북핵 위협에 대응하기 위하여 2021년 5월 한·미 정상회담에서 한국군의 미사일 운용에 걸림돌이었던 미사일 지침을 42년 만에 폐기하여 미사일의 사거리와 탄두 중량 제한을 없애 미사일 전력 증강에 획기적 전기를 마련하였다.(김민호, 239)

❸ 한국의 전략적 한계와 딜레마

북한의 핵무기 보유, 남북 군사력 비교 무의미

1974년 한국군이 '율곡사업'을 막 시작하려고 할 당시의 남북한의 군사력 비교는 아래 〈표 5〉에 나타나 있는 바와 같이 전차는 북한 1,800여대, 한국군 841대로 절반도 안 되는 숫자였다. 야포, 전투함, 전술기 등 모든 분야에서 큰 차이를 보였다. 그리고 1997년 3차 '율곡사업'이 종료된 시점에도 여전히 북한이 숫적으로 압도적이었으며, 2020년 국방백서에 나타난 남북간 군사력 차이를 살펴보면 북한이 여전히 숫적으로우세하다.

그런데 이처럼 남북한의 군사력을 병력과 주요 무기의 보유 수량으로 계산하는 '단순 개수 비교'는 한계가 있다는 비판을 받아온 것은 사실이다. 2004년 이라크전쟁이나 우크라이나 전쟁 등 최근 전쟁 양상을 보면 병력과 장비의 양적 비교가 현대의 첨단전쟁에서 큰 의미가 없다는 너무나 생생하게 보여주었다.(이정우, 27)

<표 5> 남북한 군사력 비교

		1974		1997		2008		2020	
		남한	북한	남한	북한	남한	북한	남한	북한
병력		60	60.5	69	114.7	65.5	119	55.5	128
부대	사단	27	50	50	54	46	86	37	84
	여단	5	21	21	99	15	69	34	117
전차		841	1,800	2,150	3800	2,300	3,900	2,130	4,300
장갑차				2,250	2270	2400	2100	3000	2600
야포		2,077	4,500	4,800	11200	5200	8500	6000	8800
다연장						200	5100	270	5500
헬기		14	600	630	310	680	310	660	290
전투함		26	190	180	430	120	420	100	430
잠수함		0	1	5	40	10	70	10	70
전술기		197	520	550	850	490	840	410	810

출처: 국방백서 1997~1998, 2008, 2020 ; 국방부, 『율곡사업의 어제와 오늘 그리고 내일』(서울: 국방부, 1994), p.46. 등을 참고하여 필자가 작성

이러한 '단순 개수 비교'의 한계를 보완하기 위해 개발된 방법이 '전력지수'를 사용하는 것인데, 무기에 질적인 측면에서의 각기 다른 지수를 부여하여 상대적인 전력을 평가하는 방식이다. 그런데 이러한 '전력지수'를 사용하여도 여전히 남한의 군사력이 열세로 나타났던 것이다. 예를 들면 한국국방연구원에서 2004년에 실시한 연구에 따르면 한국의 군사력은 북한군 대비 88%에 불과하다고 평가한 것으로 알려졌다. 물론 한국국방연구원의 2009년 분석에선 북한군보다 앞선 것(110%)으로 나온 것으로 알려졌다.

이러한 군사력 비교에 대해 문재인 대통령은 2017년 국방부 업무 보고

에서 "군은 항상 우리 전력이 북한에 비해 뒤떨어지는 것처럼 표현하고 있다"라고 하면서, "막대한 국방비를 투입하고도 북한 군사력을 감당 못해 오로지 한미 연합방위 능력에 의지하는 것 같다"라고 비난하였다.(이정우, 28)

하지만 미국 군사력 평가기관인 글로벌파이어파워(GFP)가 발표한 '2021 세계 군사력지수 Global Firepower'는 한국을 6위, 북한은 28위로 평가했다는 점이다. 사실 GFP가 발표한 지수는 140개 국가별 무기·병력·전략물자 보유량·국방비·국토 면적 등 40여 개 항목을 종합해 군사력을 산출한 것으로 '단순 개수 비교'나 '전력지수' 비교와는 다른 결과가 나온 것이다.

사실 현대전에서는 하드파워인 무기체계에 소프트파워인 지휘체계자동화시스템(C4I)과 정보 수집과 배포 및 활용 능력이 매우 중요하다. 또한 한국은 F-35A 스텔스 전투기를 비롯해 다목적 공중급유기, 공중조기경보기, 글로벌호크 무인정찰기, 레이더 탐지 능력과 방공 능력이 뛰어난 이지스함 등 첨단 전력을 갖췄다는 점이 평가에 포함되어야 한다는 것이다.(『월간중앙』, 2021.1.7)

그리고 문재인 정부 당시 송영무 국방장관은 우리 군이 북한군보다 우세한 다섯 가지 이유를 제시하면서 패배의식의 전환을 촉구하기도 하였다. 첫째는 중국과 러시아의 전쟁 지원 가능성 희박, 둘째, 북한군의 재래식 전력 우위 상실, 셋째, 유사시 미군의 참전, 넷째, 남북간 50배 이상의 경제력 격차, 다섯째, 북한보다 월등히 우월한 치안행정체계와 전시 동원 능력 등을 꼽았다.(『월간중앙』, 2020.6.7) 이러한 주장은 우리 사회에는 북한의 군사 위협에 대한 막연한 공포가 존재하고 있다는 것을 말하고자 하는 것이었다.

그런데 이러한 주장에 대해 반론도 제기되고 있다. 첫째는 한반도 전장 환경과 관련된 것인데, 한국군보다 훨씬 많은 숫자의 무기를 보유한 북한군이 대부분이 산지 지형이고 수도권에 밀집된 인구구조 등 한반도 전장

환경에서 상당한 효과를 발휘할 수 있을 것이라는 주장이다. 둘째는 핵무기 등 대량살상무기, 사이버전력, 특수전력 등 북한의 비대칭전력은 남북 군사력 비교와 관련한 어떤 연구에서도 포함되어 있지 않다는 것이다. 특히 핵무기는 남북간의 군사력 비교를 무의미하게 한다는 점을 간과하였다는 비판이 제기되는 것이다.

북한의 핵무기 중심 '비대칭 군사전략'과 남한의 '참수작전'

냉전기 북한은 1962년 국방자위정책을 내걸고, '전 인민의 무장화, 전국토의 요새화, 전군의 간부화, 장비의 현대화' 등 4대 군사노선을 채택하였다. 이러한 북한의 4대 군사노선은 사실상 '총력전 체제'를 구축하는 것이었으며, 이를 기반으로 '선제기습, 속전속결, 정규전과 비정규전의 배합전'이라는 군사전략을 교리화하였다.

이와 같은 냉전기 북한의 속전속결의 군사전략은 남한에 비해 우세한 군사력을 전제로 한 것이었지만, 탈냉전기 북한의 재래식 군사력 약화는 군사전략의 변화를 불가피하게 했을 것이다. 즉 탈냉전 이후 북한이 핵무기, 사이버 및 특수전 등 다양한 비대칭전력을 중점적으로 강화해왔기에 북한의 군사전략이 재래식 전력 중심에서 비대칭전력 중심으로 전환하였을 것은 명확하다고 할 수 있다.

이러한 북한의 '비대칭전략'을 상징적으로 보여주는 사례가 핵무기 운용부대인 '전략군'과 특수부대 운용부대인 '특수작전군' 등을 창설하며, 각각 육·해·공군 다음의 '제4 군종'과 '제5 군종'으로서 위상을 부여한 것이었다. 그리고 최근 북한은 핵무기 사용을 기정사실화하기 위하여 '법제화'하였다는 것도 북한의 군사전략에서 핵무기가 핵심적인 수단이라는 것을 의미한다.

이러한 북한의 비대칭전력을 중심으로 하는 군사전략에서 나타날 수 있는 상황을 가정해 보면, ① 대규모 특수부대 후방 침투와 장사정포와 미사일 등의 포격으로 사회 혼란 및 전쟁 의지 무력화, 화학 및 생물무기를 사용하여 극한적인 공포심 유발 ② 사이버전 및 전자전으로 남한 정부 및 군 지휘 통신체계 무력화, 사회 기간시설 파괴, 금융기관 및 경제 핵심 기관 등 마비, ③ 핵미사일 사용하여 미 증원군 차단 등이다.

특히 북한은 전시 미군의 한반도 증원 차단을 최우선 전략적 목표로 추진할 가능성이 높다. 즉 북한은 다양한 사정거리의 미사일로 일본열도, 오키나와, 괌, 하와이의 미 증원군이 한반도로 전개되는 것을 방해하거나 차단하려는 것이다. 핵무기, 화학, 생물무기로 공격을 위협하여 미군의 공포심을 극대화하여 증원을 억제하려고도 할 수 있을 것이다.

이는 북한군의 목표는 미국이 개입하기 전에 남한을 석권하는 것이며, 이로 인해 '7일 전쟁계획'을 갖추고 있다는 주장도 있기는 하다. '7일 전쟁계획'은 1단계 기습공격, 2단계 전면전으로 확대, 3단계 핵과 미사일 등 비대칭전력으로 총공격, 4단계 특수전 병력 투입, 5단계 미 증원군 도착 전 7~15일 이내에 전쟁을 종료한다는 것이다. 이 계획의 핵심 수단은 핵무기, 탄도미사일, 잠수함, 화생방무기, 특수전력 등 '비대칭전력'이다.

(김광린, 2016)

한편 북한의 군사 위협에 대한 한국의 군사전략은 한반도 유사시 전쟁계획인 몇 가지 작전계획으로 구성되어 있다. 유사시 한·미 연합전력에 대한 작전통제권이 미국에 있기 때문에 한국의 작전계획은 미국의 인도·태평양사령부가 관할하고 있다. 따라서 인도·태평양사령부의 통합 지휘하에 한반도를 의미하는 숫자 50으로 시작하며, 지금까지 알려진 작전계획은 대략 여섯 가지인데, 대부분 공개되지 않고 있어 정확한 내용을 파악할 수 없다.

대략적으로 밝혀진 바에 따르면 우선 모든 작전계획 중 근간이 되는 것은 전면전 발발을 상정한 '작계 5027'로서 북한이 전면 남침을 감행할 경우 서울 사수와 북진, 그리고 90일 안에 평양을 점령한다는 내용이다.

이처럼 한국의 군사전략은 처음에는 북한의 남침에 대응한 방어 전략에 초점이 맞춰졌었다. 그러나 이후 북한 붕괴 가능성, 북핵 위협 대비 등 다양한 변수가 발생함에 따라 작전계획도 다양화된 것으로 보인다.(김광린, 113~114) '작계 5026'은 적군의 핵심 시설에 대한 정밀 공습계획이며, '작계 5028'은 소규모 군사작전, '작계 5029'는 북한 붕괴를 대비한 준전시용 작전계획, '작계 5030'은 북한 정권의 붕괴를 유발하는 작전계획이다.

그리고 최근에 작성된 것으로 알려지고 있는 '작전계획 5015'는 참수작전과 관련된 것으로 알려져 있으며, 사실상 선제타격을 통해 북한의 전쟁지휘부와 핵시설, 미사일 기지 등 대량살상무기 및 시설을 파괴하는 작전인 것으로 알려졌다. 최근 북한의 핵, 미사일 도발이 강화되자 북한군 지휘부를 목표로 하는 '참수작전'에 기초한 한미연합훈련이 강화되고 있다.

한국의 전략적 딜레마

남북간 군사력 비교가 어떠하든 한국의 안보적 딜레마 상황은 지속될 수밖에 없다. 물론 한반도에 전면전이 발생하여도 첨단무기로 무장한 한미연합군이 승리한다는 데는 전문가들도 동의한다. 그러나 남북간 전쟁이 발발한다면 민족이 공멸할 정도의 피해가 발생할 것이라는 공포는 여전히 남는다. 남북간 전쟁에서 북한은 핵무기를 사용할 것이고, 미국이 참전하고, 중국과 러시아가 북한에 군사 지원을 하면서 21세기 세계 최고 무기가 동원되는 국제전쟁이 되리라는 것은 의심할 여지가 없다. 우크라이나 전쟁이 이러한 전쟁 양상을 잘 보여주고 있다. 이렇게 각종 첨단무기가 동원된 전쟁으로 인해 남북한 모두 공멸에 가까운 피해를 입게 될 것이라는 점이다.

특히 북한의 핵무기 사용은 민족 공멸을 가져올 것이라는 공포를 극대화한다. 최근 미국의 북한 전문 뉴스 사이트인 '38 노스'의 2017년 10월 시뮬레이션 연구에서, 북한이 한국과 일본에 실제로 핵무기 공격을 가할 경우 210만 명이 사망하고 770만 명이 부상당하는 막대한 인명피해의 발생이 우려된다고 경고했다.(Michael J. Zagurek Jr. 2017)

이처럼 재래식 전쟁은 물론이고 핵전쟁의 공포는 엄청난 군사비를 지출하며 군비경쟁에 매달리게 하는 안보 딜레마 상황으로 빠져들어가게 하고 있다. 물론 이러한 안보 딜레마가 단순히 북한의 군사력 증강에 의한 한국만의 일방적인 딜레마 상황은 아니다. 안보 딜레마란 '자국의 입장에서는 방어적 군비증강이지만 상대 국가의 입장에서 공세적 군비 확장으로 인식되는 딜레마이며, 스스로는 방어적으로 여겨지는 군비증강 조치들이 상대방에게는 불안감을 조성하고, 상대가 이에 대비하기 위해 군비를 증강하는 구조적 악순환'이다.

이러한 안보 딜레마는 북한의 핵 보유로 한국에게 더욱 심각한 상황이 되어가고 있다. 북한은 자신의 정권 안전 보장을 위해 핵무기를 보유하였다고 주장하고 있다. 그러나 한국에게는 매우 심각한 안보 위협일 수밖에 없다. 이는 북한과 남한의 안보 딜레마 상황이 점점 더 높아지고 있다는 것을 의미한다.

이렇게 북한의 핵 보유로 심각해진 안보 딜레마 상황에서 한국은 중국의 경제제재로 엄청난 경제적 손해를 감수하고라도 사드 배치를 선택해야 하고, '한국형 3축 체계'(킬 체인, 미사일 방어체계, 대량응징보복)를 구축하기 위해 천문학적 비용을 지출하고 있다. 이러한 '공포의 균형' 전략은 결국 안보 딜레마를 더욱 가속화하며 남북한 모두는 끝없는 군비경쟁으로 몰아넣고 있는 것이다.

CHAPTER
07

한반도 평화정착을 위한 조건

1. 평화를 위한 노력

평화와 안보 딜레마

사전적 의미로서 '평화'는 "갈등이나 전쟁이 없이 평온하고 화목한 상태"를 의미한다. 평화학자인 갈퉁Johan Galtung은 이러한 평화를 단순히 전쟁이 없는 상태인 '소극적 평화'negative peace와 '적극적 평화'positive peace로 구분하였다. 즉 '소극적 평화'는 단순히 전쟁이 일어나고 있지 않은 상태로서 기본적으로 국가 간 힘의 균형에 의해 가능하다고 정의된다. 그러나 적극적 평화는 분쟁 또는 전쟁을 경험한 국가 간에 단순히 무력충돌을 방지하는 데 그치지 않고 각 국가 내 구성원의 삶의 질이 향상되고 평등과 복지가 구현되는 과정까지 포함한다.(김일한 외, 36; 조성렬, 2015, 35~37)

갈퉁의 평화에 대한 개념 정의를 한반도에 적용한다면 군사적 억제에 의해 전쟁이 발생하지 않는 정전체제는 소극적 평화이며, 적극적 평화론은 한반도에서 '전쟁의 원인이 구조적으로 제거된 상태'로 정의되는 항구적 평화를 이루어 나가야 한다는 것이다.(조성렬, 2015, 35~37)

평화의 개념을 통해 평화체제란 '평화를 관리·유지·구축하기 위해 적대국 간에 협력·합의하는 절차, 규범, 규칙 그리고 그것을 관할하는 기구' 등을 의미한다.(차동길, 26, 8~9) 즉 평화체제는 평화의 유지와 회복을 위한 긴장 완화, 군비통제, 평화협정 체결, 평화체제의 보장을 위한 제도적 절차와 장치 등을 모두 포함한다.(김일한 외, 37~39)

그런데 평화체제의 개념에 대해 몇 가지 서로 다른 견해가 존재하고 있다. 먼저 평화체제를 항구적인 목표로 보는 시각으로서 한반도에서 평화가 완전히 정착된 상태를 평화체제라고 보는 것이다. 반면에 평화체제를 과정으로 보는 시각은 남북간 평화의 제도화를 이루어나가는 장기적 과정 전체를 평화체제로 규정한다. 이렇게 과정으로 보는 시각은 현재의 남북 관계처럼 대립과 불신의 관계를 고려할 때 단기간 내에 항구적인 평화체제를 구축할 수 없다는 인식에서 비롯된다.

그런데 6·25전쟁을 종식한 정전협정이 체결된 지 70여 년, 한반도는 여전히 전쟁 중이다. 6·25전쟁과 같은 전면전은 아니지만, 거의 매년, 매일 북한의 군사적 도발, 핵실험, 미사일 발사로 인해 긴장이 높아지는 위기가 일상화되었다. 이러한 한반도 위기의 일상화는 남북간에 군비경쟁을 불러왔고 이는 서로를 극심한 안보 딜레마 상황으로 빠져들게 했다.

사실 안보 딜레마의 상황에서 국가가 추구할 수 있는 선택은 두 가지이다. 그 첫째는 역전할 수 없는 절대적 군사 우위를 통해 완벽한 전쟁억지력을 확보하는 것이다. 그런데 절대적 억지는 현실적으로 가능하지 않다. 한 국가가 절대적 억지를 위해 군비를 증강하면 이는 다시 상대국의 군비 증강을 유발하면서 안보 딜레마는 더욱 높아질 뿐이다. 지금까지 북한의 핵 개발에 의한 안보 딜레마를 탈출하기 위한 방법으로 상호확증파괴

(MAD: Mutually Assured Destruction), 즉 '공포의 균형'을 유지하려고 하였지만, 이러한 '공포의 균형' 전략은 결국 남북간의 안보 딜레마를 가속화했을 뿐이었다.

안보 딜레마 탈출을 위한 또 다른 선택지는 평화체제의 구축이다. 최근 한반도 종전선언이나 평화체제에 대한 논의가 지속적으로 제기되고 있는 배경도 북한의 핵 개발에 따른 공멸의 인식이 작용하고 있기 때문이며, 생존하기 위해서는 군비경쟁이 아니라 평화를 선택해야 한다는 절박함이 있기 때문이다. 한반도 평화체제 구축만이 적대관계를 청산하고 전쟁을 방지하여 극도로 커진 안보 딜레마에서 탈출할 수 있는 길이라고 믿고 있기 때문이다.

'남북기본합의서'와 4번의 남북정상회담

6·25전쟁 종식을 위한 '정전협정'은 순수한 군사적 문제 해결에 국한되었으며, 한반도 평화와 같은 정치적 문제 해결을 위해 정치회담 개최를 명기하였다. 그리고 1954년 제네바에서 정치회담이 열렸으나 무위로 끝난 이후 1960년대까지 남북 당국 간 대화는 이루어지지 못하였다. 그러나 1970년대 초반 미국과 소련의 냉전체제가 긴장 완화(데탕트)로 돌아서자 남북간에도 대화의 물꼬가 트이기 시작하였다.

1971년 첫 번째 남북적십자회담 개최를 시작으로 하여 1972년 '7.4 남북공동성명'을 도출하기도 하였다. '7.4 남북 공동성명'의 주요 내용은 '조국통일 원칙'과 남북관계개선 방안들이었다. 그러나 박정희와 전두환 정부 시기인 1970~80년대에는 남북한 모두 냉전체제라는 기존 질서가 굳건하게 유지되고 있었기 때문에 대화와 협력에는 한계가 있을 수밖에 없었다.

그런데 1990년대 냉전이 종식되자 남북간 대화를 위한 여건이 조성되기 시작하였다. 물론 북한에게 탈냉전은 위기였으며, 남한과의 대화를 통해 위기 극복을 추진해야 한다는 절박감이 있었던 것이 사실이다. 1991년 남북간 고위급회담이 개최되고 그 결과가 '남북기본합의서'와 '한반도 비핵화 공동선언'의 합의였다.

'남북기본합의서'는 전문과 4장 25조로 구성되었고, 그리고 11개 분야별 부속합의서를 별도로 채택하였다. '남북기본합의서' 주요 내용은 ① 제1장 남북 화해: 상호 적대관계 종결 및 평화 공존 위해 공동 노력, 체제 인정과 내부 간섭 금지, 파괴 및 전복 금지 등, ② 제2장 불가침: 무력 불사용과 무력 침략 포기, 분쟁의 평화적 해결, 불가침 경계선 명시 등, ③ 제3장 교류·협력: 민족 복리 향상과 민족공동체의 회복 발전을 위해 실천적 조치 강구 등이었다.

'남북기본합의서'는 분단 46년 만에 처음으로 남과 북이 민족화해와 협력을 약속한 '민족의 장전'으로 평가받고 있다. 그런데 '남북기본합의서의 내용이 당시 극한적인 대치 상태에 있던 남북관계 상황에서 실현 가능성이 거의 없었다는 점이었다. 따라서 이러한 대화 분위기는 오래가지 못하였고, 1993년 제1차 북핵 위기와 북한의 경제위기로 인해 남북관계는 경색될 수밖에 없었다.

그런데 1998년 등장한 김대중 정부가 '햇볕정책'을 기조로 북한을 적극적으로 포용하기 시작하면서 남북간 대화 분위기가 되살아났다. 그 결과 2000년 6월 제1차 남북정상회담이 개최되었으며, 그 이후 남북장관급회담을 비롯하여 각종 실무회담이 금강산관광, 개성공단 같은 경협 확대를 위해 개최되었다.

제1차 남북정상회담의 결과는 '6.15 공동성명'이었다. 그 주요 내용은 ① 통일 문제를 우리 민족끼리 자주적으로 해결, ② 남측의 연합제안과 북측의 낮은 단계의 연방제안의 공통성 인정, ③ 2000년 8월 15일 이산가족 상봉 행사 개최, ④ 경제협력과 교류 활성화로 신뢰 증진 등이었다.

그리고 김정일 국방위원장이 적절한 시기에 서울 방문도 약속했었다.

그런데 김대중 대통령은 2000년 6월 15일 정상회담을 마치고 서울공항에 도착하여 "이제 더 이상 한반도에 전쟁은 없다"라는 폭탄적인 선언을 하였다. 이는 제1차 남북정상회담으로 한반도에 항구적인 평화를 보장되었다는 것을 국민에게 강조하려고 한 것이었다. 그러나 정상회담 이후 2002년 북한이 제2차 연평해전을 도발함으로써 정상회담이 평화를 불러오지 못했다는 것을 보여주었다.

그리고 노무현 정부가 김대중 정부의 포용정책을 계승하면서 남북간 대화는 계속되었다. 하지만 2002년 제2차 북핵 위기, 2006년 북한의 제1차 핵실험 등으로 남북관계가 경색되면서 평화를 위한 남북관계개선의 문은 좀처럼 열리지 않았다. 그리고 2007년에 와서 북핵 문제를 위한 6자회담에서 '2.13 합의'를 이루어 북한 핵문제 해결이 진전되자 남북관계도 급속히 해빙되기 시작하였으며, 이러한 분위기는 제2차 남북정상회담 개최로 이어졌다.

제2차 남북정상회담은 2007년 10월 2일부터 4일까지 노무현 대통령과 김정일 국방위원장 간에 평양에서 개최되었고, '남북관계 발전과 평화번영을 위한 선언'(약칭 '10.4 정상선언')을 채택하였다. 그 주요 내용은 ① 남과 북은 6.15 공동선언 고수 및 적극적인 구현, 통일 문제를 자주적으로 해결, ② 군사적 적대관계 종식 및 평화 보장을 위해 분쟁의 대화를 통한 해결, 불가침 의무 준수, 서해 공동어로구역 설치로 충돌 방지, 남북국방장관회담 11월 개최, ③ 정전체제 종식을 위한 종전선언 문제 추진, ④ 핵 문제 해결 위해 6자회담 '9.19 공동성명'과 '2.13 합의 이행 공동 노력, ⑤ '서해평화협력특별지대', 공동어로구역과 평화수역 설정 등 경협 확대 등이었다. '10.4 정상선언'을 구체화하기 위한 후속 회담으로 2007년 11월 서울에서 '남북 총리회담'이 열렸고, 12월에는 부총리급 '남북경제협력공동위원회' 제1차 회의가 열렸다.

그러나 노무현 정부의 제2차 남북정상회담의 결과는 2008년 출범한 이명박정부가 부정하면서 이행이 불가능해졌다. 사실 노무현 정부 이후 등장한 보수 정부인 이명박, 박근혜 정부가 북한에 대한 포용보다는 상호주의를 강조하면서 남북관계는 경색되기 시작하였다. 물론 이명박 정부 출범 직후 금강산 관광객 피살 사건이 발생하고, 북한 김정일 국방위원장이 뇌졸중으로 쓰러진 것이 남북관계 중단의 원인이었던 것은 사실이다. 그리고 2010년 북한의 천안함 폭침 도발 이후 '5.24 조치'로 남북관계는 크게 악화되었다.

이명박, 박근혜 정부에서도 남북간 평화를 위한 대화는 있었다. 예를 들면 이명박 정부에서는 2009년 10월 중순 당시 임태희 노동부 장관과 김양건 통일전선부장이 싱가포르에서 만나 남북 정상회담 개최를 위한 비공개 대화를 하기도 했다.

또한 박근혜 정부에서는 2015년 북한의 목함지뢰 도발로 인한 남북간 군사적 긴장을 해소하기 위하여 판문점에서 8월 22일부터 '무박 4일'로 남한의 김관진 국가안보실장과 홍용표 통일부 장관, 북한의 황병서 북한군 총정치국장과 대남전략 총책인 김양건 통일전선부장이 참가하는 2+2 회담이 개최되기도 하였다. 그러나 2016년 1월 북한의 4차 핵실험 강행으로 남북대화는 다시 중단되었다.(홍용표, 190)

이렇게 남북관계가 완전히 중단된 상황에서 2017년 등장한 문재인 정부는 김대중, 노무현 정부의 대북 포용정책 계승을 기조로 하였고, 2018년 평창동계올림픽과 싱가포르 미·북정상회담 등을 계기로 두 차례 정상회담을 개최하는 등 남북간 대화가 또다시 재개되었다.

제3차 남북정상회담은 2018년 4월 27일 판문점에서 개최되었으며, '판문점 선언'에 합의하였다. '판문점 선언'은 총 3조 13항으로 구성되어 있다. ① 1조에서는 남북관계 발전에 관한 사항들이며, ② 2조는 군사적 긴장 완화와 신뢰구축, ③ 3조는 무력 불사용 및 불가침 재확인 등 평화체제 구축과 관련한 내용을 담고 있다.

그리고 2018년 6월 12일 싱가포르에서 역사적인 미국과 북한의 정상회담이 개최되었다. 미·북 정상회담에서 구체적인 비핵화 로드맵이 제시되지는 못했지만 미국과 북한의 관계개선이라는 측면에서 좋은 분위기가 형성되었다. 이러한 싱가포르 미북 정상회담에 의해 문재인 정부의 대북정책은 더욱 탄력을 받는 계기가 되었다.

그리고 2018년 9월 18~20일 평양에서 제4차 남북정상회담을 개최하였고, 9월 19일 '평양공동선언'을 발표하였다. '평양공동선언'을 발표하는 자리에서 문재인 대통령은 "전쟁 없는 한반도가 시작되었습니다. 남과 북은 오늘 한반도 전 지역에서 전쟁을 일으킬 수 있는 모든 위험을 없애기로 합의했습니다"라고 선언하였다. 물론 북한의 김정은 위원장도 "조선반도의 공고한 평화지대화", "비극적 대결과 적대의 역사를 끝내기 위한 군사 합의서 채택", "핵무기 없는 한반도"를 실현하기 위해 노력하겠다고 하였다.

'평양공동선언'은 6개 분야 15개 항으로 이루어졌으며, 군사 분야와 비핵화 분야가 주를 이루었다. 주요 내용은 ① 남북 대치지역 적대관계 종식을 전 한반도 전쟁 위험 제거로 확대, ② 남북 교류·협력 증대, 민족 균형발전 대책 강구, ③ 이산가족 문제 해결 협력, ④ 남북 문화예술 분야 교류 협력의 적극적 추진, ⑤ 한반도 비핵화 실질적 진전 조속 추진 등이었다. 물론 김정은 국무위원장의 가까운 시일 내의 서울 방문도 약속했다.

그런데 이렇게 2018년 밀월관계를 보이던 남북관계는 2019년 2월 하노이 미북 정상회담이 결렬된 직후부터 북한이 문재인 정부를 극렬하게 비난하기 시작하였고, 남북간 대화는 완전히 중단되기에 이르렀다.

이처럼 지난 70여 년의 남북관계 역사 속에서 평화를 위한 노력도 계속되었다. 남북 당국 간 공식회담이 2021년까지 총 667회 개최되었고, 총 258건의 합의서를 채택하였다. 분야별로 보면 정치 분야가 261회, 군사 분야 53회, 경제 분야 136회, 인도주의 분야 155회 그리고 사회문화 분야 62회이다.

〈표 6〉 기간별 남북 당국 간 회담 현황

	2002년 이전	2003~2007	2008~2012	2013~2016	2017~2021
횟수	407	171	21	37	36

출처: 통일부, 남북당국 간 회담(통계자료)

위 〈표 6〉에 나타나 있는 바와 같이 남북 당국 간 회담은 진보정부인 김대중, 노무현, 문재인 정부에서 증가세였고, 보수정부인 이명박, 박근혜 정부에서 감소하였다. 노무현 정부에서는 총 171회의 남북 당국 간 회담이 열렸다. 그러나 이명박 정부에서는 15회로 대폭 감소하였고, 박근혜 정부도 37회에 불과하였다. 남북관계가 위축되었던 대표적인 사례는 2010년 3월 천안함 폭침 도발과 그에 대한 보복 조치인 5.24 조치가 원인이었다. 또한 박근혜 정부 기간에도 2016년 2월 개성공단 운영을 전격적으로 중단한 이후 2016년과 2017년은 한 차례도 열리지 않았다. 문재인 정부에서는 2018년 한 해 동안 당국 간 회담이 36회나 열렸지만, 2019년 트럼프~김정은 하노이 미·북정상회담이 결렬된 이후 한 차례도 열리지 않았다.

2번의 남북국방장관회담과 8번의 장성급회담

남북간 당국 간 대화가 계속되면서 남북관계의 핵심 의제인 군사 문제에 대해서도 대화가 진행되었다. 남북간의 공식적인 군사 대화는 2000년 제1차 남북정상회담 이후 제주도에서 개최된 제1차 국방장관회담이다. 통일부 자료에 따르면 최근까지 국방장관회담, 장성급회담, 군사실무회담 등 총 53회 개최되었다.

<표 7> 2000년 이후 역대 정부별 남북군사회담 횟수

김대중	노무현	이명박	박근혜	문재인	합계
15	29	4	2	4	53

* 2015년 2+2 고위급 군사회담 포함 시 54회, 2008~2014 군사회담 중 5회는 북한 도발 관련 군사실무회담 입장만 교환
* 출처: 통일부

우선 남북간 국방장관회담은 김대중 정부와 노무현 정부에서 각각 한 번씩 개최되었다. 2000년 제1차 남북정상회담 이후 군사 문제 협의를 위해 국방장관회담을 개최하기로 합의하였다. 2000년 9월 25일 역사적인 제1차 남북국방장관회담이 제주도에서 개최되었는데, 이 회담에서는 공동성명이 아니라 공동보도문 형태로 합의하였고, 남북 국방장관은 서명하지 않았다.

제1차 남북국방장관회담이 분단 이후 최초로 개최되자 군사적 신뢰구축 등 군사 문제 논의에서 큰 진전이 있을 것이라는 기대가 컸다. 하지만 북한은 남북정상회담에서 합의했던 금강산 관광과 개성공단 건설을 위한 군사적 보장 문제만 논의하자고 함으로써 남측을 크게 실망시켰다. 또한 정례적인 군사회담을 위해 제2차 국방장관회담을 2000년 11월 북측 지역에서 개최키로 합의되었으나, 북한 측이 2000년도 국방백서의 '우리의 주적인 북한'이라는 표현을 문제 삼아 회담을 거부하여 열리지 못했다.

두 번째 남북국방장관회담은 2007년 10월 평양에서 개최된 제2차 남북정상회담의 후속 조치로 2007년 11월 28일 평양에서 열렸다. 제2차 국방장관회담에서는 7개 항 21조에 이르는 방대한 합의문을 채택하였으며,

그 주요 내용은 ① 군사적 적대행위 종식, ② 남북군사공동위 구성 및 운영, ③ 장성급회담에서 공동어로구역 설정 문제 논의, ④ 한반도 종전선언 여건 조성 협력, ⑤ 서해평화협력지대 설치와 관련한 군사적 대책 수립, ⑥ 3차 국방장관회담 2008년 개최 등이었다. 그런데 제2차 국방장관회담에서도 2008년도에 제3차 회담을 개최하기로 합의하였으나 2008년 이명박 정부 출범과 함께 남북관계가 경색되면서 무산되었다.

한편 남북 장성급회담은 노무현 정부의 제안으로 처음 개최되었다. 노무현 정부는 1999년과 2002년의 두 차례 연평해전 등 군사적 긴장 상태가 남북관계의 발전을 가로막는 중대한 장애물이라고 인식하고 군사적 신뢰구축을 논의할 장치가 필요하다고 제안하였다.

남북 장성급회담은 노무현 정부 시기 7차례, 문재인 정부에서 1차례 등 총 8차례 개최되었고, 이 중 네 번의 주요 합의가 있었다. 그 첫 번째는 2004년 6월 4일 열린 제2차 남북 장성급회담에서 '서해 해상에서 우발적 충돌 방지와 군사분계선 지역에서의 선전 활동 중지 및 선전 수단 제거에 관한 합의서'이다. 그리고 두 번째는 2007년 5월 8일 개최된 제5차 장성급회담에서는 남북 철도 시험운행에 대한 군사적 보장조치 합의였다. 이 합의로 개성공단 열차의 시험운행을 할 수 있게 되었다. 세 번째 합의는 2008년 1월 제7차 장성급회담에서 개성공단에서의 '3통 문제'를 해결하기 위해 '남북관리구역의 통행, 통신, 통관(3통) 군사 보장'에 대해 합의했다.

하지만 노무현 정부 시기 장성급회담은 2008년 7차 회담으로 끝나고 말았다. 그 이후 10여 년이 지난 2017년 제4차 남북정상회담에서 논의된 군사 문제 합의를 위하여 한 차례 장성급회담이 개최되어 '9.19 군사 합의'를 채택하였다.

남북 군사실무회담은 2000년 9월 제1차 남북국방장관회담 합의에 따라, 금강산 관광사업과 개성공단 등 남북경협을 지원하기 위한 철도·도로 연결 문제를 협의하기 위한 목적으로 2000년 11월에 처음 개최되었고, 2011년 2월까지 총 39회 개최되었다.

남북 군사실무회담에서 논의되고 합의된 주요 내용은 ① 남북 철도·도로 연결을 위한 군사 보장 합의, ② 철도·도로 연결공사 과정에서 필요한 군사 실무자 간 직통전화 설치, ③ 남북관리구역의 상호 지뢰 제거 상황을 확인하기 위한 현장 검증 문제 등에 대한 협의였다.(문성묵, 133) 그리고 남북 군사실무자 간의 대화를 위해 경의선과 군 상황실에 전화와 FAX 각 1회선을 설치하여 매일 직접 통화와 각종 문서의 교환이 이루어지기도 하였다.

30년 동안의 남북간 군사 합의 모두 무효화

2000년 제1차 남북정상회담으로 남북대화가 본격화된 이후 군사 당국 간 대화가 53회 개최되어 남북간의 군사 문제에 대해 많은 논의가 있었으며 그중 일부는 합의되었고, 일부는 이행되기도 하였다. 그런데 남북 군사 합의의 내용을 자세히 살펴보면 남북간의 불가침이나 군사적 신뢰구축 등 핵심 군사 이슈에 대해 같은 내용을 반복적으로 논의되고 합의되었음을 알 수 있다. 이는 군사합의 이후 북한의 도발 등으로 인해 무효화되고 또다시 똑같은 내용을 합의하는 일을 반복하였던 것이다.(김진무, 2018)

첫째, 남북 군사회담에서는 '무력 불사용 및 불가침'에 대해 합의하였다. 이와 관련해서는 '남북기본합의서'와 제1차와 제2차 국방장관회담 그리고 「10.4 정상선언」 등에서 반복적으로 합의되었다. 그리고 2018년 '9.19 군사합의'에서 "남과 북은 지상과 해상, 공중을 비롯한 모든 공간에서 군사적 긴장과 충돌의 근원으로 되는 상대방에 대한 일체의 적대행위를 전면 중지"하기로 합의하였다.

두 번째 주제는 '분쟁의 평화적 해결 및 우발적 무력충돌 방지'였다. 이 주제와 관련해서는 '남북기본합의서'와 2007년 제2차 국방장관회담, 그리고 2018년 '9.19 군사합의'에서도 합의하였다. '9.19 군사합의'에서는 "쌍방은 2004년 6월 4일 제2차 남북 장성급 군사회담에서 서명한 '서해 해상에서의 우발적 충돌 방지' 관련 합의를 재확인하고, 전면적으로 복원 이행해 나가기로 하였다"라고 합의하였다.

세 번째 주제는 서해 NLL 등 '불가침 경계선' 문제인데, '남북기본합의서'와 2007년 제2차 국방장관회담에서 "쌍방은 지금까지 관할해 온 불가침 경계선과 구역을 철저히 준수"하기로 합의한 바 있다.

네 번째 주제는 군사 문제 협의기구 측면에서 '남북군사공동위원회' 설치 문제인데, '남북기본합의서', 2007년 제2차 국방장관회담, 그리고 2018년 제4차 남북정상회담에서도 반복적으로 합의하였다.

마지막으로 남북간 '군비제한'과 관련 주제인데, '군비제한'은 운용적 군비통제로서 남북간 특정 군사행위 금지, 완충지대나 안전지대의 설치, 공세적 배치의 해제 등 군사력의 운용 분야를 통제하는 것을 뜻한다. 군비제한과 관련해서는 2018년 9.19 군사합의에서 처음으로 합의되었다.

주요 내용은 첫째, 상대방에 대한 적대행위 전면 중지와 관련하여 ① 쌍방은 2018년 11월 1일부터 군사분계선 일대에서 군사연습 중지, ② 지상, 군사분계선 5km 내 포병 사격, 연대급 이상 야외기동훈련 전면 중지, ③ 해상, 서해 남측 덕적도 이북으로부터 북측 초도 이남까지의 수역, 동해 남측 속초 이북으로부터 북측 통천 이남까지의 수역 포사격, 해상 기동훈련 중지, ④ 공중, 군사분계선 비행 금지 구역 설정 전술훈련 금지 등을 합의하였다. 그리고 둘째, 비무장지대의 평화지대화를 위해 비무장지대 안에 감시초소(GP) 철수, 상호 1km 근접 초소 시범적 철수를 합의하였다.

그리고 '9.19 군사합의'는 즉시 이행되기 시작하였다. 남북 군인들이 휴전선에서 만나 비무장지대 내 GP를 시범적으로 철수하였고, JSA 비무장화를 위해 지뢰를 제거하고 초소 화기를 철수하였다. 또한 남북간 공동 유해발굴사업을 위하여 시범 지역의 지뢰를 제거하고 도로를 개설하기도 하였다.

그러나 북한은 남측의 전단지 살포를 빌미로 2020년 6월 16일 개성공단 내의 남북연락사무소를 폭파하는 동시에 남북관계의 파국을 선언하였고, 북한군 총참모부도 9.19 군사합의를 무효화하는 행동을 개시하겠다고 위협하기도 하면서 사실상 파기되었다.

이처럼 남북간에 다양한 군사대화를 통하여 군사적 신뢰구축이나 군비통제 등과 관련하여 많은 합의가 있었고, 이 중의 일부는 일시적으로 이행되기도 하였다. 그러나 이렇게 많은 합의 중 현재까지 그 효력을 유지하며 이행되고 있는 합의는 전혀 없다. 북한의 계속되는 군사 도발, 핵실험과 미사일 발사 등으로 인한 국제사회의 강력한 제재로 남북관계가 긴장국면을 반복하면서 어떠한 군사합의도 실효성을 갖지 못하였던 것이다.

이처럼 남북간 군사 분야 합의가 실효성을 갖지 못한 이유는 첫째, 남북간 군사 합의가 대부분 추상적이며 선언적인 내용으로서, 이를 보다 구체화하는 조치들에 대한 협의가 전혀 이루어지지 못함으로써 합의가 이행될 수 없었다. 즉 '무력 불사용,' '불가침,' '우발적 충돌 방지' 등과 같은 매우 추상적인 합의를 이행하기 위한 구체화 노력이 전혀 없었던 것이다.

이러한 문제는 북한이 이행 조치의 구체화에 부정적이었던 것이 가장 큰 이유이기는 하지만, 한국 정부도 북한의 이러한 태도를 이미 알고 있으면서도 거창한 추상적 용어로 포장된 정치적 선전을 위한 합의가 필요했기 때문이었다. 즉 특정 의제에 대해 이전 회담에서 합의하였으니, 이번 회담에서는 이전 회담의 합의에서 출발하여 좀 더 구체화된 합의를 위해 노력해야 하는데, 항상 용어만 달라지고 내용은 같은 합의가 반복되었다. 이는 남북 회담이 한국 정부 입장에서는 대내 정치적으로 매우 중요한 행사였기 때문이다.

둘째, 남북군사회담이 남북경협의 군사적 보장 등 북한의 실리 획득이 가능한 의제 중심으로 합의되고 이행되었다. 김대중, 노무현 정부 시기 군사회담의 대부분은 금강산 관광사업과 개성공단사업 그리고 남북간 철도·도로 연결 등을 위한 군사적 보장 문제를 논의하고 합의하였다.

셋째, 북한은 군사적 신뢰구축 같은 남한의 요구에 일단 호응하였지만, 이후 한미연합훈련 중단, 주한미군 철수, NLL 문제 등을 이유로 이행을 중단하거나 파기시켜버렸다. 2018년 9.19 군사합의도 일부 군비제한 조치를 포함하고 있어 남북군사관계 발전에 큰 반향을 불러일으켰지만, 2019년 2월 하노이 미·북정상회담이 결렬되자 대북 전단지를 빌미로 이행하지 않고 있다.

이처럼 남북간 군사회담은 합의만 있고 이행은 없이 문서상에만 존재한다. 특히 한국 정부가 금과옥조처럼 여기고 있는 '남북기본합의서'에는 남북간 군사문제 해결과 발전을 위한 거의 모든 것이 담겨 있다. 따라서 한국 정부는 북한에 '남북기본합의서' 이행을 촉구해 왔지만, 북한은 어떤 군사회담에서도 '남북기본합의서'를 언급한 적이 없다. 북한에 '남북기본합의서'는 존재하지 않는 문서이기 때문이다. 북한이 탈냉전의 위기를 타개하기 위한 궁여지책이었던 '항복문서'와 같은 '남북기본합의서'의 존재를 인정할 가능성은 전혀 없다.

사실 분단 이후 남북의 극한적인 군사적 대치 상태를 감안할 때 남북문제는 군사문제에서 시작하여 군사문제로 끝난다고 할 수 있다. 그런데 북한은 수많은 남북군사회담에도 불구하고 군사적 신뢰구축에는 소극적인 태도를 견지해왔는데, 그 의도를 구체적으로 살펴보면 첫째, 대남 군사적 위협이 남북관계의 주도권을 장악하여 갑을관계를 유지하기 위해 반드시 필요하다고 인식하고 있기 때문이다. 남한은 평화를 간절히 원한다. 그러나 북한은 이렇게 남한이 평화유지에 집착하면 할수록 평화를 파괴하는 것이 남북관계에서 주도권을 장악하는데 유리하다고 인식하기 때문이다.

둘째, 북한은 탈냉전 이후 정권 생존을 위해 핵 개발 등 군사력을 강화해 왔는데, 군사적 신뢰구축과 군비통제가 진전된다는 것은 군사력을 스스로 약화해야 하는 딜레마에 빠질 수 있는 것이기 때문이다.

셋째, 북한은 대남 군사적 신뢰구축이 북한군과 주민의 대적관이 약화를 야기하여 체제결속이 와해되고 정권을 위협할 것을 우려하기 때문이다.

넷째, 북한이 한반도 군사 문제에 대한 대화의 상대는 남한이 아니라 미국이라는 입장을 고수하고 있기 때문이다. 북한은 미국이 정권의 안전을 위협하고 있다고 주장해왔다.

한반도 평화체제 구축을 위한 논의와 시도

한반도 평화체제를 구축하기 위한 첫 번째 시도는 '정전협정'에 규정된 한반도 평화 회복을 위한 정치회담이었다. 이 정치회담은 1954년 4월 26일 제네바에서 6·25전쟁 참전국들 대부분이 참석한 가운데 열렸었다. 그러나 당시 냉전이 치열하던 상황에서 유엔 측 참가국들은 한국을, 공산측 참가국들은 북한을 지지하는 등 극렬히 대립하면서 평화를 향한 성과는 도출되지 못하였다. 그리고 1960년대와 1970년대의 냉전체제는 한반도 평화체제에 대한 논의 자체를 할 수 없는 상황이었다.

물론 한반도에서 평화를 다시 논의할 수 있게 된 것은 1991년에 시작된 남북고위급회담에서의 '남북기본합의서'였다. 그러나 '남북기본합의서'는 평화협정이나 평화체제를 명시하지는 않았다.

한반도 평화체제라는 이름을 의제로 채택한 대화는 1997년 4자회담이 처음이었다. 당시 김영삼 정부는 남북한, 미국, 중국이 참여하는 4차 회담을 제안하였고, 1997년 12월부터 1999년 9월까지 총 여섯 차례의 본회담이 열렸다. 4자회담에서는 '평화체제 분과위'와 '긴장 완화 분과위'를 운영함으로써 한반도 평화체제라는 단어가 처음으로 등장하였다. 그러나 한국과 미국은 군사적 긴장 완화와 신뢰구축 문제를 우선적으로 다루어야 한다고 주장하였지만, 북한은 주한미군 철수와 미국과 북한이 평화협정을 체결해야 한다고 주장하면서 의제 설정에서부터 평행선을 달리다가 종결되었다.(김일한 외, 42~44)

한반도 평화체제는 북핵 6자회담에서 2005년 합의된 '9.19 공동성명'에 포함되면서 다시 관심의 대상으로 부상하였다. '9.19 공동성명'에서는 북한의 핵무기 관련 모든 계획 포기와 '한반도의 항구적 평화체제permanent peace regime on the Korean Peninsula'라는 용어가 최초로 명문화되었다. 이는 북한이 정권의 안전을 핵 개발 포기의 전제 조건으로 주장하였기 때문에 한반도 평화체제 구축이 북한 정권 안전보장 수단으로 등장한 것이다.

이후 2007년 6자회담에서 채택한 '2.13 합의'에서 "적절한 별도 포럼에서 한반도의 항구적 평화체제에 관한 협상을 할 것"을 포함하였다. 특히 '2.13 합의'에는 '동북아 평화·안보 체제'라는 실무그룹을 설치하는 데도 합의하기도 하였다.

한편 '2.13 합의' 이행이 상당히 진전되자, 노무현 정부는 2007년 10월 개최된 제2차 남북정상회담의 '10.4 정상선언'에 '종전선언 및 평화체제 구축 노력'을 포함하였다 그러나 북한이 '2.13 합의'를 파기하고, 이명박 정부가 등장하면서 평화체제 구축 논의는 다시 퇴장하였다.

그 이후 10여 년이 지난 2018년 4월 27일 판문점 제3차 남북정상회담에서 다시 한반도 평화체제가 논의되었다. 즉 정상회담 합의문인 '판문점선언' 3조에서 "한반도의 항구적이며 공고한 평화체제 구축"을 명시하였고, 한반도의 정전 상태를 종식하고 평화체제를 수립하는 것을 역사적 과제로 선언하였다. 이를 위해 3항에서 종전선언과 평화협정 체결을 포함하였다. 그리고 2018년 9월 평양에서 열린 제4차 정상회담에서 "한반도를 항구적인 평화지대로 만들기 위한 실천적 조치들을 적극적으로 해나가기로" 하면서 '9.19 군사합의'를 '평양공동선언'의 부속합의서로 채택하고 평화체제를 위한 군비통제의 일부를 이행하기로 약속하였다.(황지환, 2019, 72) 물론 9.19 군사합의도 북한이 이행을 거부하고 있는 상황이다.

2. 한반도 평화체제 구축의 필수요건과 로드맵

평화협정과 종전선언

전쟁 혹은 분쟁 지역에서 평화체제로의 이행은 평화협정을 체결하면서 시작된다. 한반도 평화협정의 체결은 6·25전쟁을 중지시켰던 '정전협정'을 대체하여 한반도에 평화체제 구축을 위한 전환점이자 결정적인 행동이 될 수 있다.

이러한 평화협정의 근거는 적대국가 간에 항구적인 평화를 제도화하기 위해서 많은 시간이 필요하기 때문에 일단 전쟁 혹은 분쟁을 종결하고 평화의 과정으로 진입하는 과도기가 필요하다는 것이다. 이는 평화협정이 평화체제의 법적·제도적 기초를 형성하는 합의서로 보는 것이다.(이현경, 164~165)

이런 측면에서 평화협정은 한반도 평화체제 구축에 있어 두 가지 의미를 가진다. 첫째, 평화협정을 통해 국제법적으로 한반도 전쟁 상태를 종식할 수 있는 근거가 될 수 있다.(조성렬, 2015, 56~57) 둘째, 평화협정은 평화정착의 제도화라는 측면에서 중요하다는 것이다. 즉 평화협정에는 단순히 전쟁 종료만이 아니라 남북간의 우호관계 수립을 목표하는 정치, 경제, 군사 등 모든 요소를 포함할 수 있기 때문인데, 대표적인 사례가 1994년 이스라엘과 요르단 간의 평화조약이다.(도경옥, 35~36)

그런데 이러한 한반도 평화협정 체결에 대해 부정적인 견해도 존재한다. 첫째, 현재와 같은 남북간 불신과 적대관계를 고려할 때 평화협정을 채택하기 위한 협상에 오랜 시간이 소요될 가능성이 높다는 점이다.

둘째, 세계사적으로 평화협정이 평화 보장에 실패한 사례도 많다는 주장이다. 평화협정 실패의 대표적 사례는 베트남전쟁을 종식하기 위해 1973년 1월 27일 맺어진 파리 평화협정이다. 이 평화협정을 계기로 미군은 베트남에서 완전히 철수하였으나, 1975년 4월 북베트남은 무력으로 공산화 통일하였다.(이헌경, 173)

셋째, 북한 비핵화와 한반도 평화협정 간 순서에 관한 논쟁이다. 즉 평화협정 체결 이전에 북한 핵 폐기를 완료하는 방안과 평화체제 구축과 핵 폐기 과정을 병행하는 방안이 충돌하고 있다. 어떤 방안이든 북한의 확고한 비핵화 의지를 확인하여야 하는데, 북한이 수용할 가능성이 높지 않다.

한편 종전선언은 전쟁의 종식을 선언하는 것인데, 평화협정과는 달리 평화체제 구축의 필수요건인가에 대해서는 다양한 견해가 존재한다. 우선 한반도 종전선언은 미국 부시 대통령이 2006년 11월 한·미 정상회담에서 북한의 핵 폐기를 전제로 "한국전쟁을 완전히 종결짓는 공동서명이 가능하다"라고 발언하면서 처음 등장했다. 그리고 2007년 제2차 남북정상회담의 합의문인 '10.4 정상선언'에 정전체제를 평화체제로 전환하기 위한 공식적인 절차의 하나로 종전선언이 논의되기 시작하였다.

그리고 10년 후인 2017년 문재인 정부가 등장하면서 종전선언이 평화체제 구축을 위한 핵심 의제로 다시 부상하였다. 2018년 4월 제3차 남북정상회담의 '판문점 선언' 제3조 제3항에 "남과 북은 정전협정체결 65년이 되는 올해에 종전을 선언하고 … 공고한 평화체제 구축을 위한 남·북·미 3자 또는 남·북·미·중 4자회담 개최를 적극적으로 추진해 나가기로 하였다"라고 합의하였다.

이러한 정상회담 합의 이후 북한도 2018년 8월 21자 노동신문에 "판문점 선언의 이행을 위하여 종전선언의 채택을 미룰 수 없다"라는 내용의 보도를 하면서 적극적으로 호응하였다. 또한 북한은 2018년 6월 싱가포르 미·북 정상회담에서도 종전선언에 대해 많은 관심을 표명하였으며, 2018년 7월 북한을 방문하였던 당시 폼페이오 국무장관과 종전선언 문제를 집중적으로 논의하였던 것으로 알려졌다.

그런데 문재인 정부가 종전선언을 적극 추진하자 종전선언의 필요성 여부, 시기, 파급효과 등에 대해 논쟁이 격화되기 시작하였다. 우선 종전선언에 대해 긍정적인 견해는 국제 사례에서도 종전선언으로 여건을 조성한 뒤 평화협정을 통하여 평화체제 구축으로 진입하기를 시도한 사례가 꽤 많이 있다는 것이다. 대표적인 사례가 1994년 7월 25일 미국 워싱턴에서 합의한 이스라엘과 요르단 간의 공동선언 Washington Declaration으로서, "양국 간 오랜 충돌이 이제 종료된다"라고 규정하였고, 3개월 후 1994년 10월 26일에 평화조약을 체결하였다. 특히 평화조약 전문에서는 "양국이 1994년 7월 25일 워싱턴 선언에서 교전상태의 종결을 선언했음을 유념한다"라고 언급함으로써 종전선언이 평화조약의 여건을 조성하였음을 인정하였다.(도경옥, 32~33)

이들은 종전선언이 한반도 평화체제 구축에 기회 요인이 될 수 있다고 주장한다.(박휘락, 24-3, 61~62) 첫째, 종전선언을 통해 남북간 군사적 긴장 국면을 완화하고 평화협정 체결을 위해 우호적인 환경을 조성할 수 있다는 것이다. 둘째, 종전선언이 북한 비핵화 협상에 긍정적으로 작용할 것이라고 주장한다. 특히 북한이 핵무장의 이유로 미국의 적대시정책을 거론하고 있는데, 종전선언에 미국이 참여하면 북한의 핵무장 명분은 근거가 없어지게 된다는 것이다.

하지만 전쟁의 재발 방지나 평화의 보장장치 없이 전쟁의 종료만을 선언하는 것이 평화를 보장할 수 있는가에 대해 회의적인 시각이 존재하는 것도 사실이다. 첫째, 지난 70여 년간 지속되어온 정전협정으로 국제법적으로 전쟁이 종료되었기 때문에 별도의 전쟁 종료선언은 불필요하다는 주장이다. 둘째, 북한이 '종전선언'에 적극적인 의도가 주한미군 철수와 한·미동맹 해체이기 때문에 한국의 안보에 매우 위험하다는 주장이다.(송승종, 256~257) 셋째, 북한은 종전선언을 계기로 미국과 관계를 개선하여 한반도 문제를 미국과 논의하는 '통미봉남'을 본격화할 가능성이 있다는 주장이다.(손기웅, 69)

남북한 + 미국·중국의 '2+2 평화보장체제'

한반도 평화체제 구축은 일련의 과정이며, 완전하고 항구적인 평화가 정착될 때까지 평화를 보장하고 관리할 수 있는 장치는 필수적인 요건이다. 물론 평화체제 보장장치와 관련해서 다양한 견해와 주장이 있을 수 있을 것이지만, 두 가지 차원에서 논의될 수 있을 것이다. 첫째는 '2+2 평화협정체제'이다. 즉 평화협정 체결 당사자인 남한과 북한, 그리고 평화협정을 보증하는 미국과 중국이 포함되는 평화보장 장치를 활용해야 한다는 것이다.

이러한 2+2 평화보장체제는 미국과 중국이 정전협정 체결 당사자로서 정전협정의 효력을 종료시키는 공식적 역할 수행이 필요하기 때문이다. 또한 미국은 한국의 동맹국이며, 중국은 북한의 동맹국이라는 점에서 평화체제 보장을 위한 역할에 적합하다. 지난 2018년 제3차 남북정상회담의 '판문점선언'에서 "공고한 평화체제 구축을 위한 남·북·미 3자 또는 남·북·미·중 4자회담 개최를 적극적으로 추진해 나가기로 하였다"라고 합의하였던 것도 한반도 평화보장을 위해 미국과 중국의 역할이 중요하기 때문이었다.

한반도 평화체제 구축을 보장하는 장치로서 두 번째는 유엔 감시기구인 '한반도 평화감독기구'를 구성하는 것이다. 정전협정에는 '중립국감독위원회'와 '군사정전위원회'를 설치하여 정전체제를 관리해 왔다. 마찬가지로 '중립국감독위원회'는 '유엔 한반도 평화감독위원회'(가칭)로 하고, 군사정전위원회는 '평화관리공동위원회'(가칭)로 전환하여 '한반도 평화 감독 체제를 구축할 수 있을 것이다. 이러한 평화관리 장치들은 평화체제 구축 과정에서 전쟁을 예방하고 남북한 간의 단계적 군비통제를 관리하는 역할을 하게 될 것이다.

한반도 평화체제 구축을 위한 단계적 로드맵

한반도 평화체제 구축은 '평화협정'과 같은 국제법상 유효한 형태의 조약을 맺으면서 시작될 가능성이 높다. 그러나 평화체제 구축의 본질적인 특성은 세 가지다. 첫째는 평화체제 구축은 장기간의 과정이 될 것이다. 분쟁으로 적대관계가 심각한 국가 간에 신뢰를 쌓아가면서 평화를 만들어가야 하기 때문이다. 둘째, 평화체제 구축의 핵심 의제는 군사문제로서 남북 상호 간의 생존과 관련되어 있기 때문에 서로 신뢰를 쌓아가는 단계적 과정이 될 수밖에 없다. 셋째, 북한의 비핵화 문제에서 평화체제의 구축과정과 병행할 수밖에 없을 것이라는 주장이 있기 때문이다.

이러한 한반도 평화체제 구축의 특성은 한반도 평화체제 구축이 점진적이고 장기적인 과정이 될 수밖에 없다는 것을 의미하며, 이로 인해 한반도 평화체제 구축을 위한 중장기 로드맵을 만드는 다양한 연구가 진행되었다.

먼저 조성렬은 '한반도 평화체제 구축을 위한 포괄적 안보조치 교환 방식의 3단계 프로세스'를 제안하였다.(조성렬, 2012, 24) 이 방안에 따르면 첫 단계는 손상된 남북한 간의 신뢰관계를 복원하는 것이며, 두 번째 단계는 북핵 포기나 해상경계선, 주한미군 문제와 같은 민감한 안보 사안들을 제외한 '낮은 수준의 안보 – 안보 교환'을 실시한다는 것이다. 즉 재래식 군비통제와 같이 협상할 수 있는 의제부터 먼저 협상하자는 것이다. 그리고 세 번째 단계에서는 북한 비핵화, 남북간 군비감축, 미국과 북한의 관계정상화 등 '높은 단계의 안보-안보 교환'을 위한 협상에 본격적으로 착수한다는 것이다.

한편 2017년 통일연구원에서도 한반도 평화체제 로드맵을 연구하였다. 이 연구는 한반도 평화체제 구축의 로드맵을 세 가지 유형으로 제시하고 있는데,(홍민 외, 62~63) 첫 번째 유형인 '북한 비핵화~평화체제' 로드맵은 '북한의 비핵화(핵 폐기)'를 명시적인 목표로 삼고 비핵화 단계에 따라 경제적 보상, 관계 정상화, 평화협정 등을 연동시켜 진행하는 방식이다.

두 번째 유형인 '한반도 비핵화~평화체제' 로드맵은 '북한 비핵화'가 아니라 '한반도 비핵화'를 목표로 하고 있다. 한반도 비핵화는 북한의 핵 포기는 물론 미국의 한국에 대한 핵우산 등을 포괄적으로 합의하는 것이다. 물론 이 로드맵도 한반도 비핵화와 평화체제를 병행 추진하는 것이다.

세 번째 유형은 북한이 핵 개발을 동결하고 평화체제를 구축해가는 것이다. 즉 선 평화체제 구축 후 북한 비핵화 로드맵이라고 할 수 있다. 이 유형은 북한이 핵 포기를 완강하게 거부하고 있는 상황에서 한반도 평화체제의 구축에 접근하기 위한 현실적인 방안을 찾으려는 노력이라고 볼 수 있다. 남북간 군비통제, 북미 관계정상화 등 한반도 평화체제 구축 과정이 충족되면 궁극적으로 '한반도 비핵화'를 추후에 모색할 수도 있다는 것이다.(홍민 외, 62~63)

이 외에도 한반도 평화체제 구축과 관련하여 다양한 로드맵이 연구되었으며, 이러한 연구들을 종합한다면 다음 몇 가지 구성요소가 포함될 수 있음을 알 수 있는데, 이는 ① 북한 비핵화, ② 종전선언과 평화협정, ③ 재래식 군비통제 등이다. 그리고 이들 구성요소들을 이용하여 한반도 평화체제 구축을 위한 단계적 로드맵이 구성될 수 있을 것이다.

먼저 한반도 평화체제 구축 과정을 북한 비핵화를 중심으로 단계적으로 구성하는 시나리오다. 그리고 그중 하나가 2007년 '2.13 합의' 사례이다. '2.13 합의'는 ① 초기 단계 '북핵 시설 동결' ⇨ ② 중간 단계 '북핵 시설 불능화와 북핵 프로그램 신고 및 검증'을 합의하였고, 이러한 신고와 검증 결과에 의해 ③ 세 번째 단계에서 북한의 핵시설과 핵무기 등의 폐기를 본격적으로 추진하는 것이었다. 이러한 '2.13 합의' 사례는 한반도 평화체제 구축 과정에 단계별로 적용할 수 있다.

다음으로 한반도 평화체제 구축 과정에서 종전선언과 평화협정을 단계적으로 배치하는 방법도 가능하다. 일단 종전선언을 합의하여 전쟁 종식과 정전협정 폐기를 선언하면서 남북간에 화해분위기를 조성하고, 이를 통해 평화협정을 체결하여 평화체제의 구축을 본격화할 수 있을 것이다.

마지막으로 한반도 평화체제 구축에 있어 핵심적인 요소는 군비통제다. 한반도 군비통제를 단계적으로 구분하는 것과 관련해서도 다양한 견해가 존재한다. 하지만 유럽 군비통제 사례 등을 종합할 때 ①군사적 신뢰구축 ⇨ ② 군비제한 ⇨ ③ 군비감축의 단계로 진행할 수 있다.

이와 같은 한반도 평화체제 구축의 핵심적인 구성 요소들을 종합하여 로드맵을 구성한다면 다음과 같은 모델을 구성할 수 있을 것이다. 첫 번째 단계는 '한반도 종전선언'을 서명하는 것으로 시작할 수 있다. 이 단계에서 북핵 시설이 동결되고, 군사적 신뢰구축이 본격화될 것이다. 물론 이 단계에서 남북한 각 분야 교류와 협력을 확대해 나가는 동시에 미국과 북한 간의 연락사무소를 설치하고 관계 정상화 논의를 본격화하게 될 것이다.

두 번째 단계는 한반도 '평화협정'을 체결하는 것으로 시작한다. 이 단계에서는 북한 핵 문제와 관련하여 핵시설의 불능화, 모든 핵 프로그램의 신고 및 검증이 진행되는 단계이다. 물론 군비통제와 관련하여 군비를 제한하는 운용적 군비통제도 시행될 것이다. 즉 남북간 휴전선에 배치된 병력을 후방으로 재배치하거나, 군사훈련이나 부대 이동 등을 상호 통보하는 등 군사적 투명성을 높여나가는 단계가 될 것이다.

그리고 마지막 단계는 한반도 평화체제가 정착되는 단계로서 먼저 북한의 모든 핵시설, 인력은 물론이고 보유 핵무기가 폐기되고, 남북간의 재래식 군사력 감축이 본격적으로 시행된다.

이처럼 한반도 평화체제 구축의 과정은 다양한 로드맵으로 기획될 수 있는데, 이들 로드맵에서 한 가지 공통점은 북한 비핵화와 한반도 평화체제 구축의 병행을 전제로 하고 있다는 것이다. 이러한 점은 한반도 평화체제 구축 과정이 시작되기 이전에 북한이 선제적으로 핵을 포기할 가능성이 거의 희박하기 때문인 것이다. 따라서 이들 다양한 로드맵 중에 어떤 로드맵이 더 나은가를 비교·평가하는 것보다는 평화체제 구축 당시의 상황, 협상 등에 의해 로드맵이 기획되고 결정될 가능성이 높다는 점이다.

3. 한반도 평화정착을 위해 극복해야 할 과제

한반도 평화체제 구축을 점진적·단계적으로 추진하는 과정에 대해 다양한 로드맵을 상정할 수 있지만, 이들 로드맵이 성공하기 위해서는 수많은 난제를 해결하고 극복해야 할 것이다. 지난 70여 년간의 분단체제에서 남북간에는 적대관계와 군사적 충돌이 일상화되어 왔다는 점을 고려한다면, 서로에 대한 신뢰가 거의 없는 상태라고 할 수 있다. 즉 평화는 전쟁의 반대말인 것처럼 평화체제 구축을 위해서는 북핵 문제, 군비통제와 같은 군사적 문제가 선제적으로 해결되어야만 한다. 그러나 군사적 문제는 남과 북 모두 사활적 이해가 걸린 문제라서 실제로 군비감축까지 진전되려면 서로를 믿을 수 있을 정도의 상당한 시간이 필요할 것이다.

남북한 상호 신뢰와 실체 존중

평화체제는 평화 공존을 목표로 하며, 이는 적대국인 상대방의 실체를 인정하고 존중하는 것이 전제되어야 한다. 그러나 현재와 같이 남북간 극도의 불신 상태로는 평화체제 구축 단계로 진입하는 것조차 불가능할 것이다. 물론 이러한 남북관계에 있어 불신의 근본적인 원인은 남한과 북한, 그리고 미국 등 한반도 문제 관련국들의 상호 인식에 원인이 있다고 할 수 있다.

먼저 북한은 탈냉전 이후 국제적 고립이 심화되고 경제난은 계속되면서 한국에 흡수통일될 가능성을 매우 우려하고 경계하고 있는 것과 북한의 대남 적화통일이라는 국가 목표를 고수하고 있는 것이 불신의 근본 원인라고 할 수 있다.

이러한 불신의 근본적인 원인 이외에도 그동안 남북·미북 간의 협상에서 기만과 지연 등 북한의 태도에 대한 불신도 높다. 북한은 '남북기본합의서'를 비롯하여 최근의 '9.19 군사합의'까지 모든 남북간 합의 이행을 거부하거나 파기하였다. 또한 북한은 핵 문제 해결을 위한 '제네바 합의'와 '2.13 합의' 등 모든 합의도 파기하였다.

이처럼 남한과 미국, 북한이 서로를 극도로 불신하고 있는 현 상황에서 한반도 평화체제를 구축하기 위한 논의가 시작되기는 불가능할 것이다. 특히 남북간 군사문제와 북핵 문제 모두 남북한 모두에게 사활적인 이해가 있기 때문에 신뢰가 형성되지 않으면 해결할 수 없는 문제이기 때문이다.

남북 군비경쟁 종식 및 군사력 감축

한반도 평화체제 구축을 위해서는 군사적 긴장을 완화하고, 북한 핵 문제 등 한반도의 안보 현안을 해소하는 등 가시적으로 한반도에 평화를 정착시킬 수 있는 조치들이 선행되어야 한다. 이처럼 남북간 군비통제는 한반도 평화체제 구축에 매우 중요한 위치를 차지하기 때문에 분명한 기본원칙과 방향성에 입각하여 군사적 신뢰구축 및 군비통제를 추진해야 할 것이다. 첫째, 한반도 군비통제의 가장 기본적인 목적은 전쟁 위험의 감소에 두어야 하는데, 이를 위해서는 상호 군사력의 균형 유지와 북한의 기습공격 능력의 제거가 우선시되어야 할 것이다. 둘째, 남북간 군사적 위기를 방지하고 위기가 발생하였을 때 위기 안정성을 유지할 수 있어야 한다. 셋째, 군비경쟁을 감소하거나 종식해야 한다는 것 등이다.

이러한 요소들을 고려할 때 군비통제도 점진적·단계적으로 추진되어야 할 것이다. 이러한 군비통제의 단계적 추진은 대체적으로 군사적 신뢰구축부터 시작하여 군비제한과 군비감축의 순서로 진행되는 것을 의미한다.

역사상 가장 성공적인 군비통제 협상으로 평가받고 있는 유럽의 군비통제 협상 사례를 분석해보면 신뢰구축, 군비제한, 군비감축의 순으로 단계적으로 추진되었으며, 각 단계가 중첩적으로 진행되었다. 즉 군사적 신뢰구축이 합의되고 이행되는 기간에 군비제한 협상이 진행되었으며, 군비제한이 합의·이행되는 기간에 군비감축 협상이 진행되는 등의 형식이었다.

유럽 군비통제는 1975년 '헬싱키 최종합의서' 1986년 '스톡홀름협약'과 1990년 '파리헌장'에서 신뢰구축 조치 합의(군사훈련의 통보, 참관, 정보교환, 국방예산 공개, 분쟁방지센터 설립 등) 등 신뢰 안보구축 조치를 계속 협상하였다. 그리고 이 기간에 군비축소에 관한 MBFR Mutual and Balanced Force Reduction(1973-1989)도 협상도 진행시켜, 1990년 재래식 무기 감축 협상(CFE)이 타결됨으로써 탱크, 장갑차, 야포, 공격용 헬기, 전투기 등 공격용 재래식 무기에 대한 감축이 실현되었다. 유럽 군비통제 사례는 남북간 군비통제 협상에도 적용될 수 있는 좋은 경험이라고 할 수 있다.

물론 이와 같은 단계적 군비통제도 결정적인 약점을 가지고 있다고 비판을 받아왔다. 즉 단계적 군비통제는 초기 단계를 거치지 않으면 다음 단계로 진입할 수 없다는 약점을 가지고 있다. 지난 30여 년 간 남북간의 군사 협상이 군사적 신뢰구축 조치만 반복해서 합의하는 수준에 머물러 왔다. 이는 남북간에 합의한 군사적 신뢰구축 조치가 제대로 이행되지 못하고 있기 때문에 다음 단계인 군비제한 조치에 대한 협상으로 넘어갈 수가 없었던 것이다.

그런데 이처럼 평화체제 구축 과정에서 점진적이든 포괄적이든 어떤 합의를 이루더라도 군비통제 합의를 이행하기에는 너무나 많은 난관이 존재한다는 점이다. 그 첫 번째는 남북간에 존재하는 위협 인식의 불균형이다. 즉 한국은 북한을 군사적 위협의 주체라고 인식하고 있지만, 북한은 주한미군과 미국이 위협의 주체라고 주장하고 있다. 즉 북한이 핵무장을 하는 이유를 미국의 적대시정책으로 정권 안전을 위협하기 때문이라고 주장하고 있는 것은 미국이 북한 정권을 붕괴시킬 것을 두려워하기 때문이다.

둘째, 남북한의 군사적 비대칭성이다. 남북간에는 군사력의 구조와 운영은 물론 동맹구조까지 대칭성이 거의 없다. 북한은 지난 30여 년 동안 핵, 화생무기 등 대량살상무기를 비롯하여 특수전력, 사이버전력 등 비대칭전력 증강에 매진해왔다. 반면에 한국은 기술집약적 첨단 무기체계의 개발 및 증강에 주력하였다. 따라서 재래식 전력 측면에서는 북한의 낙후된 무기와 장비에 비해 한국군의 첨단 기술집약적 전력이 월등히 우세한 것으로 평가된다. 반면에 북한이 보유하고 있는 핵무기 등 대량살상무기, 20만여 명의 특수전력, 대규모 사이버전력 등 비대칭전력은 한국군이 보유하지 않고 있거나 매우 취약하다는 점에서 남한과 북한의 군사력이 큰 차이를 보인다.

군비통제 협상은 우선 다양한 무기체계 간 평가와 비교기준을 설정하고, 가능한 한 동질의 무기들부터 비례적으로 감축하거나 통제하는 절차로 진행해야 한다. 즉 남북간 군사력의 비대칭성은 통제대상 무기체계 및 전력 평가에 대한 합의 도출을 어렵게 함으로써 군비통제의 진전을 가로막는 중요한 장애물이 될 것이다.

셋째, 한미연합방위체제, 구체적으로는 한미동맹은 남북간 군사력 비교에서 또 다른 차원의 비대칭성이다. 왜냐하면 북한과 중국은 동맹 체제이지만 중국군이 북한에 주둔하고 있지 않기 때문이다. 따라서 북한은 남북간 군비통제 협상의 대상으로 남한 군사력뿐만 아니라 주한미군과 증원군 등이 모두 포함되어야 한다고 주장하고 있는 것이다. 이러한 북한의 주장은 결국 한미동맹의 해체와 주한미군의 철수를 의미하는데, 이는 남북간의 문제가 아니라 미국의 동아시아 전략과도 연계되는 문제이기 때문에 매우 어려운 문제가 될 것이다.

한편 남북간에는 군사문제와 관련해서 서로 극도로 불신하고 있다는 점이다. 그동안 남한과 북한은 군사적 신뢰구축을 위하여 많은 협상을 진행하였고, 다양한 의제가 논의되었다. 그러나 남과 북 모두 상대방에 대한 강한 불신과 적대감을 가지고 있어 어느 일방의 군비통제 제의가 상대방에 액면 그대로 전달되지 않고 상대방을 곤란한 입장에 빠뜨리려는 불순한 의도로 왜곡되게 받아들여져 왔다.

예를 들면 북한은 주한미군 철수를 주장하고 있지만, 남한은 북한의 주한미군 철수 주장을 대남 적화통일전략이라며 절대로 받아들일 수 없다고 주장한다. 한편 남한은 군사적 신뢰구축을 통해 평화 공존으로 나아가야 한다고 제안하지만, 북한은 체제를 전복하려는 의도라고 반발하였다.

이러한 이유로 우리 내부에서도 한반도 평화체제 구축 과정에서 남북간에 완전한 신뢰가 구축되지 않는 한 평화체제 구축이 완료될 때까지 북한에 대한 군사적 억제 조치를 유지해야 한다고 주장한다. 그런데 이처럼 한반도 평화체제를 논의하면서 상호 군사적 긴장도 계속 유지해야 한다면, 감축이나 제한되어야 할 군사력이 매우 제한되면서 실제로 군비통제

협상은 불가능할 것이다.

한반도 평화체제와 북한 비핵화 병행의 문제

북한의 핵무기는 현실적인 군사적 위협이며, 국제사회의 비확산 체제에 대한 정면 도전이다. 따라서 북한이 핵무기를 포기하지 않는 한 한반도 평화체제는 구축될 수 없다. 이러한 북한의 핵무장은 한반도 평화체제 구축과 관련하여 다음 두 가지 현실적인 문제를 제기한다. 첫째는 북한이 정권의 안전을 위협하는 주체가 미국인 만큼 미국과 협상을 주장하고 있다는 것이다. 둘째, 만약 북한이 비핵화를 결심하여도 한반도 평화체제의 구축을 위해서 북한의 핵 포기를 선결 조건으로 할 것이냐, 아니면 평화체제 구축 과정과 병행할 것인가를 결정하는 문제도 매우 어려운 과제다.

물론 북한의 핵 개발이 고도화되면서 개발, 실험, 제조 등 엄청난 시설과 인력이 비핵화 대상이 되어야 하며, 이들을 완전히 비핵화하려면 상당히 오랜 시간이 소요될 것이다. 따라서 북한 비핵화를 평화체제 구축의 과정과 병행할 수밖에 없다는 현실적인 어려움이 있다. 특히 북한의 비핵화 과정을 남북간 군비통제 과정과 병행하면서 진행할 수 있다는 견해도 제기되고 있다.

그런데 이러한 단계적 비핵화 방안도 문제는 있다. 첫째, 북한 비핵화를 단계적으로 진행한다면 평화체제 구축의 마지막 단계까지 북한이 핵무기를 보유하고 있게 된다는 것을 의미한다. 이러한 비핵화 단계와 군비통제 단계를 연계한다면 남북간 재래식 군비통제도 불가능하게 될 것이다.

둘째, 북한 비핵화를 단계적으로 추진할 경우 북한이 합의를 파기하거나 지연시키면서 평화체제 구축을 불가능하게 할 수도 있다는 점이다.

마지막으로 한반도 평화체제 구축 과정에서 북한 비핵화 협상이 미국과 북한 간에 진행되면서 남북간의 평화체제 협상이 미북 협상에 의해 결정되는 운명이 될 수 있다는 점이다. 특히 북한 비핵화가 한반도 평화체제 구축에 있어 핵심적인 의제이기 때문에 남북간의 평화체제구축 협상이 미북 핵 협상에 종속될 수 있다는 것을 의미한다. 북한이 한반도 평화체제 구축 과정에서 주도권을 장악하고 유리한 협상을 위해 미국과 흥정할 수도 있다는 점이다.

통일을 전제로 하는 평화체제의 문제

한반도 평화체제 구축은 오랜 시간이 필요한 과정으로 인식되어야 한다는 것에 대해서는 대부분 동의한다. 하지만 이렇게 한반도 평화체제의 구축이 장기간에 걸쳐 진행될 경우 분단된 남과 북은 언제든지 경쟁과 갈등의 늪으로 빠져들 수 있다는 점도 우려한다. 이처럼 분단 상황하에서의 평화 구축의 어려움으로 인해 한반도 평화체제 구축을 단순히 분단 체제의 평화를 목표로 하지 말고 통일을 목표로 하자는 주장이 제기된다.(이상근, 2019, 115~117)

즉 대한민국의 공식 통일방안인 '민족공동체 통일방안'이 화해·협력 ⇨ 남북연합 ⇨ 통일의 단계를 제시하고 있는데, 한반도 평화체제가 구축된다면 이는 국가연합이 가능한 상황이기 때문에 처음부터 한반도 평화체제 구축을 통일을 목표로 협상을 진행하여야 한다는 것이다.(이상근, 2019, 115~117)

그런데 통일을 전제로 하는 한반도 평화체제 구축은 남북간 협상 자체가 불가능할 수밖에 없을 것이라는 주장도 제기된다. 그 이유는 첫째, 통일을 전제로 한 평화체제 구축을 위한 협상은 서로 흡수통일되는 것을 우려하여 협상이 체제경쟁의 장이 될 것이기 때문이다.

둘째, 평화체제 구축 협상이 통일을 전제로 한다면 미국과 중국을 비롯한 주변국들이 미래 한반도의 상황은 물론이고 통일 한반도의 향방에 대한 불확실성을 우려하여 협상을 지지하지 않을 가능성이 높다.

셋째, 북한 비핵화 또는 핵무기의 향방에 대한 국제사회의 우려다. 이는 통일을 전제로 한반도 평화체제의 구축을 논의한다면 북한의 핵무기를 굳이 폐기할 필요가 없다고 인식할 수도 있기 때문이다. 만약 평화체제 구축 협상에서 핵 폐기가 논의되지 않는다면 미국과 중국은 물론이고 일본과 러시아 등의 주변국과 국제사회가 협상 자체를 반대할 가능성이 높다.

마지막으로 우리가 심각하게 고민해야 하는 것이 한반도 평화체제 구축이 통일을 위한 수단이어야 하는가이다. 한반도 평화체제는 한반도에서 항구적 평화를 보장하는 것이 핵심이다. 특히 한반도 평화체제의 주체로서 북한을 인정해야 하고 북한의 생존을 보장하는 것을 전제로 하고 있다는 점에서 한반도 통일과는 모순이 발생한다. 탈냉전 이후 경제, 사회적 위기가 계속되면서 북한은 세계 10대 경제대국인 남한으로 흡수통일되는 것을 가장 경계해 왔다. 그런데 평화체제 구축을 위한 협상에서 통일이 전제가 된다면 북한은 절대로 협상에 참여하지 않을 것이다.

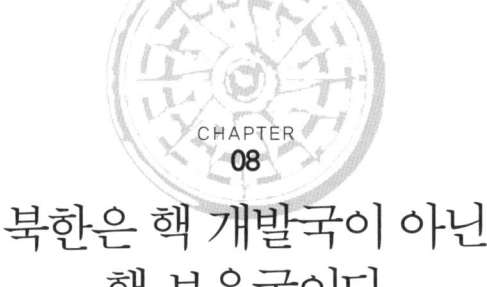

CHAPTER
08

북한은 핵 개발국이 아닌 핵 보유국이다

1. 북한의 전술핵무기 개발과 선제 핵공격전략

김일성 시대부터 시작된 북한의 핵 개발은 2단계로 발전하였다. 첫 번째 단계는 김일성 시대에 핵전력 구축을 위한 준비를 시작하여 김정일 시대에 이르러 대량의 핵물질을 확보하고, 핵미사일 기술을 완성한 단계이다. 이 단계에서 우선 북한은 구소련의 핵·미사일 기술 및 과학자를 영입하여 관련 기술을 확보하였다. 그리고 파키스탄 칸 박사로부터 우라늄 농축(UEP) 기술을 이전받아 이를 바탕으로 우라늄 농축프로그램을 완성하고 우라늄을 대량으로 확보하였으며, 핵탄두의 소형화와 수소폭탄 등의 기술을 확보한 것으로 추정된다. 또한 북한은 남한, 일본, 미국 등 전략적인 목표 모두를 타격할 수 있는 다양한 사정거리의 미사일도 개발 완료하였다.

이러한 김일성, 김정일 시대의 핵 개발을 발판으로 하여 김정은 집권 이후 두 번째 단계인 핵, 미사일 기술의 고도화를 위한 도약이 진행 중인 것으로 평가된다.

핵 개발 1단계: 핵물질 대량 확보, 핵·미사일 기술 완성

핵무기 Nuclear Weapon는 핵폭탄 Nuclear bomb을 투발 수단인 미사일과 결합한 것이다.(김진무, 2018, 85~93; 함형필, 2006) 핵폭탄은 분열 반응을 이용하는 원자폭탄과 융합 반응을 이용하는 수소폭탄으로 구분된다. 통상 핵무기 개발 국가는 원자폭탄 개발에 성공하면 이를 바탕으로 중간 단계인 증폭핵폭탄 boosted nuclear weapons을 개발하고, 나아가 수소폭탄을 개발한다.

북한의 핵폭탄 제조기술은 2006년부터 2017년까지 6차례에 걸쳐 진행된 핵실험을 통하여 상당한 수준에 이른 것으로 보인다. 먼저 핵폭탄을 제조하려면 플루토늄이나 농축우라늄 등 핵물질을 확보해야 한다. 핵물질은 천연 우라늄을 가공하여 추출할 수 있는데, 북한은 양질의 경제성이 우수한 천연우라늄 광산을 보유하고 있다.

북한은 핵폭탄 제조에 필요한 대표적 핵물질인 플루토늄과 농축우라늄을 추출할 수 있는 시설을 모두 보유하고 있다. 먼저 플루토늄은 영변의 5MWe 원자로를 1년 이상 가동하고 인출된 폐연료봉을 영변에 위치한 재처리시설인 방사화학실험실에서 추출하는데, 1980년대부터 5MWe 원자로를 가동하였고, 지금까지 원자로를 가동하여 플루토늄을 추출하고 있다. 북한이 지금까지 추출한 플루토늄의 정확한 양을 알기는 어렵지만, 미국의 북한 전문매체 '38 노스'는 북한이 32kg~52kg의 플루토늄을 보유하였을 것으로 추정하였으며, 한국 국방부는 『2022년 국방백서』에서 70kg 이상을 보유하고 있을 것으로 평가하였다.

한편 북한은 농축우라늄 추출을 위해 상당한 시설을 보유하고 있는 것으로 추정된다. 북한은 2011년 1월 미국의 핵 전문가 지그프리드 해커 박사를 초청하여 영변의 우라늄 농축시설을 공개한 바 있다.(함형필, 2012, 88)

해커 박사는 영변 우라늄 농축공장만으로도 연간 고농축우라늄 20~30kg을 생산할 수 있다고 하였다. 그런데 미국 정보 당국은 영상정보로 추적한 결과 북한 내에 영변 이외에 여러 개의 우라늄 농축시설이 있을 것으로 추정하고 있으며,(Gabriel Dominguez, London and Karl Dewey, 2017) 상당량의 무기급 농축우라늄을 추출한 것으로 파악되고 있다.

한편 북한은 1980년대 후반부터 핵폭발 장치에 대한 고폭실험을 실시하여 축적한 기술을 바탕으로 2006년부터 6차례 핵실험을 진행하였다.

〈표 8〉 북한의 1~6차 핵실험 비교

일자	진도	위력	북측 발표
1차, 2006년 10월 9일	3.9	~1kt	
2차, 2009년 5월 25일	4.5	3~4kt	폭발력 개선
3차, 2013년 2월 12일	4.9	6~7kt	소형화, 경량화, 다종화
4차, 2016년 1월 6일	4.8	6kt	시험용 수소탄
5차, 2016년 9월 9일	5.04	10kt	표준화, 규격화, 소형화, 경량화, 다종화
6차, 2017년 9월 3일	5.7	50kt	ICBM 장착 수소탄

북한의 여섯 차례 핵실험의 폭발력은 〈표 8〉에 나타나 있는 바와 같이 인공지진 규모가 점점 커진 것을 알 수 있다.

그런데 이러한 북한의 6차례 핵실험 중 2016년 1월 4차 핵실험에 가장 큰 관심이 집중되었다. 이는 폭발 위력이 7kt에 불과하였기 때문에 북한이 수소폭탄이고 주장한 것에 대해서는 회의적이었지만, 일부 핵융합 기술을 적용한 증폭핵폭탄일 가능성이 있었다. 즉 이러한 증폭 핵기술은 핵폭탄 소형화를 위한 핵심적인 기술 발달을 의미하며, 미사일에 핵폭탄을 장착할 수 있는 기술의 확보했기 때문이었다. 한국 국방부도 북한이 2016

년 1월 4차 핵실험에서 핵폭탄 소형화에 필수적인 기술을 확보하였을 것으로 추정하면서 『2020 국방백서』에서 "북한의 핵무기 소형화 능력이 상당한 수준에 이르렀다"라고 평가하였다. 최근 김정은 스스로 규격화, 표준화된 전술핵폭탄을 대외적으로 공개하였다.

한편 핵폭탄을 투발하는 수단은 매우 다양하다. 제2차 세계대전 당시 일본에 투하된 핵폭탄은 미군의 B-29 폭격기에 싣고 갔다. 그 이후 대공미사일 등 요격기술이 발달함에 따라 폭격기보다는 미사일을 이용하는 방향으로 발전하였다.

북한은 다양한 사정거리의 탄도미사일을 개발하였다. 첫째, 단거리 탄도미사일(SRBM)로는 스커드-B(300km, 화성 5형, KN-03), 스커드-C(500km, 화성 6형, KN-04), 스커드-B 개량형(KN-21), 스커드-ER(화성 6, 1,000km), 노동미사일(1,300km, 화성 7형, KN-05) 등이 있다. 최근에는 단거리 미사일의 정확도 향상 등을 위한 개량을 추진하고 있는 것으로 파악되고 있다.

둘째, 중거리 탄도미사일(IRBM)은 무수단(3,000~4,000km, 화성 10형, KN-07), 화성 12형(4,500km, KN-14), 북극성 2형(2,000km, KN-15) 등이 있다. 특히 화성 12형은 4,500km, 최대 6,000km까지 가능한 것으로 평가되었다. 북극성 2형은 잠수함 발사 탄도미사일을 지대지미사일로 개량한 것이다.

셋째, 대륙간탄도미사일(ICBM, 5,500km 이상)은 화성 14형(7,000km, KN-14), 화성 15형(12,000km, KN-22), 화성 13형(KN-08) 등이 있으며, 최근에는 화성 17형(KN-28)과 고체연료를 사용하는 것으로 추정되는 새로운 ICBM을 공개하였다.

한편 북한은 잠수함발사탄도미사일(SLBM)도 개발하고 있다. 북한은 2016년 8월 고래급 잠수함(2,000t)에서 북극성 1형(KN-11)을 발사하였는데 500㎞를 비행하는 데 성공하여 초보적인 SLBM 개발에 성공한 것으로 평가되었다. 그리고 최근에는 신형 잠수함발사탄도미사일(SLBM)을 개발하고 있는데, 2017년 8월 조선중앙통신을 통해 '수중전략탄도탄 북극성 3'이라고 적힌 개념도 일부를 내보내면서 처음 소개되었다. 그리고 2019년 10월 2일 콜드론칭 방식으로 수중 발사되어 처음으로 공개됐으며, 최근에는 잠수함 발사 순항미사일(SLCM)도 시험발사하였다.

핵 개발 2단계: 핵·미사일 기술 고도화와 전술핵 개발

김정일 시대까지 핵, 미사일 기술을 완성하고, 2012년 김정은 정권 출범 이후에는 핵기술의 고도화가 진행 중이라고 평가할 수 있다. 이러한 핵기술 고도화는 2021년 1월 8차 당 대회에서 김정은이 그동안 진행해온 핵기술 고도화 현황과 함께 미래 핵 역량 강화의 방향을 제시하면서 구체적으로 공개되었다.

먼저 지금까지 개발 완료된 무기체계를 공개하였는데, ① 소형·경량화, 규격화, 전술무기화된 원자탄, ② 초대형 수소탄, ③ 전술핵무기로서 신형전술미사일, 중장거리 순항미사일, ④ 화성 계열 중거리 탄도미사일로서 화성 12형, ⑤ 대륙간탄도미사일로서 화성 15형, ⑥ 전지구권타격미사일로서 신형 ICBM(액체), ⑦ 북극성 계열 수중 및 지상 발사 등이었다.

그리고 김정은은 향후 개발 예정인 무기체계들에 대해서도 발표하였는데, ① 다양한 전술핵무기 개발 및 초대형 핵탄두 추가 생산, ② 다탄두 개별유도기술(MIRV) 연구 ③ 15,000km 범위 내 명중률 제고 및 고체추진 ICBM 개발, ④ 신형탄도미사일 탑재 극초음속 활공비행 전투부 시험제작 준비, ⑤ 중형잠수함 무장 현대화 기준 설정 및 시범개조, ⑥ 핵잠수함(SSBN) 설계연구 후 최종 심사 단계 및 SLBM 개발, ⑦ 정찰위성 설계 완성 및 무인정찰기 개발 추진 등이었다.

이처럼 김정은이 8차 당 대회에서 발표한 내용에 따르면 향후 북한의 핵무기 개발은 다음과 같은 방향으로 추진될 것으로 정리된다. 첫째, 미 본토에 대한 핵 보복이 가능하도록 대형의 핵탄두와 다탄두(MRV, MIRV) 기술, SLBM과 이동형 고체 ICBM 등을 개발하려고 하고 있다. 둘째, 탄도미사일의 생존성 및 미사일방어(MD) 회피 기술 개발에 집중하고 있다.(이상민, 3~4) 마지막으로 북한은 한반도에서의 군사 주도권 확보를 위한 공세적 핵 태세 구현하기 위해 전술핵무기의 다양화를 추진하고 있다는 것 등이다.

이러한 북한의 핵기술 고도화 전망에서 우리의 관심을 집중시키는 것은 단연 전술핵무기 개발이다. 사실 전술핵무기는 전장에서 전술적 목적을 위해 사용하는 무기이며, 전략핵무기는 전략적·정치적 목적 달성을 위한 핵무기로서 대량살상과 파괴를 통한 억제와 보복을 위한 것이다. 따라서 북한의 전술핵무기는 한반도 전장에서의 사용을 전제로 개발·배치하고 있는 것이다.

사실 전술핵무기는 단거리 투발체에 탑재되어 전술적 용도로 사용되기 때문에 작고 가볍게 만들어야 한다. 이를 위해서는 기술적으로 소량의 핵물질과 고폭장약을 이용하여 폭발 효율성을 높여야 하는데 매우 난이도가 높은 기술이다.(함형필, 2021, 22~25; 박재완, 심윤섭, 389~393) 물론 북한의 핵폭탄 소형화 기술 역시 상당한 수준에 이르렀을 것으로 추정되기 때문에 전술핵무기 기술도 상당한 수준일 것이라고 추정할 수는 있다.

이러한 북한의 전술핵에 대해서 김정은이 직접 언급하면서 실체를 더욱 구체화하고 있는데, 2023년 2월 8일 인민군 창건일 열병식에서 전술핵 운용부대를 공개하였다. 이 열병식에서 북한이 공개한 전술핵 운용부대에는 북한판 이스칸데르, 에이태킴스, 600mm 방사포 등이 포함되었다.

북한이 2019년부터 발사하기 시작한 이들 신형 전술미사일들은 북한판 이스칸데르(KN-23), 북한판 에이태킴스(KN-24), 대구경조종방사포(400mm), 초대형방사포(600mm, KN-25), 단거리 순항미사일(KN-27), 신형장거리 순항미사일, 열차 발사형 이스칸데르(KN-23), 극초음속활공체를 탑재하였다고 주장하는 화성 8형 등이다.

이중 북한판 이스칸데르는 회피 기동이 가능하여 미사일 방어체계를 교란하여 요격을 어렵게 하려고 개발한 것으로 평가되며, 북한판 에이태킴스도 목표물 타격시 많은 자탄이 흩어져 타격하는 것으로 요격이 매우 어렵다는 특징이 있다. 미사일 전문가 제프리 루이스는 이스칸데르에 핵탄두 탑재가 가능하다고 평가했고, 또 다른 전문가 마이클 엘만Michael Elleman은 에이태킴스의 크기를 직경 700~850mm로 추정하며 직경 60cm 핵탄두를 장착할 수 있을 것으로 평가하였다.(김정섭, 4~6)

극초음속미사일은 일정 고도에 이를 때까지는 탄도미사일처럼 곡선 궤도로 비행하다가, 정점에서 탄두를 실은 활공체가 로켓 추진체로부터 분리된 뒤 순항미사일처럼 수평비행을 한다. 극초음속미사일은 속도가 마하 5 이상이어서 지구상 어느 곳이든 1~2시간 내에 타격을 할 수 있고, 고도와 방향을 바꾸기 때문에 비행 궤적을 예측할 수 없다. 특히 극초음속미사일은 개발에 성공한 국가가 미국, 러시아, 중국 등 몇 나라에 불과하다.

이와 같은 기술적 발전을 바탕으로 북한은 향후 다양한 투발 수단에 탑재할 수 있는 전술핵무기 개발과 폭발 효율을 높일 수 있는 기술력 향상을 추구할 것으로 판단된다. 물론 북한이 초대형방사포나 야포, 어뢰 등으로 전술핵 투발 수단을 추가 개발하고자 한다면 이는 기존 핵탄두에 비해 직경과 부피를 대폭 줄인 새로운 핵탄두가 필요하며, 이를 위해 추가 핵실험이 필수적일 것이다.

핵 지휘통제체계와 선제 핵공격전략

북한이 2022년 9월 최고인민회의에서 제정한 '핵 무력 정책법'은 '핵 무력에 대한 지휘통제'를 다음과 같이 규정하였다. ① 핵 무력은 조선민주주의인민공화국 국무위원장의 유일적 지휘에 복종, ② 국무위원장은 핵

무기와 관련한 모든 결정권 보유, ③ 국가 핵 무력 지휘기구는 핵무기와 관련한 결정으로부터 집행에 이르는 전 과정에서 국무위원장을 보좌한다는 것 등이었다. 그리고 북한의 '핵 무력 정책법'에는 '핵 무력의 동원 태세'와 '핵무기의 안전한 유지관리 및 보호'에 대한 내용도 포함되어 있다고 밝혔다.

이처럼 북한이 '핵 무력 사용 정책법'에서 핵 지휘통제체계를 공개하였지만, 핵 지휘통제가 김정은의 유일적 지도 체제하에 있다는 것만 확인하였고, 하위 조직이나 지휘체계에 대해서는 구체적인 내용은 공개하지 않았다. 따라서 북한의 핵 지휘통제체제를 더욱 구체적으로 살펴보기 위해서는 기존의 핵 보유국들, 특히 소련이나 중국 등 사회주의 국가 지휘체계를 통해 추정하는 것이 실체에 가장 가깝게 갈 수 있는 방법일 것이다.

북한의 핵무기 지휘통제체계가 어떠하든 핵무기의 최종 사용은 전략군이 담당하고 있을 것이다.(김석규, 2014) 북한은 과거 '미사일지도국'을 '전략로켓사령부'로 개편한 이후 2014년 육·해·공군과 동격의 제4 군종인 '전략군'으로 개편 확대하였다. 그리고 노동신문은 2017년 전략군절인 7월 3일 보도에서 "우리의 믿음직한 핵 무장력"이라며, 핵무기 운용을 담당하고 있다고 언급하였다.

중국의 제2 포병사령부의 경우 기존의 미사일 운용을 위한 전략미사일 부대와 동격으로 핵탄두를 운용하는 '핵무장단'을 창설하여 상호 협력(지원)할 수 있는 체계를 만들었다는 점에서 북한도 전략군 예하에 미사일 운용부대와 핵무장단이 따로 운용되고 있을 가능성이 크다. 즉 핵무장단의 역할은 평시 핵탄두를 관리하다가 전시가 되면 전략미사일 부대로 이송하여 장착하는 것이다.

그런데 최근 북한이 '미사일총국'이라는 새로운 조직을 공개하였는데, 전술·전략 핵탄두 탑재 미사일을 포함한 각종 탄도미사일의 소요 제기와 생산관리, 인사, 행정 등을 전담하는 것으로 추정된다. 즉 '미사일총국'은 노동당 직할 조직일 가능성이 있어 총참모부 산하의 군조직인 전략군과 임무와 역할이 구분될 것으로 보이지만, 아직 정확한 실체는 파악되지 않고 있다.

한편 '핵 전략Nuclear Strategy'은 한 국가의 정치·군사적 목적을 위해 핵무기를 전력화하고 이를 사용하는 것을 말한다. 기존의 핵 보유국들은 다양한 핵무기를 보유하고 있어서 '억제, 보복, 격퇴'라는 다양한 전략과 임무를 수행할 수 있는 역량을 보유하게 되었다. 따라서 북한의 핵무기 개발 역량, 즉 얼마나 다양한 핵무기를 보유하고 있는가가 북한의 핵전략 판단에 매우 중요한 요소가 되는 것이다.

우선 북한은 핵 개발 과정에서 '억제력'을 위한 것이라고 주장해 왔다. 특히 미국의 적대시정책에 대한 억제력이라고 주장해 왔으며, 2017년 11월 사정거리 12,000km의 화성 15형을 공개하며 미국 본토를 타격할 수 있다고 주장하였다.

그런데 북한은 2021년 8차 당 대회에서 전술 핵무기 개발에 주력할 것을 발표하면서 그들의 핵 전략에 일대 변화가 있음을 강조하고 나섰다. 즉 북한의 핵 전략이 핵 억제력 확보를 통한 '확증 보복'에서 선제공격을 포함하는 '비대칭 확전'으로 전환하고 있다는 것을 의미하였다.(함형필, 2021, 27~31)

이러한 북한의 핵 전략 전환은 2022년 9월 제정된 '핵 무력 정책법'에서 명확하게 보여주었다. 북한은 '핵 무력 정책법'에 '핵무기 사용 5대 조건'을 규정하면서 북한에 대한 군사적 공격(핵 공격 포함)에 대한 방어와 보복뿐만 아니라 군사적 공격(핵 공격 포함)이 임박했을 때 '핵무기로 선제공격'하겠다는 것을 전략지침으로 규정하고 있는 것이다.

즉 북한이 발표한 '핵 무력 정책법'은 북한이 '확증 보복태세'와 '비대칭 확전태세'를 혼합하는 핵 전략을 추구하고 있다는 것을 명확하게 보여주는 것이었다. 물론 이러한 북한의 혼합전략은 유사시 미국과 한미연합군을 동시에 억제해야 하는 전략환경을 고려한다면 충분히 가능한 전략적 선택이다. 북한은 평시에 미국의 위협에 대해 전략 핵무기를 이용하여 핵 억제력을 확보하고, 전쟁 시에 한미연합군과 일본, 괌, 하와이 등의 미 증원군에 대해 전술핵무기를 이용하여 핵 선제타격을 준비하고 있는 것이다.

그런데 북한이 과연 선제 핵 공격 전략을 선택할 수 있을 것인가에 대해 부정적인 견해가 많았던 것이 사실이었다. 그 이유는 북한이 처한 고립된 상황, 한미연합전력의 절대적인 우세 등을 감안할 때 북한이 핵무기를 사용할 경우 미국과 한국, 일본 등의 대규모 응징보복을 받아서 정권 자체가 붕괴될 수도 있기 때문이었다.

하지만 북한의 전술핵 개발은 치열하게 군사적 대치를 계속하면서 통일을 위해 서로 제로섬 게임을 할 수밖에 없는 남북관계에서 통일을 위한 결정적인 무기로서 그 위협에 대한 공포는 엄청나다고 할 수 있다.

특히 북한의 전술핵은 핵무기 사용을 위협하는 '핵 공갈'로 남한을 핵 인질화하는 데 이용하려고 할 것이다. 전략핵과는 달리 전술핵은 국지적 공격을 할 수 있기 때문이다. 최근 우크라이나 전쟁에서 러시아가 전술 핵무기 사용을 위협하고 있는 것은 서방의 개입을 차단하고 우크라이나를 핵 공포로 몰아넣는 대표적인 '핵 공갈 전략'이다.

2. 국제사회 비핵화 사례와 핵 보유국 인정의 조건

리비아·우크라이나·남아공 비핵화 사례

역사적으로 핵 개발을 추진하다가 국제사회의 압박으로 비핵화를 결심하고 협상을 통하여 비핵화한 사례는 리비아, 우크라이나, 남아공 등이 있다. 그런데 이 국가들이 협상에 의해 비핵화하는 과정과 결과가 각각 다르다는 점에서 북한 비핵화에 주는 시사점은 각기 다르다.(김진무, 2018, 9~18)

첫 번째 비핵화 사례는 리비아로서 국제사회의 제재와 압박에 무조건 비핵화를 선언하였던 사례이다. 물론 비핵화 과정에서 국제사회의 제재 해제와 경제지원 등 보상이 주어졌다.

리비아는 1988년 팬암기 폭발 테러 사건의 배후로 강력한 제재를 받으면서부터 정권 안전이 위협을 받았고 핵 개발을 시작하였다. 리비아는 1990년대 초반 구소련의 핵 기술자들을 불러들여 핵 개발을 시작하였다. 그러나 리비아의 핵 개발이 알려지자 국제사회의 제재는 더욱 강화되었다. 특히 리비아의 석유산업을 집중적으로 제재하자 리비아 경제는 큰 타격을 받을 수밖에 없었다. 그리고 2001년 9.11 테러 이후 미국의 반테러 전쟁으로 아프가니스탄 탈레반 정권과 이라크 후세인 정권이 붕괴하자, 카다피 정권은 안전보장을 위해서 핵 개발을 포기하기로 결정하였다.

물론 카다피 정권의 핵 개발 포기 결정에는 영국 정보기관, 미국 CIA와 국무부, 리비아 정보기관 책임자 등이 협상팀을 구성하여 오랜 기간 사전 협상을 진행한 결과였다. 하지만 리비아 비핵화는 먼저 '핵 개발을 조건 없이 포기할 것을 선언'하였고, 미국 등 국제사회는 리비아의 핵 폐기 과정에서 수준에 맞는 보상을 제공하던 사례였다.

한편 우크라이나 비핵화 사례의 특징은 세 가지다. 첫째는 냉전시기 구소련이 우크라이나에 배치했던 핵무기를 탈냉전 이후 폐기하기 위한 것이었다. 둘째는 우크라이나에 대한 국제사회의 압박이나 제재가 없이 평화적으로 핵 폐기 협상이 진행되었다. 셋째, 국제사회의 경제지원과 안전보장에 대한 약속을 받고 비핵화를 결정한 사례이다.

우크라이나는 구소련이 해체된 후 자국에 배치된 핵무기를 물려받아 세계 3위 핵 보유국이 되었던 사례로서 10개의 탄두를 장착한 SS-24 ICBM

46기, 6기의 탄두를 장착한 SS-19 ICBM 130기, 그리고 2650~4200개의 전술핵무기를 보유하고 있었던 것으로 추정되었다.(김종선, 97~98)

우크라이나 비핵화 협상은 합의에 이르기까지 3단계를 거치게 되는데, 첫 번째 단계에서는 1992년 5월 '리스본 의정서'에서 미국이 우크라이나에 정치적 안전보장을 약속하고, 7년 이내에 핵무기를 러시아로 이관 또는 철거하기로 합의하였고, 두 번째 단계에서 1993년 9월 러시아·우크라이나 정상회담 시 전략 핵무기 폐기원칙에 합의하였다. 그리고 마지막 단계에서 1994년 1월 14일 모스크바에서 클린턴 미국 대통령, 옐친 러시아 대통령, 크라추크 우크라이나 대통령이 우크라이나의 안전보장을 위한 3자 협정에 서명하면서 우크라이나 핵 폐기가 최종 합의되었다.

즉 우크라이나 비핵화에 대한 보상은 먼저 정치적으로는 미국, 러시아, 중국 등 국가들이 정치적 안전보장을 약속하는 것이었다. 그리고 경제적으로는 미국이 '협력적 위협감소'(CTR: Cooperative Threat Reduction) 프로그램을 통해 경제지원을 제공하였다. CTR의 주요 내용은 구소련의 대량살상무기가 배치되어 있던 소연방국가 우크라이나, 카자흐스탄, 벨라루스 등 3국에 WMD 관련 장비 폐기에 요구되는 비용과 장비와 기술, 용역 일체를 제공하는 것이었다.

그런데 러시아가 2014년 크림반도를 점령하고, 2022년 우크라이나를 군사적으로 침공하자 우크라이나는 당시 비핵화에 대해 후회하고 있는 것으로 알려지고 있다.

남아공 비핵화의 특징은 두 가지다. 첫째는 정권 교체와 같은 국내 정치적 변화가 비핵화에 영향을 미친 유일한 사례이다. 둘째, 남아공 스스로 핵 폐기를 완료하고 국제사회의 검증을 받은 사례다. 즉 남아공은 백인우월주의의 인종차별 국가로 국제사회의 제재를 받으면서 정권 안전보장을 위해 핵을 개발하였지만, 남아공이 인종차별정책을 폐지하자, 국제사회가 인종차별을 이유로 제재할 명분이 없어졌기 때문에 핵 폐기를 결심하였던 것이다.

즉 1989년 선출된 드 클레르크 대통령은 반체제 운동가 만델라를 석방하고 이후 핵무기 제조와 농축실험 중단을 명령하였으며, 1991년 7월까지 스스로 핵시설과 핵폭탄을 모두 해체하였다. 그 이후 IAEA 사찰을 수용하였고, 1993년 9월 드 클레르크 대통령은 핵무기 해체가 종료되었음을 선언하였다.

이와 같은 리비아, 우크라이나, 남아공의 비핵화 사례는 북한 비핵화를 위해 많은 것을 시사한다.(김진무, 2018, 109~117; 황지환, 30-3, 240~242) 첫째, 국제사회의 강력한 제재와 압박이 비핵화에 중요한 영향을 미쳤다는 점이다. 둘째, 국제사회가 협력해서 정치·경제적 보상을 제공하였다는 점이다. 셋째, 비핵화를 위해 장기간 비밀협상이 진행되며 상호 신뢰형성이 매우 중요하게 작용하였다는 것이다. 그리고 마지막으로 남아공의 사례에서처럼 정권교체와 같은 국내 정치적 요인이 비핵화에 영향을 미칠 수 있다는 점을 알게 하였다.

그런데 이들 국제적인 비핵화 사례는 북한에도 중요한 교훈을 남긴 것으로 볼 수 있다. 즉 북한은 리비아의 카다피와 이라크 후세인의 몰락, 러시아의 우크라이나 침공 등으로 국제사회의 안전보장 약속은 절대로 신뢰할 수 없다는 것을 깨달았을 것이다. 또한 남아공 사례는 국제사회가 북한 비핵화를 위해 정권 교체를 목표로 하고 있다는 것을 확인하였을 것이다. 즉 정권 교체 요인은 이라크의 후세인과 리비아의 카다피 몰락과 함께 북한에 핵을 절대로 포기하면 안된다는 강한 신념을 심어주었을 가능성이 높다.

이란 비핵화 협상 사례

이란은 비핵화 사례가 아니고 비핵화 협상이 진행 중인 사례이다. 그런데 이란 사례가 주는 중요한 함의는 일회성 즉각 타결이 아니라 10~15년의 점진적 시간계획과 행동계획에 준거하여 단계별로 보상이 주어지는 것으로 설계되었다는 점이다. 이는 북한이 점진적 단계적 비핵화를 주장하고 있으며, 또한 북한의 핵 역량이 고도화되면서 핵시설 등이 너무나 복잡하여 비핵화에 오랜 시간이 필요할 가능성이 높다는 점에서 이란 핵 협상의 교훈은 의미가 있다.

2002년 이란 반정부 단체 '국민저항위원회'(NCRI)가 이란의 나탄즈 등 두 곳에 비밀 우라늄 농축시설의 존재를 폭로하면서 국제사회에 핵 개발 전모가 드러났다. 이에 국제사회는 '이란·리비아 제재 법안'(ILSA)을 비롯하여 7차례에 걸친 유엔안보리 결의, 2010년 '포괄적 이란 제재법'(CISADA), EU의 제재 등 경제제재를 강화하였다. 특히 2012년 미국의 '국방수권법'National Defense Authorization Act으로 원유 수출을 제한하고 이란의 금융거래를 전면 중단하게 하였다. 이러한 국제사회의 강력한 경제제재로 이란 경제는 매우 어려운 상황이 될 수밖에 없었다.

이런 상황에서 2013년 중도 개혁파 로우하니 대통령이 집권하면서 경제난을 타개하고 중동 지역에서 시아파의 영향력을 강화하기 위해 협상을 재개하였다. 그리고 2015년 7월 비엔나에서 이란과 유엔안보리 상임이사국(미국, 영국, 프랑스, 러시아, 중국), 독일 등 6개국(P5+1)과 함께 포괄적 공동행동계획(JCPOA: Joint Comprehensive Plan of Action)에 최종적으로 합의하였다.(인남식, 2015)

이란 비핵화를 위한 포괄적 공동행동계획(JCPOA)은 10~15년의 점진적 시간계획과 행동계획에 준거하여 타결일 ⇨ 적용일 ⇨ 이행일 ⇨ 전환일 등 단계별로 이행경로를 설정하여 단계별로 보상이 주어지는 것으로 설계되었다. 2015년 7월 20일 이란 비핵화 협상이 타결되었지만, 2015년 10월 18일을 적용일Adoption Day로 하였다. 그리고 합의사항의 이행일Implementation

Day은 2016년 상반기, 마지막으로 적용일로부터 10년 후인 2025년 10월 18일을 전환일Transition Day로 하여 10년간 포괄적 공동행동계획의 모든 조건을 준수하면 미국의 제재를 완전히 해제하기로 하였다. 그러나 이란이 합의를 위반할 경우의 처벌로서 제재 복원Snap~Back 조항도 포함되었다.

〈표 9〉 포괄적 공동행동계획

이란의 비핵화 조치	P5+1(미, 영, 프, 중, 러, 독일)
○ 농축/재고 • 15년간 저농축(3.67%) 수준 유지 • 농축우라늄 보유 10,000kg ⇨ 300kg 제한 ○ 농축시설 • 나탄즈(16,428기) 5,060기 상업용 유지 • 포르도(2,710기) 연구개발 1,044기 허용 ○ 중수로 • 플루토늄을 생산할 수 없도록 재설계 ○ 핵연구개발 • IAEA 감시하 신형 원심분리기 연구개발 허용, 단 농축 금지 • 포르도 시설 국제핵물리연구센터 전환	○ 검증/보상 • 타결일: 2015.7.20 • 적용일(2015.10.18.), 공식 효력 발생 • 이행일(2016년): 사찰, 조치, 제재 해제 • 전환일(2025.10.18.): 제재 완전 폐기 ○ 위반 시 제재 복원(Snap~Back) • 의무 불이행 시 공동위 구성/검토 • 미해결 시 안보리 회부, 제재 부과 결의 • 10년(최대 15년) Snap~Back 시한 설정

그런데 협상의 결과가 이란의 모든 핵시설 및 프로그램의 전면 폐기가 아니라 핵 프로그램을 유지할 수 있게 되자, 미국 및 국제사회에서는 협상이 실패했다는 비판이 제기되었다. 따라서 트럼프 행정부는 2018년 8월 6일 이란을 달러 체제에서 퇴출하고 원유 수출을 막기 위한 대이란 제재를 복원하는 내용의 행정명령에 서명하면서 비핵화 합의를 파기하였다. 특히 트럼프 대통령은 별도의 성명을 내고 "핵 합의는 오히려 살인적인 독재자에게 현금을 제공하는 생명줄이 됐다"라며, "이란 정권은 위협적이고 불안정한 행동에서 벗어나 글로벌 경제에 다시 편입되든지, 아니면 경제적 고립의 길을 이어가든지 선택해야 한다"라고 완전 비핵화를 요구했다.

인도·파키스탄·이스라엘 '핵 보유 인정'의 조건

비핵화 사례와는 달리 이스라엘, 인도, 파키스탄은 핵 비확산 체제에 도전하면서 핵 개발을 강행하여 '사실상' 핵무기 보유국이 되었다. 물론 비확산체제(NPT)에서는 용인하지 않고 있지만, 사실상 핵 보유국으로 인정, 또는 묵인받고 있다.

먼저 인도는 1962년 인도-중국 전쟁에서 패한 후 중국에 대항하기 위해 핵 개발을 추진하였다. 인도는 1974년에 핵실험을 실시하면서 사실상 핵 보유국이 되었으며, 수소폭탄 실험도 하였다. 이처럼 인도의 핵 개발 강행에 대해 미국은 강력하게 압박하였고, 인도는 군사용 핵주권을 포기할 수 없다며 강력하게 반발하였다. 이렇게 인도의 강력한 반발에 부딪힌 미국은 지역 강대국인 인도와의 이해관계를 고려하여 적극적 제재는 자제하였다. 이후 미국은 2007년 7월 '미국·인도 평화적 핵에너지 협력법안'을 체결하면서 인도의 핵무기 보유를 묵인하기로 결정하였다.(양무진 외, 57~62)

한편 파키스탄은 오랫동안 앙숙 관계인 인도가 핵 보유국이 되자, 이에 자극받아 핵 개발을 추진하였다. 파키스탄의 핵 개발은 1975년에 시작하여 1998년 5월 6차례 핵실험을 실시하여 완성하였다. 파키스탄이 핵 개발을 강행하자 미국은 경제제재를 강화하며 압박하였다. 그러나 2001년 9.11 테러 이후 아프카니스탄 탈레반 정권과 알카에다에 대한 테러와의 전쟁을 위하여 파키스탄의 협력이 필요해지자 미국은 압박을 철회하고 소극적으로 핵 보유국으로 묵인하고 있다.

마지막으로 이스라엘은 주변의 아랍국가들로부터 심각한 안보 위협으로 인해 핵 개발을 시작하였다. 이스라엘은 1948년 벤구리온 초대 수상이 핵 개발을 처음 추진하였고, 1968년에는 본격적으로 플루토늄을 생산하기 시작하였다. 이후 매년 핵무기 2~5개를 생산하여 현재 100개 이상의 핵무기를 보유하고 있는 것으로 추정된다. 미국은 이스라엘에 대해 어떠한 제재도 하지 않았다.

이들 이스라엘, 인도, 파키스탄은 '사실상 핵 보유국'이 되었지만, 국제사회의 비확산체제(NPT)에서는 P-5(미국, 러시아, 영국, 프랑스, 중국) 이외에 어떤 국가도 핵 보유국으로 공식적으로 인정하지 않고 있다. 그런데 인도, 파키스탄, 이스라엘 3개국은 핵 개발 과정에서 미국 등 국제사회로부터 제재와 압박을 받았지만, 해제됨으로써 사실상 핵 보유국으로 인정받고 있는 것이다.

물론 이들 국가에 대한 각종 제재 해제를 결정한 것은 세계 최강 미국의 결정이며, 서방 국가들이 미국의 결정에 반대하지 않았다는 점이다. 이는 이들 국가가 핵 보유국으로 인정되는 기준이 미국의 자의적 판단과 이해관계에 따라 이루어졌다는 것을 의미하며, 대체로 네 가지 조건으로 압축된다.(이우탁, 183~186)

미국이 핵 보유국으로 인정하는 조건은 첫째, '신뢰성 있는 핵 억제력'을 갖추어야 한다. 여기서 신뢰성이란 핵무기 자체의 안전성, 핵무기 방호체계, 승인되지 않은 사용의 위험성 방지 체계 등이 갖추어져 있어야 한다는 것을 의미한다.(조성렬, 2017, 94)

두 번째 조건은 핵 보유의 정당성(자위권)이 인정되어야 한다. 이러한 정당성은 미국과의 우호 협력정책을 적극적으로 추진하면서 미국의 국가이익에 부합되어야 한다는 것을 의미한다.

세 번째 조건은 핵무기와 핵물질, 핵기술 등을 해외에 수출하지 않겠다는 '비확산 의지'를 확고하게 보여주어야 한다.

네 번째 조건은 미국의 세계전략에서 그 나라가 '활용 가치'가 있어야 한다. 특히, 미국의 패권에 도전하는 국가나 세력을 제압해야 하는 상황에서 미국이 지정학적으로 필요한 나라가 되느냐가 관건이다.

핵 보유국 인정 사례를 분석해 보면, 이스라엘의 경우 미국이 확실히

지켜주어야 할 동맹이었다. 인도의 경우는 미국이 거대한 경제적 잠재력을 보유한 인도로부터의 경제적 실익을 확보하고, 중국을 견제하는 데 인도의 지정학적 중요성을 활용하려는 의도였다.

그러나 파키스탄은 동맹(이스라엘)도, 지역 강대국(인도)도 아니었으며, 민주주의, 법치주의 국가도 아니었다. 그런데 9.11 테러 이후 미국은 아프간의 탈레반, 테러집단 알카에다 등과의 전쟁을 위해 파키스탄의 협력이 필요했다. 따라서 미국은 인도와 이스라엘에 대해서는 적극적으로 인정하고 있지만, 파키스탄에 대해서는 소극적으로 묵인하고 있는 것으로 평가된다.(이우탁, 183~186)

이와 같은 핵 보유국 인정의 조건을 북한에 적용한다면, 미국이 북한을 핵 보유국으로 인정할 가능성은 거의 없다. 첫째, 북한의 핵무기는 안전성이나 확산 측면에서 매우 위험하다는 평가를 받고 있다. 둘째, '핵 보유의 정당성' 측면에서는 북한은 여전히 미국에 대해 매우 호전적인 태도로 일관하고 있기 때문이다. 특히 북한은 미국 대륙까지 위협하는 대륙간탄도 미사일 등의 개발에 매진하고 있고, 미국은 이를 매우 우려하고 있기 때문이다.

그리고 마지막으로 '전략적 가치' 측면에서는 북한이 중국과 러시아에 우호적인 정책을 지속하고 있다는 점에서 북한은 명백한 미국의 적대국으로서 전략적 가치 또한 존재하지 않는다. 물론 북한은 미국의 동맹국인 한국과 일본에 대한 핵 위협을 강화하고 있다. 따라서 북한은 미국과의 협상에서 핵 보유국 인정을 요구하고 있지만, 미국은 이를 수용할 가능성은 거의 없다고 할 수 있다.

3. 북한의 핵 보유 의지 과소평가가 비핵화 실패 원인

제1차 북한 핵 위기와 1994년 '제네바 합의'

'제네바 합의'는 북한의 은밀한 핵 개발이 최초로 국제사회에 공개되면서 발발한 제1차 북핵 위기를 해결하기 위한 협상의 결과였다. 북한은 1980년대 소련의 지원을 받아 영변에 5MWe 원자로를 설치한 이후 비밀리에 핵무기 개발을 추진하기 시작하였다. 그런데 1989년 프랑스 상업위성이 영변 핵 단지에서의 수상한 활동을 포착하였고, 북한의 은밀한 핵 개발이 국제사회에 알려지게 되었다.(김진무, 2018, 5~9)

이러한 북한의 핵 개발 의혹에 대해 1992년부터 국제원자력기구(IAEA)가 사찰을 요구하는 등 국제사회의 압박이 거세졌고, 북한이 반발하면서 제1차 북핵 위기가 발발하였다. 특히 미국은 북한의 사찰 거부에 대해 1993년 1월 한미연합의 팀스피리트 훈련을 재개하면서 북한을 군사적으로 압박하였고, 영변에 대한 폭격을 계획하기도 하였다. 이러한 미국의 군사적 압박에 북한은 1993년 3월 12일 비확산체제(NPT)를 탈퇴하며 반발하였으며, 이러한 대치상태로 한반도 위기가 고조되었는데, 제1차 북핵 위기였다.

이러한 제1차 북핵 위기는 미국의 카터 전 대통령이 평양을 방문하여 김일성과 회담한 이후 미북간 고위급 대화가 재개되면서 북핵 문제 해결을 위한 협상이 급진전하기 시작하였고, 1994년 10월 21일 최종 합의를 이루어냈는데, 이것이 '제네바 합의'이다.

'제네바 합의'의 주요 내용은 다음 〈표 10〉에서 보는 바와 같이 북한의 영변 원자로 등 핵시설에 대한 동결과 NPT 복귀 및 IAEA 사찰 수용 등에 대해 미국은 경수로 2기 건설, 매년 중유 50만 톤을 제공한다는 것이었다.

〈표 10〉 1994년 '제네바 합의' 주요 내용

북한	미국
• 영변 원자로 관련 설비 동결조치 • IAEA 감시/사찰 수용 • NPT 복귀 및 안전조치 이행 • 한반도 비핵화 공동선언 이행	• 1,000MWe급 경수로 2기 제공 • 경수로 완공까지 연중유 50만 톤 제공 • 연락사무소 개설, 이후 대사급 승격 • 미국은 북한에 핵무기 불사용 약속

'제네바 합의'는 1994년 11월부터 국제원자력기구(IAEA)가 영변 핵시설을 동결하고 감시하면서 시작되었다. 그리고 영변 핵시설 동결 조치에 대한 보상 조치로 1995년 3월 KEDO(한반도에너지개발기구)를 설립하고 1995년 12월 북한과 경수로 공급협정을 체결하면서 건설이 시작되었다.

그러나 북한은 '제네바 합의'에도 불구하고 비밀리에 핵폭발장치 개발을 위한 고폭실험과 농축우라늄 프로그램 개발을 계속하고 있었고, 미국이 이러한 정보를 파악하기 시작하면서 북미간 갈등이 점점 더 심화되어 가고 있었다. 이러한 상황에서 2001년 9.11 테러가 발발하면서 미국의 세계전략이 반테러, 반확산으로 급격히 선회하였고, 북한의 비밀 핵 개발도 미국의 핵심적인 안보적 관심 사항이 될 수밖에 없었다.

2002년 10월 켈리 당시 국무부 차관보가 북한을 방문하여 북한의 농축우라늄 프로그램 개발 등 비밀 핵 개발을 추궁하였고, 북한이 시인하면서 제네바 합의는 파국을 맞게 되었다. 2002년 11월 미국은 북한에 대한 중유 지원을 중단하였고, 이에 반발한 북한이 2002년 12월 동결되었던 영변 원자로를 재가동하면서 제2차 북핵 위기가 발생하였다.

1994년 '제네바 합의'에 대한 평가는 첫째, 북한의 핵 개발 의지를 과소평가하였다. 미국은 '제네바 합의'로 북한의 핵 개발을 포기시킬 수 있을 것으로 오판하였던 것이다. 그러나 북한은 협상 과정에서 영변 이외의 비밀 핵 개발을 은폐함으로써 모든 핵시설이 '제네바 합의' 대상에 포함되지 못하였고, 이것이 '제네바 합의' 파기의 원인이 되었다. 둘째, '제네바 합의'는 어느 한쪽이 의무를 이행하지 않았을 때 상대방에게 합의 이행을 강요할 방법이 없었다. 셋째, 당시 탈냉전 분위기에 의해 북한 체제의 붕괴 가능성이 강하게 제기되면서, 미국을 비롯한 서방 국가들이 소극적인 대북정책으로 일관한 것도 중요한 실패 요인이었다.

제2차 북한 핵 위기와 2007년 '2.13 합의'

2002년 '제네바 합의' 파기 이후 북한은 핵무기 개발을 본격적으로 추진하기 시작하였고, 이에 대해 미국은 반테러 반확산 전략으로 북한에 대한 압박을 강화하면서 제2차 북핵 위기가 고조되었다. 이러한 상황에서 중국이 중재에 나서 남한과 북한, 미국, 중국, 일본, 러시아가 참여하는 6자회담을 제안하면서 2003년부터 북핵 문제 협상이 재개되었다.

6자회담은 2003년 8월 이후 주기적으로 개최되었고, 2005년 9월 제4차 회담에서 '6자회담의 목표와 원칙'을 담은 '9.19 공동성명'을 채택하였다. 그 주요 내용은 "한반도의 비핵화를 평화적으로 달성한다"는 원칙에 합의하고, 북한과 6자회담 참가국들이 이행해야 할 사항들을 추상적으로 규정한 것이다. 그 이후 미국이 말레이시아 뱅코델타은행에 예치되어 있던 북한 자금을 동결하면서 2006년 9월 북한이 제1차 핵실험을 강행하는 등 위기가 발생하여 '9.19 공동성명'의 후속 조치 논의가 지연되기도 하였으나, 북한의 뱅코델타은행 동결자금 문제가 해결되고 6자회담은 재개되었다.

그리고 2007년 2월에 열린 제6차 6자회담에서 '9.19 공동성명'의 이행을 위한 '초기 조치'로서 '2.13 합의'를 채택하게 되었다.

〈표 11〉 '9.19 공동성명' 이행을 위한 '초기 조치' 로서 '2.13 합의' 주요 내용

	북한	5자(미, 일, 중, 러, 한국)
초기 단계	• 핵시설 폐쇄, IAEA 사찰 • 핵 프로그램 목록 협의	• 중유 5만 톤 지원 • 북한과 5자 관계정상화 실무그룹 • BDA 문제 해결
중간 단계	• 모든 핵시설 불능화 • 모든 핵 프로그램 신고	• 중유 95만 톤 지원 • 6자 외교장관회담 개최 • 테러지원국 해제/적성국교역법 종료 • 한반도 평화체제 협상 착수

* 실무그룹: 2007년 3월 13일 이전까지 5개 실무그룹(한반도 비핵화, 북·미/북·일관계 정상화, 경제에너지협력, 동북아 평화 안보협력 체제) 가동

'2.13 합의'는 두 단계로 구성되었는데, ① 초기 단계에서 북한은 핵시설을 동결하고, 그에 대한 보상으로 참가국들이 중유 5만 톤 등을 지원하는 것이었다. ② 중간 단계에서 북한은 핵시설을 불능화하고 모든 핵 프로그램을 신고하게 되며, 보상으로 참가국들이 중유 95만 톤을 북한에 제공하는 것이었다. 이 단계에서 미국은 북한의 테러지원국 지정을 해제하고 한반도 평화체제 구축을 위한 논의를 시작한다는 것도 포함되었다.

그런데 '2.13 합의'가 정한 각 단계에 대한 명칭이 '초기 단계' ⇨ '중간단계'였다는 것은 다음 단계가 계속될 것을 의미했다. 즉 '2.13 합의' 이행이 완료되면 '최종 단계'로 북한의 완전한 핵 폐기 협상을 전제로 하였던 것이다.

'2.13 합의'는 대체적으로 순조롭게 진행되었다. IAEA의 불능화 작업팀이 북한으로 들어가 11개 조치를 대상으로 불능화 작업을 진행하였으며, 북한은 모든 핵 프로그램 신고서를 중국에 제출하였다. 이에 미국은 북한을 테러지원국 지정에서 해제해 줄 것을 의회에 통보하였으며, 적성국교역법 적용을 종료하는 조치를 하였다.

그런데 IAEA가 북한이 신고한 핵 개발 프로그램, 즉 농축우라늄 프로그램, 핵폭탄 제조 등에 대한 검증을 요구하였는데, 북한은 이를 거부하면서 '2.13 합의'의 이행이 중단되었다. 그리고 북한 외무성 대변인이 2009년 1월 13일 미국에 대하여 핵 보유국으로서 핵 군축회담을 요구하는 성명을 발표하면서 '2.13 합의'의 파기를 공식화하였다.

이러한 '2.13 합의'에 대한 평가는 미국 등 6자회담 참가국들이 또다시 북한의 핵 개발 의지와 능력을 과소평가하는 중대한 실수를 하였다는 점이다. 당시 북한은 이미 원자로를 이용한 플루토늄보다 우라늄 농축 프로그램에 중점을 두고 있었으며, 이외에도 핵폭탄과 미사일 등을 개발·시험하기 위한 수많은 시설을 운영하고 있었다. 따라서 북한이 '2.13 합의'에서 영변 핵시설을 불능화하여도 북한의 핵 개발 프로그램에는 큰 영향을 미치지 못하는 수준이었다. 그런데 미국 등 국제사회는 '2.13 합의'가 북한의 완전한 핵 개발 포기로 진행될 것으로 굳게 믿었던 실수를 한 것이었다.

제3차 북한 핵 위기와 미·북 정상회담: 싱가포르(2018년)와 하노이(2019년)

북한은 2012년 김정은 집권 이후 거의 매년 핵실험과 미사일 발사를 강행하면서 핵 개발을 가속하였다. 특히 2016년과 2017년에는 세 차례나 핵실험을 강행하였고, 미국 본토 타격을 목표로 하는 화성 12형(4,000km), 화성 14형(7,000km), 화성 15형(12,000km) 등 ICBM과 함께 SLBM도 공개하였다. 이렇게 북한의 핵 개발이 본격적으로 미국을 목표로 하자 트럼프 행정부는 강력한 경제제재는 물론 군사적 조치를 검토하면서 북한을 압박하였고, 이로 인해 한반도에 전쟁 위기가 고조되면서 제3차 북핵 위기가 발발하였다.

그런데 2018년 벽두부터 북한은 대화 분위기로 급격하게 전환하기 시작하였다. 특히 북한은 한국의 문재인 정부와의 대화를 확대하면서 한국의 중재를 통해 미국과의 협상 재개를 강력하게 희망한 것이었다. 그리고 2018년 4월과 9월 두 차례 남북정상회담을 잇달아 개최되었고, 이 과정에서 남한의 중재로 역사적인 미국과 북한 간의 정상회담이 열렸다.

2018년 6월 12일 미국 트럼프 대통령과 북한 김정은 위원장 간의 역사적인 싱가포르 정상회담이 개최되었고, 다음과 같은 공동성명에 합의하였다. ① 북한과 미국은 새로운 조미관계 수립을 추진, ② 북한과 미국은 한반도의 항구적이며 공고한 평화체제 구축을 위해 공동 노력, ③ 북한은 한반도의 완전한 비핵화를 위해 노력할 것을 약속, ④ 북한과 미국은 전쟁포로 및 행방불명자 유골 발굴 및 송환 등이었다.

그런데 의아한 것은 '싱가포르 공동성명'에는 회담의 핵심 목적인 '북한 비핵화 합의'는 보이지 않고 '미·북 관계 정상화', '한반도 평화체제 구축', '한반도 비핵화' 등 포괄적인 내용만 포함되어 있었다. 즉 미국의 북한 비핵화정책 기조인 '완전하고, 검증가능하며, 불가역적인 해체'(CVID: Complete, verifiable and irreversible dismantlement)라는 표현은 없었다.(전봉근, 142~143)

싱가포르 정상회담 이후 후속 회담 개최를 위한 북미대화는 교착상태에 빠졌다. 이는 '싱가포르 정상회담'에서 북핵 문제에 대한 구체적인 논의가 없었기 때문에 싱가포르 정상회담이 끝난 이후 실무 협상에서 북한 비핵화 논의가 시작되었기 때문이었다. 실무 협상이 시작되자 미북 간의 견해 차이가 극렬하게 드러났다. 미국은 '대북 제재와 비핵화의 일괄타결'을 요구하였고, 북한은 '단계적 비핵화'를 주장하며 대립하였다. 이러한 교착상태는 2019년 1월 특사 자격으로 김영철 노동당 부위원장이 미국을 방문하여 트럼프 대통령에게 김정은의 친서를 전달하면서 타개되었다.

그리고 제2차 미·북 정상회담은 베트남 하노이에서 2019년 2월 27일과 28일 양일간 개최되었다. 그런데 미국과 북한 간의 실무 협상에서 북한 비핵화를 위한 견해 차이를 해소하지 못한 상태에서 정상회담이 열린 것이었다. 북한은 '단계적 비핵화'를 고수하면서 '영변 핵시설 폐기'에 대한 대가로 '전면적인 제재 해제'를 요구했다. 그러나 미국은 북한의 단계적 비핵화 요구를 거부하였고, 영변 핵단지를 넘어서는 '추가적인 시설'의 폐기를 요구하면서 회담이 시작되자마자 결렬되고 말았다.

사실 하노이 미·북 정상회담이 결렬된 원인에 대해서 정확하게 알려지지는 않았지만, 회담 이후 미국과 북한 양측에서 결렬 사유를 발표하였기 때문에 대략적인 원인은 파악되었다. 먼저 북한 리용호 외상에 따르면 ① 영변지구의 모든 핵물질 생산 시설의 영구적 완전 폐기, ② 핵실험과 장거리 로켓 시험발사의 영구 중지, ③ 신뢰 조성 단계를 통해 비핵화 과정의 신속한 진행, ④ 대북 경제제재의 일부 해제 등을 제안하였다는 것이다. 특히 대북 제재 해제와 관련하여 총 11건의 유엔 안보리 제재 중 2016년부터 2017년까지 채택된 5건을 해제하고, 그중에서도 민수경제와 인민생활에 지장을 주는 항목들을 먼저 해제해 달라고 요구했다는 것이었다.

그러나 폼페이오 국무장관에 따르면 미국은 영변 핵 단지 이외에 각종 미사일 시설, 핵탄두와 핵무기의 해체, 핵 목록 신고 등도 요구하면서 대립하였다는 것이었다.

미국과 북한의 이러한 제안에서 핵심 쟁점은 첫째, 북한 영변 핵시설만 우선 폐기하겠다는 제안을 미국이 수용하지 않은 것이다. 사실 영변에 5MWe 원자로를 비롯하여 핵무기 개발 관련 연구소 등 중요한 시설들이 있는 것은 사실이다. 그러나 현재 북한의 핵 개발 능력과 기술 수준 등을 고려할 때 우라늄 농축 공장, 핵탄두 연구개발, 각종 미사일 연구개발 및 생산 시설 등 수많은 시설이 북한 전역에 산재해 있는 것으로 파악되고 있다. 그리고 영변 핵단지는 낡고 폐기하기 직전의 시설들이다. 따라서 북한 비핵화를 위해서 영변 핵 단지 폐기는 큰 의미가 없는 것이라고 할 수 있다.

두 번째 쟁점은 북한이 제안한 2016년 이후의 유엔안보리 제재 해제를 보상으로 요구한 것이다. 유엔안보리의 대북 제재결의는 11차례 결의되었지만, 2016년 제4차 핵실험 이후부터는 북한 경제 전반에 대해 강력한 제재로 전환하였고, 북한 경제에 심각한 부담이 되고 있는 것이다. 따라서 북한이 2016년 이후 제재 해제를 요구한 것은 사실상 북한에 대한 핵심적인 제재를 모두 해제해 달라는 것이었다. 즉 북한은 낡은 핵시설의 일부를 폐기하고 대북 제재 전부를 받아가는 협상을 원한 것이다.

북한은 비핵화가 아니고 핵 보유국이 목적이었다

국제사회는 북핵 문제 해결을 위해 북한과 많은 협상을 시도했지만, 성공하지 못했다. 그렇게 협상을 계속하는 동안 북한은 사실상 핵 보유국이 되었으며, 핵무기 고도화를 진행 중이다. 왜 협상은 실패했을까?

첫째, 북한의 핵 보유 의지를 과소평가했다. 북한은 핵 개발을 '정권의 생존'과 동일시하는 논리를 지속적으로 주장해왔으며, "서방의 꼬임에 넘어가 핵을 포기하고 몰락"하였던 카다피 사례가 교훈이었다. 그러나 국제사회는 경제지원, 한반도 평화체제 구축 등과 같은 거래를 통해 핵을 포기시킬 수 있다고 믿었던 중대한 실수를 한 것이었다. 북한은 협상의 과실만 따먹고 핵 개발의 시간만 벌었다.

둘째, 미국은 북한 비핵화를 위해 우크라이나, 카자흐스탄, 남아공, 리비아 등 비핵화 성공 사례를 참고하는 실수를 범했다. 하지만 북한은 리비아, 우크라이나, 이라크 사례에서 절대로 가지 말아야 할 길을 배웠을 것이고, 파키스탄, 인도, 이스라엘의 사례를 통해 '사실상 핵 보유국'이 되는 방안을 연구했을 것이기 때문이다.

셋째, 북한 정권의 안전보장을 위한 방안으로 한반도 평화체제의 구축이 논의되었으나 북한은 한반도 평화체제의 구축에 관심이 없었다. 한반도 평화체제 구축의 핵심은 군비감축인데 정권 안보가 핵심적인 관심사인 북한에 군비를 감축하라는 것이 논리적으로 성립되지 않는다. 북한은 한반도 평화체제 구축이 오히려 북한 정권에 더 큰 위협이라고 인식하고 있기 때문이다.

넷째, 북핵 협상에서 미국은 북핵 문제의 해결을 위한 체계적인 전략과 로드맵 없이 접근한 것이 실패의 원인이었다. 미국이 이러한 전략과 로드맵이 없었기 때문에 협상과 합의 이행과정에서 북한의 기만과 은폐, 지연 전술에 말려든 것이다. 미국은 북한과의 협상을 시작하기 전에 북한의 핵 프로그램에 대한 충분한 정보를 확보하여 구체적인 북한 비핵화 전략체계를 수립했어야 했다.

4. 미국의 '일괄 핵 포기'와 북한의 '단계적 비핵화' 충돌

광범위하고, 복잡하고, 엄청난 규모의 북한 핵시설

군사적 목적의 핵 개발을 추진 중인 국가에 대한 비핵화라는 개념은 핵시설(생산/연구개발 시설), 핵물질(플루토늄, 농축우라늄), 핵무기(핵탄두, 미사일), 인력 등 핵 개발의 모든 구성 요소의 해체, 폐기, 반출을 의미한다. 이러한 비핵화의 개념에 따르면 결국 비핵화의 범위와 대상은 대상 국가의 핵 개발 수준에 따라 결정된다. 예를 들면 리비아, 이란은 협상 당시 핵물질 생산 단계여서 핵 시설 폐기에 초점을 맞추었다. 그러나 우크라이나는 핵무기를 폐기하는 것이었고, 남아공은 핵무기를 제조하여 보유한 상태여서 핵 시설과 핵무기가 모두 폐기 대상이었다.

하지만 북한은 이미 핵탄두, 미사일 등 핵 개발을 사실상 완료하고 전술핵, 첨단 미사일 등을 개발하고 있어 굉장히 광범위하고 숫자도 엄청날 것이다. 그런데 북한의 핵, 미사일의 연구개발, 생산 및 제조와 조립, 저장과 관리 등을 위한 시설은 물론이고 관련 인력에 대해서도 아는 것이 거의 없다. '제네바 합의'와 '2.13 합의' 당시 북한이 스스로 신고한 시설이나, 한미 정보당국에 의해 확인되거나 탈북자들의 증언에 의해 밝혀진 극히 일부의 시설 정도를 알고 있다.

북한의 핵기술 고도화를 고려하였을 때 비핵화를 위한 대상은 ① 핵폭탄, 미사일 연구개발, 조립 및 제조 시설, ② 배치된 핵폭탄과 미사일, ③ 부품 및 원자재 도입, ④ 연구 및 생산에 종사한 인력 등을 모두 포함하게 될 것이다.(김진무, 2018, 94~98)

우선 핵무기 개발을 위한 관련 시설들은 ① 핵연료 생산 및 가공시설(우라늄 광산, 정련·전환, 우라늄 저장), ② 플루토늄 생산 관련 시설(원자로, 플루토늄 재처리 및 저장), ③ 우라늄 농축 시설(우라늄 농축공장, 원심분리기 생산, 농축우라늄 저장), ④ 연구 및 실험 시설(각종 연구소, 대학, 고폭실험 및 핵실험), ⑤ 핵무기 부품/기자재 생산 및 핵폭탄 조립 시설 등으로 나누어질 수 있다.

한편 미사일 기술은 크게 추진체, 유도, 단분리, 대기권 재진입 등 네 가지 기술로 압축될 수 있으며, 이를 위해 수천 가지의 원료, 재료, 부품 등으로 이루어져 있다. 따라서 북한의 미사일 관련 시설들은 ① 연구개발 및 시험 시설, ② 미사일 부품 생산 시설, ③ 미사일 조립생산 시설 등으로 구분할 수 있다.

그리고 핵, 미사일 개발을 위해서는 수천 가지의 부품, 원자재가 필요하며, 북한의 과학기술 수준, 산업 등을 고려할 때 많은 부품과 원자재는 외부로부터 도입해야 할 것이다. 따라서 북한을 완전히 비핵화하기 위해서는 핵, 미사일 개발에 필요한 부품, 원료, 재료의 북한 유입을 차단하여 핵 개발을 근본적으로 불가능하게 만들어야 할 것이다.

또한 북한이 그동안 추출한 핵물질, 제조해서 실전배치한 핵폭탄과 미사일 등 무기도 폐기해야 한다. 물론 북한이 보유하고 있을 핵물질이나 핵폭탄, 미사일이 어디에 어느 정도의 양으로 저장되어 있는지는 전혀 정보가 없다.

마지막으로 핵 개발과 생산 등에 종사해온 인력 해체 문제는 북한이 핵 개발을 재개할 수 있는 능력을 완전히 불능화하는 데 있어 매우 중요하다. 지난 10여 년 동안 북한의 핵, 미사일 개발이 고도화되고 다양화되면서 핵 개발 종사 인력이 크게 증가하였을 가능성이 크다.

이와 같은 북한 비핵화 대상의 특징을 정리하면 다음과 같다. 첫째, 북한의 비핵화 대상은 핵시설과 핵무기, 인력 등 모두 비핵화 대상이 되어야 하는 등 매우 광범위하고, 복잡하고 규모도 엄청날 것이다.(김진무, 2018, 94~98)

둘째, 북한의 비핵화 대상은 북한 전역에 흩어져 있어 사찰과 검증이 매우 어려울 것이다. 북한의 핵시설은 산악 지역이나 지하갱도 등에 위치하고 있으며, 국방과학원, 군수공장, 전략군 등 북한 군부가 담당하기 때문에 사찰과 검증이 매우 어려울 것이다.

셋째, 북한이 핵시설을 은폐하고 기만하려고 할 가능성도 있어 모든 핵 역량, 시설 등에 대한 정확한 정보를 단기간 내 확보하는 데 상당한 어려움이 있을 것이다. 1994년 '제네바 합의' 협상 주역이었던 갈루치 전 대표는 북한과의 협상에 있어 가장 힘든 점은 투명성, 검증, 그리고 모니터링이었다고 하면서, 그 이유로 북한 어디에 어떤 핵시설이 숨겨져 있는지 찾아내는 건 불가능하기 때문이라고 하였다. 특히 갈루치는 "일본 나가사키에 떨어졌던 핵폭탄 분열 물질(플루토늄)은 여성의 주먹만큼 작다. 침대 밑에라도 숨길 수 있다"라고 하면서 검증의 어려움을 토로한 바 있다.

이처럼 북한의 핵 개발 능력이 상당한 수준에 이르면서 비핵화 대상은 엄청난 규모로 매우 복잡해졌다. 따라서 북한 비핵화는 한 번의 합의와

한 번의 조치로 완전히 비핵화하는 것은 불가능할 것이다. 이는 북한 비핵화가 장기간의 로드맵을 따라 진행될 수밖에 없다는 것을 의미한다.

 2007년 '2.13 합의'가 초기의 기대와는 달리 좌초한 것은 북한 비핵화를 위한 통합적인 로드맵이 없었다는 점이다. 따라서 북한이 자발적으로 모든 것을 신고해주고 검증을 받을 것이라는 북한의 선의에 기대한 것이 실패의 원인이었다. 2019년 2월 하노이 미북 정상회담의 결렬도 북한 비핵화의 전체적인 그림을 그릴 수 있는 로드맵의 중요성을 새삼 인식하는 계기가 되었다. 북한의 고도화된 핵 개발 및 실전 능력을 고려할 때 북한 핵 프로그램에 전체를 알지 못한 채 영변 핵 단지 폐기 합의만으로는 북한 비핵화는 불가능하다. 만약 미국이 북한의 핵 프로그램 전체를 파악하고 있었다면, 북한이 영변 핵 단지만을 협상 카드로 준비하지는 않았을 것이다.

 한편 북한 비핵화 로드맵에는 비핵화 조치에 상응하는 보상 조치가 제시되어야 할 것이다. 즉 북한 비핵화 로드맵에는 북한이 요구하는 안전보장과 경제지원 등 보상 조치가 북한이 만족할만한 수준으로 병기되어야 할 것이다. 물론 북한이 요구하는 주한미군 철수, 한미연합훈련의 중단, 한국군의 군비증강 중단 등 수용하기 매우 어려운 문제들에 대해서도 해결책이 제시되어야 할 것이다.

 한편 북한 비핵화 로드맵 작성에 있어 가장 중요한 조치가 확고한 검증 방안을 로드맵에 포함하는 것이다. 일반적으로 군사적 사용을 위한 핵을 개발하지 못하게 하려고 국제원자력기구(IAEA)는 사찰을 시행한다. 북한은 1992년 제1차 핵 위기 당시 IAEA의 사찰을 수용하였고, 2007년 '2.13 합의' 당시에도 IAEA의 사찰을 통해 불능화 작업을 진행하였다. 그러나 이들 두 번의 IAEA의 핵사찰은 영변 핵 단지라는 사전에 합의된 장소에 대한 것이었다. 그런데 북한은 '제네바 합의'와 '2.13 합의' 당시 영변 이외의 지역과 시설에 대한 포괄적인 검증을 위한 사찰을 거부하였다.

이러한 과거 사례로 볼 때 북한이 비핵화 초기부터 IAEA의 전면적이고 침투적인 사찰 방식을 거부할 가능성이 높다. 따라서 북한의 핵 프로그램 신고 내용에 대한 사찰과 폐기의 검증도 비핵화 진전 및 북미대화 진전에 맞추어 점차 단계적으로 강화해 나가도록 비핵화 로드맵에 병기할 필요가 있다. 즉 비핵화 초기 단계에서는 관찰·봉인·차단·원격감시 등 덜 침투적이고 간접적인 검증 방법을 적용하는 것이 현실적이다. 북한이 NPT에 가입하게 되면 전면적인 핵사찰도 가능할 것이다.(전봉근, 2021, 151-153)

북한의 '단계적·동시적' 비핵화 협상전략

1990년대 북한의 핵 개발이 세상에 알려지고 협상이 진행되면서 왜 북한이 핵을 개발하려고 하는가에 대해 많은 논의가 있었다. 이러한 북한의 핵 개발 동기 또는 의도에 대해 2006년 북한의 제1차 핵실험에 대한 미국 의회 보고서는 첫째, 미국과의 양자회담 확보(협상 모델), 둘째, 정권의 안보(안보 모델), 셋째, 내부 정치적 이유로서 북한 내 강경파를 무마하고 남한과의 경쟁에서 북한의 입지를 확보하는 것(국내 정치 모델), 넷째, 핵 개발을 위한 기술 확보 등을 들었다.(Emma Chanlett-Avery & Sharon Sqassoni, 5~7; 최용환, 39)

그러나 이후 북한이 핵무기를 완성해가면서 이러한 핵 개발 동기가 구체화되어 갔다. 국제사회가 북한 비핵화를 위해 가장 먼저 관심을 가졌던 것이 '경제모델'이었는데, 이는 북한이 핵 개발 포기의 대가로 경제적 보상을 받으려고 한다는 것이었다. 그러나 이러한 경제모델은 1994년 '제네바 합의'와 2007년 '2.13 합의'를 북한이 파기하면서 핵 개발 목적이 경제적 이익을 위한 것이 아니라는 것을 분명하게 확인하였다.

이처럼 북한의 핵 개발 동기를 설명하려는 '경제모델'은 설득력을 잃었지만, 그 외 모델들은 여전히 북한의 핵 개발 동기에 대해 의미 있는 논리를 제공한다. 첫째, 정권의 안전보장 모델로서 북한은 스스로 핵 개발이 미국의 적대시 정책에 대응하기 위한 자위적 수단이라고 주장해 왔다. 북한은 지금도 미국의 위협에 대비하는 핵 억제력을 강화하고 있다고 주장하고 있기 때문이다.

두 번째는 '국내정치 모델'로서 북한의 핵 개발이 독재체제의 강화를 위한 체제결속용이라는 것이다. 특히 김정은은 권력 승계 당시 20대의 어린 나이로 인해 지도자의 위엄과 권위를 강화하기 위해서는 탁월한 통치력 발휘가 절대적으로 필요했으며, 핵 개발이 그러한 목적을 위한 수단이라는 것이다. 사실 김정은은 집권 초기부터 핵무기를 민족과 동일시하며 핵이 민족의 수호신이라는 점을 강조하였다. 북한은 "핵 무력을 중추로 하는 막강한 군사력은 우리 공화국의 백승의 보검, 무적의 총대 우에 국가의 존엄과 부강번영도, 인민의 행복도 있다."(『로동신문』, 2017.9.9)라고 하였다. (조영임 외, 168) 최근에 김정은의 여동생 김여정이 '핵은 국체'라고 한 것은, 핵이 곧 국가이자 김정은이라는 것을 의미한다.

세 번째 북한의 핵 개발 동기는 '통일모델'이다. 즉 재래식 무기에서의 열세에 대해 북한은 비대칭전력 강화에 주력해왔으며, 북한의 핵기술 고도화를 통해 개발하고 있는 전술핵은 확실히 남북간 군비경쟁에서 절대적인 우위를 확보할 수 있다. 특히 남한을 '핵 인질'로 삼아 국가 목표인 '무력 적화통일'의 꿈을 되살릴 수 있는 수단이 될 수 있다고 인식할 가능성이 높다.

이러한 북한의 핵 개발 동기 모델은 북한의 비핵화 협상 전략으로 나타나고 있다. 즉 북한의 비핵화 전략의 기조는 '정권 안전보장이 보장된다면 비핵화를 할 수 있다'는 것이다. 그리고 북한이 주장하는 '정권 안전보장 후 비핵화'라는 기조는 '단계적·동시적 비핵화'와 '한반도 비핵화'라는 전략으로 연결된다.

먼저 '단계적·동시적 비핵화'는 북한이 정권 안전보장에 대한 확신이 설 때까지 점진적으로 비핵화해가야 한다는 것이며, 단계마다 '동시적'으로 보상을 받으며 정권의 안전을 보장해주어야 한다는 것이다.

그리고 '한반도 비핵화' 전략은 미국의 핵 위협이 제거되어야 한다는 것이다. 북한이 주장하는 '한반도 비핵화' 논리는 미국의 한국에 대한 핵우산 제거, 미국과 핵 군축 협상 등을 포함하는 것으로 보인다. 이러한 북한의 '한반도 비핵화' 주장에 따라 2005년 6자회담에서의 '9.19 공동성명', 2007년 '2.13 합의' 그리고 2018년 싱가포르 미북 정상회담에서의 '공동성명' 등 모든 합의문에는 북한의 주장을 받아들여 '한반도 비핵화'라는 용어가 사용되었다.

그런데 이러한 북한의 '단계적·동시적 비핵화'와 '한반도 비핵화'라는 전략이 현실적으로 협상할 수 있는 협상전략인가에 대해 대체적으로 회의적인 시각을 보인다. 그러한 시각의 근거는 먼저 "정권의 안전을 어떻게 보장할 것인가"이다. 과거 우크라이나 비핵화 당시 미국, 러시아, 영국은 안전보장을 약속하였다. 그러나 2014년과 2022년 러시아의 우크라이나 침공으로 국제정치에서 불가침 협정 등 어떠한 안전보장 약속도 영원하지 않다는 것을 단적으로 보여주었기 때문이다.

물론 과거 북한과의 협상에서 미국의 불가침 약속(협정)과 관계개선, 한반도 평화체제 구축 등이 논의되었지만, 북한은 큰 관심을 갖지 않았던 것으로 알려져 있다. 특히 북한은 지금까지 미국의 위협 때문에 핵무기를 가지려고 한다고만 하였지, "미국의 위협이 해소된다면 핵을 포기하겠다"라는 것을 한 번도 언급한 적이 없었다. 이는 북한의 정권 안전보장 요구는 비핵화를 거부한다는 다른 방식의 의사 표현인 것이다.

한편 북한이 비핵화전략으로 고수하고 있는 '단계적·동시적' 전략은 과거 북핵 협상에서 매우 부정적인 이미지를 남겼다. 과거 협상 사례로부터의 교훈으로 첫 번째는 '단계적·동시적' 전략이 북한의 대표적인 협상전술인 '살라미 전술'의 변형이라는 이미지이다. 북한의 '살라미 전술'은 협상에서 의제를 분할하여 각각의 의제에 대해 최대한 실리를 취하고, 협상이 북핵 문제의 핵심으로 접근하게 되면 파기했다. 즉 '먹튀전술'인 것이다. '제네바 합의'도 '2.13 합의'도 사실상 시간 벌기와 '먹튀'였다.

둘째, 북한은 '단계적 동시적' 전략을 '은폐와 기만전술'로 활용해 왔다. 사실 북한에 대한 정보가 제한된 상태에서 '단계적' 비핵화는 북한이 임의로 비핵화 내용과 단계를 구성할 수 있는 권한을 줄 수 있다. 과거 북한과의 모든 핵 협상이 북한의 전체 핵 프로그램에 대한 정보 없이 진행된 협상이었다. 특히 2019년 하노이 미북 정상회담에서도 북한은 전체 핵 프로그램을 공개하지 않고 영변 핵시설만의 폐기를 제안하는 전형적인 '살라미 전술'을 구사하려고 하였는데 미국이 이를 간파하고 거절한 것이다.

한편 '한반도 비핵화'라는 용어는 그 개념의 모호성과 비핵화의 범위에 있어 근본적인 문제를 가지고 있다. '한반도 비핵화'는 한반도에서의 핵무기를 완전히 제거하는 것을 의미할 수 있다. 그런데 '한반도 비핵화'가 한반도라는 지리적 영역 내에 있는 핵무기를 제거하는 것이라면 한국에는 핵무기가 없고, 북한만이 핵무기를 보유하고 있어 북한 비핵화가 되는 것이다. 냉전시기 한국에 배치되어 있던 미국의 전술핵은 1991년 '한반도 비핵화 공동선언' 이후 모두 철수하였기 때문이다.

그런데 북한이 주장하는 '한반도 비핵화'를 미국의 핵우산을 포함하는 개념이라면 범위는 매우 모호해진다. 먼저 미국이 한국에 제공할 핵우산의 실체를 규명할 수 없기 때문이다. 또한 북한이 미국과 '핵 군축'을 주장하는 것은 미국의 핵무기와 북한의 핵무기를 군비감축의 개념으로 협상하자는 것인데, 이는 과거 미국과 소련의 핵무기 감축 협상과 같은 것을 의미한다. 즉 미국이 보유하고 있는 수많은 핵무기 모두가 북한을 공격할 수 있다. 참고로, 국제 비확산체제(NPT)에는 '핵 군축'과 '핵 비확산' 개념만 있는데, '핵 군축' 개념은 오직 '핵 보유국'인 미국, 러시아, 중국, 영국, 프랑스 등 5개국에만 적용되며, 그 외 일체 국가에 대해서는 '핵 비확산' 의무만 적용된다. 즉 북한 핵무기는 NPT체제에서는 일방적인 폐기의 대상인 것이다.

마지막으로 북한의 비핵화 전략은 핵 보유국 지위를 획득하는 것이다. 물론 비핵화와 핵 보유국이라는 상충되는 개념이지만, 북한은 미국과 협상을 추진하는 최우선적인 목적이 핵 보유국으로 인정받는 것이다. 하지만 현재 북한의 국가적 정체성, 핵무기의 안전성, 미국과의 협력적 관계와 전략적 가치 등 모든 면에서 미국이 북한을 핵 보유국으로 묵인할 가능성은 희박하다.

마지막으로 북한의 '단계적 동시적 전략'은 비핵화 협상에 장기간 소요될 것으로 예상되는 바, 북한은 이를 최대한 활용하여 최대한 지연시키면서 안보환경의 변화가 나타나기를 기다려 핵 보유국으로 인정받으려는 의도일 가능성이 매우 높다. 과거 파키스탄이 당시 안보환경의 변화로 미국이 핵 보유국으로 묵인하였던 사례를 적극적으로 활용하려고 하고 있는 것이다.

미국, '압력강화론'과 '동결협상론' 대립

미국에게 북핵 문제의 심각성이 고조된 것은 상대적으로 최근이다. 물론 2001년 9.11 테러 이후 북한의 핵 개발이 테러집단으로 확산될 것을 우려하여 북한을 '악의 축'으로 규정하고 핵 개발 포기를 압박해왔다. 하지만 미국의 위협인식이 높아진 결정적인 계기는 2012년 김정은 집권 이후 공공연히 미국 본토 타격 능력을 과시하면서 부터이다.

즉 미국의 북핵에 대한 인식 변화를 불러온 주요 요인을 구체적으로 보면 다음과 같다. 첫째, 북한이 미국을 직접 타격할 수 있는 핵탄두 소형화, SLBM(잠수함 발사미사일), ICBM(대륙간탄도미사일) 등을 개발하였기 때문이었다. 둘째, 핵무기를 보유한 북한은 도발에 더욱 대담해지면서 한국과 일본 등 동맹국을 위협하며 동아시아에서 핵전쟁의 위험이 커질 것이라고 보았기 때문이었다. 셋째, 북한이 핵 보유국이 됨으로써 핵 비확산체제(NPT)의 존립에 심각한 위협이 될 수 있다는 것 등이다.(박형중, 17-1, 74~75) 즉 미국은 북한이 핵을 보유하는 수준을 넘어 핵 강국이 되어 동아시아에서 군사적 영향력을 강화하는 것이 종국적인 목표라고 보고 있는 것이다.

국제사회의 핵 비확산체제(NPT)는 기존의 핵 보유국(P-5, 미국, 영국, 프랑스, 러시아, 중국) 이외에 어떠한 국가도 핵무기를 개발하는 것을 용납하지 않는다. 따라서 미국의 북한 비핵화 정책도 북핵의 완전한 폐기를 목표로 하는 CVID(완전하고 검증 가능하며 되돌릴 수 없는 해체: Complete, Verifiable, Irreversible, Dismantlement)를 고수하고 있는 것이다.

하지만 이러한 CVID는 북한 비핵화의 최종 목표이지 미국의 북한 비핵화 협상전략은 아니다. 물론 지난 2018년 싱가포르와 하노이 미북 정상회담 당시 백악관 국가안보보좌관 볼턴은 북한 비핵화 전략으로서 리비아식 해법을 언급한 적이 있다. 리비아식 해법이란 북한 스스로 비핵화 선언을 하고 단기간 내에 비핵화를 완료하는 선 비핵화 후 보상을 의미한다. 하지만 이는 볼턴의 생각일 뿐 미국 정부가 북한 비핵화 전략으로 구체화한 적은 없다.

이처럼 미국 정부의 북한 비핵화에 대한 전략이 구체화되지 않은 이유 중 첫 번째는 지난 30여 년 북한의 핵 개발을 포기시키기 위한 다양한 노력들이 모두 실패하였다는 점이다. 오바마 행정부가 '전략적 인내'라는 비핵화 전략 없는 전략을 내세운 것도 효과적인 방안이 존재하지 않았기 때문이었다. 두 번째 중요한 이유는 미국 내에서는 북한 비핵화를 위해서 전문가들 사이에 다양한 주장들이 공존하고 있으며, 이러한 다양한 견해가 변화하는 환경에 따라 유연하게 전략을 변화시켜온 근거가 되었기 때문이다.

사실 미국 내에서는 지난 30여 년 동안 북한 비핵화를 위해 다양한 논의가 진행되었다. 그러한 논의를 통하여 최근에는 '압력 강화론'과 '핵 동결 협상론'이라는 두 가지 방안으로 압축되고 있지만, 서로 대립하면서도 보완적인 양상을 보이면서 진화해 가고 있는 것으로 보인다.(박형중, 17-1, 79~84)

먼저 '압력 강화론'은 북한의 핵 개발을 포기시키기 위해 정치, 경제, 군사적 압박을 강화하는 것이다. '압력 강화론'의 핵심은 북한이 정권 생존을 위해 핵무기를 보유한다고 하는데, 핵무기 때문에 정권이 더 위험하다는 인식을 갖게 하려는 것이 목적이다. '압력 강화론'을 주장하는 대표적인 인물이 웬디 셔먼(바이든 행정부의 국무부 부장관)이다.(Wendy R. Sherman, 2016; 박형중, 17-1, 84~89) 즉 미국은 북한을 봉쇄하고 제재하는 모든 조치를 해야 하며, 군사적으로 한국, 일본 등 동맹국들과 강력한 군사연습을 실시하여 북한에 대한 압박을 강화한다는 강력한 의지를 보여주어야 한다고 주장하였다.

물론 지난 30여 년 북한의 핵 개발에 대해 미국의 대응은 사실상 '압력 강화론' 일변도였다고 할 수 있다. 압박의 수단은 크게 두 가지로 경제제재와 군사적 압박이다. 경제제재는 유엔안보리 제재를 비롯하여 미국, EU 일본, 한국 등 개별 국가 차원에서 경제제재를 강화해왔다. 또한 군사적 압박은 1993년 제1차 북핵 위기 당시 클린턴 행정부가 영변 핵시설 폭격을 기획한 적이 있었으며, 2017년 트럼프 행정부는 '최대의 압박과 관여'를 내세우면서도 '최대 압박'에 군사적 옵션을 적극적으로 검토하였다. 미국은 한반도에 각종 전략폭격기나 항모전단 등 전략자산을 전개하는 동시에, '선제공격', '예방전쟁', 김정은 등 북한 지도부에 대한 '참수작전계획

5015' 등을 구체화하기도 하였다.

그러나 대북한 경제제재의 효과에 대해 회의적인 시각이 존재하고 있으며, 군사적 옵션에 대해서는 너무 위험하다며 비판의 목소리가 높은 것이 사실이다. 특히 군사적 옵션과 관련해서는 북한의 핵 개발 프로그램과 핵무기 저장시설 등에 대한 정확한 정보가 없다는 점이 가장 문제가 된다. 오히려 북한에 대한 선제타격이나 예방전쟁에 대해 북한이 반격할 경우 한반도에서의 전면전이 발발할 가능성이 우려된다는 것이다.

이러한 '압박 강화론'의 효과와 실현 가능성에 비판적인 전문가들은 '핵 동결 협상론'을 지지한다. 지그프리드 해커 박사는 2010년 '북한 핵 위기로부터의 교훈'이라는 글에서(Siegfried S. Hecker, 2010) '핵 동결 협상론'이 필요한 두 가지 이유를 들었다. 첫째, 북한에 핵무기는 정권 안전보장의 수단이기 때문에 어떠한 압박과 보상에도 절대로 포기하지 않을 것이며, 경제제재와 군사적 압박은 효과가 없을 것이라는 주장이다.

둘째, 북한의 핵기술이 고도화되고 너무나 복잡하여 핵 폐기에 장기간이 소요될 것이라는 점이다. 해커 박사는 북한이 비핵화를 결심한다고 하여도 기술적으로 최소한 10년 이상 걸릴 것으로 전망했다. 즉 ① 군사적·산업적·인적 활동 중단에 1년, ② 핵 단지와 시설의 가동, 무기 규모 감축에 5년, ③ 공장과 프로그램의 제거에 10년이 소요될 것이라고 예상하였다.

해커 박사는 이러한 이유로 인해 북한 비핵화정책은 장기전략으로 추진해야 하며, 비핵화 초기에 우선 핵 위협 봉쇄를 기조로 하면서 '세 가지를 거부하고 세 가지를 허용해야 한다'라는 Three nos and three yeses를 제안하였다. 즉 Three Nos는 폭탄의 수적 증가, 품질 개선(추가실험 시행), 수출의 금지 no more bombs, no better bombs and no export 이며, Three Yess는 북한의 안보 관심, 에너지 부족, 경제적 재난의 세 가지에 대한 보상에 역점을 두어야 한다고 주장했다. 이러한 해커 박사의 주장은 전형적인 '핵 동결 협상론'이다.(박형중, 17-1, 79~84) 그리고 미국 클린턴 행정부에서 국방부 장관과 대북정책조정관을 지낸 윌리엄 페리도(William J. Perry, 2016) '동결 협상론'을 적극적으로 지지하였다.

한편 이러한 '동결협상론'은 최근 이란 핵 협상에서 사용되었던 '잠정 합의'를 통한 '단계적 비핵화 전략'으로 진화하고 있다. 이란 핵 협상은 2013년 2월부터 협상이 본격적으로 가동되어 2013년 11월 '공동행동계획 Joint Plan of Action'의 '잠정 합의'에 서명하였고, 최종 합의는 2년 후인 2015년에 합의되었다. 여기서 '잠정 합의'는 이란의 핵 활동 일부 동결에 대해 서방 측은 경제제재의 일부 완화를 교환하고, 양측은 추가 핵 합의를 위해 노력하기로 한다는 것이었다. 이러한 '잠정 합의'는 '동결협상론'으로서 '잠정 합의' 이후 2년 동안 협상 당사자 간의 신뢰를 형성함으로써 최종 합의에 크게 기여할 수 있었다는 것이다. 따라서 미국이 북한과 단기적인 '잠정협정'을 맺는다면, 주요 내용에는 북핵 동결, 북미 관계 정상화, 제한적 핵 검증 등이 포함될 수 있다.(전봉근, 21~24)

물론 이러한 북핵 '동결 협상론'도 많은 비판을 받았다.(Victor Cha; Christopher Hill; David Straub; Robert L. Gallucci; 박형중, 17-1, 79~84) 그 주요 내용은 첫째, 북핵 동결 협상은 북한에 핵을 보유해도 좋다는 잘못된 신호를 줄 수 있다는 점이다. 둘째, '제네바 합의'와 '2.13 합의'가 핵시설 동결로 비핵화를 시작하려고 하였는데, 결국 실패하였다는 점이다. 셋째, 북한 핵 동결에 대한 보상과 관련하여 북한의 요구를 수용하는 것이 매우 어려울 것이라는 점이다. 북한은 핵 동결의 대가로 주한미군 철수와 한미연합훈련 중단, 핵 군축 협상 등을 요구할 가능성이 크다. 그런데 이러한 북한의 요구를 미국이 수용하는 것은 불가능하다.

한편 빅터 차는 '압박 강화론'과 '동결협상론' 이 두 가지 방안 모두에 대해 비판적인 견해를 제기하며, 제3의 길을 제안한다.(Victor Cha; Christopher Hill;

박형중, 17-1, 84~89) 빅터 차는 북핵 '동결 협상론'은 결국 북한의 핵 보유를 인정하는 것으로 귀결할 수 있으며, '강경압박론'은 결국 전쟁으로 귀결될 수도 있어서 모두 나쁜 정책이라고 전제하고, '협상과 압박 병행론'을 주장한다. 특히 북한에 대한 강경 압박은 중국의 비협조로 결국 실패할 것이며, 또한 북한에 대한 압박을 강화하면 북한의 도발이 증가할 수 있고 주변국들의 오판, 불신, 공포 때문에 군사 갈등이 발생할 가능성이 크다고 주장한다.(Victor Cha and Robert L. Gallucci; 박형중, 17-1, 84~89)

빅터 차는 북한에 대한 압박에 대해서 북한과 밀거래하는 중국기업에 대한 3자 제재와 북한 인권 문제 압박 강화가 필요하다고 강조하였다. 또한 빅터 차는 북한 인권 문제를 북핵 문제와 통합해야 한다고 주장했는데, 그 이유는 인권 침해를 통해 북한 정권이 대내외적으로 얻는 이득이 핵 개발에 사용되고 있으며, 북한 인권 개선이 북한의 핵무기 포기에 영향을 미칠 것이기 때문이라는 것이다. 그리고 제네바 합의 당시 협상의 주역이었던 갈루치도 3단계 협상론을 제안하면서 '협상과 압박 병행론'을 제안한 바 있다.(Robert L. Gallucci, 2017)

5. 북한은 절대로 핵무기를 포기하지 않을 것이다

합의 가능, 실행 가능, 지속 가능한 비핵화 로드맵

지난 30여 년 동안 국제사회가 북한의 핵 개발을 포기시키지 못한 것은 ① 정확한 의도와 협상전략에 대한 무지, ② 국제사회의 제재와 압박의 실패, 그리고 ③ 북한의 은폐와 기만전술 등 다양한 요인이 작용한 결과였다. 이는 과거 북한을 비핵화하기 위한 협상전략이 실행 가능하지도 않았으며, 지속 가능하지도 않았기 때문에 실패한 것이다.

이처럼 북한의 비핵화를 위한 노력이 실패했던 경험은 향후 협상에서는 합의 가능하고, 실행 가능하며, 지속 가능한 비핵화 로드맵을 도출하는 것이 매우 중요하며, 이를 위해서는 다음과 같은 두 가지 조건이 충족되어야 한다는 것을 알 수 있었다.

첫째, 북한 비핵화 협상을 위해 핵 개발 관련 모든 정보가 충분히 확보되어야 한다는 것이다. 과거 리비아나 우크라이나, 이란 등의 핵 협상에서는 핵시설 등 모든 핵 개발 정보를 제공하고, 이를 바탕으로 상당히 구체적이고, 기술적인 부분까지 포함하는 합의를 이룰 수 있었다. 그런데 '제네바 합의'와 '2.13 합의'는 물론이고, 2019년 하노이 미북 정상회담에서도 북한은 핵 개발에 대한 정보를 제공하지 않았으며, 북한은 핵 개발을 은폐하는 기만전술로 일관하였다.

둘째, 북한 비핵화 협상을 위해 미국과 북한의 인식과 전략이 일치되어야 한다는 점이다. 예를 들면 미국이 북한의 '단계적·동시적' 비핵화 로드맵에 동의하든가, 반면에 북한이 미국의 포괄적인 비핵화에 동의해야 한다는 것이다. 그러나 북한의 '단계적·동시적' 비핵화 전략을 미국이 받아들이려면 북한이 핵 포기에 대한 확고한 의지를 보여주어야 할 것이다. 또한 미국의 '단기적·포괄적' 비핵화 전략을 북한이 수용하려면 정권의 안전을 보장할 수 있는 완벽한 대비책이 마련되어야 할 것이다. 그런데 미북 간에는 상호 불신이라는 높은 장벽이 존재하고 있다.

북한은 미국과의 관계 정상화로 정권 안전이 보장될 수 있다고 절대로 믿지 않을 것이다. 북한은 핵무기만이 정권의 안전을 보장할 수 있다고 믿을 것이다. 북한의 핵무장에 대한 굳은 신념은 어떤 비핵화 전략도 합의 가능하지도, 실행 가능하지도, 지속 가능하지도 않다는 것을 의미한다.

(전봉근, 30~31)

북한 비핵화를 위한 중국과 러시아의 협력

북한 비핵화를 위해서는 국제사회의 협력이 매우 중요하다. 그 대표적인 것이 북한에 대한 국제사회의 집단적인 경제제재로서 국제사회의 협력이 매우 중요하다. 하지만 북한에 대한 경제제재의 효과에 대한 논쟁의 핵심에는 항상 중국의 참여와 협력이 문제가 되어 왔다. 중국은 북한의 최대 교역국이자 경제적 후원국이다. 국제사회의 대북 제재가 강화되면 될수록 북한의 대외무역은 중국으로 집중되어 그 비중이 90%를 상회하는 절대적인 위치가 되었다. 이러한 북한의 대외무역이 중국에 집중되었지만 중국이 제재에 동참하지 않으면서 제재의 효과는 크게 약화되었던 것이다.

물론 중국의 북핵 문제에 대한 인식에는 '북핵 문제의 심각성'과 '북한의 전략적 가치'가 공존하고 있는 것이 사실이다. 중국은 북한의 핵 개발이 일본과 한국, 대만 등 주변 비핵국가들의 핵 보유 또는 미국의 전술핵 반입 등을 자극할 가능성을 매우 우려하고 있다. 하지만 미국과의 패권경쟁이 본격화되면서 중국에 북한의 전략적 가치가 점점 더 높아지고 있고, 북핵 문제를 미국과의 경쟁에서 유리한 방향으로 적절히 활용하려는 의도를 내보이고 있다. 북한의 비핵화보다 북미 핵 협상에서 북한의 후원자로서의 역할을 자처하고 있는 것은 미·중 간 대립구도에서 중국에 유리한 여건을 조성하려는 의도인 것이다.(박광득, 26~29)

물론 북한 비핵화를 위해서는 러시아의 협력도 중요하다. 중국과 러시아는 유엔 안전보장이사회 상임이사국이자 비확산체제(NPT)의 중심국이다. 그러나 러시아는 북한의 협상 전략이나 핵 개발에 대해 지지를 표명하며 북한을 외교적으로 응원하였다. 이처럼 미국과 중국 그리고 러시아의 근본적인 시각의 차이는 북한 비핵화의 중요한 장애가 되고 있다. 즉 북핵 문제 해결의 가장 중요한 원동력이 될 수 있는 핵심 이해 당사자들이 협력하지 않는 상태에서 북한 비핵화를 위한 어떤 노력도 실효성이 없다는 것을 의미한다.

대북 제재는 북한 비핵화에 효과가 있었나

북한은 한국전쟁 직후부터 미국, 일본, EU 등 개별국가는 물론이고 유엔 안보리 결의에 따른 경제제재를 지속적으로 받아왔다. 그리고 북한의 핵 개발과 관련해서는 2006년 미사일 발사에 대한 안보리 제재 1695호와 제1차 핵실험에 대해 안보리 제재 1718호를 결의하면서 시작되었다. 이후 유엔 안보리는 북한이 핵실험과 미사일을 발사할 때마다 제재를 결의하였는데, 2017년 북한의 화성 15형 미사일 발사까지 11차례 결의되어 이행되고 있다. 유엔안보리의 북한 제재는 〈표 12〉와 같다.

유엔 안보리는 2006년 10월 북한의 제1차 핵실험 직후 산하에 북한제재위원회를 별도로 설치하여 북한의 제재 위반을 감시하도록 하였으며, 2009년 대북제재위원회를 보좌하는 전문가 패널도 설치했다. 이 패널은 핵무기, 미사일, 군축, 관세, 해상운송 등과 관련하여 8명의 전문가로 구성되었는데, 유엔 사무총장이 직접 임명한다.

대북제재위원회는 연례보고서와 중간 이행보고서를 통해 북한의 위반 여부를 안보리에 보고한다. 예를 들면 북한의 불법 금융거래, 미사일과 무기의 불법 수출, 금지된 사치품 수입, 우라늄 농축 활동, 해외 공관들과 외화벌이 무역일꾼들의 불법 거래, 무기 수출 등 유엔안보리 제재 위반 행위에 대해 상세하게 조사하여 보고하였다. 최근에는 북한의 가상화폐 해킹을 통한 현금 탈취, 대북 제재를 위반하는 핵 및 탄도미사일 고도화, 정제유의 불법 수입 등을 조사하여 보고하였다.

한편 북한의 핵 개발에 대해 미국, 일본 등 개별 국가 차원에서의 제재도 강화되었다. 미국의 대북 제재 중 대표적인 것은 2012년 3월 국제긴급경제제권한법 International Emergency Economic Powers Act 에 기초한 행정명령

〈표 12〉 유엔안보리의 대북 제재 결의안 현황

일시	결의안	제재 내용
2006. 7.15	1695호/ 미사일 발사	• 북한 미사일 관련 물자, 상품, 기술, 재원의 북한 이전 금지
2006. 10.14	1718호/ 1차 핵실험	• 핵, 미사일, 탱크 등 관련 거래 금지 • 제재위원회가 지정한 단체, 개인 금융자산 동결
2009. 6.12	1874호/ 2차 핵실험	• 북한 모든 무기 수출 금지 • 소형무기 외 모든 무기 관련 물자의 수입 금지
2013. 1.22	2087호 미사일 발사	• 제재 대상 기관, 개인 확대
2013. 3.7	2094호/ 3차 핵실험	• 북한 수출입화물 검색, • 북한 무기 금수(핵탄도미사일, 소형무기, 재래식무기 포함) • 석탄, 철광석, 금, 티타늄 등 북한 광물 거래 제한 • 대북 항공유, 로켓연료 공급 금지 • 사치품(시계, 요트, 스노모빌, 고가 스포츠 장비 등) 수출 금지
2016. 3.2	2270호/ 4차 핵실험	• 민생용을 제외한 석탄, 철, 철광석 수입 금지 • 금, 희토류 수입 금지 UN 회원국 내 북한 은행의 지점 폐쇄, 회원국 금융기관의 WMD 관련 기존 계좌 폐쇄 • UN 회원국 내 북한 은행의 기존 지점 폐쇄
2016. 3.2	2321호/ 5차 핵실험	• 석탄 수입 상한선 설정(4억 달러, 750만 톤 중 적은 쪽) • 은, 동, 니켈 수출 금지 • 회원국 내 북한 공관 규모 감축, 북한 외교관 제재 확대 • 개인 11명, 단체 10곳 여행 제한 및 자산 동결
2016. 6.2	2356호/ 미사일 발사	• 유엔 제재 대상 개인, 기관 추가
2017. 8.5	2371호/ 미사일 발사	• 석탄, 철(광석), 납(광석), 수산물 전면 수입 금지 • 조선무역은행을 제재 대상에 추가 • 북한과의 신규 합작투자 금지, 기존 투자 확대 금지
2017. 9.11	2375호/ 6차 핵실험	• 섬유제품 전면 수입 금지 • 원유 수출량 동결, 정유제품 수출량 상한선 설정(200만 배럴) • 북한과의 합작투자 전면 금지
2017. 12.23	2397호/ 화성 15형	• 수입 금지 품목 확대(농산물, 기계류, 전자기기, 목재류, 선박) • 정유제품 상한 축소(50만 배럴) • 기존 해외 파견 노동자 24개월 이내 송환

13382호인데, 김정은의 비자금을 관리하는, 노동당 비서국 소속의 39호실과 정찰총국 김영철 총국장 등을 포함하는 등 김정일의 통치자금을 직접 겨냥하였다.

또한 미국은 2016년 1월 북한의 제4차 핵실험을 계기로 2016년 『대북제재강화법』을 시행하였는데, 북한과 불법으로 거래하는 개인과 기관, 국가를 제재하는 2차 제재 secondary boycott 대상을 명시하였다. 미국은 이 외에 『2017 제재를 통한 미국의 적성국들에 대한 대응법』, 『2019년 오토 웜비어 북한 핵 제재 및 집행법』 등을 통해 더욱 강력한 대북 제재 조처를 하고 있다. '오토 웜비어법'은 북한에 장기간 억류됐다가 본국 송환 후 사망한 미국 대학생 오토 웜비어의 이름을 붙인 것인데, 북한의 국제 금융시장 접근을 전면 차단하는 내용의 대북 금융제재법이다. 그리고 2022년 '이란·북한·시리아 비확산법'(INKSNA)을 제정하여 비확산 행위에 대한 제재를 강화하였다. 사실 미국의 대북 제재는 유엔의 대북 제재보다 훨씬 강력하다.(김주삼. 182~183)

국제사회의 경제제재는 북한의 대외경제를 옥죄는 것이다. 북한이 자력갱생을 외치고 있지만 외화벌이, 에너지와 식량, 시장 물류, 인력송출 등 대외경제에 대한 의존도가 매우 높기 때문에 북한 경제에 미치는 효과는 상당히 크다고 할 수 있다.

그런데 경험적 연구에 따르면 경제제재의 효과는 상당히 제한적이었다는 것을 보여주었다. 즉 후프바우어(Hufbauer, 2007) 등은 과거 시행된 204건의 국가 간 경제제재 사례를 분석한 결과 목적을 달성한 경우는 34%에 불과했다는 결론을 내렸다. 그리고 이 연구 결과를 통해 경제제재가 성공하기 위한 여러 가지 조건을 제시하였다.

그 첫 번째 조건이 국가 간 경제제재가 성공하기 위해서는 제재국과 그 대상국이 제재 이전에 우호적인 선린관계여야 한다는 것이었다. 이는 제재 이전에 교류가 많아야만 제재를 받는 국가는 큰 압박을 느낄 수 있다는 것이다.(문순보, 96~97) 두 번째 조건은 군사적 위협과 같은 무력을 동원한 제재는 실제로 무력을 사용할 것이라는 믿음을 줄 수 있느냐라는 것이다. 세 번째 조건은 경제제재의 효과는 제재를 가하는 행위자의 수에 의해 영향을 받는다는 것인데, 행위자가 많은 경우 배반자가 나타나며 제재의 효과가 감소할 수 있다는 것이다.(하상식, 122~125) 이는 유엔 안보리의 집단적 제재에 중국이라는 배반자를 의미할 수도 있다.

이러한 경험적 연구를 바탕으로 북한에 대한 경제제재의 실효성을 살펴보면, 먼저 북한에 대한 제재의 핵심은 유엔 안보리 제재이다. 즉 유엔 안보리 제재는 초기에는 주로 북한의 핵과 미사일 개발을 막기 위해 관련 부품 등의 금수와 이와 관련된 선박 수색 등을 중심으로 한 '직접 제재 direct sanctions'였다. 그러나 제재에도 불구하고 북한이 핵실험을 반복하며 핵 개발을 강행하자, 유엔 안보리 대북제재위원회는 북한이 이미 시장경제체제라는 점을 고려하여 북한 경제 전반에 대한 제재로 전환할 것을 제안하였다.

그 결과 2016년 북한의 4차 핵실험에 대한 안보리 제재 2270호부터 북한 경제를 직접 타격하는 방향으로 제재의 방향을 전환하였다. 이는 북한의 시장경제에 대한 제재를 통해 정권을 압박하는 것이 효과적일 것이라는 경제학자들의 조언을 받아들인 것이었다. 특히 북한에 시장이 급속도로 확대되면서 북한 경제의 대외 의존을 심화시켰고, 이는 경제제재에 취약한 경제구조로 변화한 것으로 판단하였던 것이다. 또한 북한은 심각한 경제위기를 겪으면서 정권 유지를 위한 통치자금, 군사력 유지를 위한 군사비 그리고 핵 개발 비용 등을 조달하기 위하여 외화벌이에 혈안이 되어 있었다. 무기 판매, 마약이나 위조 지폐, 위조 담배 등 불법 무역은 물론이고 석탄 등 광물 수출이 김정은 정권의 주요 통치자금원이 되었다.

북한 정권 스스로도 통치를 위하여 대외경제에 의존해온 것이다.

따라서 이러한 제재의 방향 전환으로 북한의 대외무역이 큰 폭으로 감소하고, 북한의 일부 은행들이 국제 금융거래망에서 퇴출당했다. 국제자금세탁방지기구(FATF)에서는 북한에 대한 사실상 거래를 중단하면서 북한 경제 전반을 압박하고 있다. 그리고 이러한 대북 제재의 효과는 북한의 대외무역 같은 공개된 각종 경제 통계에서도 나타났다.(박인휘, 11~12) 예를 들면 유엔안보리 제재가 북한산 무연탄, 철광석, 수산물 등의 수입을 금지하자, 북한의 대외무역, 특히 대중국 무역이 급감하였다. 북·중 무역은 2018년에는 전년 대비 수출이 86% 감소하였다. 그리고 2020년부터 코로나 팬데믹으로 인한 북한의 국경 봉쇄까지 겹치면서 북한의 대중국 무역을 포함한 대외무역은 더욱 감소하였다.

이처럼 국제사회의 경제제재가 북한 경제에 직접 영향을 미치면서 한국은행은 2017년도 북한의 경제성장률을 -3.5%로 추정한다고 발표하였는데, 이는 1997년 경제성장률 -6.5%를 기록한 이후 가장 큰 폭으로 하락한 것이다.

이러한 북한의 무역 감소는 외화 수입과 산업 생산을 위축시키면서 김정은 정권 통치자금은 물론이고 권력층의 소득도 감소시켰을 것이다. 수출은 북한 권력층, 국가 기관, 그리고 최고 권력자에게 들어가는 충성자금의 주된 수입원인 동시에 권력 기관의 운영자금이다. 또한 해외 파견 노동자들의 감소도 북한의 외화 수입 감소에 직접적인 영향을 미쳤을 것이다. 이처럼 북한은 국제사회의 대북 제재에 상당한 영향을 받고 있는 것이 사실이다. 2019년 2월 하노이 미북정상회담에서 북한이 2016년 이후 유엔 안보리 제재 폐기를 요구한 것도 대북 제재가 상당한 압박으로 작용하였기 때문으로 추정하였다.

그런데 대북 제재의 목표가 북한이 핵을 포기하도록 하는 것이라면 그러한 목표 달성에 대해서는 비관적인 시각이 대체적이다. 즉 국제사회의 대북 제재의 효과에 대해 비관적인 첫 번째 이유는 북한의 최대 교역국이자 경제적 후원국인 중국이 제재에 동참하지 않았기 때문이다. 대북 제재가 강화되면 될수록 북한의 대외무역은 중국으로 집중되어 그 비중이 90%를 상회하는 절대적인 위치가 되었다. 이러한 북한의 대외무역이 중국에 집중되었지만 중국이 제재에 동참하지 않으면서 제재의 효과는 크게 약화되었던 것이다.

둘째, 북한은 경제적 어려움을 미국의 압살정책 때문이라며 오히려 체제결속 강화에 역이용하고 있다는 점이다. 북한은 핵무기를 보유하는 것은 미국의 침략을 막기 위한 것이라고 선전해왔다. 이는 북한의 핵 개발 때문에 미국이 제재하는 것이 아니라 미국이 제재하기 때문에 핵을 개발하고 있다고 선전하고 있는 것이다. 그리고 미국의 압박에 대응하기 위하여 김정은 정권을 중심으로 굳게 단결해야 한다며 체제결속에 대북 제재를 활용하고 있다.

셋째, 국제사회의 대북 제재로 인한 경제적 어려움을 주민들에게 전가하면서 주민들의 고통만 증가하고 있다는 점이다. 북한의 경제구조는 수탈과 부패의 구조로 되어 있는데, 경제가 어려우면 더욱더 많이 거두어들인다. 또한 북한 시장은 권력의 부패사슬로 운영된다. 즉 북한의 권력 기관이 설립한 각종 (무역)회사를 앞세운 특권적 상업활동을 통해 정권의 통치자금과 각 기관의 운영자금을 축적할 수 있었고, 이 과정에서 권력 엘리트들도 각종 비리를 통해 수익을 챙겼다. 그런데 제재로 인해 외화벌이가 어려워지면 국내 시장과 주민들을 더 많이 착취하여 정권을 유지하고 있는 것이다. 따라서 대북제재가 강화되면 북한 주민들의 고통만 증가하는 것이다.

CHAPTER
09

남북경협과 공동 번영의 꿈

1. 남북경협의 역사: '금강산 관광'에서 '5.24 조치'까지

남북경협의 시작: 1990년 '남북교류협력법' 제정

1980년대 말에 시작된 탈냉전의 흐름 속에서 남북관계는 전환기를 맞게 되었다. 이러한 전환기에 노태우 정부는 1988년 7월 7일 '민족자존과 통일번영을 위한 특별선언'(7.7 선언)으로 남북관계에 큰 변화를 위한 시동을 걸었으며, 후속 조치로서 '남북 교류협력에 관한 기본 지침'과 '남북교류협력 세부 시행지침'을 제정하였다. 남북간 직접 무역의 합법화가 시작된 것이었다. 이 조치들에 의한 첫 번째 남북 직접 교역이 시작되었고, 정부의 남북교역 통계는 1989년부터 집계되었다.

그리고 노태우 정부는 1990년 '남북 교류협력에 관한 법률'(남북교류협력법)을 제정하여 법적 근거를 마련하였다. 남북교류협력법은 남북간 교류·협력을 "남한과 북한의 왕래·접촉·교역·협력사업 및 통신 역무役務의

제공 등 남한과 북한 간의 상호 교류와 협력"이라고 정의하였다. 이처럼 '남북교류협력법'으로 합법화된 남북경협은 본격적으로 확대되기 시작하였다. 1989~1990년 2천만 달러 정도였던 남북경협의 규모가 1992년부터는 북한에 원자재를 제공하여 위탁가공한 제품을 반입하는 위탁가공 교역이 본격화되었다.

1993년 제1차 북핵 위기와 남북관계 경색 등 정치적 요인이 있었지만, 김영삼 정부는 '제1차 남북경협 활성화 조치'를 하면서 위탁가공 시설 반출, 경제단체장과 기업인 및 기술자 등의 방북을 허용하였다. 따라서 김영삼 정부 5년간(1993년~1997년) 연평균 교역 규모는 2억 4천만 달러에 달하였다. 즉 1989년에 본격화된 남북경협이 불과 6년 사이에 일반 단순 교역에서 위탁가공 교역, 투자 협력, 인도지원사업 등으로 확장된 것이다.(권영경.6~14) 한편 1994년 '제네바 합의'로 북한에 대한 경수로 건설사업이 시작되면서 막대한 공사 관련 물자들이 북한으로 반출되었던 시기였다.

남북경협의 확대: 금강산관광과 개성공단

"일생 소원이 내 고향 금강산을 국제관광단지로 만들어 통일에 기여하는 것"이라던 현대그룹 정주영 회장의 '소원'에서 시작된 금강산 관광사업은 남북경협에 일대 전환을 가져왔다. 금강산 관광사업은 1998년 11월 18일부터 2008년 7월 11일 중단될 때까지 193만 4662명(해로관광 55만2,998명, 육로관광 138만1,664명)이 방문하면서 남북관계에 엄청난 변화를 불러왔다.

물론 금강산 관광사업을 가능하게 하였던 것은 김대중 정부의 '햇볕정책'이었다. 김대중 정부는 북한을 포용하는 '햇볕정책'을 표방하였고, 가장 중요한 수단이 남북 경제협력이었다. 김대중 정부는 1998년 4월 30일 '제2차 남북경협 활성화 조치'를 발표하였는데, ① 대기업 총수와 경제단체장 방북 전면 허용, ② 대북 투자 규모 제한 완전 폐지, ③ 대북 투자

제한 업종의 '네거티브 리스트'화, ④ 생산설비 대북 반출 제한 폐지 등을 포함하였다.

한편 2000년 1차 남북정상회담에서도 남북경협의 확대가 핵심적인 관심사항이었다. '6·15 공동선언' 4항에 "경제협력 통한 민족경제 균형적 발전"을 규정하였고, 이를 위한 제도적 여건을 마련하기 위한 후속조치로서 남북간에 4개 합의서를 체결하였다. 이 합의서들은 ① 이중과세 방지 합의서, ② 청산결제 합의서, ③ 투자보장 합의서, ④ 상사분쟁 해결 합의서 등이었다.

물론 김대중 정부 시기에도 1999년과 2002년의 두 차례 연평해전, 2002년의 제2차 북핵 위기 등으로 한반도 안보 상황은 여전히 불안정하였다. 그럼에도 불구하고 남북경협은 계속 확대되어 김대중 정부 5년 동안 연평균 약 3.2억 달러, 2002년에는 6.4억 달러로 증가하였다.

그런데 이 시기 남북교역의 특징은 상업적 거래(일반교역과 위탁가공 교역)보다 비상업적 거래 비중이 42.7%(2.7억 달러)나 되었다. 이렇게 남북교역에서 비상업적 교역 비중이 높은 이유는 첫째, 북한의 경제난으로 인해 경제지원이 크게 증가하였고, 둘째는 2002년 9월 착공된 경의선·동해선 철도·도로 연결사업을 위한 물자 반출이 크게 늘어났기 때문이었다.

한편 2003년 출범한 노무현 정부는 김대중 정부의 햇볕정책을 계승하는 '평화번영정책'을 표방하였다. 노무현 정부는 남북경협이 "평화와 미래를 위한 투자"라는 점을 강조하면서, 강력하게 추진하여 2003년 금강산 육로관광, 2004년 12월에는 개성공단을 가동하기 시작하였다. 그리고 2005년 7월에는 남북경협협의사무소도 개성공단 내에 개설하였다.

따라서 노무현 정부 시기에는 연평균 남북경제협력 규모가 13.5억 달러로서 김대중 정부 시기에 비해 4배 이상 급증하였으며, 마지막 해인 2007년에는 17.9억 달러에 달하였다. 그리고 이 시기 남북경협은 상업적인 거래 규모가 전체 남북교역의 약 80%에 이르면서 김대중 정부에 비해 큰 변화를 보였다.(권영경, 10)

한편 노무현 정부는 임기 마지막 해인 2007년 10월 4일 제2차 남북정상회담을 개최하였고 황해도 해주 일대를 경제특구화하는 '서해평화협력특별지대'를 합의하면서 남북경협의 확대를 희망했었다. 즉 '10.4 정상선언' 5항에 "남과 북은 해주 지역과 주변 해역을 포괄하는 서해평화협력특별지대를 설치하고 공동어로구역과 평화수역 설정, 경제특구 건설과 해주항 활용, 민간 선박의 해주 직항로 통과, 한강하구 공동 이용 등을 적극적으로 추진"하기로 한 것이었다. 그러나 2008년 이명박 정부가 집권하면서 이행되지 못했다.

김대중, 노무현 정부 시기 남북경협의 상업적 거래는 일반교역 ⇨ 위탁가공 교역 ⇨ 투자 협력 ⇨ 개성공단 사업으로 그 영역이 확장되었다. 1989년 이후 남북경협의 총상업적 거래에서 위탁가공 교역이 15%, 개성공단 사업이 63.9%로서 합계 78.9%의 압도적 비중을 차지했다. 그러나 일반교역은 북한의 열악한 경제적 수준으로 인해 농산물과 광산물 등이 대상이 될 수밖에 없었다.(권영경, 11) 따라서 남북경협은 자연스럽게 북한 노동력을 활용하는 개성공단이나 위탁가공에 집중되었다.

남북경협의 중단 : '5.24 조치'와 개성공단 폐쇄

이명박 정부는 2008년 출범과 동시에 "남북관계는 이제 이념의 잣대가 아니라 실용의 잣대로 풀어나가야 한다"라고 하면서 김대중, 노무현 진보정부의 '퍼주기식' 대북정책을 비판하며 강력한 상호주의를 내세웠다. 물론 노무현 정부가 제2차 남북정상회담에서 합의한 '서해평화협력지대'를 파기하였다.

북한은 이러한 이명박 정부의 대북정책에 대해 맹렬히 비난하기 시작하였더. 그리고 북한이 2008년 3월 개성공단 내 남북경협사무소의 남측 요원을 추방하면서 남북관계는 급속히 냉각되었다. 그런데 출범 초기부터 남북간에 긴장이 높아지고 있었지만 사실 이명박 정부는 당시 진행 중이던 남북경협 사업을 축소하려는 의지는 없었다.

그런데 2008년 7월 금강산 관광객 피살사건이 발생하면서 금강산관광이 중단되었고, 2008년 8월 북한 김정일이 뇌졸중으로 쓰러지자 남북관계는 큰 변화를 맞게 되었다. 남북관계는 극도로 경색되었고, 2009년 5월 3차 핵실험, 9월 대청해전, 2010년 3월 천안함 폭침과 11월 연평도 포격 도발 등 일련의 도발로 이명박 정부 임기 내내 남북관계는 일촉즉발의 위기상황으로 치달았다.

이렇게 남북간에 긴장이 높아져 있는 상황에서 이명박 정부는 북한의 천안함 도발에 대한 보복 조치로서 '5.24 조치'를 발표하면서 경제협력을 포함하여 남북관계를 전면 중단시켰다. '5·24 조치'의 주요 내용은 ① 남북교역 중단, ② 대북 신규 투자 금지, ③ 북한 선박의 우리 해역 운항 불허, ④ 대북 지원사업의 원칙적 보류, ⑤ 인도적 지원 포함 모든 지원 차단 등이었다. 5.24 조치에 개성공단만 제외되었다.

한편 박근혜 정부는 '한반도 신뢰 프로세스'를 새로운 대북정책으로 제시하면서 교류·협력 활성화는 정치·군사적 신뢰구축과 균형 alignment 있게 발전해야 한다는 것을 강조하면서 엄격한 상호주의를 강조하였다.

그런데 '5.24 조치'로 마지막 남아 있던 개성공단마저도 남북관계가 매우 불안정한 상황에서 정치적 영향을 받을 수밖에 없었다. 개성공단은 2013년 5월에 한차례 폐쇄되는 상황에 놓이는 위기를 넘겼지만, 2016년 북한의 4차 핵실험에 대한 유엔 안보리의 제재에 박근혜 정부도 동참하면서 개성공단을 폐쇄하였고, 이로써 남북경협은 완전히 중단되었다.

이명박, 박근혜 정부 시기 남북경협은 개성공단이 2015년에 27억 달러

규모로까지 확대되는 데 힘입어 2008년~2015년 기간에 연평균 19억 달러로 통계상 사상 최대치를 보여주었다. 하지만 이 기간의 남북경협은 개성공단의 역할이 크게 부각된 것이고, 여타 경협은 2010년에 모두 중단되었다.

이렇게 남북경협이 완전히 중단된 상황에서 출범한 문재인 정부는 김대중, 노무현 정부의 대북정책 계승을 표방하면서, '한반도 신경제지도'라는 대북 경제협력 정책을 수립하고 남북경협 재개를 위해 다각적인 노력을 기울였다. 특히 문재인 정부는 2018년 두 차례 북한과 정상회담을 개최하면서 남북경협 재개를 위해 노력하였다. 하지만 유엔안보리의 대북제재가 해제되지 않는 이상 남북경협의 본격적인 재개는 현실적으로 불가능한 구조였다. 따라서 문재인 정부는 미북 간 관계개선에 적극적으로 나서면서 트럼프 대통령과 김정은 위원장 간의 두 차례 정상회담을 이끌어냈다. 하지만 2019년 2월 하노이 정상회담이 결렬되면서 문재인 정부의 남북경협 확대 구상은 물거품이 되고 말았다.

남북경협 30년 평가

남북 경협의 역사적 개관을 종합적으로 정리하면 〈표 13〉에서 보는 바와 같이 남북간 교역 규모로 종합 정리할 수 있다.

남북교역은 2016년 개성공단이 폐쇄되기 전까지 꾸준히 증가하였다. 남북 교역액은 2000년 처음으로 400만 달러를 넘어서서 2005년 1,056만 달러를 기록하였으며, 2015년 2,714만 달러의 최고치를 달성한 이후 2016년 개성공단의 중단으로 급감하였다. 그러나 '5.24 조치로 남북관계가 중단되고 개성공단이 폐쇄되면서 2021년에는 170만 달러로 축소되었다. 남북 교역액은 1991~2015년간 연평균 14.2%, 규모로는 24.5배 증가하였다.

<표 13> 남북교역 추세(단위: 백만 달러)

연도	89~02	03	04	05	06	07	08	09	10
반입	2066	289	258	340	520	765	932	934	1044
반출	1505	435	439	715	830	1033	888	745	868
계	3571	724	697	1056	1350	1798	1820	1679	1912

연도	11	12	13	14	15	16	17	18	계
반입	914	1074	615	1206	1452	186	0	11	12596
반출	800	807	521	1136	1262	147	1	21	12223
계	1714	1971	1136	2343	2714	333	1	31	24850

* 자료: 통일부; 이상숙, "북한에 대한 경제제재의 효과성 측정: 비핵화 협상과 관계를 중심으로," 국립외교원 외교안보연구소, 정책연구시리즈 2018-21 p.20

이러한 남북교역을 유형별로 분류해보면 초기에는 주로 해외 중개상을 통한 간접교역이 활발했으나, 1990년대부터 남북간 직접교역이 증가하였다. 즉 남북경협 초기 물품을 단순 반·출입하는 일반교역에서 원부자재를 반출·가공 후 가공제품을 재반입하는 위탁가공 교역으로 발전하였고, 그 이후 기계·설비 등을 투자하는 단계로 순차적으로 발전한 것이다.

이처럼 1980년대 말부터 본격화되어 수많은 어려움 속에서 진행된 남북경협은 많은 시행착오를 겪었으며, 또한 많은 비판을 받으면서 논쟁의 대상이기도 하였다. 먼저 긍정적인 견해로는 첫째, 남북관계를 경제적으로 접근하여 정치, ·군사 영역의 신뢰구축과 긴장 완화로 확대하였다는 주장이다. 둘째, 개성공단 사업이 북한 사회에 시장경제 경험을 전수하고 북한의 개방을 유도하는 데 중요한 역할을 하였다는 주장이다. 셋째, 남북경협이 북한의 대남 경제의존도를 높였다는 평가도 있다. 2007년 북한의 대외무역에서 중국과 한국의 비중은 각각 41.7%, 37.9%로 북한의 대남 경제의존도가 크게 높아진 것은 사실이었다. 이러한 경제 의존을 통하여 북한에 자본주의 시장경제를 확산하고 개방을 유도하는 정책적 지렛대가 될 수 있었다는 것이었다.(최규빈, 52~58)

하지만 남북경협에 대해서 부정적인 견해는 첫째, 탈냉전으로 붕괴 위기에 처한 북한 김정일 정권을 기사회생시켰으며, 독재정권을 강화하고 핵개발을 추진할 수 있도록 하는 자금을 제공하였다는 비판도 제기되었다.

둘째, 남북경협 확대의 목적이 한반도 평화와 북한의 변화였는데, 북한은 변화하지 않았으며, 남북간 군사적 긴장과 대치는 계속되고 있다고 주장하였다. 즉 대가를 받지 못한 일방적 퍼주기라는 것이 비판의 핵심이었다.

셋째, 남북경협의 목적이 한반도 평화와 북한의 변화라는 비경제적이었기 때문에 남북경협이 경제적 수익성보다는 대북 지원사업으로 변질되었다는 비판을 받았다. 특히 정부가 금강산관광, 개성공단 사업에 참여한 민간기업들의 기업 운영에까지 재정 지원을 하는 등 남북경협이 시장원리에 의해 작동되지 못하였다는 비판을 받았다.(권영경, 2018, 14~25)

넷째, 남북경협 목적을 북한 변화에 두면서 북한으로 하여금 남한과의 경협에 소극적으로 만들었다는 비판이었다. 김정일 정권이 남북경협을 적극적으로 받아들인 것은 경제위기를 타개하기 위해서 남한의 도움이 필요했기 때문이었다. 그런데 김대중 정부 햇볕정책의 목표가 북한의 변화였기에, 김정일은 생존의 위기 상황에서 남한과의 교류와 협력에 극도로 소극적·제한적으로 접근하였던 것이다.

다섯째, 개성공단 노동자 임금 지급 방식 등에 있어 국제적으로 인권문제가 야기될 소지가 많았다.(최이섭, 39~40) 개성공단 노동자들에 대한 임금은 근로자에 직접 지급되지 않고 중앙특구개발지도총국에 일차적으로 전달되었다. 하지만 북한 당국은 이 임금의 극히 일부분만 노동자들에게 나누어 주었다. 이러한 개성공단의 근로자 임금 문제는 노동자 인권 문제이기도 하였지만, 개성공단에서 받은 자금이 북한 정권의 통치자금, 핵 개발 자금으로 유용되었을 것이라는 비판을 받았다.

2. 김정은 정권은 개혁개방으로 가고 있나

❶ '핵·경제 병진'은 결국 핵 개발을 위한 것이었다

계획경제체제와 자력갱생

북한은 소련 등 다른 사회주의 국가들처럼 계획경제체제였으며, 경제계획의 일원화와 세부화가 핵심인데, 이는 국가를 하나의 기업처럼 경영하는 것이다. 먼저 계획의 일원화는 국가가 경제 내 모든 부문의 경제활동을 통일적으로 장악하여 생산에 필요한 물적·인적 자원의 투입과 배분을 결정하는 것이다. 또한 계획의 세부화는 중앙부터 지방과 개별 기업에 이르기까지 국민 경제의 모든 경제활동의 세부적인 요소까지 국가가 일원적으로 계획하여 하달하는 것이다.

이러한 사회주의 계획경제체제의 근본적인 문제는 국민 경제 전체를 하나의 기업처럼 운영할 수 없다는 점이었다. 즉 계획경제체제가 성공하려면 관련한 모든 정보를 수집하고 처리할 수 있는 능력이 확보되어야 하는데, 현실적으로 한 국가의 엄청난 정보를 수집·처리하는 것은 불가능하였다. 따라서 항상 비현실적 계획이 작성될 수밖에 없었으며, 이는 사회주의 국가 경제 전반을 왜곡시키는 결과를 가져왔다.

또한, 계획경제체제에서 경제활동을 실제로 수행하는 주체들인 기업과 지방정부 등은 중앙 계획 당국이 결정한 계획만을 수동적으로 수행만 하는 존재가 되었다. 따라서 생산에서의 혁신은 불가능하였고, 이러한 비효율성이 수십 년 동안 누적되면서 다른 사회주의 국가들처럼 북한도 경제 위기로 발전하였던 것이다..(최은주, 10~11)

한편 북한의 경제위기는 소위 자력갱생이라고 하는 자립적 민족경제 건설노선도 중요한 요인이었다. 북한의 자력갱생은 경제, 국방, 안보, 그리고 인민생활에 필요한 모든 수요를 국내에서 충족하여 경제적 자립을 이룬다는 것이다. 그런데 자력갱생은 북한 경제를 국제 분업 질서로부터 폐쇄된 경제를 구축하게 하였고, 이는 세계 기술 발전 추세에서 낙후될 수밖에 없었다. 또한 자력갱생은 제한된 국내 자원 배분을 심각하게 왜곡시키면서 산업 불균형을 심화시켰고, 내부 자원의 고갈로 한계에 도달하면서 경제난의 직접적 원인이 되었다.

이처럼 사회주의 계획경제와 자력갱생으로 북한 경제가 점점 더 어려워지고 있었는데, 1991년 소련의 붕괴로 인해 결정적인 타격을 받고 위기 상황으로 빠져들었다. 특히 북한 경제가 생명줄이나 마찬가지였던 소련의 석유, 식량 등의 지원이 중단되자 완전히 경제적 공황상태가 되었던 것이다.

북한의 경제위기는 제일 먼저 배급제 붕괴로 나타났으며, 엄청난 사람들이 굶어 죽는 등 국가를 총체적인 위기에 빠져버렸다. 또한 북한은 국가 재정의 고갈로 국가기관은 물론 군대조차도 제대로 운영되지 못하며 통치기구 전반이 마비되는 정권 위기상황에 몰려버렸다. 이러한 북한의 경제위기는 경제를 완전히 변화시켰다. 특히 배급제 붕괴는 주민들이 생존을 위해 '장마당'이라는 시장을 형성하기 시작하였고, 전국적으로 확산되기에 이르렀다. 북한을 계획경제에서 시장경제로 변모시키는 엄청난 변화가 일어났던 것이다.

김정일의 '7.1 경제관리개선 조치'

1994년 김일성의 사망 이후 경제위기에 직면한 후계자 김정일은 '고난의 행군'이라고 명명하면서 생존의 길을 모색해야 했다. 그리고 1998년 공식적으로 정권을 출범시키면서 김정일은 우선 생존의 길을 모색하기 위하여 중국을 방문하였다. 당시 중국은 1980년대부터 본격화된 개혁개방으로 경제가 상당히 발전한 상황이어서 김정일에게는 큰 충격으로 다가왔던 것으로 보인다. 특히 상해를 방문한 김정일은 "천지가 개벽하였다"라고 하면서 중국의 개혁개방을 극찬하기도 하였다.

중국을 방문한 이후 김정일은 "모든 문제를 새로운 관점과 새로운 높이에서 풀어나가야 한다"라고 하면서 경제위기 극복을 위한 '신사고'를 강조하고 나섰다. 그리고 북한은 2002년 7월 1일 '경제관리개선조치'(이하 7.1 조치)를 발표하면서 대대적인 경제개혁을 추진할 것을 시사하였다.

북한이 발표한 '7·1 조치'는 ① 대폭적인 물가 인상과 급여 인상, ② 배급제도의 변화, ③ 환율 현실화, ④ 가격 책정 및 공장·기업소 책임경영 강화 등이 주요 내용이었다. 그리고 '7.1 조치'는 당시 전국에 300여 개의 장마당을 공식적인 종합시장으로 합법화하였다. 이러한 '7.1 조치'는 북한에 기존의 계획경제를 대체하는 시장경제가 확산되는 계기가 되었던 엄청난 사건이었다.

이처럼 당시 북한 상황에서 '7.1 조치'가 엄청난 변화를 예고하는 것이어서 그 의도와 관련하여 많은 논란이 있었다. 즉 시장경제로의 개혁이냐, 아니면 경제위기 극복을 위한 임시방편의 개혁인가에 대한 논쟁이었다.(조동호, 13-4, 3~5)

그런데 '7.1 조치' 이후 20여 년이 지난 현 시점에서 당시의 정책 변화는 본격적인 개혁·개방을 위한 시도는 아니었다고 평가할 수 있다. 그 이유는 첫째, '7.1 조치'를 통한 개혁조치들은 시행 3년 만인 2005년경부터 하나씩 폐기하였으며, 둘째, 북한은 시장에 대한 단속, 통제를 본격화하기 시작하였고,(양문수, 132) 셋째, 외화의 직접적 사용 통제, 종합시장 이외에서의 경제활동 제한(김창희, 61) 등의 조치가 취해졌기 때문이었다.

특히 '7.1 조치'가 경제개혁이 아니였다는 것을 단적으로 보여준 것이 2009년 11월 화폐개혁이었다. 화폐개혁은 구화폐와 신화폐를 100 대 1로 교환, 가구당 구화폐 10만 원까지만 교환해주었고, 나머지 보관 화폐는 쓰레기가 되었던 것이다. 북한 시장은 기습적인 화폐개혁으로 기능 마비 상태에 빠졌고, 장마당 돈주로 불리던 신흥 부자들이 일시에 몰락하는 상황이 되었다. 화폐개혁이 시장 '돈주'들의 시장경제 활동 기반을 대폭 축소함으로써 시장을 위축시키려고 하였던 것이며, 이는 김정은 정권이 시장을 정권에 대한 위협으로 인식하였다는 것을 단적으로 보여주는 것이었다.

김정일 정권의 '7.1 조치'는 당시 전국적으로 확산되고 있던 암시장을 제도권으로 끌어들여 국가 주도의 계획과 시장을 공존시키려는 것이었지 결코 시장경제의 확산을 용납하는 것이 아니었다는 주장이 더욱 설득력이 있어 보인다.

김정일은 2008년 6월 18일 담화에서 "우리가 경제관리에서 시장을 일정하게 리용하도록 하였더니 한때 일부 사람들은 사회주의 원칙에서 벗어나 나라의 경제를 개혁개방하며 시장경제로 넘어가는 것처럼 리해한 것 같은데 아주 잘못된 생각입니다. … 시장은 경제 분야에서 나타나는 비사회주의적 현상, 자본주의적 요소의 본거지이며 온상입니다. … 시장과 시장경제는 같은 개념이 아닙니다"라고 하였던 것이다.(한기범, 200~201)

김정은의 '우리식 경제관리 방식'

2011년 김정일 사망 직후 권력을 승계한 김정은 정권은 초기부터 '6.28 방침'(2012년)과 '5.30 조치'(2014년)를 포함하는 "우리식 경제관리 방식"을 발표하며 경제정책에 변화를 시도하였다.

먼저 김정은은 집권 직후 내각에 '경제관리 방식의 개선을 준비하는 소조'를 신설하고, "우리식의 새로운 경제관리체계를 확립할 데 대하여"라는 '6.28 방침'을 발표하였다. '6.28 방침'의 주요 내용은 크게 두 가지로서 첫째는 내각의 지도하에 공장, 기업소들이 원자재, 생산, 판매의 자율 가격결정권을 갖게 하는 것이며, 둘째는 협동농장 분조제의 강화로서 4~5명 가족 분조제를 실시하는 것이었다.(박형중, 2012; 강채정 외, 178)

한편 '5.30 조치'는 2013년 3월 당 중앙위원회 전원회의에서 김정은이 "현실 요구에 맞게 우리식의 경제관리 방법을 연구 완성할 것"을 지시하였고, 2014년 5월 30일 '우리식 경제관리 방법'을 발표하였다.(조동호, 13-4, 14~17) 즉 '5.30 조치'는 기업의 책임관리제를 주요 내용으로 하는데, 기업에 생산권, 이윤 사용 및 임금 결정 등 분배권, 무역권을 부여함으로써 기업 경영의 자율권 범위를 확대하는 것을 핵심으로 하고 있다.(곽인옥 외; 박영자 외; 강채정 외, 178)

이러한 '6.28 방침'과 '5.30 조치'를 포괄하는 '우리식 경제관리 방식'이 발표된 이후 북한은 포전담당제를 규정한 '농장법', 사회주의 기업책임관리제의 개념을 정비한 '기업소법', '인민경제계획법' 등 경제 관련 법규들을 정비했다. 그리고 2019년 4월 북한의 개정헌법 33조에 '사회주의 기업책임관리제'를 경제관리의 기본방침으로 규정하였다.(김민정, 129~130)

'우리식 경제관리 방식'에 따른 농업 분야에서의 변화는 첫째, 협동농장의 작업 분조를 크게 줄여서 가족 단위 영농을 가능하게 하였다. 둘째, 농장원 1인당 농지 1,000평을 할당하여 생산물을 국가와 개인이 4 대 6으로 분배하는 것이었다. 이는 중국의 개혁 초기 '생산책임제 개혁' 방식과 유사한 조치였다. 한편 기업소의 경우 벌어들인 총수입에서 중앙예산과 지방예산 등의 납부 몫을 제외한 나머지는 기업소가 자율적으로 분배하도록 하였다.(이상숙, 2018, 10)

이처럼 '우리식 경제관리방식'의 핵심은 국가의 경제관리체계를 과거의 계획과 통제 중심에서 시장과 자율 중심으로 전환한다는 것을 의미했으며, 다양한 시장이 활성화되는 효과가 나타났다. 원자재를 거래하는 생산재 시장은 물론이고 노동시장, 금융시장, 주택시장, 부동산시장, 서비스 시장 등 다양한 부문별 시장이 활성화되게 되었다.(조동호, 13-4, 14~17)

'경제·핵 병진노선'과 자력갱생으로의 회귀

이렇게 김정은 정권이 경제관리개선을 위한 조치들을 적극적으로 추진해 나갔지만, 다른 한편에서는 핵 개발을 가속화하며 국제사회의 강력한 제재를 초래하는 상호 모순적인 정책을 추구하였다. 특히 '우리식 경제관리방식' 발표와 같은 시기인 2013년 3월 31일 '경제·핵 무력건설 병진노선'을 발표했던 것이다. 김정은 정권의 이러한 모순적인 행태는 이후 개혁적인 조치들을 무력화하면서 북한 경제를 매우 어렵게 하는 요인이 되었다.

이러한 '경제·핵 병진노선'에 대해 북한의 언론매체들이 보도한 내용을 요약하면 다음과 같다. 첫째는 핵무기에 기반한 전쟁 억제력 강화인데, 북한은 재래식 무력으로는 미국과의 군사적 대결에 한계가 있어, 미국과 계속 대결하면서 경제 건설을 본격화하려면 핵 무력에 의한 평화 보장을 결단할 수밖에 없다는 것이다.

둘째, '국방비를 늘리지 않고도 경제 건설과 인민생활 향상에 더 큰 힘을 돌린다'는 것이다. 즉 국방공업에 지출되는 투자의 많은 몫을 핵 무력건설에 집중함으로써 방위력을 굳건히 다질 수 있고, 핵 강국이 되면 강력한 전쟁 억제력에 기초하여 경제 건설에 자금과 노동력을 총집중할 수 있다고 주장하였다.(로동신문, 2013.4.10; 김성주, 158)

그런데 북한의 이러한 주장에 대해 반론도 제기된다. 즉 김정은 집권 이후 북한이 네 차례의 핵실험과 거의 매년 다양한 종류의 미사일을 시험 발사하였다. 이러한 북한의 핵, 미사일 개발에는 천문학적 비용이 소요될 수밖에 없다. 이와 더불어 최근 북한이 재래식 군사력의 현대화를 본격적으로 추진하면서 엄청난 비용을 지출하고 있을 것이다.

2022년 상반기 한국국방연구원에서 국회에 보고한 자료에 따르면 북한이 2022년 초부터 6월 5일까지 총 17회(방사포 제외)에 걸쳐 탄도·순항미사일 33발을 발사했으며 총발사비용만 4억~6억5천만 달러(5천억~8천125억 원)가 들었을 것으로 추정됐다. 그리고 2019년과 2021년까지 3년 동안에도 북한은 각종 미사일을 발사하였다. 사실 한국국방연구원 보고서는 발사비용만을 계산한 것으로서 북한이 발사한 이 미사일들이 대부분 최신형이라는 점에서 엄청난 개발비용이 소요되었을 것으로 추정할 수 있다.

이는 북한이 핵 무력건설이 재래식 전력 증강보다 비용이 적게 들기 때문에 국가경제 건설에 더 많은 재정을 투입할 수 있게 될 것이라는 주장은 허구일 것이다. 특히 2020년 '코로나 팬데믹' 발생 이후 국경을 완전히 봉쇄하면서 북한의 시장이 마비되거나 폐쇄되는 등 북한 인민경제에 엄청난 타격을 주고 있는 상황에서도 북한은 각종 미사일을 발사하며 천문학적 재정을 하늘로 날려보냈던 것이다.

따라서 북한은 지난 10여년 동안 핵 개발에 엄청난 국력을 쏟아붓고, 국제사회의 강력한 경제제재로 북한 경제는 점점 더 어려워지기 시작하였다. 김정은 정권의 개혁정책인 '우리식 경제관리 방식'은 '경제·핵 병진 노선'으로 인해 무력화되었다. 이에 김정은 정권은 2018년 4월 당 중앙위원회에서 기존의 '경제·핵병진노선'이 완성되었다고 선언하고 '경제 건설 총력집중노선'으로 전환한다고 발표하였는데, 그 이유가 "2017년 핵실험으로 국방의 자위력은 완성되어 경제 건설에 매진할 수 있는 조건이 형성되었기 때문"이라고 주장하였다.

사실 이 시기 북한 경제는 국제사회의 강력한 경제제재로 인해 매우 어려운 상황이어서 경제 건설에 총력 집중하려고 하였던 것이다. 물론 2018년은 남한의 문재인 정부의 중재를 바탕으로 미국 트럼프 행정부와의 정상회담에서 대북 제재가 해제될 수 있을 것으로 믿었던 것으로 보인다.

그런데 2019년 2월 하노이 미북 정상회담이 결렬되면서 국제사회의 대북 제재 해제가 불가능해지자, 북한은 2019년 12월 당 중앙위원회 제7기 5차 회의를 개최하여 '경제 건설 총력집중노선'에서 '자력갱생을 통한 정면돌파전'으로 경제노선을 또다시 변경하였다. 이는 미·북 정상회담이 타결된다면 국제사회의 제재가 일부 해제될 것을 상정하여 수립하였던 '경제 건설 총력집중노선'이 미국과의 협상 결렬로 중대한 차질이 확실시되면서 경제정책에 있어 변화가 불가피하였기 때문이었다. 특히 김정은은 2021년 4월에 개최한 조선로동당 제6차 세포비서대회에서 '고난의 행군'을 선택했다고 언급하였다.(조선중앙통신, 2021.4.9.) 이는 북한 경제가 핵 문제로 인해 또다시 '자력갱생', '고난의 행군'으로 돌아왔다는 것을 의미했다.

체제위협 최소화하는 모기장식 개방정책

냉전기 북한의 대외경제는 소련의 일방적 지원이거나 사회주의 국가들과의 우호 가격에 의한 교역이었다. 북한은 석유와 식량 등은 물론이고 산업기술과 군사과학기술도 소련에 의존하며 생존했다. 그러나 1970년대부터 소련 경제가 침체하기 시작하면서 북한에 대한 경제지원도 급감하게 되었고, 북한 경제도 동시에 어려워지기 시작하였다.(탁용달, 123~125)

이러한 상황에서 1970년대 냉전의 대립이 화해의 분위기로 전환되는 데탕트가 시작되자 북한은 1984년 합영법(최고인민회의 상설회의 결정 제10호)을 제정하였고, 이어서 '외국인 소득법', '외환관리법', '자유무역구법'을 제정하면서 조심스럽게 개방정책을 추진하기 시작하였다.(탁용달, 123~125)

그러나 북한이 제정한 '합영법'은 북한에 투자한 기업에 자재조달과 인력 등 경영 전반에 대한 자율권을 주지 않고, 국가 계획경제체제에 편입되기를 요구하였기 때문에 실패했다.

그리고 1994년 김일성 사망 이후 최악의 경제위기를 겪으면서 정권 생존의 위기에 처하자 김정일 정권은 외국과의 협력과 지원을 확보하여 위기를 타개하는 방안을 모색하기 시작하였다. 그 첫 번째 시도가 개혁개방을 통하여 경제가 급속히 발전하고 있었던 중국과의 경제협력을 확대하는 것이었다. 김정일 정권은 신의주에 경제특구를 신설하여 중국과의 경제협력을 강화하려고 하였으나 중국은 북한에 대한 경제협력에 소극적이었고, 특히 신의주 경제특구는 중국의 반대로 포기할 수밖에 없었다.

이러한 상황에서 김정일은 결국 정권의 생존을 위하여 '적과의 동침', 즉 남한과의 경제협력이 불가피함을 인식하였다. 마침 김대중 정부가 햇볕정책을 통하여 북한과 적극적인 관계개선을 희망하자, 소위 '모기장식 개방'이라는 이름으로 체제위협을 최소화하는 소극적인 방식으로 남한에 대해 문을 열기 시작하였다.

1998년 현대그룹 정주영 회장의 '소떼 방북'을 계기로 남한의 김대중 정부와 금강산관광을 합의하고, 2000년 제1차 남북정상회담을 개최하면서 남한과의 경제적 협력을 본격적으로 추진하기 시작하였다. 이후 북한의 대외경제는 남한과의 협력에 집중하게 되었다.

북한은 2002년 11월 '금강산관광지구법'과 '개성공업지구법' 등 특구법을 제정하였고, 2005년에는 '북남경제협력법'도 제정하여 남북경협을 지원하기 위한 법제화에 적극적으로 추진하였다. 이렇게 남한과의 경제협력을 위해 설치된 경제특구가 북한 경제 회생에 크게 기여한 것은 사실이었다.

그리고 북한은 2007년 제2차 남북정상회담을 통하여 '서해평화협력특별지대' 설치에 합의하면서 황해도 해주항을 중심으로 대규모 경제특구를 설치하려고 시도하였다. 그러나 이명박, 박근혜 보수 정부의 등장으로 '서해평화협력특별지대' 추진 합의는 파기되었다. 2008년 7월 금강산 관광객 피격 사망 사건과 2016년 북한의 제4차 핵실험으로 남한을 대상으로 하는 금강산과 개성공단의 경제특구는 모두 폐쇄되었다.

한편 2012년 김정은의 취임 일성은 '세계적 추세'를 강조하는 것이었다. 김정은은 평양 양말 공장을 현지 지도하면서 "세계적 추세에 맞게 양말의 색깔과 문양, 상표 도안도 따라잡아야 한다"라고 하였으며, 평양 순안공항 개건작업에서도 세계적 추세에 맞추어야 한다는 것을 강조하기도 하였다.

이러한 김정은 정권의 대외경제에 대한 인식 변화는 '경제개발구' 정책으로 나타났다. 김일성, 김정일 시대에 설치된 경제특구는 '라진·선봉 경제무역지대', '신의주 특별행정구', '개성 공업지구'와 '금강산 국제관광특구', '황금평·위화도 경제지대' 등 모두 5개에 불과했는데, 현재 '라진·선봉 경제무역지대'만 남았다.

이처럼 김일성, 김정일 시대 경제특구가 실패하였지만, 김정은 정권은 '경제개발구'라는 이름으로 총 27개를 지정하면서 획기적인 변화를 추구하였다. 북한은 2013년 '경제개발구법'을 제정하고, 2013년부터 2016년까지 경제개발구 지정을 추진하여, 기존 2개 특구와 중앙급 경제개발구 5개, 지방급 경제개발구 18개 등 총 27개를 설치하였다. 이들 경제개발구를 지역적 특성을 고려해 ① 종합형 경제개발구, ② 수출가공구, ③ 공업개발구, ④ 농업개발구, ⑤ 관광개발구, ⑥ 첨단기술개발구, ⑦ 국제록색시범구로 분류하여 지정했다.

그리고 이들 경제개발구는 ① 종합형 경제개발구: 6개(지방급: 압록강, 만포, 혜산, 청진, 경원, 강남), ② 수출가공구: 3개(중앙급: 진도 / 지방급: 송림,

와우도), ③ 공업개발구: 4개(지방급: 위원, 청남, 현동, 흥남), ④ 농업개발구: 3개(지방급: 숙천, 북청, 어랑), ⑤ 관광개발구: 5개(중앙급: 원산~금강산, 무봉 / 지방급: 온성섬, 청수, 신평), ⑥ 녹색시범구: 1개(중앙급: 강령), ⑦ 첨단기술개발구: 1개(중앙급: 은정) 등이다.

이처럼 김정은 정권은 단기간 내에 많은 경제특구를 설치하면서 대외경제정책에 있어 변화를 추진하자, 북한이 개방정책을 계속 확대해 나갈 것인가에 대해서도 개혁정책과 마찬가지로 다양한 견해가 제기되었다.

우선 김정은 정권의 개방정책을 긍정적으로 보는 견해는(나용우, 87~89; 모춘홍, 239~242) 첫째, 김정일 시대의 경제특구는 대규모 복합형이었던 반면, 김정은 시대에는 소규모로 공업, 수출가공, 농업, 관광 등 특화형의 특징을 지닌다는 것이다. 따라서 지방정부가 경제개발구의 주체가 되어 지방의 인민 경제를 활성화하도록 하였다는 것이다. 둘째, 북한의 경제개발구 개발 방식 및 개발 주체에 외국기업 등의 참여도 허용하고 외화의 자유로운 반출입과 국제시장가격을 용인하고 있다는 점이다. 마지막으로 북한의 경제개발구는 상품가격을 국제시장가격에 따라 당사자들이 협의하여 정할 수 있는 시장경제로 운영된다는 것이다.(모춘홍, 239~242)

하지만 이러한 김정은식 경제개발구가 활성화될 수 있을 것인지에 대해 회의적인 견해가 많은 것도 사실이다.(나용우, 89~90; 모춘홍, 239~242) 첫째는 북한이 해외투자자에게 투자자산의 보호 등에 있어 신뢰를 주지 못하고 있으며, 북한의 경제위기가 계속되고 있어 투자를 통한 수익의 창출 역시 불확실하다는 점이다. 둘째, 북한의 경제개발구 입지 선정이 격리된 '모기장식 개방'을 벗어나지 못하고 있다고 할 수 있다. 북한은 경제개발구 선정 원칙으로 주민 거주 지역과 일정하게 떨어진 지역을 제시(제11조)하고 있기 때문이다.

김정은 정권의 경제정책은 개혁개방이 아니다

지난 10여 년 동안 김정은 정권은 경제정책에서 많은 변화를 추진해 왔다. 특히 김정은 정권 들어 북한의 시장이 급속히 확산되면서 북한 경제 전반이 시장경제로 전환되고 있으며, 김정은 정권도 이러한 시장화 추세에 정책적으로 따라가면서 개혁개방을 확대할 수밖에 없을 것이라는 주장이 제기되었다.

그러나 김정은 정권의 각종 개혁 조치에도 불구하고 대부분의 전문가는 북한이 근본적으로 변화할 수 있을까에 대해 회의적인 것도 사실이다. 그 이유는 북한이 사회주의 계획경제체제에서 시장경제체제로 변화한다거나 또는 개혁·개방을 하겠다고 공식적으로 선언한 적이 없으며, 오히려 사회주의 계획경제를 고수하겠다는 의지가 강경하다는 것이다. 특히 북한은 스스로 '우리식 경제관리 방식'이나 '경제개발구' 확대 등의 경제적 조치들이 개혁개방이 아니라고 주장하고 있기 때문이다.

사실 북한의 경제정책이 어떤 방향을 나갈 것인 지에는 많은 요인이 영향을 미치고 있다. 즉 북핵 문제와 국제사회의 경제제재, 미·중 관계와 북·중 관계 그리고 남북관계도 매우 중요한 변수다. 하지만 김정은 정권의 경제정책이 개혁개방의 방향을 나아갈 것인가를 평가하는 또 다른 방법은 김정은 정권의 경제개혁과 개방정책, 즉 '우리식 경제관리방식'과 '경제개발구' 정책을 중국과 베트남의 개혁개방정책과 비교하여 평가하는 것도 중요한 판단의 기준이 될 수 있을 것이다.

먼저 김정은 정권의 '우리식 경제관리방식'을 중국과 베트남의 초기 개혁개방 정책과 비교하면, 농업 부문에서는 중국과 베트남의 농업개혁이 초기 단계에서 집단농장의 분조 규모 축소 ⇨ 농가 생산청부제 ⇨ 농가 경영청부제로 진행하며 농업집단화를 폐지하였다. 그리고 농업 생산물에 대한 평균주의 분배에서 능력주의 분배로 전환하고, 농가의 생산물 자율

처분과 이익에 대해 세금제로 전환하였다. 그러나 북한의 '우리식 경제관리방식'은 협동농장의 작업분조 단위를 축소하는 단계로서 중국 농업개혁의 초기 단계인 '농가 청부생산'에도 못 미치는 상황이다.

　기업 부문에서 중국과 베트남은 개혁개방 초기에 분권화와 물질적 유인 제공 ⇨ 조세제도 도입 ⇨ 기업에 가격 결정권 부여 등 기업의 경영 자율성을 대폭 확대하는 단계로 진행되었다. 그러나 북한은 현재 계획지표를 축소하고 계획보다 초과한 생산물을 시장에 판매하는 것을 허용하는 정도다.

　한편 가격체계 개혁 면에서 중국과 베트남은 국가가 정하는 계획가격과 시장가격을 공존시키는 이중가격제를 도입하고 점차 계획가격을 축소시켜 나갔다. 그러나 북한은 경제난에 따라 시장이 확대되면서 시장가격이 형성되어 있으나, 북한 당국은 이를 공식적으로 인정하지 않고 국정가격을 유지하고 있다. 단지 시장 수급에 따라 국정가격을 수시로 조정하고 있는 단계에 있다.

　금융제도 면에서는 중국과 베트남은 중앙은행 단일체제에서 중앙은행과 상업은행을 분리하는 단계로 진전되었다. 그러나 북한은 아직 조선중앙은행 단일체제를 고수하고 있으며, 최근 상업은행 설립이 진행되고 있다. 하지만 2009년 화폐개혁 등의 이유로 상업은행에 대한 시장의 신뢰는 매우 낮은 것으로 파악되고 있다.

　한편 대외 개방 면에서는 중국은 개방 초기 선전·주하이 등 경제특구를 설치하여 소위 '점 개방'을 추진한 이후, 연해 개방도시를 개방하는 '선 개방', 개방 지역을 동부 연안으로 확대하는 '면 개방'으로 개방 지역을 단계적으로 확대하였다. 베트남도 개방 초기 수출가공구를 설치하고 외국의 투자 규제를 완화하였고, 이후 수출가공구와 우대 조치를 전국적으로 확대하였다. 특히 중국과 베트남 모두 미국과의 관계개선을 추진하여 해외 투자를 받아들일 수 있는 여건을 조성하였다는 점이 개혁개방 성공에 가장 중요한 요인이었다.

그러나 김정은 정권의 경제개발구가 외국 자본을 유치하기에는 특구 운영이나 투자자에 대한 신뢰 등이 매우 미흡한 실정이다. 그리고 북한은 핵 개발을 강행하며 미국과 적대적인 관계를 유지하고 있으며, 국제사회의 경제제재는 더욱 강화되고 있다. 이러한 상황에서 북한이 외국 자본의 도입이나 투자 유치는 불가능하다.

이처럼 김정은 정권의 경제정책인 '우리식 경제관리 방식'과 '경제개발구'는 중국과 베트남의 개혁개방 초기 단계에도 미치지 못하고 있다고 평가된다.

❷ 수령의, 수령에 의한, 수령을 위한 북한 경제

수령경제가 지배하는 북한의 대외경제(외화벌이)

수령경제는 김정은 1인 독재 권력을 유지하는 데 필요한 통치자금 경제인데, 황장엽이 '수령의 개인 경제'로 개념화하면서 처음 등장하였다.(황장엽, 15~16; 차문석, 310; 김광진, 2007) 황장엽에 의하면 김정일이 후계자 시절 김씨 일가의 우상화 사업과 내탕금, 특권층의 소비재 조달, 핵 개발 등을 위해 막대한 자금이 필요했기 때문이었다고 증언하였다. 물론 김씨 일가의 개인 별장 관리 등 호화스러운 사생활을 위해서 사용된다. 황장엽은 수령경제를 당 경제와 군 경제를 포괄하였지만, 수령경제의 핵심은 당 경제로서 통치자금이 주를 이루며, 군 경제는 제2 경제라는 또 다른 경제영역으로 분류된다. 하지만 황장엽은 수령경제에는 핵 개발 비용 등 일부 군사 부문이 포함된다고 하였다.

수령경제의 자금은 당 39호실이 관리하는데, 대성총국(조선대성무역총회사)을 비롯하여 수많은 공장과 무역회사를 직접 운영하고 있다.(차문석, 320~

321) 그런데 39호실 이외의 모든 대외경제 부문은 정권의 통치자금 조달을 위한 외화벌이의 수단이다. 소위 '혁명자금' 또는 '충성자금'이라는 이름으로 무역을 비롯한 대외경제로부터 벌어들인 수익의 일정 부분을 '39호실'에 상납해야 한다.

이러한 수령경제의 핵심 자금원인 북한의 외화벌이는 다양한 방법으로 수행된다. 공식적인 무역이나 임가공은 물론이고 무기 수출이 중요한 외화벌이의 수단이다. 북한제 무기와 장비는 가격이 저렴하기 때문에 아프리카 분쟁 지역이나 테러집단에서 선호한다. 그러나 국제사회의 제재가 강화되면서 무기 수출은 많이 감소하였다.

이러한 공식적인 무역 이외에도 해외에서 문화 공연, 건설 유치, 식당이나 러시아 벌목공 등 인력 송출, 그림이나 동상 등 해외 예술품 수출 등 돈이 되는 일이면 뭐든 다 한다. 농산물, 도자기, 미술품 등과 석탄, 철광석, 구리, 마그네슘 등 지하자원을 외국에 헐값에 수출한다.

이러한 북한의 외화벌이를 사업주체들로 구분해보면 첫째는 국가가 직접 운영하는 음성적·불법적 외화벌이가 수령경제의 중요한 수입원이다. 최근에는 북한 외교관들의 밀수도 중요한 외화벌이 수단이 되고 있다. 과거에는 마약, 위조 지폐, 위조 담배 등이 정권 차원에서 해외로 불법 유통했지만, 국제사회의 강력한 단속으로 인해 최근에는 거의 사라졌다.

둘째, 북한의 당·정·군 각 기관이 외화벌이 사업으로 벌어들인 수입이다. 북한의 기관은 국가 예산 지원이 거의 없어서 기관 운영비를 조달하고 간부들의 비공식 수입을 위하여 외화벌이 사업을 해야만 한다. 기관들의 외화벌이 관계자들은 세칭 '와크'라고 하는 수출입 취급물자 승인을 수령으로부터 받아서 무역을 할 수 있으며, 무역에 의한 이윤의 70%를 충성자금으로 납부하게 되어 있다고 한다.(임호수 외, 2017, 45)

셋째, 북한 주민들의 외화벌이 사업도 수령경제의 일부인데, 소위 '충성의 외화벌이 운동'이다. 주요 외화 원천은 금, 짐승 가죽, 송이버섯, 박하기름 등이며, 그 외에도 해산물, 광물 등 해외에 팔 수 있는 모든 물품이 외화벌이 대상이 된다.(한영진, 108)

넷째, 북한은 사이버 공격을 외화벌이의 수단으로 적극적으로 활용하고 있으며, 최근에는 가상화폐에 대한 사이버 공격에 집중하고 있다. 2022년 4월에 공개된 유엔 안보리 대북제재위원회 전문가 패널 보고서에 따르면 북한이 2020년부터 2021년 중반까지 북아메리카와 유럽, 아시아 등 최소 3곳의 가상화폐 거래소에서 5,000만 달러(약 607억 원) 이상을 훔친 것으로 발표하였다. 한편 미국 블록체인 분석 업체인 체이널리시스Chainalysis의 '2023 가상화폐 범죄 보고서'는 북한 해커들의 가상화폐 해킹 규모가 지난 2016년 150만 달러에서 2022년 16억 5천50만 달러로 급격히 증가했으며, 지난 7년간 총 32억290만 달러(약 3조 9천억 원)에 달한다고 발표했다. 특히 2022년에는 세계 가상화폐 절도의 43.4%를 차지했다.(연합뉴스 2023.2.3)

그런데 이러한 북한 정권 차원의 외화벌이가 남북경협에도 예외는 아니었다. 개성공단 근로자에게 지급된 임금의 극히 일부분만 실제로 근로자에게 지급되었다는 점이 그러한 주장을 뒷받침한다. 또한, 과거 남한이 북한에 지원한 식량(쌀)이나 각종 지방자치단체가 지원한 지원품은 정권 차원에서 핵심 엘리트들에게 충성의 대가로 선물의 형태로 하사되었다. 예를 들면 제주도 감귤의 경우 북한 정권의 핵심 엘리트들에게 하사되었다고 탈북민들이 증언한 바 있다.

이러한 수령경제의 규모는 정확하게 파악하기는 힘들지만, 북한 경제의 23%를 차지할 것이라는 추정과 국가자금의 배분에 있어 50~70%가 군사경제와 수령경제에 돌려지고 있다는 추정까지 다양하지만, 국가 경제에서 차지하는 비중이 매우 큰 것은 틀림없다.(성채기 외, 2003; 玉城素, 2001; 차문석, 340)

북한에서 수령경제는 인민경제와는 전혀 관련이 없다. 독재자의 통치를 위한 자금이기 때문이다. 그런데 이러한 수령경제를 위한 핵심적인 특권기관들이 수출 원천에 대한 특권을 부여받아 북한 시장의 상품 유통 피라미드의 맨 꼭대기에 있다. 이러한 측면에서 본다면 북한의 시장이 북한의 경제를 위한다기보다는 수령경제의 자금 조달을 위한 수단으로 작용하고 있다고 보는 것도 틀리지 않을 것이다.(차문석, 350)

이처럼 북한 경제가 수령경제를 위해 존재하고 있고, 특히 외화벌이 경제가 수령경제의 핵심이라는 것은 남북경협에 매우 부정적으로 작용할 가능성이 크다. 즉 남북경협 사업이 순수하게 남북간 경제적 이익을 공유하며 북한의 경제 발전을 추진하는 동력이 되어야 하는데, 남북경협이 정권 차원의 통치자금을 위한 외화벌이의 수단이 될 가능성이 매우 높기 때문이다.

'제2 경제' 위상을 가진 '수령결사옹위'의 군사경제

김일성 시대에는 '국방·경제 병진'을 경제정책의 기조로 하면서 군사력 증강을 최우선 순위로 추진하였고, 엄청난 재정을 군사비로 지출하였다. 김정일 정권도 선군정치를 표방하면서 국방위원회 산하에 제2 경제위원회를 두고 김정일이 스스로 제2 경제위원회를 직접 지휘하여 모든 군수물자의 계획, 생산, 분배 및 대외무역을 직접 관장하였다. 이런 상황에서 국가의 모든 경제주체는 제2 경제위원회 산하 군수업체들에 에너지와 원자재를 공급하는 구조로 종속되었다.(성채기 외, 2006; 이선우, 121) 그리고 김정은 정권은 '핵·경제 병진노선'을 내세우며 핵 무력의 증강에 엄청난 재정을 쏟아부었다. 이렇게 북한의 3대에 걸친 독재자 모두 군을 국가경제의 중심으로 운영하였다.

북한의 군사경제는 군수산업을 전담하는 '제2 경제' 부문과 군의 운영을 위한 군수물자의 생산, 조달을 담당하는 '군 경제' 부문으로 구성되어 있다. 참고로 인민경제가 제1 경제라고 할 수 있는데, 군경제의 위상을 알 수 있게 한다. '제2 경제' 부문은 제2 경제위원회, 국방과학원, 그리고 300~500여 개의 군수공장 및 군수 부품 공장을 포괄하고, 인력은 총 50~60만 명으로 추정된다.(정광민, 66; 차문석, 336) 한편 인민무력부가 총괄하고 있는 군 경제 부문은 군이 직할 관리하는 군수공장을 소유하고 있으며 군의 주식 및 부식을 자체적으로 생산하고 조달하기 위한 부업 경영 단위와 농장, 목장 그리고 외화벌이 사업을 위한 무역회사 등을 운영하고 있다.(정광민, 66~67; 차문석, 336)

〈표 14〉 북한 군사경제의 조직과 구성

	주요 조직	경제 단위	기본 기능
제2 경제	제2 경제위원회 국방과학원, 연구소	군수공장 300~500개 산하 무역회사	무기/장비 연구개발, 생산
군 경제	인민무력부 산하 부대/기관	자체 군수공장 무역기업/공장·기업소/농,목장 부대 자체 부업경영 산하 공장/농 목장/어장	군수품 생산, 군 운용유지

북한의 군사경제가 어느 정도 규모인가는 많은 논란의 대상이 되어 왔다. 북한은 매년 국가 예산의 15% 정도를 배정한다고 발표하였지만, 과거 소련 등 사회주의 국가 사례에서 나타난 것처럼 신뢰할 수 없다. 구소련의 경우 실제 군사비는 공표된 군사비의 3.83배였으며, 중국도 공표 군사비의 2.4배~3.1배에 이른다는 것이 대체적인 분석이다.(성채기, 2009, 13)

북한의 군사비 추정은 한국국방연구원에서 여러 차례 수행되었는데, 최근 연구 결과는 100억 달러를 상회하는 것으로 추정하고 있다. 그리고 미국 국무부가 공개한 '2021년 세계 군사비 및 무기거래 보고서'(WMEAT)에 따르면 북한은 지난 2019년 GDP의 14.9%~26.4%인 43억 1천만 달러에서 110억 달러를 군사비로 지출한 것으로 추정하였다. 이는 북한이 총 GDP의 1/4 정도를 군사비로 지출하고 있다는 것을 의미한다.

'국방·경제 병진노선'이든 '경제·핵 병진노선'이든 국방 중심의 경제정책은 북한 경제를 악화시키는 주요 요인이 될 수밖에 없는데, 이는 다음과 같은 군사경제의 구조 때문이다. 첫째, 북한에서 국방공업과 일반경제는 완전히 분리되어 국방공업이 북한 경제에서 일종의 특권을 갖고 있다. 국방공업에 필요한 재원과 자원이 우선적으로 배분되면서 절대적으로 부족한 자원을 국방공업에 집중하게 되므로 인민경제는 낙후될 수밖에 없는 것이다.(조봉현, 31)

둘째, 김정일 시대 선군정치로 인해 경제의 국방 수요가 증가하게 되면서 많은 민수산업이 군수산업으로 전환되거나 겸용공장(일용공장)이 되었다. 또한 선군정치를 표방한 김정일시대에는 군부의 외화벌이에 엄청난 민간경제가 동원되었으며, 군부에 의해 수많은 부정이 저질러진 것으로 알려졌다.

북한의 시장화와 수령을 위한 부패

2002년 '7.1 경제관리개선 조치'를 통해 제도적으로 합법화된 이후 시장은 급속히 확대되었고, 최근에는 북한 전역에 500개 이상으로 증가한 것으로 추정된다. 그리고 많은 시장이 새 단장을 했거나 지속적으로 면적이 늘어나면서 시장 규모도 아주 커졌다. 또한, 700만여 대 이상으로 증가하고 있는 휴대전화는 경제교역의 중요한 수단이고 장마당은 부의 창출을 통해 자본을 축적할 수 있는 공간이 되고 있다.

이처럼 북한의 시장이 확대될수록 북한 경제에 미치는 영향이 커져갔으며, 이는 북한의 체제를 변화시키는 동력이 되었다.(최창용 외, 62~65) 그러한 변화의 핵심은 첫째, 북한의 중앙집권적 국가계획경제체제가 약화되었다는 것이다. 둘째, 일반 주민들이 영리 목적 상거래에 직접 참여함으로써 자본주의적 사고가 크게 확산되었다. 그리고 셋째는 급속한 시장화로 주민들의 생활양식, 의식구조, 그리고 계층구조 등이 변화하고 있다는 것이다. 특히 자본주의 신흥부자 계층이 증가하고, 개인주의, 물질 우선주의가 확산되면서 전통적인 사회주의, 집단주의적 가치가 흐려지고 사상적 통제가 이완되고 있는 것이다.

그런데 북한의 시장의 확산은 전형적인 후진국형 관료 부패의 확산을 불러왔다.(김종욱, 372) 북한에서의 관료 부패는 공적 권한을 이용하여 시장에서 이익을 취하는 것으로서 뇌물 등 다양한 형태로 나타났다. 그런데 이렇게 시장에서 시작된 부패는 사회 전반으로 확산되어 정부나 기업, 군에서도 승진과 배치 등을 위한 뇌물이 만연되어 있다. 즉 북한 사회 전체가 뇌물 등 부패로 작동되고 있다고 보아야 할 것이다.

북한 내 만연하고 있는 부패는 다른 저개발국가와 마찬가지로 국가 역량을 무력화하고 법과 규정이 제대로 집행되지 않게 만들고, 경제성장을 저해하는 주요 원인이다. 또한 부패의 만연은 개혁을 어렵게 하며, 소득 불평등을 심화시킨다. 부패를 통해 재부는 상층에 집중되는 경향이 발생하며, 이는 사회 내에 부익부 빈익빈 경향을 강화한다. 또한 부패로 이득을 보는 당-국가의 기관과 간부는 개혁에 저항한다.(박형중, 2013, 64)

하지만 이러한 부패의 확산이 수령에 대한 충성심을 높이면서 북한 정권의 안정에 기여하는 역설이 작용하고 있는 것이다. 북한의 부패는 수령을 위한 것이다. 즉 독재국가에서 부패는 정치권력이 권력 유지를 위해 경제적 특권을 정치엘리트와 관료들에게 차별적으로 배분하여 관료가 부패로부터 획득하는 수입은 관료가 독재자에 대해 충성과 복종의 대가로 인식하게 하는 것이다. 결론적으로 독재체제에서 부패는 정권의 생존을 위해 기획되고 장려되는 핵심 요소라는 것이다.(박형중, 2013, 64)

이처럼 북한 사회 전체에 만연된 부패는 북한의 대외경제에도 영향을 미친다. 북한의 각종 무역 등 외화벌이 사업은 수령으로부터 하사받은 특권을 이용하여 정부 기관과 군대 간부들의 개인적 이권 착복을 위한 수단이 되었다. 물론 북한의 외화벌이 사업은 김정은 수령을 위한 충성자금을 마련해야 하기 때문에 온갖 불법과 부정이 개입할 수밖에 없다. 이러한 북한의 부패는 남북경협 확대에도 큰 장애가 될 가능성이 높다.

3. 경협을 통한 남북 공동 번영은 이루어질 수 없는 꿈

남북 경협은 한국 경제 미래 번영에 결정적 요소

한국 정부가 남북경협을 추진하는 비전은 남북경협 확대를 통해 한반도에 평화가 정착될 수 있을 것이라는 기대와 남북한이 공동으로 번영할 수 있다는 것이다. 즉 남북한은 각자 부족한 요소를 서로 교환하여 win-win 할 수 있다는 것이다.

이러한 남북경협의 비전을 순수하게 경제적 측면에서 본다면 첫째, 남북경협은 한국 경제의 신성장동력으로 매우 긍정적인 역할을 할 것이라는 점이다. 북한의 경제수준은 낮지만 2천 4백만 명의 새로운 시장이 열리는 것이다. 또한, 남북경협의 확대는 한반도의 반도 기능을 회복하여 중국 동북 3성과 산둥성, 러시아 연해주, 일본의 인구를 합하면 5억이 넘는 시장을 연결하는 플랫폼 국가로 발돋움할 수 있다는 것이다.(이영훈, 72~76)

둘째, 경협 확대가 통일비용의 절감을 위한 사전 투자라는 관점에서 보아야 한다는 것이다. 즉 남북경협은 남북간 경제력 격차를 완화할 수 있고, 이를 통해 통일비용을 절감하는 동시에 통일 편익을 극대화할 수 있는 사전 투자라는 것이다.(이상숙, 2014, 30~33)

이렇게 남북경협의 비전이 남북 상호의 경제적 이익을 창출하는 것을 목적으로 한다면 다음과 같은 분야가 우선적인 협력 대상이 될 수 있을 것이다. 첫째, 자원 및 에너지 협력이다.(진정미, 73~77) 북한에 매장된 광물자원의 잠재 가치는 적게는 3,200조 원 많게는 1경 1,700조 원까지 추정하고 있으며, 728개 광산(금속광 260개, 비금속광 227개, 석탄광 241개)에서 42개 광종이 채굴되고 있는 것으로 알려졌다. 특히 마그네사이트, 철광석, 금 매장량은 세계 최대 규모이다. 남북경제협력을 통해 활용할 수 있는 광물자원은 북한 매장량과 남한 수입 의존도를 고려하면 마그네사이트, 인회석, 철, 중석(텅스텐) 등이 주요 대상이 될 수 있다. 또한 한국의 러시아산 가스를 도입하기 위하여 가스관 설치 문제도 남북경협 차원에서 진행될 수 있을 것이다.

남북경협의 두 번째 대상은 인프라 건설이다. 북한의 교통 인프라(철도, 도로, 항만, 공항)는 물론이고 전력, 수자원(상수도, 농업용수 등), 주택 등 거의 모든 인프라가 너무나 낡아서 남북 경협은 물론이고 북한의 경제 발전에도 가장 큰 장애가 되고 있다.

특히 북한의 인프라 건설에서 중요한 분야가 전력 분야다. 현재 북한의 발전 설비 용량은 7.66백만kW(한국의 1/14)이지만 전력 생산량은 239억kWh(한국의 1/23)에 불과하다. 그러나 발전 설비의 가동률은 노화와 보수 부족으로 이보다 훨씬 낮은 것으로 알려졌다. 이러한 북한의 전력난은 북한 경제난의 결정적인 요인이 되고 있으며, 남북경협에도 장애가 될 것이다.

사실 북한의 인프라 구축 사업은 엄청난 자본이 투입되어야 할 것이다. 독일 통일도 동독 지역에 대한 인프라 구축을 위한 대규모 물적, 인적 투자가 이루어지면서 오히려 통일 독일 경제가 빠르게 회복되는데 크게 기여하였다. 북한의 인프라가 동독의 인프라보다 훨씬 낙후되어 있다는 점 등을 고려할 때 엄청난 자본이 투입되어야 할 것이지만, 독일 사례에서처럼 남북한에 엄청난 경제적 이익을 가져다줄 것으로 기대할 수 있다.

남북경협의 세 번째 대상은 산업협력이며, 이미 개성공단을 통하여 많은 경험을 쌓았다. 2007년 제2차 남북정상회담에서 합의한 해주항 개방을 위한 '서해평화협력지대'와 문재인 정부의 '한반도 신경제지도'가 대표적 사례이다. 과거 독일 통일 당시 동서독의 산업협력을 고려할 때 한국과 북한 간의 산업협력은 정보통신, 자동차, 제철, 석유화학, 야금, 관광, 건축, 경공업 등 다방면으로 발전할 것을 기대할 수 있다. 이러한 다양한 산업협력은 북한의 개방을 촉진하여 남북한 경제가 공존할 수 있는 새로운 자본 축적의 공간으로 성장할 수 있다는 것이다.(진정미, 73~77)

북한은 남한과의 교류를 강력히 통제

위와 같이 남한과 북한이 협력할 수만 있다면 서로 Win-Win하면서 공동 번영도 가능할 것이다. 아니 대한민국의 미래가 북한에 있다고도 할 수 있을 것이다. 그러나 현재의 남북관계 상황에서 미래 공동 번영은 물론이고 경제협력을 재개할 수는 있을까 하는 의문이 드는 것이 사실이다. 사실 현재의 남북관계를 바라볼 때 너무나 많은 요인이 남북간 협력을 가로막고 있다는 것을 알 수 있기 때문이다.

우선 북한이 남한과의 교류를 극도로 경계하며 강력한 통제와 단속을 계속하고 있는 것이다. 남북간 경제협력은 인적·물적 교류를 통해 발전해 나가는 것이며, 이러한 교류로 남한의 각종 문물이 북한으로 확산되는 것은 필연적이다. 그런데 북한이 그러한 교류를 원치 않는다면 경제협력은 불가능한 것이기 때문이다.

사실 북한의 폐쇄적 독재체제에는 주민들의 의식 변화가 가장 무서운 적이다. 특히 한국의 경제 발전상이 담긴 CD나 USB 등 각종 매체와 세계적인 수준의 가전제품 등이 주민들에게 확산되면서 민심이 동요할 것을 극도로 경계하고 있다. 따라서 북한 당국은 북한 내에 남한 문화의 확산을 비사회주의라는 명분으로 '퇴폐문화 반입·유포죄' 및 '적대방송 청취죄'로 분류하여 강력하게 처벌해 왔다.

특히 김정은 시대에 들어서서 시장이 급속하게 확산되자 남한 문화에 대한 탄압과 단속이 더욱 강화되었다. 우선 김정은은 후계자 시절부터 "전국적으로 총소리를 울려라"라고 지시하면서 국가안전보위부, 인민보안부 등 관련 기관 합동으로 '109 그루빠'를 조직하여 비사회주의 척결이라는 이름으로 남한풍을 강력히 단속해 왔으며, 단속된 주민들을 공개처형하기까지 하였다.

그런데 2020년 9월 10일 김정은은 "사회적으로 괴뢰말투, 괴뢰풍을 쓸어버리기 위한 투쟁을 강도 높이 벌려야 한다"라고 하면서 '오빠'나 '동생' 같은 남한 말투에 대해서도 강력한 단속을 지시하였다. 이러한 김정은의 지시에 따라 북한 당국은 2020년 12월 '반동사상문화배격법'을 제정하였는데, "남한 영상물 유포자를 사형에 처하고, 시청한 자도 징역 15년형에 처할 수 있다"라고 규정하고 있다. 이 법에 따르면 북한에서 남편을 '오빠'로, 남동무'(남자친구)를 '남친'으로 부르는 한국식 말투를 쓰다 걸리면 '혁명의 원수'로 낙인찍혀 최대 2년의 징역형(노동교화형)에 처해질 수 있다. 그리고 2022년 10월 한국 드라마를 시청하고 대량 유포한 혐의로 고등학생 3명을 처형한 것으로 알려졌다.

사실 과거 금강산이나 개성공단 등 남북경협 현장에서의 남북한 접촉에 대해 북한이 극도로 민감하게 반응하였던 많은 사례가 많이 있었다. 예를 들면 개성공단 내 근로자들에게 제공되었던 '초코파이'가 북한 시장에서 인기품목이 되자, 북한 당국이 기업들에 초코파이를 나누어 주지 말라고 요구하기도 하였다. 또한 금강산 관광객이나 북측에 파견된 남측 직원들이 북측 직원들과 접촉하는 것에도 아주 민감하게 반응하며 억류하는 조치를 하기도 하였다. 특히 북한의 수령체제 모독이라는 이유로 엄격한 징벌, 보편타당한 법적 절차가 보장되지 않는 인신구속, 자유로운 통행·통신의 제약, 한국 신문 소지를 거부하는 등의 제약이 강화되기도 하였다.

따라서 향후 남북경협이 재개되어도 남한으로부터의 정보와 문화의 유입을 극도로 경계하는 상황에서는 근본적인 한계를 가질 수밖에 없으며, 남한 기업이 북한에서의 자유롭고 정상적인 경제활동은 불가능할 것이다. 북한은 그들의 정치·사회 체제에 미치는 외부의 영향을 최대한 방지하기 위해 북한식 체제의 틀 안에서만 우리 기업의 경제활동을 허용할 가능성이 높기 때문이다.

북한의 개혁개방에 대한 극도의 거부감

남북경협을 제한하는 북한 요인 중 두 번째는 북한이 변화에 대해 극도로 거부감을 나타내고 있다는 점이다. 북한은 이른바 '개혁개방'이라는 용어 자체에도 거부감을 나타내왔다. 물론 김정은 자신도 공개적으로 사회주의 계획경제체제의 유지에 대한 강한 의지를 나타냈다.

즉 2021년 1월 당 대회 보고에서 "경제사업에 대한 국가의 통일적 지도를 실현하기 위한 기강을 바로 세워야 하며 … 현 시기 우리 상업이 반드시 해결하여야 할 중요한 과제는 상업봉사활동의 전반에서 국가의 주도적 역할, 조절 통제력 회복"이라며 사회주의 계획경제체제를 통한 경제문제의 해결을 강조하는 태도를 보였다.

이러한 김정은의 태도는 '변화하겠다는 의지'가 아니라 그 반대로 사회주의 계획경제를 고수하여 시장도 국가가 통제할 수 있는 안의 범위에 있어야 한다는 것을 강조한 것이었다. 결론적으로 외부로 나타난 김정은의 발언에서도 개혁개방의 의지는 찾아볼 수 없다.

이처럼 김정은 정권의 개혁과 개방에 부정적인 태도는 남북경협 사업

자체를 부정하는 것이라고 할 수 있다. 북한이 자본주의 시장경제체제인 남한과의 경제협력과 교류를 하려면 경제관리체제를 자본주의 시장경제체제로 바꾸어야 하며, 북한에 대한 광범위한 개방이 불가피하다. 그러나 북한이 개혁개방에 소극적이라면 북한의 대남 경제협력 역시 소극적일 수밖에 없는 것이다.

또한, 북한의 개혁개방에 대한 거부감 때문에 북한 경제의 발전을 위해 국제금융기구 등으로부터 자금을 지원받을 수 없다. 사실 북한의 경제 발전을 위해서는 인프라 개발 등 막대한 자금이 소요될 것인데, 국제적 컨소시엄 구성이나 국제금융기구의 지원이 필수적이다. 그런데 미국의 제재가 북한에 대한 자금 지원을 원천 봉쇄하고 있기도 하지만, 국제금융기구가 북한에 대해 자금을 제공하기 위해서는 국제금융기구가 만족할 정도로 북한이 개혁개방을 추진해야 한다.

과거 베트남 사례에서 볼 때 베트남이 개혁개방정책인 '도이모이'를 추진하면서 국제금융기구로부터 자금지원을 받을 수 있었던 것은 IMF의 혁신적 개혁 조건을 받아들였기 때문이었다. 그러나 북한의 현재 경제정책으로는 국제금융기구의 요구를 충족시킬 수 없다고 할 수 있다.

김정은 정권의 최대 관심은 정권의 보존이며, 경제보다 안보 문제가 우선한다. 따라서 북한은 개혁개방이 가져올 사회통제의 이완을 두려워하고 있고, 특히 남한과의 교류로 북한 주민들이 남한과 직접 비교하게 되는 것을 두려워할 것이다. 따라서 북한은 남북 경제교류가 확대되어도 북한이 변화하지 않는 선에서 경제적 이익만을 취하는 전략을 고수하면서, 교류도 협력도 없는 현금만을 원할 가능성이 높다.

남한은 경협을 위한 막대한 투자비용 감당 불가

남한 요인도 남북 경제협력을 제한하고 있다. 그중 대표적인 것이 남북경협의 확대를 위한 막대한 투자비용을 한국의 경제력이 감당할 수 없다는 문제이다. 지금까지 남북경제협력은 소규모로 제한적이었기 때문에 투자비용이 많이 들지 않았다. 특히 금강산이나 개성공단처럼 남한과 접경지역에 건설된 특구를 이용하였기 때문에 인프라 건설에 드는 비용도 많지 않았다. 그러나 남북경협을 본격화하고 확대하려면 북한의 낡은 인프라와 설비 건설을 비롯하여 원자재 공급 등의 문제를 선제적으로 해결해야 하는데, 이를 위해서는 엄청난 비용이 필요할 것이다.

그런데 현재 한국의 경제력으로는 북한 인프라 건설 등 경협 확대에 소요되는 막대한 자금을 부담하는 것은 불가능 할 것이다. 물론 김대중 정부 이후 진보 정부든 보수정부든 남북경협 확대나 경제공동체 건설을 공약하였고, 이들 계획은 비용을 조달하기 위해 주변국이나 국제금융기구의 협력을 전제로 하고 있었다.(진정미, 65~68)

그런데 국제금융기구나 외국 자본의 투자를 유치하기 위해서는 북한의 핵 포기, 미국과의 관계개선 등이 선행되어야 한다. 특히 북한에 대한 국제금융기구의 투자를 위해서는 투자의 안전성이 보장되어야 하는데 미국이 지배하고 있는 국제기구가 안전성을 보장해줄 가능성은 희박하다. 통상적으로 이러한 안전성 보장은 국제금융기구의 몫이다. 즉 세계은행 등 국제금융기구가 대북 개발 원조를 개시하게 되면, 그것이 투자 안정성에 대한 보장 신호로 작용하여 각국의 공적자본과 민간자본이 투입되는 것이다.

문제는 세계은행에 가입하려면 먼저 IMF(국제통화기금)에 가입해야 하는데, IMF의 최대 지주인 미국의 국내법이 이를 금지하고 있다. 미국의 '국제금융기구법'과 '브레튼우즈협정법'이 테러지원국과 공산국가에 대해 국제금융기구 차관 제공이나 여타 기금의 사용을 금지하고 있다.(임수호, 145~150) 여기에 해당하는 국제금융기구에는 IMF, IBRD, ADB 등 대부분의 국제금융기구가 포함된다. 따라서 한국이 북한에 대한 대규모 투자지원을 하려면 북한이 핵을 포기하고 베트남 수준의 개혁개방을 추진하도록 해야 하는데, 현재 또는 가까운 미래에 그러한 변화 가능성은 희박하다.

한편 남북경협을 제한하는 또 다른 남한 요인은 한국 정부의 교체에 따른 대북 경협정책의 급격한 변화다. 탈냉전 이후 남북 경제협력은 진보정부인 김대중~노무현 정부 10년 동안 가장 활발하였고, 보수정부인 이명박~박근혜 정부(2008년~2017년)에서 축소되다가 완전히 중단되었다.

물론 한국 정부의 경협정책이 급변하면서 북한도 대남 정책에 일관성을 유지하는 것은 불가능하였을 것이다. 2007년 노무현 정부의 임기가 5개월여 남은 상황에서 북한은 남북정상회담에 적극적으로 호응하여 '서해평화협력특별지대 구축'이라는 파격적인 남북경협에 합의한 것은 남한에서의 정권교체에도 남북경협이 계속되기를 강력하게 희망하였다고 볼 수 있다. 그러나 이명박 정부는 노무현 정부의 대북정책을 부정하였고, 결국 2차 남북정상회담 합의는 파기되었다. 북한은 이러한 경험으로부터 남북경협이 절대로 지속가능하지 않다는 것을 배웠을 것이다.

국제사회의 대북 제재, 남북경협 원천적 봉쇄

지난 30여 년 북한이 끊임없이 계속해온 핵 개발은 국제사회의 강력한 경제제재를 초래하였고, 이는 남북 경협에 결정적인 영향을 미치고 있다. 남북경협의 마지막 남은 사업이었던 개성공단이 폐쇄된 것도 2016년 북한의 제4차 핵실험에 대한 유엔 안보리 제재에 한국 정부가 동참할 수밖에 없었기 때문이었다. 그리고 현재 국제사회의 강력한 제재는 북한의 무역 등 대외경제 전반을 압박하고 있기 때문에 남북경협의 재개는 사실상 불가능하다.

우선 유엔 안보리 결의에 의한 국제사회의 집단적 제재가 북한에 대해 강력하고 광범위한 영향을 미치고 있으며, 남북경협도 유엔 안보리 제재의 대상이다. 유엔 안보리의 북한에 대한 제재는 2016년 제4차 핵실험 이후부터 북한 경제 전반을 광범위하게 압박하고 있다. 2016년 이후 채택된 결의안들은 석탄, 철광석 등 주요 광물 수출, 북한의 석유 및 정유제품 수입, 대북 투자, 해외 노동자 송출 등을 금지 또는 제한하면서 북한 정권을 압박할 수 있도록 기획되었다.

이러한 유엔 안보리 제재는 남북경협에 직접적인 영향을 미친다. 즉 대량의 현금 이전을 금지하는 유엔 안보리 결의(2094호 14항, 2270호 36항, 2321호 35항 등)는 개성공단 사업과 금강산 관광사업에 영향을 미칠 수밖에 없고, 북한으로부터 물자 수입 금지를 규정한(안보리 결의 2371호와 2375호) 항목들은 일반교역과 위탁가공 교역을 어렵게 만든다.

한편 미국의 독자적인 대북제재는 남북경협에 더 큰 영향을 미치고 있다. 미국의 독자적 대북제재는 최근에는 '대북제재 강화법' North Korea Sanctions and Policy Enhancement Act of 2016, '적성국 제재법'(2017) '오토 웜비어 북한 핵제재 및 집행법' Otto Warmbier North Korea Nuclear Sanctions and Enforcement Act of 2019 등으로 강화됐다.

이러한 미국의 독자적 대북 제재에서 가장 강력한 수단은 '세컨더리 보이콧' secondary boycott 인데, 이는 북한과 거래한 제3국 또는 제3국 기업과 개인에게 불이익을 주는 이차적 제재다. 이는 북한과 거래하는 제3국의 정부와 기업까지 미국 금융기관과 거래하지 못하도록 하는 금융 제재 방식이다. 국제거래의 90%는 미국 달러로 결제되므로 달러 흐름을 차단하는 세컨더리 보이콧은 관련된 기업의 '경제적 사형 선고'나 다름없는 매우 강력한 조치다.(박성열, 81~84)

이와 같은 미국의 대북제재는 남북간 경제협력을 제약하는 결정적인 요인이 될 수밖에 없다.(김규진, 121~126) 첫째, 미국 제재 대상자가 북한 사람뿐만 아니라 국적에 상관없이 북한과 관련하여 제재 대상 행위를 하는 자를 제재 대상자로 설정하도록 되어 있다.

둘째, 미국 '대북 제재법'에는 '고의로 북한인을 고용한 외국인'을 필수 제재 대상으로 지정하고 있다. 이는 개성공단 사업처럼 북한 주민을 고용하는 남북경협 사업이 현실적으로 불가능하다는 것을 의미한다.

셋째, 미국 '행정명령 13687'은 북한 정부와 노동당에 대한 자금 제공 및 그들로부터의 자금 수취가 금지되는데, 이는 남북경협 사업 자체가 현실적으로 불가능하다는 것을 의미한다.

넷째, 미국 '행정명령 13722'와 '13810'에는 북한 금융서비스업에 중대한 지원행위를 한 자, 그리고 외국 금융기관이 고의로 북한과의 통상과 관련된 상당한 규모의 거래를 하였거나 도왔다고 판단하는 경우, 미국 내 대리계좌 및 환계좌의 개설을 금지하거나 제한하고, 해당 금융기관의 미국 내 모든 자산을 동결하도록 되어 있다. 오늘날 전 세계의 거의 모든 금융기관은 미국 금융기관에 개설된 대리계좌 혹은 환계좌를 통해서 연결되어 있고, 한국의 금융기관도 적용 대상이다. 예를 들면 개성공단 폐쇄 전 남한의 우리은행이 북한에 지점을 개설하여 임금 지급 등의 목적으로 금융서비스업을 실행한 바가 있는데, 이는 직접적인 제재 대상 행위이다.

다섯째, 미국 '행정명령 13810'은 북한 관련 수출입에서 모든 물품, 서비스 혹은 기술을 한 건이라도 북한에 수출하거나 수입한 자는 제재 대상이다. 이러한 제재 환경에서는 기존의 개성공단뿐만 아니라 단순 수출입업도 불가능하다.

여섯째, 과거 개성공단이나 금강산관광, 각종 임가공사업은 물론이고 인프라 구축 사업인 남북 철도·도로 연결사업도 '행정명령 13810호'의 북한에서 건설업을 운영하는 자에 해당되어 제재 대상이다.

마지막으로 개성공단 등 남북경협 사업 추진 시 북한을 방문한 선박이나 비행기는 미국 영해 및 영공에 들어갈 수 없다.

또한 미국의 오래된 제재들인 '전략물자 반출제재', '국제금융기구의 대북 개발 원조 혹은 북한의 국제금융기구 가입 관련 제재', 그리고 '북한산 상품에 대한 대미 수출 제재' 등도 남북경협에 영향을 미친다. 특히 수출관리령 상품 통제 리스트에 등재된 품목들은 국제 전략물자 통제체제상 1종 물자로 분류되는 물자들, 즉 군수품이거나 군수품으로 전용될 가능성이 매우 큰 이중용도 품목들이 모두 포함되는 등 매우 포괄적으로 적용된다.(임수호, 145~150)

북한 경제의 중국 의존 심화

구소련이 붕괴하기 이전까지 북한 전체 무역의 61%가 구소련과의 무역이었고 대중국 무역은 11% 수준에 불과하였다. 그러나 소련이 붕괴한 이후 북한의 대중국 교역은 지속적으로 증가했다. 한국무역협회 2019년 『남북경협리포트』에 따르면 북한의 대중국 무역이 2001년 17.3%에서 2018년에 91.7%(2019년 95.2%)로 거의 절대적인 위치를 차지하고 있다.

사실 소련이 붕괴한 이후 북한의 대외무역 상대는 한국, 일본, 중국이었다. 그런데 2001년 북한 무역국 1위로 비중이 30.1%였던 일본과의 교역이 납치자 문제로 2007년 완전히 중단되자, 한국·중국과의 교역이 늘어났다. 그러나 2010년에 북한의 무역 상대국 2위였던 한국(25.0%, 중국은 45.3%)과도 2016년 개성공단이 폐쇄되면서 교역이 완전히 끊겼다. 이후 북한의 중국 무역의존도가 90% 이상으로 절대적인 위치를 차지하게 된 것이다.

〈표 15〉 2001년 이후 북한의 대중 무역 비중 변화 추이

구분	2001	2005	2010	2011	2015	2016	2017	2018	2019
총무역 비중(%)	17.3	32.5	45.3	63.3	59.6	84.3	92.3	91.7	95.2

*출처: 한국무역협회 북한무역통계

한편 북한의 대중국 무역의 상품별 구도는 2016년 국제사회의 대북 제재가 강화되기 이전까지 수출품은 1차 산품(무연탄, 철광, 선철, 어패류, 아연괴)과 임가공(재킷, 코트) 중심이었으며, 수입품은 원유, 항공유, 화물차, 섬유, 비료, 통신기, 쌀, 밀가루 등이 주를 이루었다. 특히 수출의 경우 무연탄과 철광석 등 광물 수출이 전체 수출액의 69% 이상을 차지할 정도였고, 북한이 중국으로부터의 수입 품목 중 원유 약 50만 톤이 포함되어 있다.

그런데 국제사회의 대북 제재가 강화된 이후인 2019년 한국무역협회가 발표한 북한의 대중국 주요 수출품은 시계(18.8%), 페로실리콘(11.3%), 가발(11.2%), 실험기구모형(6.3%), 텅스텐(4.8%)의 순이었고, 수입품은 대두유(4.5%), 직물(3.5%), 쌀(2.9%), 밀가루(2.9%), 시계 부품(2.6%) 순이었다. 이는 북한의 대중국 5대 수출품인 석탄, 철광석, 직물, 편물, 수산물과 5대 수입품인 연료, 전자, 기계, 차량, 철강 등은 비중이 모두 0%에 가까워졌고, 이는 국제사회의 대북 제재의 영향을 받았기 때문이었다.

이처럼 국제사회의 대북 제재 강화, 코로나 팬데믹으로 인해 북한의 대중국 무역에 큰 변화가 나타난 것은 사실이지만, 북한의 대외무역에 있어 중국의 비중은 향후에도 계속 확대될 가능성이 매우 크다. 그 이유는 북한과 중국 모두 경제협력 확대에 이해관계가 일치하기 때문이다. 즉 국제사회의 대북 제재, 한국의 '5.24 조치', 일본의 납치 문제가 해결되지 않는 한 북한의 무역은 중국에 집중될 수밖에 없다.

그리고 중국도 북한과 접경한 동북 3성의 경제 발전을 위해 북한과의

경제협력을 매우 중요한 수단으로 인식하고 있다는 점이다. 중국은 신의주 인근의 황금평과 동해안의 나선특구를 동북 3성과 하나의 경제벨트로 형성한다는 계획을 수립하고 있다. 물론 북한의 풍부한 지하자원은 여전히 중국에 매우 매력적인 것도 사실이다.

그런데 우리가 간과하고 있는 것은 북·중 경제 관계가 무역통계로 나타나는 것보다 훨씬 긴밀하다는 점이다. 북한 경제가 시장화되면서 북한 주민의 일상경제에서 대중국 의존도는 거의 절대적이라고 보아야 할 것이다. 북한 시장에는 중국 상품이 대부분이다. 또한 북·중 간에는 공식적인 무역뿐만 아니라 비공식 무역, 밀무역, 임가공, 북한 노동자의 중국 송출, 중국 관광객의 북한 관광 등 다양한 경제 교류와 협력이 진행되고 있다.

이러한 북한과 중국 간의 무역 등 경제관계의 확대는 분명히 북한 경제에 기회 요인이 될 수 있을 것이다. 중국은 북한 경제의 발전을 위해 필요한 에너지, 원부자재, 식량 등의 가장 큰 공급국이며, 양국 간 경제관계의 확대는 북한의 산업에 대한 개발 및 기술 이전 효과를 불러올 수 있다. 또한, 북·중 교역은 시장과 직접 연계되어 있어 북·중 교역이 확대될수록 북한의 시장도 활성화되고, 북한 주민들의 시장경제 학습의 공간이 확대되고 있다.

그러나 북·중 경협의 확대가 북한에 긍정적인 영향만 미치는 것은 아니다. 첫째, 북한 경제의 대중국 종속이 심화되면서 북한 경제 발전을 심각하게 저해할 가능성이 있다. 북한의 대중 의존이 심화할수록 북한의 내수시장은 중국 제품의 소비지로 전락하고 있다. 이는 북한이 자체적인 자본 축적을 통해 경제 발전의 선순환 구조를 형성하기보다는 경제종속이라는 악순환 구조가 심화될 가능성이 크다.(우상민, 4; 최수영, 81)

둘째, 장기적으로 중국에 대한 의존도가 높아질수록 북한 경제는 중국 경제와 긴밀히 연계되는 방향으로 산업구조가 개편되면서 선진국형이 아닌 낮은 수준의 경제 및 산업구조가 형성되면서 경제성장의 잠재력을 낮추는 결과를 초래할 것이다.(최수영, 81)

셋째, 북·중 경협의 확대는 불법행위의 증가와 특권경제가 확대되는 데 영향을 미쳤다. 북한은 핵 개발 등 군수산업을 위해서 국제사회의 대북 제재를 회피해야 하는데, 중국 기업과 비밀 거래를 통해 각종 원부자재를 도입하는 통로로 이용하고 있는 것이다. 이러한 비밀 거래는 중국 기업에 각종 무역 등의 특혜와 이권을 주는 것으로 이루어지고 있는 것이다.

넷째, 북한의 대중국 무역이 중단되거나 크게 감소하면 북한 경제는 심각한 타격을 입을 수 있다는 점이다. 이러한 상황은 코로나 팬데믹으로 북한이 국경을 봉쇄하여 북·중 무역이 급감하면서 나타났던 현상이었다. 북한과 중국의 무역이 중단되면 첫째, 생필품 공급지였던 중국 상품의 공급 제한으로 북한 시장은 큰 타격을 받으면서 북한 경제 전반을 위축시키는 결과로 나타났다. 즉 무역 위축에 따라 시장 종사자들의 수입이 감소하고, 시장이 침체하면서 장세 부족으로 인한 국가의 세수와 기업의 수익이 급격히 감소한 것으로 나타났었다.(양운철, 2020, 11)

북한의 대중국 경제 의존 심화는 남북경협에 상당히 부정적 영향을 미칠 가능성이 크다. 특히 북한의 대중국 의존경제로 인해 북한의 산업구조가 중국 경제와 긴밀히 연계되는 방향으로 개편될 수밖에 없을 것이며, 이렇게 중국식으로 변화된 북한의 기업 환경으로 인해 남북 기업들의 협력이 상당한 난관에 부딪힐 가능성이 높다.

남북 공동 번영의 조건

2016년 개성공단 폐쇄를 마지막으로 남북경협은 완전히 중단되었다. 하지만 많은 전문가, 관련 기관은 남북경협이 남북관계에 미치는 순기능적 역할이 필요하다고 보고 경협 재개를 위해 다양한 견해들을 제시하였다.

그리고 그러한 제언들이 현실화된다면 남북경협 본연의 목적인 남북 공동 번영을 위한 출발점이 될 수 있다고 주장하고 있다. 특히 남북경협이 활성화되어 남북간에 자유롭고 정상적인 경제활동 수준으로 나아간다면 남북 공동 번영을 위한 경제공동체의 길로 나아갈 수 있다는 것이다.

하지만 남북경협 재개 및 확대를 위한 어떠한 제안도 앞서 나열된 남북경협을 제한하는 문제들이 해결되지 않는 한 실현할 수 없다. 그리고 이 문제들은 더욱 근원적인 문제에서 비롯된 것이다. 그 첫 번째는 북핵 문제의 해결이며, 이를 통해 국제사회가 대북 제재를 해제하여야 한다. 둘째는 한반도 평화의 제도화를 통한 공존인데, 이는 남북경협이 확대되어 공동 번영하기 위해서는 평화가 정착되어서 지속가능한 남북관계의 발전이 이루어져야 한다는 것이다. 셋째는 북한의 변화와 경제 발전 의지가 확고해야 한다는 것이다. 이는 남북경협을 체제위협 요인으로서가 아니라 경제발전의 수단이라는 인식의 전환을 기대할 수 있기 때문이다. 하지만 북한의 경제 발전에 대한 의지는 과거 중국과 베트남 개혁·개방 수준과 비교할 때 단기간에 기대하기는 매우 어려울 것으로 보인다. 특히 북한 절대독재 정권은 인민경제의 발전이 정권을 위협한다고 인식할 가능성도 있다.

마지막으로 남북경협에 대한 국민적 합의가 무엇보다도 중요하다. 남북경협이 한반도 평화를 정착시키고 나아가 민족 공동 번영의 길이라는 것에 대한 국민적 공감대 형성되어야 한다는 것이다. 그러나 그동안 남북경협은 한국 내 보수와 진보의 이념적 갈등을 심화시킨 핵심적 요인이었다. 이러한 극심한 남남갈등은 지속가능한 남북경협의 확대에 최대 걸림돌이 되는 것이다.

특히 남북경협이 순수하게 경제적 차원보다는 특정 정파의 정치적 이익을 위해 이용되고 있다는 비판에서 벗어나지 못하다는 점이 문제이다. 남북경협이 남북경제공동체로 발전하여 민족의 공동 번영을 위한 길이 되어야 한다는 것에는 누구나 동의할 것이며, 그러한 길을 찾는 과업의 첫 번째는 국민적 합의를 도출하는 것이 되어야 할 것이다.

CHAPTER 10

대남전략과 대북정책: 남북관계는 개선되었나

1. 북한의 대남전략 변화: 적화통일이냐, 생존이냐

1 김일성 정권: (무력) 적화통일과 남조선 혁명전략

사회주의체제 건설 및 김일성 절대독재 확립

북한이 건국과 동시에 국가 정체성이 형성되는 시기였다. 해방 직후 분단된 한반도에서 소련은 북한에서의 사회주의 국가 건설을 적극적으로 추진하였다. 경제적으로는 일제 식민지 지배로 인해 피폐해진 경제가 6·25전쟁으로 경제 기반이 완전히 붕괴하였다. 따라서 6·25전쟁 이후 북한에 가장 시급한 문제는 전쟁으로 파괴된 경제를 신속히 복구하고 피폐해진 인민 생활을 하루빨리 회복하는 것이었다.

대외적으로는 미국과 소련의 냉전체제가 6·25전쟁이라는 국제전쟁을 통해 더욱 치열하게 대립하는 양상을 보였다 그런데 1960년대부터 격화되기 시작한 중국과 소련의 갈등은 북한에 큰 영향을 미쳤다. 당시 북한은 소련으로부터 각종 군사·경제적 지원을 받고 있었고, 중국은 6·25전쟁에 참전하여 북한을 지원하였기 때문에 북한에는 매우 어려운 상황에 처하게 되었다.

이러한 안보환경에서 북한은 소련의 지원으로 김일성 중심으로 사회주의 정권을 수립하고, 토지개혁과 주요 산업의 국유화를 단행하였으며, 계획경제체제를 완성하는 등 사회주의체제 건설에 주력하였다.

하지만 해방 직후 북한에는 이미 다양한 정치세력이 형성되어 있었고 이들 간의 권력투쟁이 본격화될 수밖에 없었다. 따라서 소련의 강력한 지원으로 김일성 중심의 권력체제를 구축하기 위한 권력투쟁도 본격화되었다.

그리고 1960년대 말에 드디어 김일성 유일지도 체제를 완성하였다. 특히 북한은 김일성 유일지도 체제를 확립하기 위하여 주체사상이라는 이념체계를 완성하여 1970년 11월 조선로동당 제5차 대회에서 유일지도사상으로 공식화하였다. 북한은 1972년 사회주의 헌법을 제정하였는데, 이는 '수령 중심의 당·국가체제'에 의한 사회주의 완성을 선언한 것이었다.

이 시기에 경제 분야의 핵심적 목표는 사회주의 생산 관계를 구축하는 것이었는데, 기본노선으로 스탈린식 중공업 우선 노선을 선택했다. 그리고 1962년 12월 당 전원회의에서 '4대 군사로선'과 함께 '경제·국방 병진노선'을 채택하며, 중공업 중심을 기반으로 국방력을 건설하겠다는 것을 선언하였다. 그 결과 국방예산의 규모가 공식 발표치 기준으로도 1967~72년간에는 전체 예산의 30~32% 수준으로 급증하게 되었다.

무력 적화통일과 남조선 혁명기지 구축

이러한 안보환경에서 김일성 정권은 출범과 함께 국가 목표를 '적화통일'로 하고 노동당 규약에 규정하였다. 그리고 김일성 정권은 출범과 동시에 남조선 적화통일을 달성하기 위하여 해방 5년 만인 1950년 6·25전쟁을 일으켜 무력으로 통일을 기도하였다. 그러나 냉전이 치열했던 당시 미국의 개입으로 북한의 무력적화통일전략은 실패할 수밖에 없었다.

북한은 6·25전쟁을 통한 무력적화통일전략이 실패한 이후 1950년대에는 전후 복구사업에 매진해야 했으며, 다른 한편으로는 김일성의 권력 독점을 위한 투쟁이 본격화되었기 때문에 대남전략을 적극적으로 추진하지 못했다.

그러나 1960년대에 진입하면서 김일성 정권이 안정되고 전후 복구사업이 상당히 진척되자, 북한은 1965년 2월 조선노동당 중앙위원회에서 '3대 혁명전략'과 '남조선 혁명론'을 구체화하였다. 즉 북한은 '무력에 의한 적화통일'을 위해서는 3대 혁명역량, 즉 북한의 혁명역량, 남한의 혁명역량, 그리고 국제적 혁명역량 등 세 가지 역량을 축적하여 여건을 조성해야 한다는 것을 강조하기 시작하였다.

그리고 북한은 이러한 '3대 혁명역량'을 강화하여 남조선 혁명기지 구축을 핵심적인 대남전략으로 추진하였는데, 이는 6·25전쟁의 교훈 때문이었다. 즉 김일성이 한국전쟁을 계획할 당시 남로당 박헌영이 제기한 남한내 빨치산 운동과 대규모 인민봉기를 전쟁 승리의 중요한 변수로 인식하였다. 그러나 실제 남한의 빨치산과 남로당의 활약은 미미한 수준에 그쳤다. 이를 계기로 김일성은 전쟁 과정에서 남한에서의 호응과 봉기가 중요하다는 것을 인식하였던 것이다.

북한은 남한의 혁명역량을 강화하기 위해서 지하당 조직의 확대 등 다양한 형태의 통일전선을 형성하여 사회 혼란을 조성함으로써 남한 내부에서 인민혁명이 일어날 수 있는 여건을 조성하려고 기도하였다. 1968년 1.21 사태, 울진·삼척 대규모 무장공비 남파사건 등 무장 게릴라를 남파하여 박정희 대통령 암살 기도, 남한 사회의 혼란 등을 지속적으로 도모

하였던 것이다.(합동참모본부, 2011. 4~5)

또한 북한은 대남전략으로서 국제적 혁명역량을 강화하였다. 이는 대남 적화통일을 위한 국제적 여건을 조성하려는 목적으로 외교적 노력을 병행하는 것이었다. 북한은 기존의 사회주의 국가들 간의 유대를 강화하고, 제3세계의 비동맹운동에 적극 참여하여 남한을 국제적으로 고립시키려고 하였다.

❷ 김일성·김정일 공동정권: 체제경쟁전략

미·소 화해 분위기와 사회주의 경제침체

이 시기 김일성 유일지도체제가 확고하게 정착되었고, 이어서 1980년 제6차 당 대회에서 김정일 후계체제를 공식화하였다. 이후 김정일은 점차 권한을 강화해 김일성·김정일 공동정권의 한 축을 담당하면서 당·정·군에서 실질적인 지도력을 행사하기 시작하였다. 그리고 1980년대 중반 이후에는 김정일이 군 통수권을 제외한 국정 전반을 실질적으로 장악해나간 것으로 알려졌다.(김광인, 158~159)

이처럼 북한은 김일성 유일지도체제의 완성으로 정치적으로는 안정을 이룩하였지만, 경제적으로는 이미 상당한 어려움에 봉착하고 있었다. 북한은 1961년~1967년까지 추진해온 제1차 7개년 계획이 실패하면서 경제침체가 이미 시작되었다. 그 이후 제1차 6개년 계획(1971~1976), 제2차 7개년 계획(1978~1984)과 제3차 7개년 계획(1987~1993)을 연이어 추진하였지만 실패하면서 경제침체는 더욱 깊어만 갔다. 사실 이 당시 북한의 경제침체는 소련 등 사회주의 국가들과 같이 사회주의의 구조적 문제가 본격화되기 시작하였기 때문이었다.

북한의 대외환경 측면에서는 치열했던 미소 냉전체제가 1970년대 들어서 화해의 분위기가 조성되는 변화가 나타났다. 유럽에서는 1970년 8월 서독·소련의 불가침협정, 1972년 동서독 기본조약, 1973년 동서독 국제연합 동시 가입 등으로 화해와 긴장 완화의 분위기가 조성되었다. 그리고 1975년 7월 헬싱키에서 '유럽안보협력회의 35개국 정상회담'이 개최됨으로써 동서 간의 화해는 최고조에 이르렀다.

하지만 1980년대에 이르면 소련 및 동유럽 사회주의 국가들의 경제침체가 심각해졌고, 1985년 소련 최고 지도자로 등장한 고르바초프가 사회주의 체제개혁을 추진하면서 사회주의 진영 전체에 엄청난 변화의 바람을 몰고 왔다. 이러한 변화의 바람으로 인해 동유럽 사회주의 국가들이 붕괴하였고, 소련도 붕괴하는 등 냉전이 종식되는 상황으로 가고 있었던 것이다.

또한 북한 대외환경의 중대한 변화는 중국에 덩샤오핑이 등장하며 개혁개방을 추진한 것이었다. 중국은 1978년 개혁개방 노선을 공식화하였다. 덩샤오핑은 경제발전 제일주의에 입각한 경제개혁을 추진하였으며, 중국경제가 급속히 발전하기 시작하였다. 이러한 중국의 개혁개방은 북한의 경제정책에도 영향을 미쳤다. 북한은 중국의 경제특구를 모방하여 1984년 9월 합영법을 제정·선포하기에 이르렀다.

한편 1970년대 들어서면서 한국은 비약적인 경제성장을 거듭하게 되었다. 남한은 1970년대에 연평균 10.06%의 고도성장을 이루었으며, 1980년대에도 고속 성장을 하게 된다. 이러한 경제성장의 가속화와 함께 1988년 서울올림픽과 1986년 아시안게임의 유치는 한국의 국제적 위상을 한 단계 더 높였던 것이다.

통일전선전략 강화와 남한과의 체제경쟁

이 시기 북한의 대남전략 목표는 변함없이 대남 적화통일이었다. 그러나 무력 적화통일의 환경이 점점 더 열악해지고 있음에 따라 1970년대에는 통일전선전략을 통해 남조선 혁명에 중점을 두기 시작하였다. 하지만 1980년대에는 남한과의 정치·경제적 격차가 크게 벌어지면서 남조선혁명전략에서 체제경쟁전략으로 전환할 수밖에 없었다.

우선 통일전선은 공산당이 어떠한 목적을 달성하기 위하여 일시적으로 연합하는 전술이다. 이 시기에 북한은 남한 내의 학생과 지식인, 사회단체 등 혁명 세력을 결집하는 통일전선을 구축하여 적화통일을 이루려고 하였다. 그리고 이러한 통일전선전략을 강화하기 위하여 남한과 대화를 적극 추진하였는데, 1972년 7.4 남북공동성명에 합의하는 등 평화적인 분위기를 조성하였던 것이 통일전선전략의 하나였던 것이다.

그러나 1980년대 들어오면서 남북간의 정치·경제적 국력과 국제적 위상에서의 차이가 크게 벌어지면서 통일전선 형성을 위한 환경이 점점 더 악화될 수밖에 없었다. 이러한 남한과의 국력 차이로 인해 북한의 대남전략 기조는 남한과의 체제경쟁으로 전환할 수밖에 없게 되었다.

이러한 북한의 체제경쟁은 두 가지로 나타났는데, 첫째는 한국의 국제적 지위 신장을 견제하는 것이었는데, 우선 '88 올림픽'의 공동개최 주장과 방해 공작이었다. 1985년 북한 정무원 부총리 정준기가 서울올림픽의 보이콧과 공동개최를 주장하는 담화를 발표하였고, 1987년 KAL기 폭파 사건을 일으켜 서울올림픽의 개최를 방해하기도 하였다.

둘째, 북한이 서울올림픽에 대항하여 1989년 제13차 '세계청년학생축전'을 개최한 것이었다. 세계청년학생축전은 사회주의 국가 청년들의 행사로 냉전시기에는 제3세계나 사회주의 국가에서 주로 개최되었다. 1989년 7월 1일부터 8일까지 177개 국가의 22,000명이 참석하여 정치·경제·예술·스포츠·경제 축전으로 나뉘어 진행되었다. 그러나 북한은 이러한 대규모 행사를 치르면서 경제는 더욱 악화되어, 1990년대 경제 위기가 더 빠르게 진행되는 계기가 되었다고 평가되고 있다.

❸ 탈냉전과 최악의 경제위기 '고난의 행군': 생존을 위한 공존전략

소련 붕괴와 독일 통일 그리고 경제위기

이 시기는 소련 및 동유럽 사회주의 국가들의 붕괴로 시작된다. 독일은 통일되었으며, 소련과 동유럽 국가들은 모두 자유민주주의 시장경제체제로 전환하였다. 냉전의 종식이었고, 탈냉전의 시작이었다.

소련 사회주의 붕괴는 북한에 정치·경제적 위기로 다가왔다. 북한은 소련이 붕괴하면서 국제적인 고립상황이 되어버렸고, 경제난이 시작되었다. 그리고 소련 붕괴의 충격이 채 가시기도 전인 1994년 50년 동안 절대 독재자 김일성이 사망하였고, 후계자 김정일은 3년 동안 은둔하면서 유훈통치라는 이름으로 국가를 통치했다.

특히 소련 사회주의의 붕괴는 북한 경제를 완전히 붕괴시켰다. 소련으로부터의 각종 경제지원은 중단되었다. 소련이 매년 300만여 톤을 시세의 30%라는 우호가격으로 지원해주던 석유 공급이 중단되자 대부분의 산업 시설 가동이 중단되면서 북한 경제가 붕괴하는 결정적인 요인이 되었다.

이러한 북한의 경제위기는 1991년 -4.3%, 1992년 -7.1% 등 8년 연속으로 마이너스 성장으로 나타났으며, 1990년대 말에 이르면 국가 총 GDP가 1980년대 말 대비 1/2로 감소하였던 것으로 평가되었다.

〈표 16〉 1990년대 북한의 경제성장률

연도	1991	1992	1993	1994	1995	1996	1997	1998	1999	2000
경제성장률	-4.3	-7.1	-4.5	-2.1	-4.4	-3.4	-6.5	-0.9	6.1	0.4

* 출처: 한국은행

이러한 북한의 경제위기는 크게 두 가지 측면에서 북한 사회에 큰 변화를 불러왔다. 첫째는 북한의 중앙 계획경제체제와 배급제의 붕괴이다. 중앙 계획에 의해 가동되던 공장들의 생산활동이 중단되었고, 식량 배급이 전면 중단되면서 수많은 사람이 굶어 죽었고, 김정일은 '고난의 행군'을 선언할 수밖에 없었다. 둘째, 북한에 시장이 확산하는 계기가 되었다. 북한에서 배급제가 중단되자 주민들은 모두 먹고살기 위해 시장으로 몰려갔다.

한편 북한의 대외환경은 소련의 붕괴로 인해 미국 주도의 세계 질서로 개편되면서 북한의 국제적 고립이 심화하였다는 점이다. 또한 탈냉전으로 세계가 하나로 되는 세계화가 시작되었다. 이와 같이 적대국인 미국이 주도하는 세계 질서로 재편되고, 세계화가 급속히 진전되자 북한은 미국을 중심으로 하는 자본주의 진영으로부터의 심각한 체제위협을 인식하는 상황이 되었다.

한편 이 시기 남한은 경제 발전이 가속화되었고, 정치적으로는 1980년대 후반 민주화가 정착되어 가고 있었다. 남한의 경제는 1997년 외환위기로 인해 큰 고통을 겪기는 하였지만, 급속히 성장하고 있었다.

생존을 위한 남북한 공존 전략

이 시기 북한은 최악의 경제위기로 인해 정권의 생존이 위협받는 상황이 되자, 생존전략에 집중하게 되었다. 김정일 정권은 우선 대내적으로 군부를 통치의 전면에 배치하는 '선군정치'를 통하여 정권을 수호하는 위기관리 조치를 하였다. 그리고 생존보장의 수단으로 핵 개발을 본격화하였다.

북한의 대남전략도 생존전략으로 전환하였다. 이 시기 북한의 대남전략은 두 가지로 압축되는데, 첫째는 남한과의 공존 가능성을 시사하는 평화공세이며, 둘째는 남한으로부터의 체제위협을 차단하는 것이었다.

우선 북한의 평화 공세를 통한 공존 전략의 첫 번째는 남북간 고위급회담 개최와 '남북기본합의서' 채택이었다. 북한은 1988년 노태우 정부의 '7.7 선언'에 호응하는 형식으로 남북 고위급회담에 참여하여 1991년 '남북기본합의서'를 합의하면서 남한에 공존의 가능성에 대한 기대를 확실하게 심어주었다.

북한의 두 번째 평화 공세는 1991년 남한과 함께 유엔 가입을 결정한 것이었다. 즉 1991년 제46차 유엔총회에서 한국은 161번째, 북한은 162번째 회원국이 되었다. 이 시기 북한이 유엔 가입을 결정한 것은 유엔 회원국으로서의 자격이 미국 등 서방 세계로부터의 체제위협을 차단하기 위한 수단이라고 판단하였던 것이다.

한편 북한은 생존을 위해 남한으로부터의 당면한 위협을 차단하는 데 주력하였다. 그 첫째가 '한반도 비핵화 공동선언'을 합의하여 미국의 핵위협을 차단하는 것이었다. 소련의 붕괴로 소련의 핵우산 지원이 불가능한 상황에서 미국이 남한에 배치한 전술핵무기는 북한의 최대 군사 위협이었다. 따라서 북한의 의도대로 '한반도 비핵화 공동선언' 직후 미국은 남한의 모든 전술핵무기를 철수하였다.

둘째, 남한의 군사적 위협을 차단하기 위하여 1999년 제1차 연평해전과 같은 군사적 충돌을 불사하였다. 즉 1990년대 경제위기에서는 수많은 병사가 굶어 죽었고, 각종 무기와 장비의 유지는 물론 군사력 증강도 불가능했다. 이러한 상황에서 북한은 남한 등 외부로부터의 군사적 위협에 불안할 수밖에 없었을 것이다. 따라서 북한은 제1차 연평해전과 같은 군사적 충돌을 통해 남한이 침범한다면 전쟁이 일어날 것이라는 강력한 메시지를 보내면서 군사적 위협을 차단하려고 하였다.

❹ 김정일 정권: 생존을 위한 대남 경제실리 추구전략

미국의 반테러 전쟁과 경제위기 지속

1994년 김일성의 사망 이후 '고난의 행군' 위기를 수습하면서 1998년 헌법 개정과 국방위원장 재추대 등의 절차를 거쳐 김정일 체제가 공식 출범하였다. 김정일 정권은 국가 비전으로 '강성대국 건설'을 제시하고, 선군정치를 통치방식으로 선언하였다.

한편 1998년 김정일 정권의 공식 출범에 즈음하여 북한의 경제난도 일부 완화되기 시작하여 플러스 성장으로 전환되었고 2000년대 들어서는 경제 회복세가 더욱 뚜렷해지기 시작하였다. 이처럼 북한 경제가 회복된 데에는 크게 두 가지가 영향을 미쳤다고 할 수 있다. 그 첫째는 북한 내에 확산되고 있던 시장이 활성화된 것이며, 둘째는 남한과 국제사회로부터의 경제지원이 크게 증가한 덕분이었다. 특히 시장이 급속히 확산되며 경제발전을 견인하기 시작하였다.

하지만 대외적으로는 2001년 9.11 테러로 미국이 반테러 전쟁을 선포하고 이라크와 아프간 정권을 붕괴시키는 동시에, 북한을 '악의 축' 국가로 규정하고 대량살상무기를 용납하지 않겠다고 경고하였다. 이후 미국은 1994년에 체결된 '제네바 합의'를 파기하고 북한의 핵 개발 포기를 강하게 압박하게 되었고, 북한이 이에 반발하면서 제2차 북핵 위기가 발발하였다.

하지만 이 시기 중국의 대북 지원이 확대되면서 북한의 고립 타개에 큰 도움이 된 것은 사실이다. 사실 북·중 관계는 중국이 1992년 한국과 수교하자 한동안 고위급 교류가 완전히 중단되는 등 소원해졌었다. 그러나 2000년대 들어 김정일의 중국 방문과 중국 장쩌민 주석이 북한을 방문하는 등 관계가 긴밀해지기 시작하였다.

이러한 북·중 관계 긴밀화는 중국의 경제지원 확대, 국제사회의 제재와 압박으로부터 북한 옹호 등의 형태로 나타났다. 특히 유엔 안보리에서의 대북 제재 결의에도 불구하고 중국은 제재 이행에 소극적인 태도로 일관하며 북한을 옹호하였다.

그런데 2008년 8월 김정일이 뇌졸중으로 쓰러지는 상황이 발생하며 북한의 대내외 환경은 급변하기 시작하였다. 먼저 2009년 초에 김정일의 3남인 김정은이 후계자로 공식 석상에 나타났다. 그리고 북한의 권력 핵심부인 당·정·군에 대한 대규모 조직 개편과 인사가 단행되었다. 특히 2010년 9월 제3차 당 대표자 대회를 개최하여 3대 권력 세습을 공식화했으며, 이후 김정은에 대한 권력 승계를 급속히 진행하기 시작하였다.

생존을 위한 대남 경제실리 추구전략

이 시기 대남전략도 정권위기 극복을 위한 생존전략의 하나로 추진되었다. 그러나 이 시기 북한의 대남전략은 대내외 환경에 따라 극명하게 다른 양상을 보였다. 먼저 북한은 김대중, 노무현 정부의 대북 포용정책과 같은 우호적인 환경을 최대한 이용하여 실리를 추구하여 생존을 보장하는 전략을 추구하였다. 우선 1998년 금강산관광 사업을 시작하였고, 김대중 정부로부터 4억 달러의 지원금을 받는 조건으로 2000년 6월 15일 남북정상회담에 합의하였다. 이후 금강산 관광사업과 개성공단 등 남북경협을 적극적으로 확대해나가며 경제실리 위주로 추진하였다.

북한의 이러한 실리 위주의 대남전략으로 남북경협은 김대중, 노무현 정부 10여 년 동안 크게 확대되었다. 그리고 남북관계개선은 북한의 대외경제나 국제사회의 지원 확보에도 긍정적으로 작용하였다. WFP(세계식량계획) 등 국제기구와 국제 NGO 등에서도 북한에 대한 인도적 지원을 확대하였다. 이러한 지원과 협력에 힘입어 북한은 최악의 경제 위기에서 벗어나 빠르게 성장하였다.

하지만 이 시기 북한은 대남 군사적 신뢰구축에는 소극적으로 대응하면서 군사적 긴장을 유지하였다. 즉 2000년 남북정상회담 이후 군사 회담이 많이 열렸지만, 사실상 군사문제의 논의를 거부했다. 이러한 북한의 태도는 탈냉전 직후 고립이 심화된 상황에서 한미연합군이 심각한 군사적 위협이었을 것이다. 따라서 북한은 군비통제 협상보다 군비증강의 필요성을 더욱 인식하고 있었을 것이다. 이 시기 북한이 핵 개발을 강행한 것도 이러한 피포위 안보 인식에서 비롯된 것이었다.

물론 이러한 북한의 피포위 위협 인식은 이명박 정부 등장과 김정일의 뇌졸중 발병으로 그 강도가 높아졌다. 즉 북한은 이명박 정부의 '비핵·개방 3000 구상'에 대해 "우리와 정치·군사적으로 전면 대결하자는 것"이며 "좋게 발전하던 북남관계가 동결되고 정세가 긴장 격화로 치닫는 속에 민족의 운명이 위협당하고 있다"라고 비난하였다. 그리고 북한이 이명박 정부의 임기 내내 대남 군사적 위협을 강화하였고, 대청해전, 천안함 및 연평도 도발 등으로 인해 한반도에 군사적 긴장을 고조시켰다.

5 김정은 정권: 핵 개발 강행을 위한 대남 강압전략

북한 핵 개발 강행과 국제사회 강력한 제재

2011년 12월 김정일의 갑작스러운 사망에도 불구하고 북한은 후계자 김정은을 중심으로 정치적으로 매우 안정된 모습을 보였다. 2009년 처음 등장한 후계자 김정은은 김정일 사망 직후 최고사령관 직책을 이어받으면서 일사불란하게 권력을 승계하였다. 그리고 김정은 정권은 초기에 당·정·군 핵심 직책에 대한 대대적인 인사를 계속하면서 과거 김정일시대 인물들을 대거 퇴진시키고 권력을 장악해 나갔다. 특히 고모부 장성택, 총참

모장 리영호 등 김정일시대의 핵심 실세들을 숙청 또는 처형하는 공포정치를 통하여 정권을 안정시켜 나갔다.

한편 경제적으로 김정은 정권은 출범 초기부터 '우리식 경제관리 방식'을 추진하면서 생산성을 증대하고 시장을 확대하며 경제를 활성화해 나갔다. 그리고 '세계적 추세를 따라가야 한다'고 강조하면서 2013년 경제개발구법을 제정하면서 전국적으로 총 27개의 경제개발구를 설치하는 개방정책도 추진하였다.

그런데 김정은 정권은 출범 초기부터 핵 개발을 가속하였고, 2013년 '핵·경제병진노선'을 선언한 이후 매년 핵실험과 각종 미사일을 발사하였다. 이렇게 북한이 핵 개발을 강행하자 국제사회가 강력하게 대응하면서 김정은 시기 대외환경에 큰 영향을 미쳤다. 특히 유엔안보리 제재가 북한경제의 전반에 타격을 가할 정도로 강화되었고, 미국도 경제·군사적 압박수위를 높여나가면서 북한 경제는 큰 타격을 받았던 것이 사실이었다.

북한 경제는 김정은 정권 출범 초기는 대체로 플러스 성장을 하였지만, 2016년 북한의 4차 핵실험 이후 마이너스 성장으로 전환된 것을 알 수 있다.

〈표 17〉 북한의 경제성장률(2012년-2021)

연도	2012	2013	2014	2015	2016	2017	2018	2019	2020	2021
성장률(%)	1.3	1.1	1.0	-1.1	3.9	-3.5	-4.1	0.4	-4.5	-0.1

* 한국은행 발표

그런데 이 시기 북한의 대외환경에 영향을 미친 두 명의 인물이 있었는데, 미국의 트럼프 대통령과 남한의 문재인 대통령이었다. 먼저 2017년 등장한 트럼프 행정부는 북한의 핵 개발을 포기시키기 위해서 '최대의 압박과 관여'가 필요하다고 강조하면서 군사적 강경정책을 추진하기 시작하였다. 트럼프 행정부는 한반도에 각종 전략폭격기나 항모전단 등 전략자산을 전개하는 동시에, 선제공격, 예방공격, 참수작전 등을 구체화해나갔다. 이 시기에 미국이 김정은을 직접 겨냥하는 군사적 행동을 할 것이라는 소문이 돌기도하였다.

이렇게 북한의 핵 개발과 국제사회의 강력한 제재가 대립하던 상황에서 2018년 초부터 북한을 둘러싼 대내외 환경이 급변하기 시작하였는데, 이러한 변화의 중심에는 한국의 문재인 정부의 등장이 있었다. 즉 남한에 10년 동안의 보수정부를 대체하여 진보정부인 문재인 정부가 등장하면서 남북 및 미북 정상회담이 개최되는 등 북핵 관련 협상 국면이 열린 것이다.

문재인 정부는 2018년 평창 동계올림픽에 북한이 참가하도록 하면서 남북간 대화의 물꼬를 트고, 이를 통해 2018년 4월과 9월 두 차례 남북정상회담을 개최하였다. 그리고 문재인 정부의 중재로 미북 정상회담이 2018년 6월 싱가포르와 2019년 2월 하노이에서 개최되었다. 물론 하노이 정상회담이 결렬되면서 북핵 문제는 또 다시 대립 상태로 회귀하였다.

이 시기 북한의 대외환경에 또 다른 중요한 변화는 중국의 대북정책이 우호적으로 전환되었다는 점이다. 김정은 정권이 출범 직후부터 북핵 문제에 대해 강경한 정책을 유지하며 유엔 안보리 제재에 적극적으로 참여하던 중국이 북한에 대해 우호적인 태도로 전환한 것이었다. 그리고 하노이 미북 정상회담 결렬 이후 북한이 미사일을 발사 등 도발적 행동에 대해서도 유엔 안보리의 제재 결의를 반대하는 등 북한을 적극적으로 옹호하고 있다. 중국 대북정책의 이러한 변화는 결국 미국과의 패권경쟁이 본격화되면서 중국에 있어 북한의 전략적 가치가 점점 더 높아지고 있다는 것을 보여준다.(박광득, 2019, 26~29)

핵 개발 방해 요소 제거 위한 대남 강압전략

북한은 분단 직후부터 대남전략 목표가 적화통일이었다. 그러나 탈냉전으로 인해 최악의 경제난이 닥치면서 정권의 생존이 목표가 될 수밖에 없었다. 그리고 김정은 집권 이후에도 북한의 대내외 환경은 크게 변화하지 않았다. 내부적으로는 경제난이 계속되고 있고, 대외적으로는 핵 개발, 인권문제 등으로 고립은 심화되었다. 이는 김정일 정권과 마찬가지로 김정은 정권에도 정권의 생존이 국가의 목표가 될 수밖에 없다는 것을 의미했다.

그러나 김정은 정권이 생존을 위해 선택한 수단은 김정일과는 달랐다. 김정일은 생존을 위해 경제에 집중하는 경제 생존전략이었다면, 김정은은 핵무기 보유전략이었다. 리비아 카다피의 몰락은 김정은 정권에게 핵무기는 생존을 보장하는 만능의 보검이라는 인식을 심어주었고, 김여정은 '핵은 국체國體'라고 하였다. '핵이 곧 정권'인 것이다. 김정은 정권에게는 핵 개발이 인민경제는 물론이고 모든 대내외정책에 우선한다는 것을 의미했으며, 대남전략도 핵 개발을 위한 수단이었다.

즉 김정은 정권은 핵 개발을 방해하는 요인들을 제거하기 위하여 전쟁도 불사하였으며, 핵 개발에 도움이 된다면 기꺼이 협상으로 나왔다. 북한은 미국의 압박이 강화되면 무력시위나 대남 도발을 통해 한반도 전쟁위기를 고조시키는 강압전략을 통해 위협을 차단하려고 하였고, 미국의 압박을 감내하기 어려울 때는 협상을 위해 남한을 이용하였다. 특히 김정은 시기 대남전략과 대미전략은 연계되어 있었다.(김근식, 2013, 214~219)

이러한 김정은 정권의 대남전략을 구체적으로 살펴보면, 첫째, 대남 강압전략을 통해 한반도에 군사적 위기를 조성하여 미국의 압박을 차단하려고 하였다. 이 시기 미국은 북한의 핵 개발에 대한 군사적 압박 수단으로 한미연합훈련을 강화하였다. 이러한 미국의 압박에 북한은 남한에 대한 군사적 위협과 무력시위로 대응하였다.

2013년 2월 북한의 3차 핵실험에 대해 한국과 미국은 한미연합 '키리졸브 훈련'을 강화하였고, 이에 대해 북한은 '핵무기로 타격', '정전협정 폐기' 및 '1호 전투태세', '제2의 6.25' 등 극단적인 군사 위협을 가하면서 한반도 긴장을 고조시켰다. 그 이후 북한의 계속된 핵실험과 미사일 발사에 대해 한국과 미국은 한미연합훈련의 강도를 높여가며 북한에 대한 군사적 압박을 강화해 나갔다.

이렇게 한미연합훈련이 강화되자 북한도 이에 반발하며 대남 무력시위로 긴장을 고조시켰다. 2014년 3월에는 단거리 미사일 등 200여 발을 발사하였고, 2015년에는 김정은이 통일대전을 호언장담하는 등 대외적으로 무력시위에 가까운 강도 높은 훈련을 시행하였다. 2016년 2월에는 북한군 최고사령부 성명을 통해 청와대 등을 타격하겠다고 위협하고 서울 모형도를 놓고 주요 시설을 파괴하는 훈련을 하기도 하였다. 또한 원산지역에서 장사정포 100여 문을 동원한 사상 최대의 포격 훈련을 시행하기도 하였다. 2016년에는 사이버 공격이 2배나 증가하였고, GPS 전파교란 공격도 강화하였다.

둘째, 미국의 압박을 완충시키고 핵 보유국 지위를 확보하기 위해 남한을 이용하였다. 특히 북한이 2018년 남한의 중재를 통해 미국과의 협상에 나선 것은 미국 등 국제사회의 경제·군사적 위협이 지나치게 커서 정권을 위협할 지경에 이르렀기 때문이었다. 물론 문재인 정부와의 관계개선을 통해 한반도 평화 분위기를 조성함으로써 미국과 핵 보유국 인정을 위한 협상도 가능할 것으로 판단했을 가능성도 있다. 북한의 의도가 어떠하든 남한을 미국과의 협상에 적극적으로 활용하려는 전략인 것은 틀림없었다.

이러한 북한의 의도가 분명하게 드러난 것은 미국과의 협상이 성과 없이 끝나자 북한은 즉각 문재인 정부와 관계를 중단해버렸다. 즉 용도 폐기한 것이다. 당시 문재인 정부와 사상 유례없는 두 차례 남북정상회담은 문재인 정부가 미국과의 협상을 잘 중재하여 핵 보유국으로 만들어 주도록 하려는 미끼였다. 그리고 미국과의 협상이 결렬되자 모든 책임을 중재자인 문재인 정부에 돌리고 남북간 합의는 없었던 것으로 되돌려 버렸다.

전술핵 개발로 공세적인 적화통일전략으로 전환 가능성

북한의 핵 개발 완성, 특히 전술핵 개발로 인해 대남전략이 기존의 수세적인 생존전략에서 공세적인 적화통일전략으로 전환할 가능성이 매우 높아졌다. 북한은 2021년 8차 당 대회에서 전술핵무기 개발에 주력할 것을 선언하였는데, 이는 그동안 미국의 위협에 대한 방어적 억제력 확보에 주력해 왔다면, 공격형 핵무기 개발을 추진하겠다고 선언한 것이다.

그 이후 북한은 남한과 미국에 대하여 수시로 핵 선제공격을 위협하고 있다. 김정은은 2022년 연말에 열린 노동당 전원회의 보고를 통해 "우리 핵 무력은 전쟁 억제와 평화·안정 수호를 제1의 임무로 간주하지만, 억제 실패 시 제2의 사명도 결행하게 될 것"이라며 "제2의 사명은 분명 방어가 아닌 다른 것"이라고 말했다. 핵무기를 남한에 대한 공격 수단으로 사용하겠다는 의지를 거듭 확인한 것이다.

이는 북한이 핵 공격을 위협하며 남한의 핵 인질화를 본격적으로 도모하려고 하고 있다는 것을 알 수 있다. 따라서 앞으로 북한은 전술핵사용을 위협하는 '핵 공갈'을 통해 남한을 핵 인질화하려는 위협의 빈도가 높아질 것이다. 즉 대남전략이 그동안 수세적인 생존전략에서 적극적으로 대남 무력 적화통일을 위한 공세적 전략으로 전환하고 있는 것이다.

북한 대남전략의 변화론과 불변론 논쟁

북한은 남한을 '미 제국주의 식민지'로 규정하고 '해방'해야 할 대상이라며 주민들을 끊임없이 세뇌해왔다. 그리고 북한 로동당 규약에 "조선노동당의 당면 목적은 전국적 범위에서 반제 반봉건적 민주혁명과업을 완수하는 데 있으며, 최종 목적은 공산주의 사회를 건설하는 데 있다"라고 적시하였다. 소위 남조선 해방론이다. 이러한 북한의 대남 인식은 북한의 전 조선혁명론에 기초한 통일관에 반영되어 있는 것이다.

한편 북한은 대남 적화통일을 실현하기 위한 방법으로 '3대 혁명역량' 강화를 추구해 왔다. 또한 북한은 대남 혁명역량 강화를 위하여 남한 내에 지하당을 조직하는 등 대남혁명의 전초기지를 구축하는 데 모든 역량을 집중해왔다.

하지만 지난 70여 년 동안 북한의 대내외 정세가 바뀌면서 대남전략도 변화해왔다. 북한은 분단 직후부터 무력으로 적화통일하려는 전략을 추구하였다. 그러나 시간이 지나면서 북한의 적화통일전략을 실현하기 위한 환경은 점점 더 열악해졌고, 이후 북한은 남한과의 체제경쟁전략으로 노선을 변경할 수밖에 없었다. 그리고 탈냉전으로 정권 위기 상황에 처하자 남한과의 공존 전략, 경제지원 확보 전략 등으로 생존을 위해 남한을 적극적으로 활용하는 전략으로 전환하였다. 그런데 김정은 정권 들어서 북한은 핵 개발에 총력을 기울이면서 대남전략은 핵 개발 강행을 위한 보조적 수단으로 바뀌었던 것이다.

이처럼 지난 70여 년 동안 북한의 대남전략은 많은 변화를 보여왔지만, 아직도 북한의 대남전략 변화론과 불변론이라는 진부한 논쟁은 계속되고 있다.

우선 북한의 대남전략 변화론은 1990년대 이후 크게 확산하였다. 그 이유는 북한이 탈냉전의 체제 위기상황에서 더 이상 남한을 위협할 수 있는 능력이 없으며, 오로지 체제 보장을 위해 개혁개방을 확대할 수밖에 없다는 주장이 대두되었기 때문이었다. 사실 이러한 변화론은 북한의 대남전략 역시 국익에 따라 변화할 수 있다는 것이었다. 특히 북한의 경제난, 사회주의 붕괴, 남한의 경제발전 등으로 북한의 3대 혁명역량이 최악의 상황이 되었기 때문에 대남 적화통일이 불가능하다고 인식하고 대남전략을 근본적으로 변화시켰다는 것이다.

한편 북한의 대남전략 불변론은 북한이 적화통일을 목표로 한 대남 혁명전략을 포기하지 않았으며, 경제난 등 체제 위기에 봉착하여 위기 타개를 위해 임기응변식으로 남한과의 협력과 화해를 추구하고 있다는 주장이다. 이러한 불변론의 근거는 첫째, 대남 적화통일을 규정한 법령과 당 규약이 바뀌지 않고 있으며, 남조선혁명론의 공식적 포기 선언이 없다는 사실을 지적한다. 둘째, 북한이 핵무기를 보유하여 남한에 비해 절대적인 군사력에 있어 우위를 유지하려는 것은 대남 적화통일을 위해서라는 것이다. 특히 최근 김정은 정권이 핵 개발을 완성하고 전술핵 개발에 주력하면서 적화통일전략을 강화할 가능성이 관심이 높아지고 있는 것이다. 셋째, 북한의 통일전선전략이 지속적으로 강화되어 왔다는 점을 들고 있는데 남남갈등과 한미 갈등 조장을 계속 강화하고 있다는 것이다.

그런데 이러한 북한의 대남전략 변화 논쟁은 기본적으로 북한 변화를 바라보는 인식론의 차이라는 것을 알 수 있다. 즉 불변론은 현실적인 요인보다 북한의 적화통일 의지를 더 강조하고 있으며, 반면 변화론은 북한의 의지보다 그 의지를 실현할 수 있는 능력을 강조하고 있다는 것이다. 이렇게 본다면 북한의 대남전략 변화 논쟁은 대남 적화통일의 의지와 능력에 대한 평가가 선행되어야 할 것이다.

먼저 북한의 적화통일 의지는 크게 두 가지 차원에서 분석할 수 있다. 먼저 남북간 체제경쟁의 차원인데, 분단국가로서의 북한은 남한과 경쟁하는 가운데 자신이 중심이 되어 통일된 민족국가를 완성하려는 본능적인 의지를 가지고 있다는 것이다. 북한은 1인 절대 독재체제를 유지하기 위해서 남조선이라는 경쟁자를 제거해야 한다는 것이다. 혁명이라는 목표는 절대적이라는 것이다. 따라서 "북한 국가가 남한 국가와 체제경쟁에서 승리하여 한반도 전체에서 독점적 권위의 확보를 통해 통일국가를 이룩하려는 대남전략의 본질은 변하지 않았다"라는 것이다.(백학순, 150)

둘째, 북한의 적화통일 의지는 남북간 국력의 차이가 벌어질수록 강화될 것이라는 가설이다. 북한은 탈냉전 이후 생존 위기에 처하면서 세계 10대 강국으로 발전해온 남한으로의 흡수통일을 끊임없이 경계해 왔다. 그런데 북한의 흡수통일에 대한 우려는 남한이라는 경쟁 상대의 존재로부터 비롯되는 것이기 때문에 남북관계를 '제로섬 게임', 즉 '죽느냐, 죽이느냐'의 생존의 게임으로 인식할 수밖에 없다는 것이다. 남한을 적화통일하지 못하면 남한에 흡수통일될 것이라고 인식하고 있을 것이다. 이는 남북간 국력 차이가 벌어질수록 북한의 대남 적화통일 의지가 강해질 것이라는 의미이다.

한편 북한의 대남전략 변화 논쟁을 검증하기 위한 또 다른 기준은 적화통일을 위한 능력이 있는가이다. 북한의 대남 적화통일을 실현할 수 있는 능력은 소위 '3대 혁명역량'을 포함한다. 하지만 과거 김일성이 무력 적화통일을 위하여 6·25전쟁을 일으켰던 것처럼 북한의 군사적 수단이 제일 중요하다. 하지만 탈냉전 이후 북한군의 낙후된 군사력으로 대남 적화통일전략을 실현할 능력이 없다는 것이 대체적인 평가였다. 특히 한미연합군과의 군사력 비교는 무의미할 정도였다.

그런데 이러한 북한의 군사력 평가가 지난 30여 년 동안 핵 개발, 사이버 및 특수전력 등 비대칭전력의 강화에 집중적으로 투자하여 북한의 군사력이 크게 변화한 것이다. 특히 북한의 핵 역량 증강 추세는 2030년까지 한국과 일본뿐만 아니라, 한국·일본·서태평양 주둔 미군에 대해서도 선제적 핵 타격력과 핵 보복억지력을 구축할 수 있을 것이라는 전망도 존재한다.(전봉근, 2022, 3~7) 특히 북한의 핵기술 고도화가 전술핵 개발로 이어지면서 핵 선제공격 전략으로 채택하고 있는 상황은 분명히 탈냉전 직후의 북한군 실상과는 엄청난 차이를 보이는 것이다.

지난 70여 년 동안 북한은 자신들의 힘과 능력이 커지고 국내외 환경이 유리해지면 공세적인 전략을 추구하였고, 자신들의 능력이 저하되고 국내외 환경이 불리해지면 방어적인 전략을 구사하였다. 북한의 핵무장은 대남전략을 공세적으로 변화시켜 대남 적화통일의 의지를 강화할 수 있는 여건을 마련한 것이라고 할 수 있다.

2. 한국의 대북정책: 봉쇄냐, 포용이냐

대북정책 유형: 봉쇄정책과 개입정책(포용정책)

남북관계는 남한과 북한이라는 국가 간의 관계라는 점에서 국제정치이다. 따라서 대표적인 국제정치이론인 현실주의와 이상주의는 남북관계를 국가 간의 관계로 설명하는 데 매우 유익한 수단이다. 즉 현실주의 이론에 기반하여 북한의 고립을 압박하여 북한의 붕괴를 촉진하려고 하는 봉쇄정책으로부터, 자유주의 이론에 기반하여 북한에 대한 접근을 통해 북한 체제와 행태의 변화를 유도하는 관여정책(포용정책)이 대표적이다. 그리고 이들 유형을 변화시킨 무시 또는 불개입 정책과 유화정책까지 다양한 스펙트럼으로 구분될 수 있다.

먼저 봉쇄정책 Containment Policy 은 우월한 힘과 군사력을 배경으로 봉쇄와 압박을 통해 상대방의 행위를 변화시키려는 전략이다. 봉쇄정책의 대표적인 사례는 리비아, 남아공, 이란 등 과거 핵 개발 국가들에 대해 국제사회가 강력한 제재로 핵 개발을 포기시킨 사례이다. 물론 북한의 핵 개발에 대해 경제제재를 강화하는 봉쇄정책이 지난 30여 년 동안 계속되고 있다.

대북정책의 유형 중 두 번째는 개입정책Engagement Policy인데, 김대중 등 진보 정부에서는 '포용정책'이라고 불렀다. 개입정책의 대표적인 사례로는 1970년대 서독 브란트 수상의 신동방정책과 탈냉전 직후 클린턴 행정부 시기 '개입과 확대'Engagement and Enlargement의 국가안보 전략을 들 수 있다.(Resnick, Evan, 551; 김근식, 2008, 5)

이러한 개입정책은 크게 두 가지로 나뉘는데, 유화적 개입정책과 상호주의 개입정책이다. 즉 유화적 개입정책은 당근 위주로 상대국의 변화를 유도하려는 정책이며, 상호주의 개입정책은 전략적 또는 매파적 개입을 통해 제시된 당근에 대한 대가를 요구하는 상호주의를 기반으로 하고 있다.(평화재단, 14)

대북정책 유형의 세 번째는 개입도 봉쇄도 아닌 무시 또는 불개입 전략이다. 무시전략Neglect은 뚜렷한 정책 목표와 전략 없이 대개 압박과 제재를 계속하는 정책이며, 미국의 오바마 행정부의 '전략적 인내Strategic Patience'가 대표적이다. 오바마 행정부의 '전략적 인내'는 2007년 '2.13 합의'가 실패한 이후 과거 정부의 시행착오를 반복하지 않으면서 새로운 해결 방안을 모색하지 못한 것에 기초하고 있다. 따라서 오바마 행정부는 "우리는 대화를 위한 대화는 하지 않을 것"과 "북한의 태도 변화가 행동으로 나타나기를 기대한다"라는 것을 강조하면서 기다리는 정책이었다.

마지막으로 유화정책Appeasement Policy이다. 유화정책은 영토나 군사적 양보를 통해 상대 국가의 선의에 기반한 태도 변화를 기대하는 정책이다.(Resnick, Evan, 562; 김근식, 2008, 6) 대표적인 유화정책은 2차 세계대전 직전 독일과의 전쟁을 막기 위해 독일에 끊임없이 양보하였던 서유럽국가들의 정책이다. 물론 서유럽국가들의 이러한 양보에도 불구하고 결국 히틀러의 제2차 세계대전 도발을 막지 못했다.

냉전기 대북정책: '북진통일론'에서 '체제경쟁에서의 승리'로

분단과 함께 출범한 이승만 정부의 대북정책은 '승공 통일'에 기반한 북진통일론'이었다. 이러한 이승만의 인식은 한반도에서 합법적인 정부는 대한민국이며, 북한은 불법적이기 때문에 무력적 수단을 동원해서라도 통일해야 한다는 것이었다. 그리고 북한의 남침으로 일어난 6·25전쟁 이후 이승만은 '북진통일론'을 더욱 강력하게 주장하였다.

물론 이승만 정부의 '북진통일론'이 실현할 수 있는 대북정책이기보다는 국내 정치적 목적을 위한 전술적 구호로 보는 시각도 있다. 당시 정치적 경쟁자였던 김구 등 임시정부 세력의 '남북협상론'에 대응하는 '북진통일론'이었다는 것이다.(이화준 외, 31~35) 하지만 미국은 6·25전쟁 이후 한반도에서 또 다른 전쟁이 일어나는 것을 원치 않았다. 그리고 1953년 한미상호방위조약을 체결하면서 미군이 한국군을 지휘하면서 사실상 '북진통일' 가능성은 희박해졌다.

물론 이승만 정부의 '북진통일론'은 북한이 적화통일 논리에 대응하여 자유민주주의 통일이라는 대응 논리로서 의미가 있었으며, '북진통일론'을 미국으로부터 안보와 경제에 대한 지원을 받아내는 실리외교에 활용되었다는 평가를 받았다.(이화준 외, 31~35)

한편 박정희 정부의 대북정책은 '체제경쟁의 승리'였다. '반공을 제1의 국시로 삼고' 일으킨 쿠데타의 '혁명공약' 제5항에서 "민족적 숙제인 국토 통일을 위하여 공산주의와 대결할 수 있는 실력 배양에 전력을 기울인다"라고 하면서 북한과의 체제경쟁에서 승리해야만 통일도 가능하다고 인식하였다.

박정희 정부의 이러한 대북정책 기조는 북한의 군사적 도발이 빈번해지면서 강화되었다. 특히 1960년대는 1·21 사태, 울진·삼척 무장공비 침투를 비롯하여 휴전선에서는 거의 매일 총격전이 벌어지는 등 준전시 상황이었다. 국제적으로는 월남전이 점점 격화되어 갔으며, 쿠바 미사일 위기 등 동서 냉전이 극한 상황으로 치닫고 있었다. 이러한 위기 상황에서 박정희 정부의 대북정책은 '승공'이며, '체제경쟁의 승리'가 될 수밖에 없었을 것이다.

하지만 1970년대 초반 동서 데탕트라는 화해의 단계로 접어들자, 박정희 정부의 대북정책이 일시적으로 바뀌기도 하였다. 즉 남북간 고위급 비밀 접촉이 시작되었으며 1972년 '7·4 남북공동성명'이 채택되었다. 일시적으로 남북 화해 분위기가 조성되었던 것이다.(홍용표, 202~204) 하지만 당시 남북대화가 단기간에 진전 없이 끝난 것은 박정희 정부가 남북간의 간접적인 대화로 통일이 이루어질 것이라는 환상을 가지고 있지 않았기 때문이라는 주장도 있다.

1979년 10월 26일 박정희 대통령 암살 이후 쿠데타로 집권한 전두환 정부의 대북정책 기조는 치열한 냉전 상황에서 경제 발전을 위해 남북관계의 안정을 최우선으로 추진하였다. 그리고 이러한 남북관계의 안정을 위해서 북한과의 대화를 적극적으로 추진하였다. 물론 이러한 대북 유화적 태도는 1983년 전두환 대통령 암살을 기도한 미얀마 아웅산 테러로 인해 북한에 대한 강경한 정책으로 전환되기도 하였다.

하지만 전두환 정부는 북한의 도발로 인한 어려운 상황에서 남북관계개선이 필요하다고 인식하였고, 그결과 남북간 경제회담, 국회 회담, 고향방문단 및 예술단 교환방문, 체육 회담 등 각종 대화와 교류가 진행되었다. 전두환 정부에서는 남북정상회담도 추진하였지만 북한의 소극적인 태도로 성사되지 못하였다.(홍용표, 204~205)

노태우·김영삼 정부: '남북기본합의서'와 제1차 북핵 위기

1988년 등장한 노태우 정부는 탈냉전의 첫 번째 정부였다. 즉 소련의 붕괴와 독일 통일이라는 세계사적 변화로 인해 한반도 통일에 대한 기대가 높아졌던 시기였다. 노태우 정부는 당시 급속한 경제 발전에 따른 자신감을 바탕으로 독일 통일처럼 일단 북한과의 협력관계를 확대한다면 통일이 가능할 것이라는 보고 개입정책을 처음 시도하였다고 할 수 있다.

노태우 대통령은 취임사에서 전방위적 외교정책인 '북방정책'을 통해 통일로 가는 길을 열 것을 선언했으며, 북한을 동반자로 규정한 '7.7 선언'을 제안하였다. 이러한 노태우 정부의 구상은 중국과 소련과의 관계를 정상화하여 북한을 대화의 장으로 나오도록 압박하는 것이었다. 우선 노태우 정부의 '7.7 선언'은 상호 교류, 자유 왕래, 문호 개방, 4강과 남북한의 교차 관계개선 등을 제안하며 북한을 포용하여 남북관계를 발전할 수 있게 하려는 첫 번째 공식 문서였다.

노태우 정부는 '7.7 선언'에 기초하여 1990년 북한에 대화를 제의하여 남북고위급회담이 개최되었고, 1991년 '남북 사이의 화해와 불가침 및 교류·협력에 관한 합의서(남북기본합의서)'와 '남북한 비핵화 공동선언'을 채택하였다. 그 이후 남북고위급회담은 '남북기본합의서' 합의를 이행하기 위한 11개 부속 합의서를 채택하는 등 후속 회담을 계속해나갔다. 그러나 1992년 북한의 비밀 핵 개발로 인해 제1차 북핵 위기가 발발하면서 남북관계는 중단되고 말았다.

1993년 집권한 김영삼 정부 시기는 탈냉전 직후의 혼란스러웠던 한반도 상황으로 인해 대북정책 기조를 일관되게 유지할 수 없었다. 우선 김영삼 정부는 노태우 정부의 대북 개입정책을 계승하여 '남북기본합의서' 이행을 목표로 남북관계를 계속 발전시켜 나가려는 강한 의지를 보였다. 김영삼 대통령은 취임사에서 "어느 동맹도 민족보다 나을 수 없다"라고 하면서 6·25전쟁 당시 빨치산 비전향 장기수인 리인모를 북한에 송환하면서 남북관계개선에 대한 강한 의지를 보였다.

그러나 김영삼 정부 임기 초반부터 제1차 북핵 위기가 고조되면서 강경한 대북정책으로 선회할 수밖에 없었다. 특히 김영삼 정부는 "핵을 가진 자와 악수할 수 없다"라고 하면서 북한의 핵 문제가 해결될 때까지 남북경협을 중단하겠다는 '핵·경협 연계 원칙'을 선언하였다.

하지만 제1차 북핵 위기가 1994년 미국과 북한 간의 직접 협상으로 '제네바 합의'를 채택하며 일단 해결되자 남북관계도 김영삼-김일성 정상회담 개최가 합의되는 등 급물살을 타기 시작하였다. 그러나 1994년 8월 김일성이 갑자기 사망하면서 남북정상회담은 무산되었다. 그런데 김일성 사망 이후 북한이 최악의 경제위기에 몰리면서 남북관계는 또다시 냉각되기 시작하였다. 그리고 1996년 북한의 잠수함 침투사건으로 김영삼 정부의 대북정책도 또다시 강경한 분위기로 전환되었다.

이렇게 노태우, 김영삼 정부의 대북정책은 탈냉전과 북한의 핵 개발, 김일성 사망 등 매우 혼란한 상황에서 일관성을 유지하기 매우 어려웠다. 그러나 김영삼 정부는 김일성 사망 이후 북한이 최악의 경제위기를 겪게 되자 북한 붕괴 가능성을 예의주시하면서 소극적인 대북정책을 유지하였다는 평가도 받았다.

김대중·노무현 정부: 포용정책과 남북경협 확대, 퍼주기 논란

김대중 정부는 '화해와 협력정책' 또는 '햇볕정책'이라는 대북정책에 이름을 붙인 최초의 정부였다. 김대중 정부가 햇볕정책을 표방한 것은 북한과의 교류·협력을 통해 북한의 변화를 유도하여 통일의 여건을 만들어가려는 기능주의 통합이론을 실현하는 것이었다. 김대중 대통령은 취임사에서 '북한의 도발 불용, 흡수통일 반대, 화해·협력의 적극적인 추진'이라는 대북정책의 3대 기조를 발표함으로써 대북 포용정책의 기조를 본격화하였다.

하지만 1994년 김일성 사망 이후 최악의 경제난으로 정권 위기에 놓여 있던 김정일 정권은 김대중 정부의 햇볕정책을 "내부로부터 와해하려는 술책"이라고 비판하면서 거부하였다. 그러나 국제적으로 고립무원 상황인 북한을 도와줄 국가는 없었으며, 김대중 정부의 포용정책이 유일한 대안이 될 수밖에 없었다. 따라서 김정일 정권은 조심스럽게 남북관계를 타진해 나갔으며, 2000년 역사적인 제1차 남북정상회담을 개최하고 '6.15 공동성명'을 합의하면서 남한과의 관계개선을 본격화하기 시작하였다.

한편 노무현 정부는 김대중 정부의 '햇볕정책'을 계승·발전시키겠다고 선언하며 대북정책을 '평화번영정책'이라고 이름 지었다. 노무현 정부의 '평화번영정책'은 3단계 추진전략을 제시하였는데, ① 첫 번째 단계는 북핵 문제 해결과 평화 증진을 위하여 각종 대화채널을 유지하면서 교류와 협력을 확대한다는 것이었다. ② 두 번째 단계는 남북협력을 심화하고 평화체제의 토대를 마련하는 단계로서, 북한의 핵 폐기 지향, 남북간 적대관계 해소 및 군사적 신뢰증진, 한반도 평화정착과 동북아 경제 중심국가 건설을 위한 포괄적 다자협의체 발전 등을 추진하는 것이었다. 마지막 ③ 세 번째 단계는 남북한 평화협정의 체결과 한반도 평화체제를 구축하는 것이었다.(이화준 외, 13~16)

노무현 정부 초기 남북관계는 김대중 정부에서 정례화하였던 장관급회담을 중심으로 다양한 대화가 지속되었으며, 민간 교류의 확대도 적극적으로 추진하였다. 그러나 2002년 시작된 제2차 북핵 위기로 인해 노무현 정부의 대북정책 자율성은 크게 제한되었다. 물론 2003년 북핵 문제 해결을 위한 6자회담이 열렸고, 2005년 '9.19 공동성명', 2007년 '2.13 합의' 등 북핵 협상의 진전에 따라 남북관계도 부침을 반복하였다.

이처럼 북핵 문제에 따라 남북관계에는 부침이 있었지만, 남북 경제협력은 계속 확대되었다. 금강산관광의 육로관광이 시작되었고, 개성공단도 운영을 시작하였다. 그리고 노무현 정부는 임기 4개월을 남겨놓았던

2007년 10월 제2차 정상회담을 개최하였고, '서해경제협력특별지대' 등 대규모 경제협력 프로젝트에 합의하기도 하였다.

이러한 김대중, 노무현 정부의 대북정책은 북한을 변화시켜 한반도에 평화를 정착시키려고 했던 기능주의 통합이론을 최초로 실험하였다는 데 큰 의미가 있었다. 즉 김대중 정부는 '경제와 평화의 교환'을 추진하였으며, 노무현 정부는 한발 더 나아가서 남북경제공동체 혹은 남북 공동번영이라는 더욱 적극적인 경제적 호혜관계 구축을 추진하려고 하였다.(허문영 외; 김근식, 2008 19)

하지만 김대중, 노무현 정부의 포용정책에 대해 많은 비판이 제기되었다. 첫째는 포용정책이 평화를 지향하였는데도 북한이 군사도발을 계속하는 등 북한의 변화를 이끌어냈는가에 대해 회의적이었다는 점이었다.

둘째는 북한의 핵 개발에 어떠한 영향도 미치지 못했으며, 탈냉전과 경제위기로 붕괴하던 김정일 정권을 회생시켜 독재정권을 강화했다는 비판을 받았다.(이화준 외, 13~16) 이러한 비판은 우리 사회 내에 '퍼주기 논란'을 불러일으키며 남남갈등이 처음으로 제기되는 계기가 되었다.

이명박·박근혜 정부: 엄격한 상호주의, 군사적 대치 격화

2008년 출범한 이명박 정부는 "남북관계는 이제 이념의 잣대가 아니라 실용의 잣대로 풀어나가야 한다"라고 하면서 상호주의를 원칙으로 하는 '비핵·개방 3000 구상'을 대북정책으로 제시하였다. 이러한 이명박 정부의 대북정책은 김대중, 노무현 정부의 포용정책에 대해 부정적인 여론이 확산되어 있던 당시 상황에서 많은 지지를 받았다.

이명박 정부의 대북정책은 크게 세 가지로 구성되어 있었다. 그 첫 번째는 '비핵·개방 3000 구상'으로서 북한이 핵 개발을 포기하면 북한 경제를 적극적으로 지원하여 10년 내 북한 주민 1인당 소득 3,000불로 도와

주겠다는 것이었다.

두 번째는 북한 비핵화를 위한 '그랜드바겐 구상'을 제안하였는데, 북한의 체제 안전보장과 경제지원을 국제사회가 요구하는 북핵 폐기와 교환하자는 일괄타결 구상이었다.(박상익, 2010, 67)

그리고 세 번째는 '상생·공영정책'의 '3대 공동체 구상'이다. 즉 '상생공영정책'의 남북공동체 비전으로서 평화공동체(비핵화＋군사적 긴장완화), 경제공동체(북한 발전＋상생의 남북경협), 민족공동체(인도적 문제 해결＋7천만 행복 추구)를 지향하자는 것이다.

그런데 이러한 이명박 정부의 대북정책에 대해서 북한이 강력하게 반발하면서 남북관계는 임기 초부터 경색되었다. 이 당시 북한의 비난은 첫째, 북핵 문제는 미국의 핵무기 반입에 의해 촉발되었기 때문에 미국과 해결할 사안이지 한국 정부가 나설 일이 아니며, 둘째, "개방이라는 말은 체제를 변화시키고 사회주의를 포기하라는 것으로서 우리의 존엄과 체제에 대한 용납하지 못할 도발"이라는 주장이었다. 셋째, 북한은 이명박 정부가 '6.15 공동선언'과 '10.4 정상선언'을 이행하는 등 포용정책을 계승하라고 압박하였다. 북한은 이러한 비난과 함께 "우리 식의 선제타격이 시작되면 모든 것이 잿더미로 될 것"이라고 위협하면서, 제3의 서해교전, 제2의 6·25전쟁이 일어날 것이라고 긴장을 높였다.

이렇게 이명박 정부 초부터 남북관계가 악화되고 있는 상황에서 2008년 7월 금강산 관광객 피격 사망사건과 8월 김정일이 뇌졸중으로 쓰러지는 상황이 발생하면서 남북관계는 급속히 냉각되기 시작하였다. 남한은 금강산 관광을 중단시켰고, 북한은 남한에 대해 전쟁 위기를 고조시키면서 남북관계는 최악의 국면으로 빠져들었다.

그리고 북한은 2009년 5월 제2차 핵실험, 11월 대청해전, 2010년 3월 천안함 폭침, 11월 연평도 포격 등 일련의 군사적 도발로 남북관계를 전쟁 분위기로 몰고 갔다. 이에 이명박 정부는 천안함 폭침에 대한 보복으로 '5.24 조치'를 통해 개성공단을 제외한 모든 남북간 경제협력이나 지원과 교류 등을 중단시키는 등 남북관계에서는 극단적인 대치 국면이 계속되었다.

한편 2013년 출범한 박근혜 정부의 대북정책은 '한반도 신뢰 프로세스'였다. 이는 오랫동안 남북한의 진정한 화해를 어렵게 만든 요인이 신뢰의 부족이라는 인식에서 출발하였다. 즉 북한의 위기 조성 ⇨ 협상과 보상 ⇨ 위기 재발이라는 악순환의 고리를 끊어야만 남북관계가 정상적으로 발전할 수 있으며, 이를 위해 남북간 '신뢰형성'이 중요하다는 것이었다. 신뢰 형성이란 "서로 대화하고 약속을 지키며, 호혜적으로 교류 협력하는 과정을 통해 점진적으로 축적되는 것"이라고 정의하였다. 이러한 신뢰 형성을 기반으로 하여 박근혜 정부의 '한반도 신뢰 프로세스'는 1단계 남북관계 발전 ⇨ 2단계 한반도 평화정착 ⇨ 3단계 통일 기반 구축으로 진행되는 것을 목표로 하였다.

이러한 박근혜 정부 대북정책의 가장 큰 특징은 이중성이었다. 즉 김대중, 노무현 정부의 포용정책은 '정경분리'로 인해 강경한 정책이 필요할 때 너무 유화적이었으며, 이명박 정부는 '정경 연계'로 유화가 필요할 때 너무 강경하게 대응하는 등 악순환이 계속되었다고 주장하였다. 따라서 박근혜 정부는 개입정책과 상호주의를 적절히 적용하여 일방적 유화정책도 아니고, 일방적 강경정책도 아닌 '맞춤형' 정책을 지향하였다.

이처럼 박근혜 정부 대북정책이 이중성, 또는 제3의 길을 내세웠지만, 실제로는 '도발에는 보상 없다'라는 '상호주의' 원칙으로 북한을 압박하는 기조를 유지하였다. 즉 박근혜 대통령은 천안함 폭침과 관련하여 "수많은 젊은 장병이 희생된 끔찍한 일인데 아무 일 없이 하자는 것은 무책임한 일"이라고 하였다". 또한 남북정상회담과 관련해서는 "마다할 이유가 없지만, 천안함, 연평도 사건처럼 국민의 목숨을 앗아간 사건이 있었는데 아무 일 없었다는 듯 정상회담을 하자는 것은 문제가 있다"라고 하는 등 철저하게 상호주의에 입각한 태도를 보였다.

물론 박근혜 정부의 대북정책이 철저한 상호주의를 보인 것은 김정은 정권 출범 직후부터 거의 매년 핵실험과 미사일 발사를 하였고, 2015년에는 목함지뢰 도발로 남북간 일촉즉발의 군사 충돌 위기 상황이 전개되었기 때문이기도 하였다. 특히 2015년 북한의 휴전선 목함지뢰 도발에 대해 대북 확성기 방송의 재개 등 군사적으로 강경하게 대응하였고, 2016년 북한의 4차 핵실험에 대해 유엔안보리의 강력한 제재 결의에 동참하여 개성공단마저 폐쇄하는 강경한 조치를 하였던 것이다.(홍용표, 215~216)

이러한 이명박, 박근혜 정부의 대북정책은 김대중, 노무현 정부의 정경분리정책을 비판하며 정경연계와 상호주의를 강하게 추진하였다. 그런데 이러한 상호주의는 이명박 정부 초기에 국민적 지지도가 매우 높았다. 왜냐하면 김대중, 노무현 정부 10년의 대북 포용정책에 대해 북한의 변화 없이 퍼주기라는 비판이 광범위하게 확산되어 있었기 때문이었다. 따라서 이 당시 이명박 정부의 엄격한 상호주의에 대한 지지는 첫째, 남북관계의 새로운 원칙을 세우고 일관되게 지켰다는 것이다. 둘째, 남북 사이에 대화와 교류만 증가하면 남북관계가 잘 풀린다고 생각하던 기존의 지배적인 인식을 바꾸려고 했다는 것이다. 셋째, 남북관계에서 북한에 끌려다니지 않고 주도권을 찾기 위해 노력하였다는 것이었다.(김영수, 16)

하지만 이명박, 박근혜 정부 시기 남북간에 군사적 충돌이 계속되는 등 한반도 긴장이 너무 높아지자 대북정책에 대해 비판이 높아졌고, 그에 따라 우리 사회는 극단적으로 분열되는 남남갈등이 심화되었다. 그러한 비판의 첫째는 엄격한 상호주의에 북한이 강력하게 반발하게 되었고, 그로 인해 한반도에 군사적 긴장이 높아졌다는 점이었다.

둘째는 이명박, 박근혜 정부 모두 북한 정권을 매우 불안정하게 인식하면서 봉쇄와 압박을 강화하면 붕괴할 수 있다는 인식하에 북한의 붕괴를 기다리는 소극적 대북정책이었다는 비판이었다. 특히 박근혜 정부는 북한의 핵 보유 의지가 강력함을 깨닫고 결국 북핵 문제는 통일을 통해 해결될 수밖에 없다는 인식이 강해졌던 것으로 보인다.(홍용표, 215~216)

박근혜 대통령은 "북한 정권이 스스로 변화할 수밖에 없는 환경을 만들기 위해 보다 강력하고 실효적인 조처를 해나갈 것"이라고 강조하기도 하였다.(박영민, 33~35) 물론 박근혜 정부 내내 온 사회를 떠들썩하게 하였던 '통일대박론'도 북한 붕괴를 전제로 한 흡수통일론이었다고 비판을 받았다.

문재인 정부: 비핵평화 프로세스와 북한의 선제 핵공격 전략

문재인 정부의 대북정책은 '평화와 번영의 한반도'였으며, 이는 과거 노무현 정부의 '평화와 번영정책'과 같은 단어를 사용하였다. 문재인 정부의 '평화와 번영의 한반도'정책의 핵심은 정치·군사 분야의 '한반도 평화체제'와 경제 분야의 '한반도 신경제지도 구상'이라고 할 수 있다.

먼저 '한반도 평화체제' 구축과 관련하여 최대 장애를 북한 핵 문제로 인식하고 북한 비핵화와 한반도 평화 프로세스를 병행하는 '비핵·평화 프로세스'를 추진하였다. 또한 '한반도 신경제지도 구상'은 남북간의 교류·협력을 확대하여 한국 경제의 성장동력을 육성하며, 궁극적으로 유라시아 지역으로 대외 경제영역을 확장한다는 것이었다.(박영민, 2017, 37~39)

문재인 정부는 우선 북한과의 대화를 적극적으로 추진하였고, 2018년 북한의 평창올림픽 참가를 계기로 두 차례 남북정상회담을 개최하였다. 그리고 미국과 북한을 적극적으로 중재하여 싱가포르와 하노이에서 두 차례 미·북 정상회담이 개최되도록 하였다. 이처럼 남북 및 미북관계가 급진전되자 문재인 정부는 '평화와 번영의 한반도'정책을 본격화하기 위하여 한반도 '종전선언'을 추진하기 시작하였다. 물론 '종전선언'은 남한, 북한, 미국, 중국 등 4개국이 참가하는 것으로서 문재인·김정은 정상회담 합의문에도 명기되었다.

그런데 2019년 2월 하노이에서 개최된 2차 미·북 정상회담이 결렬되었고, 북한이 결렬의 책임을 중재자였던 문재인 정부에 돌리면서 비난을 강화하기 시작하였다. 그리고 북한은 2018년 9월 평양 남북정상회담에서 합의하였던 '9.19 군사 합의'를 무력화하고, 판문점 남북정상회담에서 합의하였던 문재인 정부 대북정책의 상징과도 같은 남북연락사무소 건물을 2020년 6월 폭파하였다. 남북관계는 완전히 중단되었고, 이후 문재인 정부 임기가 종료될 때까지 북한의 비난은 계속되었다.

북한은 하노이 미·북 정상회담이 결렬된 직후 미사일 발사를 재개하였고, 2021년 노동당 제8차 당대회에서 김정은은 핵기술 고도화와 핵 보유국 지위 확보라는 두 가지 목표를 제시하였다. 이는 문재인 정부가 대북정책의 핵심으로 추진하였던 '비핵·평화 프로세스'를 비웃는 것이었다.

2018년 9월 평양에서 개최된 제4차 남북정상회담의 '평양공동선언'을 발표하는 자리에서 북한의 김정은은 "한반도를 핵무기 없는 땅으로 만들기 위해 노력"하겠다고 하였으며, 문재인 대통령도 북핵 문제와 관련 "북측은 동창리 엔진 시험장과 미사일 발사대의 영구 폐쇄, 영변 핵시설의 영구 폐기와 같은 추가적 조치를 할 것이며, 한반도의 완전한 비핵화가 머지 않았습니다"라고 강조하기도 하였다. 그러나 이 모든 말이 거짓말이 되는데에는 오랜 시간이 걸리지 않았다. 북한은 2019년부터 핵 보유국을 선언하고, 전술핵 개발과 선제 핵 공격 전략을 공식화하였기 때문이다.

즉 문재인 정부의 '비핵·평화 프로세스'는 남북관계가 발전하면 북한 비핵화에 긍정적 영향을 미칠 것이라는 기대가 반영된 것이었다. 그러나 김정은 정권의 관심은 평화가 아니고 핵 보유국 지위 확보였으며, '한반도 비핵·평화 프로세스'는 애초부터 실현할 수 없는 목표였다. 여기서 문재인 정부의 대북정책에 있어 핵심적인 오류는 북한이 핵을 포기할 수 있을 것이라는 기대였으며, 북한의 핵무기가 협상용이라는, 오래전에 폐기된 가설을 검증하려고 하였던 것이다.

진보와 보수의 첨예한 대립 현장인 대북정책

한국 사회에서 북한, 통일과 관련된 문제는 여전히 심각한 사회 갈등의 한 축을 형성하고 있다. 분단 직후 우리 사회는 극심한 좌우 대립을 겪었고, 6·25전쟁은 북한 김일성이 일으켰지만, 남한 사회는 좌와 우로 나뉘어서 서로 죽고 죽이는 엄청난 비극의 현장이 되었다. 그리고 전쟁이 끝난 후 남한 사회는 좌익이 존재할 수 없는 사회가 되어버렸다. 전쟁 이후 한국 사회는 북한에 대한 적대감에 기반을 둔 '반공·안보 체제'를 구축하였다. 이에 따라 수많은 사람이 좌익이라는 죄목으로 처벌을 받았고, 죽임을 당하였다.

이러한 대한민국의 역사는 1990년대 민주화가 진행되면서 진보가 다시 살아났고, 그 이후 우리 사회는 진보와 보수의 심각한 갈등의 현장이 되었다. 특히 김대중 정부의 등장 이후 남북간의 교류와 협력이 본격화되자 좌와 우, 진보와 보수의 대립을 의미하는 남남갈등이라는 사회 현상이 새롭게 정립되기 시작하였다.

즉 남남갈등은 제1차 남북정상회담의 결과로서 나타났다. 특히 '6.15 공동성명'의 제2항에서 "남과 북이 한반도 통일을 위한 남측의 연합제안과 북측의 낮은 단계의 연방제안이 서로 공통점이 있다고 인정하고, 향후 이 방향에서 통일을 지향시켜 나가기로 하였다"라는 합의가 남남갈등의 불씨를 당겼던 것이다. 진보는 상호 통일 의지를 확인했던 환영할 만한 조치라고 하였고, 보수는 북한에게 적화통일의 통로를 열어 준 결과가 되었다고 비난하였다.

또한 국방백서에 북한을 '주적'이라고 한 것에 대해서도 진보와 보수는 격렬하게 대립했다.(강량, 9~13) 이후 북한의 핵 개발, 천안함 폭침과 연평도 포격 도발, 개성공단 폐쇄 등을 거치면서 남남갈등은 더욱 치열해져 갔다.

이처럼 대북정책이 진보와 보수의 격렬한 남남갈등의 대상이 된 것은 우선 남북관계 각 현안 이슈에 대한 기본적인 인식의 차이에서 비롯된다. (김형석, 243~245) 첫째, 보수는 공산주의는 악惡이고 자유민주주의는 선善으로 구분하면서 북한을 주적이라며 부정적으로 인식한다. 반면에 진보는 북한도 나름대로 합리적 결정을 하는 존재로 이해해야 한다는 인식하에 같은 민족으로서 포용해야 한다는 인식이다.

둘째, 북한을 바라보는 패러다임의 차이이다. 보수는 국가 이익이라는 '국가 중심적 패러다임'의 관점에서 북한을 국가안보에 대한 위협으로 인식한다. 반면 진보는 '민족 중심적 패러다임'에서 북한도 민족의 일원이기 때문에 포용과 공존, 공영의 대상이라고 보는 것이다.

셋째는 '북한 변화론'이다. 보수는 북한은 변할 수 없다는 것을 전제하고 개방 의지가 없고 핵을 포기하지 않을 것이며, 여전히 대남 적화통일전략을 고수할 것이라고 인식한다. 진보는 북한의 변화가 본질적이냐의 문제가 있지만, 중국의 실용주의와 같이 천천히 변화하는 과정이라고 인식한다.

이렇게 우리 사회의 진보와 보수는 남북관계 이슈 대부분에서 견해가 갈리며, 이러한 차이는 그동안 대북정책에 그대로 반영되었다. 첫째, 북한의 변화와 관련한 논쟁이다. 진보는 김대중, 노무현 정부의 포용정책으로 북한에 시장이 확산하였고, 북한 주민의 생활이 개선되면서 '남한'에 대한 부정적 이미지가 많이 약해지는 효과가 나타났다고 주장한다.(이상근, 2017, 18~20) 그러나 보수는 포용정책은 북한 정권의 경제적 기반을 강화해줌으로써 오히려 북한 정권에게 변화의 필요성을 느끼지 못하게 하였다고 비판한다.

둘째, 남북 군사적 긴장완화, 평화체제 구축과 관련한 논쟁이다. 진보는 포용정책이 교류와 협력을 확대하여 군사적 긴장을 완화하고 평화체제를 구축하기 위한 여건을 만들었다고 주장하였다.(김근식, 2010, 6~8) 그러나 보수는 포용정책에 의한 평화는 북한의 협박과 공갈에 굴복한 일시적인 평화이며, 오히려 북한의 핵 개발을 지원하였다고 주장한다.

셋째, 보수는 포용정책이 북한 독재정권을 강화하였다고 비판한다. 보수는 포용정책이 김정일 정권을 지원하고서도 북한 주민을 지원하는 것처럼 착각하였으며, 경제난으로 정권 붕괴의 위기에 처한 김정일 정권을 회생시켰다고 주장한다. 그러나 진보는 포용정책의 결과로 북한이 대남 경제적 의존이 증가하면서 남한이 원하는 방향으로 변화되는 결과를 가져왔다고 주장한다.(김근식, 2008, 12)

넷째, 대북정책과 관련하여 핵심적인 논쟁은 상호주의다. 먼저 보수는 포용정책으로 교류와 협력이 확대되면 북한도 상응하는 조처로 군사적 신뢰구축에 나서야 한반도 평화를 정착시킬 수 있는데, 포용정책은 이러한 상호주의에 실패했다는 주장이다.

이러한 비판에 대하여 진보는 엄격한 상호주의와 유연한 상호주의로 구분해야 한다고 주장한다. 즉 엄격한 상호주의는 '눈에는 눈, 이에는 이'식의 팃포탯Tit for Tat을 의미한다. 하지만 유연한 상호주의(GRIT: graduated reciprocation in tension~reduction)는 하나를 주고 즉시 하나를 요구하지 않고, 상대방으로부터의 우호적 반응이 없더라도 지속해서 우호적으로 행동하여 결국에는 상대방으로부터 우호적 행동을 이끌어내는 것을 의미하는 것이다.(이기동, 277~278)

이러한 구분에 근거하여 남북의 국력과 경제력 및 체제 성격 등의 차이로 인해 상호주의 원칙을 지키되 제공한 만큼 받지 않아도 되는 비등가성,

제공한 즉시 바로 받지 않아도 되는 비동시성, 경제적 차원의 제공을 반드시 경제적 차원으로 돌려받지 않아도 되는 비대칭성이 적용되어야 한다는 주장이다.(김근식, 18-2, 100)

또한 진보는 엄격한 상호주의는 남북간 군사적 대립을 더욱 악화시킬 것이라고 비판하였다. 이명박 정부의 '비핵·개방 3000 구상'이 남북관계를 상호주의로 맞추어 놓으면서 남북관계가 파탄이 난 대표적인 사례라는 주장이다.(김근식, 2008 122)

다섯째, 대북정책에 있어 정경분리 원칙과 관련해서도 대립한다. 정경분리 원칙이란 '정치로부터의 경제협력의 자율성 확보'로 요약할 수 있다. 이러한 대북정책의 정경분리 원칙은 김대중, 노무현 정부의 대북정책에서 비교적 철저하게 적용되면서 연평해전과 같은 남북간 분쟁상황에서도 갈등을 최소화했다고 주장한다. 하지만 보수는 포용정책의 정경분리 원칙으로 인해 북핵 문제에 대한 한미 간의 갈등이 심화되었고, 북한에 끌려다니는 정책이었다고 비판하였다.(이기동, 276~277)

여섯째, 보수는 김대중, 노무현 정부의 대북 포용정책은 유화정책 appeasement policy으로서 북한의 협박과 공갈에 대해 전쟁을 피해야 한다는 이유로 저자세로 북한의 위협에 굴복하였다고 주장한다.(이상근, 2017, 18~20) 하지만 진보는 포용정책은 포용하되 북한의 무력도발이나 군사행동에는 단호히 대처한다는 포용과 억지의 병행전략이었다고 주장하였다.(박건영, 97)

일곱째, 대북정책의 한국 경제 발전에 대한 기여에 대해서도 진보는 포용정책으로 북한 리스크가 경감되어 대한민국의 국제적 신인도가 높아졌다고 주장한다.(이상근, 2017, 18~20) 반면에 보수는 포용정책이 북한의 경제실태나 인프라가 너무 열악하여 타당성이 없는데도 억지로 정부 재정을 투입하고 민간기업을 참여시켜 북한 경제에도 기여하지 못하고, 국가 경제도 낭비하였다고 비판했다.

3. 남북관계는 개선할 수 있을까

'개선'의 사전적 의미는 "잘못된 것이나 부족한 것, 나쁜 것 따위를 고쳐 더 좋게 만드는 것"이다. 이러한 사전적 의미에 따르면 남북관계의 개선은 1992년 '남북기본합의서'라는 평화의 지침서에 따라 시간이 지나면서 점점 더 좋아져야 하는 것이다. 그런데 지난 30여 년 동안 남북관계는 '개선'되어온 것이 아니라, 그 이전의 '나쁜 상태'에 머물러 있으며, 분단 이후 전혀 변화하지 않았다.

사실 국가 간의 관계는 행위자인 각 국가의 특성, 관련 국가 간의 역사적 관계, 그리고 국제적 요인이 상호 작용한 결과이다.(임재천, 109~110) 특히 1인 절대 독재체제인 북한과 자유민주주의 국가인 남한의 너무나도 다른 특성, 6·25전쟁을 비롯하여 수많은 군사적 충돌, 거의 매일 주고받는 상호 격렬한 비난, 극심한 불신, 그리고 냉전 종식 이후에도 여전히 대립하고 있는 동아시아 역학관계 등 모든 요소가 남북관계에 영향을 미치며 제약하고 있다.

절대로 변화할 수 없는 절대독재 '수령제'

우선 남북관계에 영향을 미치는 북한 요인은 대부분 '수령제'라는 1인 절대독재의 체제 특성에서 비롯되며, 이는 '절대로 변화할 수 없는' 요인이다. 북한의 1인 절대독재는 신격화되어 있으며, 모든 대내외 정책은 오로지 독재체제를 유지·강화하기 위한 것이다. 그리고 수령제를 위협하는 어떠한 정책도 불가능하다.

이렇게 수령제에 의해 절대로 변화할 수 없는 대내외정책 중 첫 번째는 북한은 대남 적화통일전략이다. 앞에서 자세하게 언급된 것처럼 남조선 해방은 북한 정권 존립의 정당성이며, 또한 남북간 체제경쟁에서 대남 적화통일은 생존전략인 것이다.

둘째, 북한의 경제정책은 인민을 위한 것이 아니라 수령만을 위한 것이다. 북한은 1990년대 이후 극심한 경제난에서도 수령경제와 핵 개발 등 군사력 증강에 경제를 집중시켰다. 북한은 수령경제를 위한 막대한 자금을 조달하기 위하여 핵심적인 경제적 수단을 모두 독점하고 있으며, 주민들의 복지에는 전혀 관심이 없었다. 물론 남북 경협 사업도 수령경제의 핵심사업이었다. 남북경협이 인민경제를 위한 것이 아닌 이상 필요 이상으로 확대할 필요가 없는 것이다.

셋째, 북한에는 대남 군사적 긴장 유지가 대남전략의 필수적인 수단이다. 북한이 대남 군사적 위협을 지속적으로 유지·강화하려는 목적은 첫째, 대남 무력 적화통일전략을 국가목표로서 포기하지 않고 있기 때문이며, 둘째, 대남 군사적 압박 또는 긴장 유지가 남북관계 주도권 장악과 남한으로부터의 위협 차단을 위해 필수적인 요소이기 때문이다. 셋째, 내부 긴장 조성을 통한 체제결속 강화를 위한 수단이며, 마지막으로 평화를 갈구하는 남한에 대해 평화비용을 청구하기 위한 수단으로 군사적 위협과 긴장이 필요하기 때문이다.

마지막으로 북한 정권 생존의 최대 위협은 남한이다. 북한에 한국은 무력으로 통일하여야 하는 대상이었지만, 지금은 엄청난 경제적 격차, 국제적 고립으로 인해 흡수통일의 가능성을 항상 우려해야 하는 제로섬 경쟁 대상이다.

흡수통일을 목표로 하는 남한의 대북정책

남북관계를 제약하는 남한 요인도 있다. 그 첫 번째가 남한의 역대 정부가 남북관계의 궁극적 목표를 흡수통일로 보고 있다는 점이다. 사실 탈냉전 이후 북한의 붕괴 가능성에 대한 기대가 높았다. 그리고 김일성, 김정일이 사망할 때마다 남한 사회에서는 북한 붕괴론이 어김없이 확산되면서 급변사태 대비라는 명목으로 흡수통일을 준비하곤 했다. 한미연합 '작전계획 5029', '정부 차원의 '충무계획' 등은 북한의 붕괴 가능성을 높게 보았기 때문에 작성된 대비책이다.

그리고 이명박 정부의 통일 재원 마련을 위한 '통일 항아리', 박근혜 정부에서의 '통일대박론'과 '통일 준비론'은 북한의 붕괴를 전제로 한 통일정책이었다. 물론 김대중 정부 등 진보정부의 대북정책도 북한 체제의 특성상 북한을 변화시키면 붕괴할 것으로 전제한 것이었다.

그런데 북한은 한국의 대북정책이 '포용'이든 '봉쇄'든 모두 북한 붕괴를 전제로 하고 있다는 것을 잘 알고 있다. 북한은 남북경협을 '점령전략'으로 인식하고 있는 것이다. 이처럼 남한의 대북정책이 북한의 변화와 붕괴를 궁극적인 목표로 하는 한 북한도 남한과의 대화와 협력에 소극적일 수밖에 없는 것이다.

극단적 체제경쟁의 '제로섬 게임' 남북관계

지난 70여 년간의 역사적 경험은 남북한 지도자와 주민들의 인식 속에 뿌리내리고 있어 남북관계에 영향을 미치고 있다. 이러한 남북관계의 역사 속에 잠재해 있는 제약 요인이 남북관계가 '제로섬 게임'이라는 사실이다. 남북관계가 이렇게 극단적인 경쟁관계인 '제로섬 게임'이 된 것은 6·25전쟁의 경험, 체제경쟁과 통일이 원인이다.

남한의 대북정책도 북한의 대남전략도 주도적 통일을 위한 수단이었다. 북한은 무력과 통일전선전략으로, 남한은 교류와 협력, 그리고 정치·군사적 압박을 수단으로 사용하였다. 또한 남과 북은 끊임없이 체제경쟁에 몰입했는데, 외교 전쟁, 이벤트 전쟁을 계속했고, 건축물 전쟁도 하였다. 남한이 올림픽을 개최하자, 북한은 이에 대응하여 '국제청년축제'를 개최하며 경쟁하였다.

그런데 이제는 북한에는 흡수통일에 대한 우려, 남한에는 핵무기에 대한 공포가 새롭게 자리 잡았다. 남북관계는 여전히 북한의 (핵)무력에 의한 통일, 남한의 흡수통일이라는 공포에 사로잡혀서 '제로섬 게임'에 몰두하고 있는 것이다. 그리고 이러한 남북간의 '제로섬 게임'은 남북간에 극도의 불신을 낳았다. 북한의 대남전략은 적화통일전략이며, 남한의 대북정책은 흡수통일전략이라고 서로 끝없이 의심한다. 남북의 어떤 행동과 정책도 이러한 인식의 틀에서 벗어나지 못하고 서로 불신하고 있다.(임재천, 112)

미국의 대한반도 정책에 종속된 대북정책

미국의 대한반도 정책도 남북관계에 영향을 미친다. 한국은 미국에 안보를 의존하고 있을 뿐만 아니라 동북아의 역학관계에서 미국의 영향력 하에 있다. 특히 북핵 문제 관련하여 대화가 진전되면 남북관계의 개선 여지도 커지지만, 북핵 문제가 악화하면 남북한 관계개선의 여지도 작아지게 된다. 미국의 최우선 관심사는 남북관계가 아니고 북핵 문제이기 때문에 남북관계는 북핵 문제에 종속될 수밖에 없는 구조이다.(엄상윤, 258~362)

따라서 미국이 북한의 핵 보유를 용인하지 않는 한 남북관계는 개선될 수 없을 것이다. 특히 북한에 대한 미국의 제재는 남북관계에 절대적인 영향을 미치고 있다. 북한의 핵 개발에 대해 미국과 유엔 안보리 대북 제재는 지속적으로 강화되었고, 이러한 상황은 남한이 북한과의 협력을 거의 불가능하게 하고 있다.

중국의 북한 옹호

북중동맹과 중국의 북한 옹호도 남북관계를 제약하는 결정적인 요인이다. 북한과 중국의 관계는 6·25전쟁 시 중국이 북한을 지원하기 위해 참전함으로써 긴밀한 관계를 유지하기 시작하였다. 이후 1961년 7월 북·중 동맹조약을 맺어 양국 간 동맹관계로 발전하였다. 조약의 핵심내용은 '유사시 자동 개입'을 기초로 하는 북한의 안보의존과 중국의 안보지원이다.

물론 탈냉전 이후 한때 북·중 동맹이 여전히 유효한가에 대해서는 많은 논란이 있었다. 하지만 북한에게 중국은 위기 시마다 지원을 해온 든든한 후원국가였다. 북한의 핵 개발에 대한 국제사회의 강력한 압박과 제재를 무력화하면서 북한의 생존에 크게 기여하였다. 또한 북한의 천안함 등 대남 군사 도발에 대해 한국과 미국의 정치, 군사적 압박에 대해서도 중국은 북한을 적극적으로 옹호하였다. 이처럼 중국의 북한에 대한 적극적인 옹호는 북한의 대남전략에 큰 영향을 미칠 수 있는 요인이 될 것이다. 즉 중국의 강력한 지지가 북한의 핵 정책과 대남전략을 과감하고 공세적으로 만들 가능성이 크기 때문이다.

이러한 중국의 대북한 지원정책은 최근 미중 패권경쟁이 치열해지면서 더욱 적극적으로 되고 있다. 중국은 미국에 대항하기 위하여 북한을 소중한 전략자산으로서 재인식하면서 적극적으로 옹호하는 방향으로 전환하였다. 반면에 윤석열 정부는 한미 공조 체제를 강화하면서 미국의 인도·태평양 전략에 호응하고 있다. 이는 미국과 중국 간의 패권경쟁으로 인해 남북간 대립이 더욱 치열해질 가능성이 커졌다는 것을 의미한다.

남북 평화 공존의 조건

문재인 대통령의 2017년 8·15 광복절 경축사는 우리의 미래를 위해서 평화가 얼마나 소중한지를 잘 표현하고 있다. "오늘날 한반도의 시대적 소명은 두말할 것 없이 평화입니다. … 평화는 당면한 우리의 생존전략입니다. 안보도, 경제도, 성장도, 번영도 평화 없이는 미래를 담보하지 못합니다"라고 하였다. 문재인 대통령의 이 말은 평화공존이 최고의 국익이자 경제번영의 토대라는 점을 강조하였던 것이다.

하지만 이렇게 소중한 평화는 앞서 언급된 많은 요인으로부터 제약을 받고 있다. 사실 현 시점 남북간의 평화와 공존을 위해서는 상호 이해를 기반으로 하는 양보와 타협이 필수적이다. 남북한이 공존을 이루어 나가는 과정에서 서로를 이해해야 하고, 이를 통해 나타나는 문제점들을 함께 해결하려는 의지가 중요하다는 것이다. 그러나 지난 70여 년 동안 분단된 남한과 북한은 너무나 이질화되어 있고, 적대적이며, 불신하면서 서로 제로섬 게임을 하는 것이 문제의 핵심이다. 이러한 이유로 인해 남북관계가 평화를 정착시켜 공존할 수 있으리라고 믿는 사람은 거의 없다.

이렇게 남북관계의 미래에 대하여 절망적인 상황에서 우리는 남한과 북한이 공존할 수 있는 조건이 무엇인지에 대해 다시 생각해보아야 한다. 그동안 우리는 남북이 공존하기 위해서는 적대를 청산하고 신뢰를 구축하며, 북핵 문제를 해결하고, 군사적 신뢰를 구축한다면 남북이 평화롭게 공존할 수 있을 것이라고 믿었다. 따라서 남북간 교류와 협력을 확대하고 군사적 신뢰를 구축하기 위해 엄청난 노력을 하였다. 그런데 지난 30여 년 동안 이러한 처방은 문제를 해결하지 못했다. 공존은 커녕 평화도 정착시키지 못하고 있는 것이다.

그러면 여기서 우리가 교과서에 실린 이론과 원칙으로 되돌아가서 과연 '바른 문제에 바른 처방'을 내렸는가에 대해 다시 생각해야 할 것이다. 이는 먼저 문제를 제대로 정확하게 인식해야만 올바른 처방을 내릴 수 있다는 것을 의미한다. 더욱 직설적으로 말하면 남북간 적대와 불신은 나타난 현상(증상)이지 문제(질병)가 아닌 것이다. 그러한 적대와 불신이라는 현상이 나타나게 만든 근본 원인은 따로 있는데 나타난 현상에 처방하는 대증요법으로는 문제(질병)를 해결할 수는 없는 것이다. 그러면 남북간 적대와 불신이라는 현상(증상)이 나타나게 된 문제(질병)는 무엇인가?

즉 남북간 적대와 불신은 민족과 통일로부터 비롯된다는 것이다. 문제의 핵심은 남과 북이 모두 한민족이므로 같이 살아야 하며, 같이 살기 위해서는 통일을 이루어야 한다는 당위론에서 비롯된 것이다. 그런데 이러한 당위론에도 불구하고 문제는 남한과 북한은 너무나 이질적이어서 어느 일방에 의해 통일된다는 것은 상대방의 소멸을 의미하는 제로섬 게임이라는 점이다. 남과 북은 서로 자기 주도로 통일을 해야 하는 생존게임에 매달려 있으며, 이 때문에 남과 북은 극한적인 투쟁을 할 수밖에 없다. 남과 북은 살아남기 위해서 상대를 적대시하면서 전쟁을 치르고, 충돌하고, 위협하고, 비난하면서 불신을 쌓아왔던 것이다.

이런 논리 의하면 남북간의 적대와 불신의 근본 원인은 '민족의 통일'이며 '특수관계'라는 것을 알 수 있으며, 남북기본합의서에서 "남북관계는 민족의 통일을 지향하는 특수관계"라고 규정한 것은 남한과 북한이 서로 통일을 위해 제로섬 게임을 하자는 선전포고였던 것이다.

따라서 남과 북이 평화롭게 공존하기 위해서는 통일이라는 국가목표를 포기해야만 한다는 결론에 도달할 수 있다. 이는 남과 북이 공존하기 위해서는 통일로부터, 민족으로부터 독립하는 것이며, 남과 북이 개별 국가로 독립하는 것을 의미한다.(윤영상, 2018) 남과 북이 통일을 지향하지 않는다면 체제경쟁도, 갈등도 불신도 없게 될 것이다. 따라서 공존을 위해서는 "민족과 통일을 내려놓고 서로 주권국가로서 독립을 인정하고 국제규범을 지키며 상호 위협하지 않고 각각 독자적으로 살아가야 하며,"(박명림,「중앙일보」 2020.2.3.) 대한민국과 조선민주주의인민공화국으로 개별 주권국가로 분단체제를 청산해야 하는 것이다. 결국 남과 북이 지금처럼 민족과 통일을 지향한다면 공멸할 것이며, 남과 북이 독립한다면 공존할 수 있는 길이 열릴 것이다.

PART

III

한반도 경영전략

CHAPTER
11

미래 국가전략으로서 '통일'과 '분단관리'의 한계

1. 통일의 '불편한 진실'은 모든 것이 불확실하다는 것이다

통일은 모두의 행복을 위한 수단적 가치

> "철학도 변하고 정치·경제의 학설도 일시적이지만, 민족의 혈통은 영구적이다."
>
> 『백범일지』 중 '나의 소원'에서

이처럼 김구 선생이 해방 직후 분단의 길목에서 절규하였던 그때의 심정은 민족이 다시 같이 모여서 살아가는 것만으로도 행복할 것이라고 믿었다. 그러나 분단은 우리 민족에게 아픔과 고통이 되었다. 이러한 고통은 민족의 한이요, 소원이요, 사명이 되어 갔다. 그리고 또 시간이 흘러가면서 우리 민족이 수많은 국난을 극복하였듯이 남북의 민족이 힘을 합치면 지금보다 훨씬 더 잘 살 수 있을 것이라는 '민족의 중흥과 번영'으로 통일의 가치를 발전시켜갔다. 또한 독재의 압제에서 자유와 인권을 유린당하며 고통받고 있는 북한 주민들이 인간의 존엄과 가치를 누리며 행복하게 살 수 있도록 하는 '민족적 박애 정신'이 통일의 가치가 되기 시작하였다.

물론 "우리는 하나의 민족이다(Wir sind ein Volk)."는 독일의 강력한 통일 구호였으며, '같은 민족이기에 합쳐야 한다'는 민족주의가 통일 당위성의 가치가 되었다. 그러나 독일과 예멘의 통일 사례는 오랜 기간 분단되었던 민족이 다시 합쳐서 살아가는 것이 얼마나 어려운가를 다시 생각하는 계기가 되었다.

특히 독일은 통일 직후 민족의 통일을 내세우면서 공동체 회복을 외쳤지만, 통일 현장에서는 동서독 주민 모두가 통일로 인한 경제적 어려움, 사회적 혼란, 심리적 불안정으로 인해 고통을 받아야 했다. 이러한 독일 통일의 교훈은 통일이 국민의 삶의 질에 엄청난 영향을 미친다는 것이었다. 다시 말하면 통일이 민족공동체의 회복이라는 거창한 명제보다는 사람이 중심이 되어야 하며, 모든 국민의 행복이 보장되는 통일로 그 관점이 변화하고 있는 것이다.

이러한 상황에서 탈냉전과 세계화 바람으로 탈민족주의가 확산되면서 같은 민족은 반드시 한 국가를 이루어야 한다는 명제는 설득력이 점차 약해지고 있는 것도 사실이다. 우리 사회는 다문화사회로 변화되었고, 개인주의적 가치관을 가진 새로운 세대가 등장하면서 통일의 당위적 가치로서 민족주의는 퇴보하기 시작하였다. 그들 젊은 세대에게는 북한과의 정서적 유대감은 약해지고 있으며, 그들에게 더는 통일이 '우리의 소원'도, '민족적 사명'도 아니다.

이는 통일이 국가와 민족의 집합체에 미치는 영향보다, '나' 개인에게 어떤 영향을 미칠까가 더 중요해지고 있다는 것을 의미한다. 특히 젊은 세대들의 통일관은 개인주의화에 따라 추상적인 '민족'과 '공동체'를 강조하는 현재의 통일론을 부정적으로 보는 측면도 있지만, 통일을 위해 희생해야 하는 것을 거부하는 것이기도 하다. 즉 통일의 편익이 아무리 무한대라고 하여도 먼 미래의 일이며 현재의 젊은 세대들은 그 기간에 통일비용을 지급하며 희생해야 하는 것을 매우 부정적으로 인식하고 있는 것이다.

"통일 후유증이 두려워 통일하지 않는다면 어리석은 일이다. 중요한 것을 얻으려면 덜 중요한 것을 버려야 하듯이 통일 후유증을 겪을 각오를 해야 한다."

(독일 통일 당시 수상 헬무트 콜)

물론 독일이 통일 당시의 어려움을 극복하고 경제적 번영을 누리게 되자, 독일 통일 당시 수상이었던 헬무트 콜이 통일의 과실을 따먹으려면 '후유증'을 각오해야 한다고 한 것도 매우 중요한 의미를 갖는 것은 틀림없다.

그러나 대한민국 국민이 통일을 보는 관점이 공동체 중심에서 개인 중심으로 바뀌고 있는 현실에서 통일은 개인의 더 나은 행복을 위한 수단적 가치가 되어야 한다는 명제는 더욱 분명해지고 있는 것이다.

북한 붕괴라는 허상

소련과 사회주의 국가도 수많은 독재국가도 붕괴했으며, 북한도 붕괴할 수 있다. 아니 북한은 붕괴할 가능성이 매우 높다. 하지만 우리가 북한의 붕괴를 바라보는 관점은 북한이 붕괴할 것인가가 아니다. 북한이 언제 붕괴할 것인가와 어떻게 붕괴할 것인가에 초점을 맞추어야 하는 것이다.

대부분의 한반도 통일연구에서 북한의 '변화와 붕괴'는 가정 사항이다. 그리고 김대중 정부의 '햇볕정책' 이후 역대 정부도 북한의 변화와 붕괴를 통일정책의 기본조건으로 삼았다. 탈냉전 이후 북한이 경제난과 고립이 계속되자 북한 체제와 정권이 붕괴할 것이라는 것을 전제로 대북정책과 통일정책을 추진하였다. 그러나 북한은 '햇볕정책'의 의지대로 변화하지 않았다. 물론 진보정부의 노력으로 남북관계는 일시적으로 흥행에 성공하는 듯하였으나 곧 원점으로 회귀하였다. 북한은 변화하지도 붕괴하지도 않았고, 통일은 여전히 가능성일 뿐이다.

한편 보수인 이명박, 박근혜 정부의 통일정책은 북한의 붕괴를 통일의 전제로 하였다. 북한은 곧 붕괴할 것이라는 믿음이 통일정책에 반영된 것이었다. 박근혜 정부 당시 국정원장이 "2015년에는 대한민국 체제로 통일이 되어 있을 것"이라고 말하였다는 것은 북한 붕괴론에 대한 믿음이 어떠했는지를 잘 보여준다. 이러한 믿음은 이명박 정부의 '통일항아리'가 되어 통일 재원을 마련하자고 하였고, 박근혜 정부의 '통일대박론'과 '통일준비위원회' 설치로 이어지면서 국민을 흥분시켰다.

그러나 북한은 붕괴도 변화도 하지 않고 1인 절대독재의 수령제를 3대째 굳건히 유지하고 있다. 북한이 언제 붕괴할 것인지 예측할 수 있는가? 북한이 변화하지 않고 붕괴하지 않고 있는데도 통일 논의는 계속해야 하는 것인가? 또한 북한이 어떻게 붕괴할 것인가를 예측할 수 있는가? 북한의 붕괴 방식에 따라 우리가 져야 하는 부담은 엄청나게 차이가 날 수 있기 때문이다.

통일은 '정치가 아니고 경제'이다

통일은 엄청난 비용이 소요되는 사업이다. 물론 독일 통일처럼 비용이 투자가 되고 이익(편익)으로 되돌아와 대박이 날 수도 있을 것이다. 그런데 이익이 되어 돌아와도 비용은 필요하다. 사업을 벌여놓고 비용을 감당하지 못하면 사업은 망한다. 통일에 대한 전망이 '대박론'과 '쪽박론'으로 갈리는 이유이다.

통일하기 전에 동독 주민들은 서독에 비해 자신들이 너무나 못산다는 것을 알고 있었고, 통일하면 서독처럼 잘살 수 있을 것이라는 기대로 통일을 절대적으로 지지했다. 그리고 통일되자 동독 주민들은 서독 주민들과 같은 수준의 경제생활을 요구했다. 그런데 동독기업들은 통일 직후 즉시 경쟁력을 상실하고 도산하였으며, 대규모 실업자가 발생하였다. 인프라, 주택 등 동독 사회의 모든 것이 낙후되어 있었다. 서독은 엄청난 통일비용을 부담해야 했다.

이러한 독일 통일 초기의 막대한 통일비용은 서독에 엄청난 부담이 되었다. 물론 서독은 당시 세계 3위의 막강한 경제 능력으로 경제적 어려움을 극복할 수 있었고, 통일 이후 동서독 주민들 간의 갈등도 상당 부분 상쇄시킬 수 있었다.

그러면 대한민국은 통일을 감당할만한 경제적 역량이 있는가? 현재 북한의 경제 수준을 고려할 때 북한 주민들의 소득을 남한 수준으로 끌어올리려면 상상할 수도 없는 엄청난 비용이 필요할 것이다. 물론 한반도 통일비용을 위해 국제기구의 지원을 받을 수 있으며, 북한 개발을 위해 국제금융기구를 설립하는 방안도 고려되고 있지만 불확실성은 여전히 크다.

그리고 이러한 통일비용이 적기에 조달되지 못한다면 통일 직후부터 북한 주민들의 강력한 경제적 지원 요구에 직면할 것이고 엄청난 사회적 혼란이 야기될 것이다. 남북간의 경제적 갈등은 정치·사회적 갈등으로 발전할 것이다. 어쨌든 통일비용은 통일을 추진한 대한민국이 만들어야 하며, 만약 통일비용을 감당하지 못한다면 통일은 위기에 빠질 것이다. 따라서 통일은 경제다.

통일은 '적대'의 종식이지만 '갈등'의 시작이다.

통일은 남북간의 적대관계를 종식함으로써 '민족공동체'를 복원하여 '민족의 번영'으로 이끌 수 있는 확실한 대안일 수 있다. 그런데 독일과 예멘의 통일 과정은 화합이 아니라 갈등과 대립이었다. 특히 예멘의 경우는 통일 이후 남북 예멘 간의 갈등이 증폭되어 결국 무력충돌이 발생하고 내전으로 발전되는 비극을 겪었다. 또한 성공적으로 평가받고 있는 독일 통일의 경우도 동서독 간의 갈등은 30여 년이 지난 지금까지도 여전히 남아 있다.

메르켈 독일 총리는 통일 31주년 기념 연설에서 "통일이 아직도 완성되지 않았다"라며, "통일로 인해 적지 않은 동독인은 정치와 직업 세계 등 거의 모든 것이 바뀌었고, 일부는 갑자기 막다른 골목에 놓이는 상황이었다"라고 하면서, "나도 통일이 되자 그때까지 동독에서 35년간 살아온 경력이 '필요 없는 짐'으로 취급받기도 했다"라고 말했다.

통일한 지 30년이 지났지만 여전히 동독 지역이 서독 지역보다 경제적으로 뒤처져 있으며, 이에 대한 불만을 제기하는 동독인들과 서독인들 사이의 갈등이 해소되지 않고 있다. 그리고 이러한 갈등으로 인해 동독에서 급진적 정치세력이 출현하면서 동서독 간의 정치적 충돌 가능성도 제기되고 있다. 이렇게 통일 30년이 지난 현재의 동서독 지역 간의 갈등을 심각하게 평가하고 있다면, 통일 당시의 동서독 간의 갈등은 지금보다 훨씬 더 심각하였으리라고 상상할 수 있다.

그런데 세계 최빈국 북한, 분단 70년을 지나가고 있는 남북한의 이질화, 전쟁을 경험한 남북한 주민의 적대감 등은 독일 통일과는 전혀 다른 통일환경이다. 이는 한반도 통일 과정에서 나타날 각종 후유증과 부작용이 독일보다 훨씬 증폭되어 나타날 가능성이 크다는 것을 의미하다.

통일 초기에 북한 주민들은 환호하며 기대에 부풀어 있을 것이다. 그러나 통일 직후부터 북한 지역에 대규모 실업자가 발생하면서 경제적 어려움을 겪게된다면 이로 인해 북한 주민들의 남한에 대한 불만과 증오가 급증할 것이다. 통일 이후 북한 주민들은 냉혹해진 사회적 환경에 엄청난 스트레스를 받을 것이며, 사회 전체가 불안감에 빠져버리면서 남한에 대한 적대감이 되살아 날 것이다. '적대'의 부활인 것이다.

반면에 남한 주민들의 북한 주민들에 대한 차별과 멸시, 혐오가 극단적인 지역 차별로 발전할 가능성도 높다. 3만여 명에 달하는 탈북민들이 차별에 좌절하고 있는 것은 이미 잘 알려진 사실이다. 물론 남한 내에서도 엄청난 통일비용 부담과 사회적 혼란으로 북한 주민에 대해 극도의 거부감을 느끼게 될 것이며 통일 반대 여론이 확산할 가능성이 크다.

이처럼 한반도 통일 이후 나타날 갈등은 통일 그 자체를 위협하는 요인이 될 수도 있을 것이다. 북한 내부의 정치적 불안이 증폭되어 대규모 소요사태가 발생하면서 북한 사회가 급격히 혼란을 겪을 수도 있고, 남북한 간의 갈등이 심각한 수준으로 발전할 가능성이 있기 때문이다.

통일은 '초불확실성'이다.

통일은 '패러다임 시프트' 즉 총체적인 변화라고 할 수 있을 것이다. 즉 통일은 변화의 폭이 거대하고 속도도 엄청나게 빠르게 우리를 변화시키는 '초불확실성'이 지배한다는 것을 의미한다.(최윤식, 『월간 CHIEF EXECUTIVE』) 그리고 이러한 '초불확실성' 시대에는 점진적인 변화가 아니라 갑자기 빅 체인지 Big Change, 즉 '대변화'가 일어날 수 있다는 것인데, 이는 종전의 이론이 더는 통하지 않아 미래를 예측할 수 없어서 변화에 대응하는 것이 더욱 어려워진다는 것을 의미한다.(한상춘, 한국경제신문, 2019)

우리는 한반도 통일을 위해 '민족공동체 통일방안'을 만들어 놓고 통일을 기다리고 있다. '화해·협력 ⇨ 남북연합 ⇨ 통일'로 이어지는 3단계의 점진적 통일을 추진하는 것이다. 이는 남한과 북한이 지금은 적대하고 있지만 화해와 협력을 확대하면서 신뢰를 쌓아간다면 통일을 준비할 수 있다는 내용이다. 그런데 이러한 과정에서 우리가 전혀 예측할 수 없는 엄청난 변화가 나타날 수 있다는 것이다.

서독은 1970년대부터 신동방정책을 통하여 동독과의 교류를 확대하면서 미래에 다가올 통일을 준비했으며, 동독을 잘 알고 있다고 믿었다. 그런데 통일 이후 동독에 대해 아는 것이 별로 없다는 것을 깨닫는 데에는 오랜 시간이 걸리지 않았다. 이러한 동독에 대한 무지는 급진적인 화폐통합으로 이어져 동독의 기업들을 대부분 도산시켰고, 대규모 실업자가 발생되는 중대한 정책적 실패를 범했다. 동독 사람들은 모든 것을 잃어버렸고, 차별과 박탈감으로 고통받았다. 예멘 통일은 정치적 합의를 중시하며 통일이 가져올 문제를 전혀 예측하지 못하였기 때문에 남북 예멘 간의 갈등이 폭발하여 내전으로 발전되는 비극을 겪었다.

그러면 한반도 통일은 예측할 수 있을까? 통일 과정과 통일 이후에 일어날 일들을 사전에 예측하여 대비할 수 있는가? 우리는 북한에 대해 아는 것이 거의 없다. 북한이 과거보다 많이 개방되었고, 3만여 명의 탈북민들이 북한에 대한 정보를 쏟아내고 있기는 하다. 그럼에도 불구하고 북한의 정치, 경제, 사회 등 각 분야에 대한 연구는 정보의 부족으로 여전히 퍼즐 맞추기를 하고 있다. 북한은 여전히 폐쇄적이며 외부와의 교류를 극도로 제한하고 있다.

이러한 북한에 대한 정보와 체계적인 연구가 없는 상황에서 통일은 너무나 불확실성이 높다. 아니 '초불확실성'이다. 통일을 위해서는 북한의 정치권력과 엘리트, 산업구조와 기업, 시장은 물론이고, 북한 주민들의 사회관계망 등을 상세하게 알아야 한다. 이러한 정보들을 가지고 연구를 통하여 통일 과정에서 북한 정권과 주민들이 어떤 태도를 보일 것인지, 통합 과정에서 북한 경제를 어떻게 재건할지, 남북간 갈등 문제에는 어떻게 대처할지를 예측할 수 있게 되는 것이다. 그런데 우리는 북한에 대해 아는 것이 거의 없다. 한반도 통일과 관련한 논의는 대부분이 추정이고 가정 사항이다.

한반도 통일과 관련된 모든 것이 여전히 불확실성으로 가득 차 있다. 북한이 언제 어떻게 붕괴할 것인지, 북한이 변화할 수 있는지에 대한 원론적이며 핵심적인 질문에 대해서도 아는 것이 없다. 그리고 통일하면 진짜 대박이 나는 것인지에 대해서도 독일 통일 사례에 대한 논의만 있을 뿐이다. 독일과 한반도는 너무나 다르다. 모든 것이 불확실한 '초불확실성'이다.

통일대박론은 "편익은 영원하고 비용은 단기적인 것이며, 미래의 번영을 위해 현재를 희생하자"라고 한다. 그런데 이 주장에 두 가지 의문이 제기된다. 첫째는 현재 세대가 어느 정도 희생해야 하는지에 대해 아무 것도 말하지 않고 있다. 이는 통일을 위해 희생하는 세대와 통일의 과실을 따먹는 세대가 다를 것인데, 통일이 현재의 세대에게 지나친 희생을 요구한다면 과연 통일이 순조로울 수 있을까? 둘째, 현재 세대가 희생하면 미래 번영은 확실한가이다. 통일은 엄청난 비용과 노력, 그리고 탁월한 정치적 리더십 등을 필요로 한다. 만약 통일이 성공하지 못한다면 미래 세대는 쪽박을 차야하며, 통일을 추진한 세대를 원망할 것이다.

한반도 통일에서 우리는 북한에 대해 잘 모른다고 하지만, 사실은 북한 사람에 대해 잘 모른다고 해야 정확할 것이다. 분단 70년은 너무나 긴 세월이며 통일이 될 때까지 앞으로 얼마나 더 많은 세월이 흐를지는 아무도 모른다. 그런데 우리는 여전히 1945년 이전에 문화와 생활을 공유하였기 때문에 민족공동체를 복원할 수 있다고 믿고 있다. 그러나 북한 주민들은 김일성에 세뇌되어 있고, 너무나 가난하며, 너무나 달라져 있다. 이는 통일이 되었을 때 남북한 주민 간의 갈등이 어느 정도일지를 예측할 수 없다는 것을 의미한다.

한편 통일의 국제환경도 매우 불확실하다. 통일에 결정적인 영향을 미칠 수 있는 미국과 중국의 패권경쟁이 본격화하고 있다. 한반도 통일이 주변국들의 지지와 협력이 매우 중요하다는 점에서 볼 때 미중 패권경쟁의 불확실한 미래는 한반도 통일에도 불확실성을 높이고 있는 것이다.

이렇게 통일의 미래는 불확실성으로 가득 차 있으며, 모든 것이 가능성인 '초불확실성'이 지배하고 있는 것이 통일이다. 불확실성은 '완전하지 않거나 알 수 없는 정보를 수반하는 상황이며, 미래에 전개될 상황에 대해 정확한 정보를 얻을 수 없거나 어떤 상황이 발생할 가능성을 명확히 측정할 수 없는 상태'다. 불확실성으로 가득한 한반도 통일 과정이 민족공동체 회복이 아니라 민족공동체 위기가 될 수도 있다는 것을 의미한다.

통일 불가론의 확산

분단 이후 민족의 절대적 사명으로 이어져 오던 통일은 1990년대 탈냉전으로 우리는 곧 통일이 될 것이라는 기대감이 부풀었고, 2014년 박근혜 대통령이 "통일은 대박이다"라고 외쳤을 때 열광했었다. 그런데 최근 통일에 대해 묻는 각종 여론 조사에서 '통일 반대' 여론이 '통일 찬성'보다 더 높게 나타나는 현상이 나타나면서 통일이 우리 국민의 관심에서 급격히 식어가고 있는 것을 느낄 수 있으며, "통일을 왜 해야 하는가?"라고 묻기까지 한다.(이기완 외, 83) 통일이 헌법에 명기된 국가 목표인데도 말이다.

물론 이러한 현상에 대해 분단 70여 년간의 세대 교체, 탈냉전 이후 세계화와 탈민족주의 경향 때문에 자연스러운 현상이라고 할 수도 있다. 하지만 이러한 탈민족주의 추세는 현재 진행 중인 '통일 반대' 여론을 설명하기에는 부족하다는 것이 최근 여론 조사에 나타나고 있다. 즉 단순히 탈민족주의가 아니고 개인주의적이며, 현실적인 이해타산이 통일을 바라보는 시각을 결정하고 있는 것이다.

통일이 경제적 번영을 가져올 것이라는 '통일대박론'에 관심이 높을수록 '통일비용'에 대한 관심도 같이 높아져 갔으며, '통일대박론'의 주체가 '국가'와 '민족'이었다면 '통일비용'은 개인이 주체가 되었다. 즉 통일이 '나의 삶'에 어떤 영향을 미칠 것인가에 더 많은 관심을 보이고 있는 것이다. 통일이 민족과 국가의 현재와 미래에 번영을 가져다줄지라도 그것을 위해서 내 삶이 희생된다면 반대한다는 '통일 불가론'이 대두된 것이다.

사실 통일 반대 여론에는 경로 의존성 path dependency도 중요한 요인이다. 경로 의존성은 한번 일정한 경로에 의존하기 시작하면 그 경로를 벗어나지 못하는 경향성을 의미한다. 즉 지난 70여 년간의 분단 상황에 적응하여 변화보다는 현상 유지에 대한 강한 의지가 우리 사회에 작용하고 있다는 것이다. 분단 직후에는 한민족이니까 통일해야 한다는 강한 경로 의존성이 있었지만, 장기간의 분단으로 통일로 인한 급격한 변화를 거부하는 통일 반대 경로 의존성이 확산되고 있는 것이다.

2. 분단은 앞으로 우리에게 엄청난 평화비용을 요구할 것이다

정전협정이 남북간 적대의 근본 원인이다.

'6·25전쟁'을 종식하기 위한 '정전협정'은 한반도에서 "적대행위와 일체 무장행동의 완전한 정지"를 합의한 유일한 문서다. 협정 서언에 "쌍방에 막대한 고통과 유혈을 초래한 한국 충돌을 정지시키기 위하여서와 평화적 해결이 달성될 때까지 한국에서의 적대행위와 일체 무장행동의 완전한 정지를 보장"할 것을 규정하고 있다.

그러나 1953년 '정전협정' 체결 이후 한반도에서는 북한의 군사적 도발과 남북간 군사적 충돌이 끊임없이 계속되었다. 남북의 치열한 군비경쟁과 북한의 핵무기 때문에 지금 전쟁이 발발한다면 우리 민족 전체가 지구상에서 사라질 수 있다. 1953년 한반도 '정전협정'이 체결되었지만, 남북한은 지금도 '사실상 전쟁 중'이며, 이는 정전체제의 근본적 문제에서 비롯된 것이었다.

첫째, '정전협정'이 전쟁 재발은 막았는지 몰라도 국지도발이나 군사적 충돌을 막지는 못한다는 한계가 있었다. 왜냐하면 '정전협정'이 국지도발이나 군사적 충돌에 대해 협정의 이행을 강제할 힘이 없기 때문이었다.

둘째, '정전협정'의 불완전성에서 비롯된다. 탈냉전 이후 남북간에 가장 치열하게 군사적으로 대립하며 충돌한 지역이 서해 NLL이다. 그런데 이 서해 NLL 문제는 '정전협정'이 해상에서의 경계선을 확정하지 못했기 때문이었다.

짧은 평화 그리고 위기의 일상화

"한반도에 더 이상 전쟁은 없다."

김대중, 2000년 6월 15일 제1차 남북정상회담 직후 서울 공항에서

문재인, "전쟁 없는 한반도가 시작되었습니다. 남과 북은 오늘 한반도 전 지역에서 전쟁을 일으킬 수 있는 모든 위험을 없애기로 합의했습니다."
김정은, "조선반도의 공고한 평화지대화, … 한반도에 핵무기 없는 땅으로 만들기 위해 노력하겠다."

2018년 평양 제4차 남북정상회담 시 공동기자회견

2000년 제1차 남북정상회담 이후 한동안 많은 사람이 남북을 오가며 평화 분위기에 흥분하기도 하였다. 그러나 모든 것이 제자리로 돌아오는 데에는 그리 긴 시간이 필요하지 않았다. 짧은 평화가 끝나면 또다시 적대

하고 충돌하면서 많은 사람이 희생되었다. 그리고 또다시 남북정상회담이 열리고 통일방안을 공동성명에 명시하였으며, 우리는 통일방안에 대해 논쟁하기 시작하였다. 탈냉전에도 불구하고 그렇게 남북간에 짧은 평화와 긴 대립의 30여 년이 지나갔다.

70여 년 전 민족 최대의 비극인 6·25의 잔상이 아직도 남아 있는 우리에게는 이 땅에 더 이상 전쟁이 일어나서는 안 된다는 것이 절대 명제이다. 그런데 진정으로 평화로운 땅에서는 평화가 논의의 주제가 되지 않을 것이다. 지난 30여 년 동안 남북이 만날 때마다 평화를 논의하는 것은 한반도가 전혀 평화롭지 않은 땅이라는 것을 역설적으로 말해주는 것이다.

지난 2000년 6월 15일 평양에서 역사상 최초로 남북정상회담을 마치고 귀국한 김대중 대통령의 첫 번째 외침으로 "이 땅에 더 이상 전쟁은 없다"라면서 "화해와 통일이 가능하다는 확신을 가질 수 있었다"라고 했다. 그러나 김대중 대통령의 선언이 거짓말이 되는 데에는 오랜 시간이 필요하지 않았다. 2년 후인 2002년 6월 29일 북한 경비정이 우리 해군 고속정을 기습 공격하여 해군 장병 7명이 희생되었기 때문이다.

그리고 20년이 흐른 2018년 9월 19일 평양을 방문한 문재인 대통령은 "전쟁 없는 한반도가 시작되었고"라고 선언하였다. 그런데 문재인 대통령을 말은 곧 거짓임이 판명되었다. 북한이 2018년 4월 판문점 남북정상회담에서 합의하여 건설한 개성공단 내 남북연락사무소를 폭파하면서, '9.19 군사 합의'를 포함한 모든 합의문을 휴지 조각으로 만들어 버렸기 때문이다. 그리고 전술핵무기로 우리를 위협하고 있다.

지난 1972년 남북 당국 간 회담이 시작된 이후 667번의 당국 간 회담이 개최되었고, 총 258건의 합의서가 채택되었는데, 그동안 남북관계가 발전하고 개선되었다면, 남북간의 핵심 의제 중에 완료된 것과 미완의 것이 구분되어서 시간이 지남에 따라 의제가 바뀌어야 한다. 그러나 지난

30여 년 동안 남북간 합의문에는 똑같은 의제가 똑같은 단어로 등장한다. 이는 남북관계는 전혀 변화하지 않았다는 것을 의미한다. 아니 제자리 걸음이 아니고 더 악화된 것일지도 모른다.

1991년 '남북기본합의서'에는 남북간 화해와 협력이 핵심 의제였다. 그러나 언제부터인가 남북간에는 북핵 문제가 핵심 의제가 되어 있다. 우리는 지금까지의 재래식 전력 군비경쟁에서 더하여 북한의 핵무기 위협에 대비하는데 엄청난 국력을 낭비하고 있다. 남북기본합의서 이후 네 차례의 남북정상회담으로 평화가 진전되었다고 하는데, 왜 우리는 북한의 위협에 대비하기 위해 과거보다 더 많은 국방비를 지출해야 하는가?

사실 네 차례의 남북정상회담과 같은 대형 이벤트는 한반도가 평화로운 땅인 것으로 착각하게 만든다. 그러나 탈냉전 이후 한반도가 진정으로 평화의 분위기를 느껴본 기간은 1994년, 2000년, 2007년 그리고 2018년의 단 4년뿐이었다고 해도 과장이 아닐 것이다. 짧은 평화 후에는 반드시 남북간 충돌로 많은 사람이 희생되는 혹독한 대가를 치렀다.

신냉전의 도래와 분단의 고착화

한반도는 1945년 8월 15일 일제로부터 해방되자마자 연합국에 의해 곧바로 분단되었고, 냉전이 시작되었다. 냉전시기에 미국과 소련은 지구적 차원에서 대립 구도를 형성했으며, 여기에 중국과 일본이 합세하여 지역적 차원의 해양 세력 대 대륙 세력이라는 소대결 구도를 만들었고, 남북한도 휩쓸려 들어갔다. 한반도는 이러한 대립 구도에서 갈등과 충돌이 일어나는 최전선이었고, '6·25전쟁'은 그러한 대립에서 비롯된 민족의 비극이었다.

그리고 탈냉전으로 소련은 해체되었고, 중국이 개혁개방하면서 동아시아에서 해양세력과 대륙세력의 대립구도는 와해되었으며, 남북관계에도 변화를 불러왔다. 한국이 금과옥조로 여기고 있는 1991년 '남북기본합의서'는 이러한 탈냉전의 산물이었고, 남한이 주도하는 통일이 다가오고 있다고 착각하게 만들었다.

그러나 탈냉전 30년, 중국이 부상하면서 미국과 대립관계를 형성하는 새로운 냉전체제가 등장하고 있다. '냉전기 한반도 지정학의 귀환'인 것이다. 그리고 최근에는 미국과 중국의 패권경쟁이 본격화하면서 한반도에 그대로 투영되고 있다. 중국은 북한의 핵 개발마저도 옹호하며 북한과의 협력관계를 강화하고 있고, 미국은 중국을 견제하기 위해서 한국과 군사동맹은 물론 경제동맹(IPEF)도 강화하려고 하고 있다.

이처럼 미국이 한국과 협력을 강화하면 할수록 중국에게 북한의 지정학적 위치는 더욱 중요해질 것이다. 즉 미국에는 중국을 견제하기 위해 한국이 필수적이며, 중국에는 북한이 또다시 "입술이 없으면 이가 시리다"라는 '순망치한'의 관계로 회귀하고 있는 것이다.

이는 냉전기 '한반도 지정학의 귀환'이며, 신냉전이 오고 있는 것이다. 미중 간의 대립은 한반도의 분단체제에 작용하여 남북간의 대립과 경쟁을 자극하고, 결국에는 분단체제를 강화하는 효과가 나타나는 것이다. 따라서 미중 패권경쟁이 격화되면 될수록 한반도 분단체제는 더욱 불안정해지는 것이다.

북핵의 인질이 되고 있다.

북한은 핵 개발을 완성하여 사실상 핵 보유국이며, 계속해서 핵 역량을 강화하고 있다. 특히 북한이 '핵 선제타격 및 보복타격 능력의 고도화'를 위해 다양한 전술핵 개발을 중점적으로 추진할 것을 선언하면서 남북간 군비경쟁을 새로운 국면으로 전환시켰다.

특히 북한이 핵무장 이후 자신의 핵 역량을 믿고 더욱 공세적인 전략을 구사할 가능성이 크다는 점에서 한반도 '핵전쟁 위기'의 발생 가능성을 높인다. 북한의 핵 인질전략이 시작된 것이다. 물론 한국군도 이런 북한의 선제적 핵무기 사용 가능성에 대비하기 위해 미국의 핵우산을 강화하는 동시에 강력한 '대규모 응징보복 태세'를 유지하고 있다. 이렇게 남북한이 핵무기로 대치하는 상황에서는 남북간의 사소한 정치 군사적 충돌사태도 즉각 핵전쟁 위기를 촉발하는 발화점이 될 수 있다.

또한 북한 핵무장이 우리에게 사활적 위협이 되고 있는 상황에서 미국이 북한과 핵 폐기 협상이 아니라 핵 군축 협상을 할 가능성도 제기되고 있다. 이는 북한의 비핵화에 대한 비관적인 전망과 함께 등장하고 있는 것이다. 먼저 북한 비핵화에 대한 비관적인 전망이 관심을 끌고 있다. 즉 '38 노스' 프로그램 소장인 제니 타운은 "북한을 비핵화로 이끌 기회의 창窓은 닫혔다"라고 하면서 "동아시아 국가들의 군비경쟁과 미·중의 증대되는 긴장 속에서 "한국을 비롯한 모두가 군비를 강화하는데 북한이 비핵화할 것이라는 것은 비현실적"이라고 말했다.

이러한 북한 비핵화에 대한 비관적 전망은 핵 군축 협상의 필요성으로 발전하고 있다. 영국 파이낸셜타임스는 2022년 10월 9일 "북한은 핵무기 개발에서 승리했으며, 미국은 북한에 대해 핵무기를 포기하도록 설득하는 노력에서 실패한 것을 인정하고, 대신에 위기 감소와 군축 조치에 주력해야 한다"라고 보도한 것이다.

또한 미국 카네기 국제평화재단 소속의 핵 전문가인 안킷 판다는 "북한에 비핵화를 고집하는 것은 실패일 뿐 아니라, 웃음거리가 됐다"라며 "북한이 테스트하면 우리 쪽은 반응하고 다시 계속 평상의 삶을 이어간다. 이미 북한은 (핵무기 개발에서) 이겼다. 이는 받아들이기 힘든 '쓴 약'이지만, 언젠가는 우리는 이를 삼켜야 한다"라고 주장했다.

이러한 북한 비핵화 실패 주장과 핵 군축 협상 제기는 결국 북한의 핵 위협과 공존해야 한다는 끔찍한 현실을 우리가 받아들이도록 강요할지도 모른다. 핵 군축 협상이라는 용어는 북한의 핵 보유를 인정해야 한다는 것이며, 또한 한국이 북한의 핵 위협에 인질이 될 수밖에 없는 현실을 인정해야 한다는 것을 의미한다.

북한의 핵 위협은 군사적 행동으로만 오는 것이 아니다. 북한의 핵 리스크도 우리에게 무서운 미래 시나리오이다. 북한의 핵무기와 핵물질 재고, 그리고 핵시설이 증가하면서 오산과 실수로 인한 핵무기 사용, 핵무기고와 핵시설에서 사고, 테러, 도난 등에 각종 '핵 리스크' 가능성도 커질 것이다. 최근 영변과 평산 핵시설에서의 사고 소식, 핵실험장인 만탑산 일대의 방사능 오염 등은 사실 여부와 관계없이 무서운 공포가 되고 있다.

북한 체제와 같이 정치·사회적으로 경직되고, 핵무기 사용에 대한 안전장치와 상호 견제 장치가 취약하고, 국제사회와 격리되고, 핵 안전 문화의 수준이 낮으며, 체제 위기와 경제위기가 만연한 경우, 핵 사용과 핵사고의 위험성이 더욱 크다. 특히 북한 체제의 특성상 핵무기 사용에 대한 지휘통제 체계가 과도하게 김정은 한 사람에게 집중되고 견제할 수 없는 상황은 핵무기 사용과 사고 발생의 가능성을 더욱 높이는 요인이 될 수 있다.

세계적인 핵 안보 연구기관인 '핵위협구상Nuclear Threat Initiative: NTI'이 2020년 7월 발표한 'NTI 핵안보지수Nuclear Security Index' 보고서에 따르면, 북한은 핵무기와 무기용 핵물질 보유국 중에서 핵 안보 위험성이 가장 큰 국가이다. 이 보고서에 따르면 무기용 핵물질을 1kg 이상 보유한 22개 핵안보 고위험국의 핵 안보 위험성을 평가하면서, ① 국제규범 참여와 준수, ② 내적 핵 안보 이행 공약과 역량, ③ 핵물질 양과 보관 장소 수, ④ 보안과 통제 조치, ⑤ 리스크 환경 등 다섯 개 지표를 측정한 결과 북한은 최하위인 22위로 평가되었다. 그 이유는 북한은 핵 안보 국제레짐에 전혀 참가하지 않고 있으며, 핵 안보 관련 국제협력도 전혀 없어, 과연 어떤 수준의 핵 안보 체제를 운영하고 있는지 객관적인 평가 자체가 불가능하기 때문이라는 것이다.

특히 북한의 영변 원자로는 1980년대에 건설된 이후 40여 년이 지났기에 방사능 유출이나 폭발의 위험도 매우 높다. 영변 원자로에 위기가 발생한다면 과거 우크라이나 체르노빌이나 일본 후쿠시마 원전 폭발 사고와 같이 인류에 큰 재앙이 될 것이며, 우리에게는 더욱 끔찍한 공포가 될 것이다.

남북간 적대의 근본적 원인은 '특수관계'이기 때문이다

1992년 '남북기본합의서'는 남북관계를 '특수관계'로 규정하고 있다. 즉 남북관계가 "나라와 나라 사이의 관계가 아닌, 통일을 지향하는 과정에서 잠정적으로 형성되는 '특수관계'"라고 규정되어 있고 지금도 남북간에는 이 논리가 통용되고 있다. 1990년대 이래의 남북관계는 바로 일반국가 관계가 아닌 '특수관계'라는 논리를 바탕으로 서로의 체제를 인정하고 상호 존중과 신의의 관계를 유지하였다고 주장해왔다.

그런데 탈냉전은 한국에게는 기회였지만 북한에는 위기였다. 한국은 통일의 기회라고 여겼지만, 북한은 체제수호가 사활적인 관심사였다. 따라서 북한에게 '남북기본합의서'는 굴욕의 역사였으며, '특수관계'는 남한이 북한을 통일할 수 있는 정당성을 부여한 문서가 되었다. '특수관계'는 같은 민족임을 전제로 하고 통일을 당위적인 것으로 전제하기 때문이었다. 그런데 남과 북이 근본적으로 다른, 절대로 융합할 수 없는 체제이기 때문에 남한도 북한도 흡수통일당하면 사라지는 운명을 규정하는 용어인 것이다.

따라서 북한은 '남북기본합의서'를 철저하게 부정하고 있으며, '특수관계'가 불신의 원천이 된 것이다. '특수관계'가 남북간 상호 존중과 평화

공존을 불가능하게 만든 것이다. 정전체제가 평화체제로 진화하지 못하고 있는 것도, 6·25전쟁의 트라우마가 여전히 남북관계를 지배하고 있는 것도 모두 남북관계가 통일을 지향하는 '특수관계'이기 때문이다.

3. 탈냉전 '3대 신화'의 한반도 적용은 실패했다

분단 이후 '우리의 소원'은 통일이다. 그리고 냉전이 끝나고 소련이 붕괴하고 독일이 통일하자 이러한 '우리의 소원'이 이루어져 민족이 번영할 수 있을 것이라는 믿음이 생겼다. 또한 탈냉전의 흐름 속에 중국의 개혁개방도 가속도가 붙으며 급격히 자본주의 시장경제체제에 합류하였다. 이처럼 탈냉전은 소련의 붕괴, 독일의 통일, 중국의 개혁개방이라는 3대 전환을 만들어가면서 사회주의 체제의 극적인 변화를 불러왔다. 그리고 이러한 변화는 한반도에서도 '냉전구조 해체'와 '통일'을 이룰 수 있다는 '3대 신화'가 되었다.

김영삼 정부는 '민족공동체 통일방안'으로 이러한 믿음을 구체화하기 시작하였으며, 역대 정부의 대북정책으로 이어져갔다. 즉 탈냉전의 '신화'는 우리에게 사회주의 국가 북한의 붕괴와 남북한의 통일, 또는 북한의 개혁개방을 통한 변화로 남북이 공존공영하는 등 현재의 분단체제에 급격한 변화가 나타날 수 있다는 기대를 높였다.

이처럼 탈냉전이 대한민국에 각인시킨 첫 번째 신화는 사회주의 체제의 붕괴는 필연적이라는 것이었다. 소련 사회주의의 붕괴는 자본주의와의 경쟁에서 '사회주의의 패배', 또는 '사회주의 실험의 실패'로 규정되었고, 북한 사회주의도 필연적으로 붕괴할 것이라는 확신으로 다가왔다. 특히 탈냉전 직후 북한은 최악의 경제난으로 인해 체제 위기상황에 빠지면서 북한 체제 붕괴는 돌이킬 수 없는 필연이며, 우리는 통일을 준비해야 한다는 분위기가 확산되었다. 이후 북한은 최악의 경제위기를 극복하고 정권의 안정을 되찾았지만, 여전히 경제위기와, 사회주의 동지가 없는 고립된 상황이 계속되고 있는 것은 사실이다.

이처럼 탈냉전이 북한 붕괴 가능성에 대한 믿음을 가져왔고, 한국은 북한 붕괴에 의한 급변사태 대비계획으로 정부 차원에서는 '충무계획', '고당계획'을, 그리고 군 차원에서는 한미연합으로 '작전계획 5029'를 작성하였다. 그리고 이명박 정부의 '통일항아리', 박근혜 정부의 '통일준비위원회'로 이어져 가면서 북한 붕괴에 대한 대비책을 강구하는 모습을 보이기도 했다.

두 번째 신화는 통일대박론이다. 통일대박론의 근거는 독일 통일이며, 우리가 희망하는 모든 것이 독일 통일에 있다고 환호했다. 물론 우리가 독일 통일에 관심을 갖는 것은 단순히 통일이 경제적 번영을 불러왔기 때문만은 아니다. 독일 통일은 혼란도 전쟁도 없이 평화롭게 진행되면서 통일의 시너지 효과를 통해 유럽 제일의 강국으로 부상하는 대박을 이루었기 때문이다.

세 번째 신화는 중국의 개혁개방과 기능주의 통합이론이다. 기능주의적 관점에서 본다면 중국의 개혁개방이 한반도에 시사하는 바는 두 가지이다. 첫째는 1980년대 중국의 개혁개방이 본격화되면서 자본주의 시장경제체제로의 체제전환에 성공하였다는 점에서 북한도 개혁개방을 통해 변화할 수 있다는 것이다. 두 번째는 중국의 개혁개방이 확대되면서 한국과 중국의 경제적 상호의존이 심화되었고, 이러한 경제관계의 확대로 인해 한국과 중국이 6·25전쟁과 냉전시기의 적대국에서 우호적인 관계로 변화하였다는 경제평화론의 적용이다. 이는 북한의 경제위기로 개혁개방이 불가피해졌고, 그에 따라 남북간 협력이 확대된다면 한반도 평화와 안정을 가져올 것이라는 논리로 연결되었다.

　이와 같이 탈냉전의 3대 신화로 인해 우리에게는 북한 체제의 붕괴 가능성, 평화적 통일과 통일대박론, 그리고 북한의 변화와 공존·공영 가능성이 신념화되었고, 역대 정부는 이러한 신화들을 통일, 대북정책으로 실현하려고 노력하였다. 그러나 지난 30여 년 간의 노력에도 불구하고 3대 신화가 한반도에서 실현되지 못하고 있다는 것이다. 즉 북한은 붕괴하지 않았으며, 한반도가 통일될 것이라는 희망은 점점 더 멀어져 가고 있다.

　세계 최빈국 북한에 대한 혐오가 증가하면서 통일이 과연 대박일까에 대한 회의감도 크게 증가하고 있다. 그리고 한때 확대되어 가던 북한과의 교류와 협력은 완전히 중단되었고, 남북간에 군사적 대치와 긴장은 높아져만 가고 있다. 북한은 남한에 대해 공공연하게 핵무기로 공격할 것이라고 위협하고 있다.

　지난 30여 년 탈냉전의 3대 신화를 한반도에 적용해보는 실험은 실패했다.

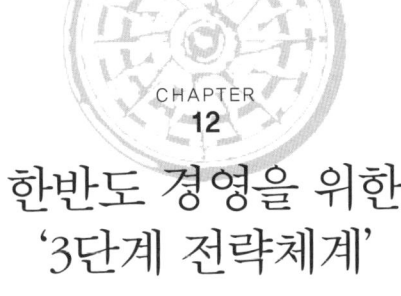

CHAPTER
12

한반도 경영을 위한 '3단계 전략체계'

1. 왜 '한반도 경영전략'인가: 평화는 생존전략이자 미래전략

'한반도 경영전략'은 대한민국의 미래 번영을 길을 찾고자 한다. 필자는 북한은 대한민국의 미래 번영에 사활적 이해를 갖는다는 의미에서 "북한은 대한민국의 미래"라고 주장해 왔다. 미래 대한민국의 번영을 위해서 북한을 잘 활용하는 것이 대한민국의 미래전략이며, 필자는 이것에 '한반도 경영전략'이라는 이름을 붙이기로 한 것이다.

사실 탈냉전 이후 역대 정부는 궁극적으로는 통일을 지향하지만 과도기적으로 북한과의 협력을 통해 북한을 변화시키고 시너지 효과를 극대화한다면 공존·공영할 수 있다고 믿었다. 그러나 지난 30여 년 동안 한반도, 남북관계에는 어떠한 변화도 일어나지 않았다. 아니 북한의 핵무장으로 대한민국의 바람과는 달리 남북관계는 더욱 악화되었다. 이러한 남북관계는 통일도 분단도 대한민국의 미래 국가전략으로서는 한계가 있다는 것이다.

물론 통일은 가장 좋은 미래 국가전략이다. 우리가 통일을 기대하는 것은 단순히 남북이 하나가 되는 통합 효과만이 아닐 것이다. 통일은 남북이 하나가 됨으로써 독일 통일과 같은 대박이 날 수 있을 것이다. 통일은 한반도가 해양과 대륙을 잇는 반도로서의 기능을 회복하여 중국의 동북 3성, 러시아의 연해주와 시베리아, 몽골 등 대륙으로 경제적 영토를 확장하는 동시에 유럽과의 통로를 열 수 있기 때문이다. 이는 통일대박론의 핵심적인 근거가 되었다. '통일'은 민족이 번영할 수 있는 '전가의 보도'라는 인식하에 미래 국가전략으로서 매우 중요한 자리를 차지하고 있다.

그러나 현실은 이러한 이상과는 너무나 달랐다. 한반도 통일은 독일 통일과는 달리 불확실성이 너무 크며, 통일이 재앙이 될 수 있다는 점을 간과하고 있는 것이다. 또한 우리가 통일을 미래전략으로 논의하기 위해서는 최소한 가까운 시일 내에 통일 가능성을 예측할 수 있어야 한다. 그런데 통일이 언제 될지도 모르는데 통일을 미래전략으로 준비하는 어처구니없는 상황이 지금도 계속되고 있다.

다른 한편으로 현재의 분단체제를 잘 관리하여 남과 북이 협력한다면 공존·공영할 수 있다는 것도 이상 속에서만 존재하는 꿈이었다. 특히 진보 정부인 김대중, 노무현, 문재인 정부는 포용정책을 통해 북한과의 협력을 확대하여 공동 번영하는 경제공동체를 만들어갈 수 있다고 하였지만, 그런 이상은 실현할 수 없는 꿈이었다는 것이 확실해졌다.

북한은 지난 30년 동안 변화하지 않았고, 북한의 시장화와 일부 개혁 노력도 결국 김씨 일가 독재체제의 근본적인 변화 없이는 '찻잔 속의 태풍'에 불과했다. 남한의 끊임없는 '구애'에도 북한은 호응하지 않았다. 북한은 교류와 협력을 원치않기 때문이다. 반면에 북한은 군사적 도발을 계속했으며, 남북관계는 긴장과 위기의 연속이었다. 북한의 핵무장은 남한뿐만 아니라 민족을 파멸의 위기로 몰아가고 있다. 이러한 상황에서 협력의 시너지보다는 '코리아 디스카운트'에 따른 엄청난 비용을 지급할 수밖에 없었다.

여기서 우리는 분단체제의 '불편한 진실'을 다시 한번 되새겨야 한다. 북한은 남한과 만나는 것 자체를 원치 않는다. 아니 북한은 남한과의 관계가 정권을 위협할 것이라며 절대 불가를 외치고 있다. 최근 남한풍에 대한 통제와 단속을 더욱 강화하고 있는 것이 그 대표적인 증거이다.

또한 북한은 남한과의 교류와 협력을 통해 경제를 발전시키기보다는 통치자금으로 사용할 수 있는 현금만 원한다. 김대중 정부 이후 남북 경협의 역사가 금강산관광과 개성공단에서 끝난 것은 북한이 현금만을 원했기 때문이다. 개성공단을 통해 사람과 사람이 만났지 않았느냐고 반문할 수 있을 것이다. 그러나 북한은 개성공단 사업이 커지면 커질수록 불안해했으며, 노동력 규모가 5만 명을 넘어가자 더는 노동력 제공을 거절했다. 이는 개성공단이 정권 자체를 위협할 수 있다고 인식했기 때문이었다.

이러한 분단의 현실에도 불구하고 탈냉전 이후 역대 정부는 남북 협력을 기반으로 대한민국의 경제영토가 중국 동북 3성과 러시아 연해주로 뻗어 나가는 거창한 계획을 제시하기도 하였다. 이러한 거대한 프로젝트를 진행하기 위해서는 북한의 열악한 인프라 건설부터 시작해야 한다. 그리고 북한에 개성공단과 같은 남북경제특구를 건설하여 북한 경제에 활기를 불어넣어야 한다. 이를 위해서는 남한의 자본과 기술, 인력이 대거 북한에 투입되어야 한다. 하지만 북한이 이를 용납할 가능성은 거의 없다. 북한이 남한과의 협력을 원치 않는데, 어떻게 남북이 협력하여 공동 번영할 수 있는가.

이처럼 지금까지의 논의를 요약하면 첫째, 통일은 현실적으로 불가능하고, 분단체제에서 대립과 갈등의 주요 원인이다. 둘째, 분단은 통일을 지향할 수밖에 없기 때문에 북한에는 생존의 게임이 될 수밖에 없다. 이는 북한이 핵무장을 하며 군비경쟁에 매달리는 이유이며, 그로 인해 한반도 평화는 불가능하다.

여기서 대한민국의 미래 번영을 위해서 북한이 필요한데, 통일도 남북협력도 불가능하다면 어떻게 북한을 활용할 수 있는가라는 질문이 제기될 수 있다. 사실 지금 우리는 이 질문에 대한 해답을 찾기 위해 최선을 다해야 하는 시점에 와있는 것이다. 우선 현실적으로 불가능한 미래전략으로서 통일과 분단 협력이라는 허상에 매달리지 말자는 것이다. 통일이라는 대박의 꿈에서 깨어나자는 것이다. 그리고 우리는 현실을 직시하고 장기적으로, 실현할 수 있는 목표를 인내심을 갖고 추진해나갈 제3의 대안을 모색해야 한다.

제3의 대안을 모색하기 위한 명제는 간단하다. 평화가 있어야 번영할 수 있는 '평화는 생존 전략'이다. 따라서 대한민국의 현재와 미래에 가장 중요한 과제는 한반도 평화이며, 항구적인 평화를 보장할 수 있는 길로 가야 한다. 이러한 명제는 우선 현재의 분단 상황을 평화가 정착될 수 있는 상태로 전환하는 것이 첫 번째 단계임을 말해준다.

이렇게 한반도에 평화를 정착시키고 공존하기 위해서는 우선 평화를 해치는 주범인 분단체제를 해체·청산해야 한다. 이는 남북이 개별 국가로 분리독립하는 것에서 가능성을 찾을 수 있다. 즉 한반도라는 지리적 영역에 두 개의 국가가 존재하는 상황은 같지만, 통일을 지향하는 '특수관계'가 아닌, 통일을 포기한 독립된 개별 주권국가로 독립하는 것을 의미한다.

즉 분단체제를 청산하기 위해서 통일로부터 독립, 민족으로부터 독립하자는 것이다. 분단체제에서는 '남한과 북한', '남조선과 북조선'이지만, 개별 주권국가로 독립하여 대한민국(한국)과 조선민주주의인민공화국(조선)이 되자는 것이며, 개별 주권국가로서 민족의 통일을 지향하지 말고 독립 공존하자는 것이다.

물론 이러한 제3의 길로서 분리독립이 현재의 남북관계와 한반도 상황을 단기간에 완전히 바꾸어 놓을 전가의 보도가 될 수는 없을 것이다. 다시 말하면 개별 국가 분리독립이 분단체제와 다른 점이 무엇인가라는 질문이 제기될 수 있을 것이다. 이 질문에 대해서 분리독립이 단기간 내에 분단 상황의 모든 것을 바꿀 수는 없을 것이지만, 변화의 가능성을 여는 것이라고 대답할 수 있을 것이다. 즉 현재의 분단체제가 지속된다면 그러한 변화조차 불가능하다는 점과 차이가 있다. 분리독립을 하더라도 분단의 관성은 당분간 지속되겠지만, 변화의 모멘텀을 만들어갈 수 있는 여지가 커질 수 있다는 것을 강조하고 싶다.

이런 의미에서 개별 국가 분리독립이 불러올 변화는 다음과 같다. 첫째, 북한의 대남 행태에 중요한 변화를 불러올 수 있다. 탈냉전 이후 북한은 끊임없이 남한으로부터의 흡수통일의 위협을 느꼈으며, 이로 인해 남한에 대해 끊임없이 평화를 위협하며 군사적 도발을 계속해야 했다. 북한은 평화를 원하는 남한이 저자세로 굴복하는 것이 생존을 위해 필요했기 때문이다.

따라서 남북한이 분리독립한다는 것은 서로 통일을 포기한다는 것을 의미한다. 북한은 최소한 남한으로부터의 흡수통일될 수 있다는 불안에서 벗어날 수 있으며, 남한과의 군사적 긴장을 유지해야 할 필요가 없어진다는 것을 의미한다. 분리독립으로 끝없는 대립과 긴장으로 점철된 한반도에 평화를 정착시킬 수 있다면, 남북간에 교류와 협력의 공간이 넓어질 수 있는 가능성이 열리는 것이다.

둘째, 분리독립은 대한민국의 미래전략을 위하여 북한을 활용하는 데 있어 예측 가능성을 확보할 수 있다. 국가의 미래전략은 미래에 대한 불확실성을 최소화하여 미래를 만들어가는 것이다. 그런데 통일에 기초한 미래 국가전략은 통일 시점조차도 예측할 수 없는 미래를 대상으로 국가전략을 수립하는 것이 된다. 또한 그동안 국가의 미래전략이 대한민국의 국가이익보다는 민족 관점에서의 지원과 선의가 중심이 되어 왔다. 반면에 분리독립은 한국과 조선의 국가 대 국가 간 협력이 상호 국가 이익에 기초함으로써 예측 가능한 국가전략을 수립할 수 있게 되는 것이다.

셋째, 북핵 문제의 당사자에서 벗어날 수 있다. 북핵 문제는 남북간 끝없는 군비경쟁과 군사적 위협이라는 악순환의 핵심 요인이자, 남북관계의 모든 이슈를 지배하고 있다. 한반도 평화는 물론 남북관계 발전도 북한 핵 문제 해결이 전제조건이 되어있다. 북한의 핵 개발은 분단체제에서 남과 북의 치열한 체제경쟁과 통일전쟁의 결과이기 때문에 남한은 북한의 핵무기 위협의 대상이 될 수밖에 없다.

물론 분리 독립하여도 북한이 핵무기를 포기하지는 않을 것이다. 그러나 통일 전쟁의 수단으로서 북한의 핵무기의 효용은 점차 감소할 수밖에 없다. 이는 개별 주권국가 독립은 분단체제와 통일전쟁의 청산을 의미하며 이는 북한 핵무기 위협의 당사자에서 벗어날 수 있는 여건이 만들어지는 것이다.

넷째, 남과 북의 진정한 협력을 가능하게 할 것이라는 점이다. 지금까지 남북간 협력은 민족이라는 이름으로 일방적인 지원이나 선심성 경제협력이 대부분이었다. 특히 우리의 대북한 경제협력은 북한 경제를 남한 경제에 종속시키는 것이었으며, 북한을 변화시키는 것이었다. 북한도 남북 경제협력이 민족 간 대북지원의 하나라고 이해하였지, 공동 번영과 발전을 위한 협력이라고 생각하지 않았다. 따라서 지난 30여 년 상당한 규모의 지원과 협력에도 불구하고 북한의 경제발전, 산업 경쟁력 강화에 기여한 것은 거의 없었다. 즉 남북경협이 북한 정권의 통치자금을 제공하는 창구로 활용되는 기형적 상황이 계속되었다.

분리독립은 국가 대 국가의 협력으로서 철저하게 경제원칙에 의거하게 됨으로써 북한 스스로 남북간 협력이 경제행위라는 것을 인식하게 할 수 있고, 북한 경제를 도와주는 협력이 가능해지는 것이다. 분리독립 이후 남북간 경제관계는 철저하게 국제분업구조인 가치사슬을 형성할 수 있을 것이다. 대체로 개발도상국의 경제발전에는 선진국과의 가치사슬에 의한 국제분업 구조에 의해 결정되며, 개별 국가 관계로서 남과 북은 글로벌 가치사슬에 의한 국제 분업구조로 상호 Win~Win 할 수 있을 것이다. 특히 같은 문화와 언어, 인접한 지리적 이점 등은 물론이고 한국의 자본과 기술의 선진성 등이 작용할 수 있을 것이다.

2. 3단계 한반도 경영전략체계

한반도 경영전략은 한반도 전체를 하나로 경영하는 것이다. 필자가 구상하는 한반도 경영전략은 다음과 같은 목표를 지향한다. 첫째, 한반도 경영전략은 대한민국의 미래 국가전략이 되어야 한다. 즉 한반도 경영전략은 대한민국의 번영을 목표로 하는 것이지, 민족의 번영을 목표로 하는 것이 아니다. 물론 대한민국의 번영은 북한의 협력이 필수적이지만, 대한민국이 번영해야 북한도 잘살 수 있다는 것을 전제로 한다. 따라서 우리의 국가이익을 위해 북한을 어떻게 이용할 것인가에 집중해야 한다. 그 과정에서 북한도 잘 살 수 있는 길이 열린다고 보는 것이다.

둘째, 한반도 경영전략은 선 평화 확보, 후 번영 추구이다. 대한민국이 번영하기 위해서는 ① 평화 확보 ⇨ ② 남북 협력을 통한 시너지 효과 ⇨ ③ 북방으로의 경제영토 확장의 순서로 진행될 것이다. 이러한 순서는 평화가 확보되어야만 남북이 신뢰하면서 협력할 수 있는 여건이 만들어지기 때문이다. 또한 남북 협력이 있어야 반도의 기능을 회복하고, 만주와 연해주, 몽골, 시베리아로 넓혀나갈 수 있는 것이다. 따라서 분리독립을 통해 우선적으로 평화를 확보하는 것이 매우 중요하다.

셋째, 한반도 경영전략은 통일을 지향하지만, 통일을 위하여 통일을 포기하자는 것이다. 사실 미래 대한민국의 국가전략으로서 통일이 가장 좋은 대안이지만, 통일은 남북간 끊임없는 분쟁의 원인이기 때문에 통일을 포기하고 분리독립하자는 것이다. 분리독립을 통하여 평화가 확보되면 남북간 협력을 통하여 통일 여건을 만들어 나갈 수 있기 때문이다.

넷째, 한반도 경영전략은 현재의 분단체제를 빠른 시일 내에 청산하는 것을 목표로 해야 한다. 지금까지 그랬던 것처럼 미래에도 대한민국은 북한과의 갈등과 분쟁을 해결하는 데 엄청난 국력을 낭비하여야 할 것이다. 분단체제는 가능한 한 빠른 시간 내에 청산하고 새로운 환경을 만들어 가야 한다. 그것이 분리독립인 것이다.

이와 같은 대한민국의 미래전략으로서 '한반도 경영전략'은 다음과 같이 3단계로 구성될 수 있다.

1단계: 비용 최소화를 목표로 하는 '분단관리전략'

한반도 경영전략의 1단계는 현재의 분단 상황을 비용 최소화를 목표로 관리하자는 것이다. 현재와 같은 분단 상황에서 남북의 공존은 물론이고 공동 번영도 절대로 불가능하다. 현재와 같은 분단 상황에서 남북간의 갈등과 분쟁, 충돌은 계속될 것이며, 평화는 구호에만 존재할 것이다. 특히 북한의 핵무기는 우리에게 더욱더 많은 비용을 요구할 것이다. 남북간의 갈등은 체제경쟁과 통일이라는 구조적 문제에 갇혀있기 때문이다. 북한은 경제가 어려우면 어려울수록, 고립이 심화되면 될수록 남한에 대한 군사적 긴장을 고조시킬 것이다. 이런 상황에서 남북이 협력을 통해 평화를 정착시키고 공동 번영할 수 있다는 것은 환상이다.

따라서 현재의 분단 상황을 관리하는 것은 다음 두 가지 목표로 지향해야 할 것이다. 첫째, '분단관리전략'은 분단의 안정적 관리와 전쟁의 방지에 초점을 맞추는 비용 최소화로 접근해야 할 것이다. 즉 남북간의 군사적 충돌이나 전쟁 위기가 고조되는 것은 인명의 희생과 경제에 매우 부정적 영향을 미치는 등 막대한 비용을 치러야 하기 때문이다. 따라서 군사적 대비 태세를 강화하여 북한의 군사적 도발을 철저하게 대비하는 대북 군사적 억지력을 강화하는 동시에 대북정책에 있어 한미동맹 강화 등 국제적 공조 체제를 구축하여 만일의 사태에 대비해야 할 것이다.

물론 분단의 안정적 관리를 위하여 북한에 대한 경제적 지원과 협력을 확대해야 할 것인데, 이러한 북한과의 경제관계는 철저하게 평화비용의 차원에서 관리되어야 할 것이다. 남북간의 경제협력을 통하여 남북이 공동 번영할 수 있다는 것은 환상에서 벗어나야 한다. 그러한 공동 번영의 꿈은 지나친 비용을 요구할 것이다.

'분단관리전략'의 두 번째 목표는 빠른 시간 내에 분단체제를 해체할 수 있도록 준비하는 것이다. 특히 통일을 할 수 없는 현실에서 빠른 시간 내에 개별 국가 분리독립을 추진하도록 준비해야 한다. 분리독립을 위한 당위성을 구체화하고, 국민의 지지 여론을 형성하도록 해야 할 것이다. 그리고 분리독립에 필요한 헌법을 비롯한 법과 제도 개정 등 제반 사항에 대해 치밀하고 구체적인 계획을 수립해야 할 것이다. 현재의 분단관리는 분리독립하는 방향으로 나아가는 과도기라는 인식으로 전환해야 할 것이다.

2단계: 평화를 위한 첫걸음 '분리독립전략'

두 번째 단계는 남한과 북한이 분리독립하는 것이다. 대한민국과 조선민주주의인민공화국이 개별 주권국가로 독립하는 것이다. '분리독립 전략'은 세 단계로 구성된다. 첫 번째 단계는 남북이 민족 간의 특수관계가 아니라 일반국가관계임을 선언하고, 각종 법, 제도를 개정하는 것이다. 우리가 선제적으로 헌법이나 법, 제도상에 있는 통일과 분단의 모든 것을 개정 또는 수정·폐기하고 대한민국과 조선민주주의인민공화국은 개별 주권국가임을 선포하고 북한이 이를 수용하도록 하는 것이다.

두 번째 단계는 북한과 민족 특수관계가 아닌 일반국가 관계를 수립하는 것이다. 북한과 국가 간의 외교관계를 수립하고, 관세조약 등을 체결하면서 일반국가 관계를 정립시켜 나가는 것이다.

세 번째 단계는 대한민국과 조선민주주의인민공화국으로 분리가 완료되면 우선 한반도 항구적 평화를 위하여 군사 안보적 협력 방안을 모색하면서 한국과 조선이 공존할 수 있는 방안을 모색하는 것이다.

지난 70여 년 동안 군사적 대치와 긴장이 유지되었기 때문에 개별 국가로 독립한다고 하여도 일정 기간 남과 북 상호 간의 불신과 대립, 경쟁 등 위협 인식이 지속될 것이다. 이런 과도기 상황에서 위협 인식을 점차적으로 낮춰가는 군사 안보 협력이 필요할 것이다. 이렇게 한국과 조선의 평화를 위한 협력이 진전된다면 양국 간 공동 번영하는 길을 모색할 수 있는 여건이 조성되는 것이다.

분리독립이 평화를 보장하는 것은 아니다. 다만 평화를 위한 여건이 조성되는 것이다. 즉 분단체제보다 분리독립이 한반도 항구적 평화를 위하여 더욱 나은 여건을 조성할 수 있기 때문이다.

3단계: 민족의 미래 번영을 위한 '통일전략': 불확실성의 최소화

대한민국의 번영을 위해서 분단은 최악의 선택이며 통일이 최선의 선택이다. 그리고 분리독립은 평화를 확보하기 위한 과도기적 선택이다. 따라서 분리독립된 상황에서도 통일의 기회가 온다면 통일을 해야 할 것이다. 그러나 통일은 대박과 쪽박의 양날의 칼을 가진 존재라는 점을 깊이 인식해야 한다. 따라서 통일을 지향하기 위해서는 통일 이후 일어날 일들에 대한 불확실성을 최소화하는 것이 선행되어야 할 것이다.

통일은 크게 북한 체제의 '붕괴'와 남북의 '합의'로 이루어질 수 있다.

이 중 현 상황에서 남북한 합의에 의한 통일은 북한 체제에 변화가 없으면 불가능하다. 북한의 붕괴도 언제 어떻게 붕괴할 것인지에 대해서 불확실성이 너무 높으며, 엄청난 비용을 대한민국이 감당해야 하는 문제도 과제다. 따라서 통일은 우리가 서두른다고, 추진한다고 이루어질 수 있는 문제가 아니며, 인내심을 갖고 기다려야 한다. 즉 불확실성을 최소화할 수 있는 방안을 마련해야 한다는 것을 의미한다.

사실 통일비용 최소화의 측면에서 본다면 한반도 통일을 위하여 국제협력이 매우 중요한 대안이 될 수 있을 것이다. 미래 동아시아의 국제환경을 고려할 때 북한 문제는 남한이 책임져야 하는 문제가 아니며, 한반도 통일도 남북간의 문제가 아니라는 점이다. 북핵 문제, 지독한 빈곤 등 북한의 현재 상황을 고려할 때 동아시아 국가들이 모두 협력하여 해결해야 하는 문제다. 따라서 한반도 통일에 대해서는 공세적이고 적극적인 접근보다는 수세적이고 수동적인 태도를 유지하여야 할 것이다.

따라서 통일전략은 다음 두 가지로 구성될 수 있다. 첫째는 북한 정권의 붕괴와 같은 급변사태에 대한 '우발계획'을 수립하는 것이다. 물론 이러한 '우발계획'도 북한에 대한 개입이나 통일을 위한 것이 아니라 피해의 최소화와 북한의 안정화에 초점을 맞추어야 할 것이다. 따라서 '우발계획'의 핵심은 주변국과의 협력이 핵심이 되어야 할 것이다.

둘째는 '통일계획'을 수립하는 것이다. 이 계획에는 어떤 상황에서 통일할 것인가가 분명하게 규정되어야 할 것이다. 즉 북한 변화의 단계마다 대한민국에 어떤 영향을 미칠 것인지에 대해 시뮬레이션을 통한 시나리오를 준비해야 할 것이다. 불확실성을 최소화하기 위한 것이다. 그리고 이들 시나리오에 의해 통일계획을 추진해 나가야 할 것이다. 즉 북한의 붕괴가 곧 통일의 기회가 아니라는 것을 명시해야 할 것이다.

마치며

필자가 이 책에서 제기한 질문은 다음과 세 가지다.

- 첫째, 통일은 가능한가?
- 둘째, 분단체제에서 평화와 번영은 가능한가?
- 셋째, 통일을 지향하는 특수관계가 남북간 불화의 근원은 아닌가?

본 연구를 통해 필자는 탈냉전 이후 지난 30여 년 동안 남북관계의 경험은 더 이상 분단체제가 통일도 번영도 가져오지 못한다는 것이었다. 그리고 필자는 당장의 정치적 이익을 위하여 불가능한 것을 가능한 것처럼 기만하려는 것을 막아야 하며, 지금이라도 미래 대한민국의 번영을 위해 먼 길을 떠날 준비를 해야 한다는 결론에 도달하였다.

물론 필자가 제안하는 '한반도 경영전략'은 아직까지 아이디어 차원이며, 향후 더 많은 연구를 통해 발전시켜 나갈 것이다. 하지만 한반도의 분단체제를 청산하고 새로운 패러다임을 정착시켜야 하는 것이 우리 세대의 사명인 것은 틀림없다. 이는 불가능에 매달려 미래가 없는 세상을 살아갈 수는 없다는 점을 강조하고 싶은 것이다.

우리는 이제 전환기에 서 있다고 할 수 있다. 위기 타개로 번영을 원한다면 과거 전통의 상징인 '통일'이라는 새장을 깨고 나와야 한다. '통일'은 '가상의 세계 Meta-Verse'라는 것을 알아야 한다. 그리고 끊임없이 고통과 희생을 강요하는 분단체제도 하루빨리 청산해야 할 것이다.

참고문헌

〈국내 자료〉

- 강 량, "대북정책을 둘러싼 한국사회 남남갈등 해소를 위한 정치학적 이해," 『대한정치학회보』 23집 2호, 2015년 5월
- 강만길 외 26인, 『민족의 화해와 통일을 위하여』, (서울: 심지), 1997
- 강성윤, "6·15남북공동선언 제2항의 함의," 『북한연구학회보』 제8권 제2호
- 강채경, 곽인옥, "북한 경제체제전환을 위한 제도적 조건과 문제점에 관한 연구," 『국제지역연구』 제22권 2호, 2018
- 곽인옥 외, "경제제도 측면에서 북한의 빈곤화와 시장화에 대한 분석," 『국제지역연구』 21권 2호, 2017
- 국방부, 『미래를 대비하는 한국의 국방비 2002』 국방부, 2002
- 국방부, 『율곡사업의 어제와 오늘 그리고 내일』 국방부, 1994
- 국회예산정책처, 『한반도 통일의 경제적 효과』, 대한민국 국회, 2014
- 권영경, "남북경협의 역사적 고찰과 재개를 위한 과제," 『통일문제연구』 제30권 1호(통권 제69호), 2018
- 김강녕, "DMZ내 북한도발 및 남북무력충돌 분석: 6·25전쟁~1970년대를 중심으로," 『한국과 국제사회』 제5권 6호, 2021
- 김관호, "독일통일과정에서의 갈등사례가 한반도에 주는 시사점," 『북한학연구』 제6권 제1호
- 김광린, "한국의 안보딜레마와 평화체제 구축," 『평화학논총』, Vol.6, No.1, 2016
- 김광인, 『북한 권력승계에 관한 연구』, 건국대학교대학원 박사학위논문, 1998
- 김광진, 『북한의 외화벌이 시스템 변화 연구』, 북한대학원대학교 석사학위논문
- 김 구, 『백범일지』, 돌베개, 1997
- 김구륜 외, 『한반도 통일의 효과』, 통일연구원, 통일비용·편익 종합연구 2014-3
- 김국신, "독일·베트남·예멘의 통일사례," 『분단국 통합과 평화협정』 통일연구원 제42차 국내학술회의 (2001. 10. 19) 발표논문집
- 김근식, "김대중 정부의 햇볕정책: 회고와 전망," 『한국과 국제정치』 18권 2호
- 김근식, "김정은 시대 북한의 대외전략 변화와 대남정책: '선택적 병행' 전략을 중심으로," 『한국과 국제정치』 제29권 제1호(통권 80호), 2013
- 김근식, "대북포용정책의 개념, 평가, 과제: 포용과 진화의 관점에서," 『한국과국제정치』 제24권 제1호, 2008

- 김근식, "북한 급변사태와 남북연합: 통일과정적 접근,"『북한연구학회보』제13권 제2호
- 김근식, "역대 대북정책 평가와 이명박정부의 대북정책 전망,"『이명박정부의 과제와 시대정신』한국정치학회 2008년도 특별학술회의
- 김근식, 조재욱, "북한의 시장화 실태와 시장권력 관계 고찰: 향후 북한 정치변동에의 함의,"『한국과 국제정치』제33권 제3호(통권 98호), 2017
- 김면희, "베를린장벽 붕괴 30년, 통일 독일 사회통합의 현주소: 후발주자 분단 한반도의 선택,"『접경지역통일연구』제3권 제1호(통권 제5호), 2019
- 김민정, "하노이 북미정상회담 결렬을 전후한 북한경제정책 변화에 대한 분석: 경제제재의 영향을 중심으로,"『통일문제연구』제32권 2호(통권 제74호), 2020
- 김민호, "북한 핵실험 및 미사일 도발에 대한 한국군의 대응 방향,"『한국과 국제사회』제6권 2호, 2022
- 김병로, "통일환경과 통일담론의 지형 변화: 정부통일방안을 중심으로,"『통일문제연구』제26권 1호(통권 제61호), 2014
- 김병연, "통일대박 논의의 경제적 검토,"『통일경제』포커스 2014년 제1호
- 김보민, "남북한 통일 이후의 내부 이주와 실업률: 독일통일의 경험으로부터 예측,"『동북아경제연구』제28권 제3호, 한국동북아경제학회, 2016
- 김상범, 김종수, "'민족공동체통일방안'의 계승·발전 방안 연구,"『북한학연구』제12권 제1호
- 김성주, "북한 병진노선의 내용 및 논리구조 변화 분석: 군사비 지출과 경제성장의 상관관계를 중심으로,"『국방정책연구』제32권 제2호, 2016년 여름(통권 제112호)
- 김석규, "소련과 중국의 전략로켓부대 창군 과정과 북한의 상황 분석,"『국방정책연구』제30권 제2호, 2014
- 김 신, "북한체제 시장화와 불가역적 체제변화 가능성 분석,"『통일과 평화』12집 1호, 2020
- 김영수, "이명박 정부 중간평가와 향후 과제 ~ 남북관계·대북정책을 중심으로,"『Korea Policy』2011 01/02
- 김영찬, "독일통일 30년을 맞으며…." KOLOFO 칼럼 제520호,
- 김영춘,『북한 장래에 대한 일본의 시각』민족통일연구원, 1998
- 김일한, 조우현, "한반도 평화체제 구축 과제: 한국의 역할을 중심으로,"『접경지역통일연구』제2권 제1호(통권 제3호), 2018
- 김정섭, "하노이 회담 이후 북한 전술·전략 무기 개발 동향과 핵 억제 교리 진화의 함의," 세종연구소 세종정책브리프, No. 2021-6 (2021.03.30.)
- 김정수, "북한 사회주의체제의 붕괴론에 대한 비판,"『통일문제연구』제23집, 2001
- 김정수, "이명박 정부의 통일세 제안 배경과 향후 추진과제,"『통일정책연구』, 19권 2호, 2010
- 김종대, "군수산업의 과거와 현재, 그리고 동북아시아,"
- 김종선, "북한 비핵화 프로그램 전략을 위한 구소련의 사례 연구"『북한연구학회보』제14권 1호
- 김주삼, "북한 핵실험에 대한 유엔 대북제재와 대중국 의존도 분석,"『접경지역통일연구』제5권 2호(통권 10호)
- 김진무 외,『북한과 중국: 의존과 영향력』한국국방연구원 KIDA PRESS, 2011년
- 김진무, "김정은 정권 엘리트 변화 분석과 함의," 한국국방연구원『주간국방논단』제1584호
- 김진무, "북한 김정은 정권의 안정성 평가: 불안정 경로 탐색,"『안보와 국방』한국국방연구원, 2015

- 김진무, "북한 비핵화 추진을 위한 대안적 방안 모색: 비핵화 협상 사례와 기술적 측면 분석," 세종연구소 세종정책브리프, 2018-03
- 김진무, "북한의 과학기술," 남만권 편, 『북한의 군사체제: 평가와 전망』 한국국방연구원 KIDA PRESS, 2006
- 김진무, "북한의 핵 능력 평가와 비핵화 협상 전망," 정성장 편, 『한반도 비핵·평화의 길: 북한의 협상 수용 배경과 한국의 전략』 세종연구소, 2018
- 김진무, "북한체제 변화 유형과 안보적 대비 방향," 『국방정책연구』 제30권 제1호(통권 제103호), 2014
- 김진무, "역대 남북군사회담 평가와 대북협상 방향" 세종연구소 세종정책브리핑, No.2018-09 (2018.04.05.)
- 김진수, 황규성, 『통일 후 남북한경제 한시 분리운영방안: 노동 및 사회복지 분야』, 대외경제정책연구원, 중장기통상전략연구 16-03
- 김창권, "독일통일 이후 구동독지역 인구이동 및 인구변화와 한반도 통일에 주는 정책적 시사점," 『경상논총』 제28권 1호, 2010
- 김창희, "북한 시장화와 화폐개혁의 정치경제적 분석," 『북한연구학회보』 제14권 제2호, 2011
- 김태현, "북한의 국경독재체제와 핵전략," 『국방정책연구』 제33권 제3호(통권 제117호), 2017
- 김학준, "한반도의 분단과 통일의 정치경제사," 『북한학연구』, 2권 1호, 2006
- 김형석, "한국 보수·진보 정부의 대북정책 비교 분석과 통합 가능성 모색," 『통일문제연구』 제29권 2호(통권 제68호), 2017
- 나용우, "남북교류협력사업의 활성화를 위한 추진과제: 북한의 경제발전전략과 남북교류협력의 상생적 결합을 위한 소고," 『판문점·싱가포르 평화선언과 한반도 발전전략』 2018년 북한연구학회 하계학술대회
- 노현종, "민족통일론에서 시민통일론으로: 민족주의 통일론의 위기와 대안," 『사상과문화』 21권 3호
- 대외경제정책연구원, 『독일통일 30년: 경제통합의 성과와 과제』 2020
- 대외경제정책연구원, 『북한경제백서』 2003/2004
- 도경옥, "종전선언과 평화협정 2단계 구상의 의미와 과제," 『통일정책연구』 제28권 1호, 2019
- 모춘홍, "김정은 시대 북한의 경제개발구 정책: 평가 및 전망," 『접경지역통일연구』 제3권 제2호(통권 제6호), 2019
- 문성묵, "남북간 군비통제 추진방향," 『한국국가전략』 통권 제7호, 2018
- 문순보, "북핵문제와 국제사회의 대북제재: 한계와 대안," 『국가전략』 제16권 2호. 2010
- 문화체육관광부. "남북관계에 대한 인식 여론조사 주요결과 발표" 보도자료, 2018
- 박건영 "대북정책의 새로운 접근," 『국제정치논총』 38집 2호, 1998
- 박광득, "북한의 비핵화 가능성과 북미관계의 딜레마에 대한 연구," 『대한정치학회보』 27집 1호, 2019
- 박금혜, "연합제 통일방안과 한반도 평화: 평화공존과 지구화 추세에의 적실성을 중심으로," 『평화학논총』, Vol.7, No.1, Jun. 2017
- 박명규 외, 『2014 통일의식조사』, 서울대학교 통일평화연구원, 2014
- 박명규 외, 『2013 통일의식조사』, 서울대학교 통일평화연구원, 2013
- 박범종, "대학생의 통일과 북한 인식에 관한 연구," 『통일전략』 한국통일전략학회 18(2), 2018
- 박상익, "이명박 정부의 대북정책 추진국면과 과제," 2010년 한국정치학회 연례학술회의 발표논문
- 박선원, "남북한 통일방안의 수렴 추이: 단일 정치권력으로의 통합에서 평화공존으로," 『통일연구』, 제6권 제2호, 2002

- 박성열, "남북교류협력 변화 추이 및 영향요인: 대북제재·코로나 19 중심으로," 『국가전략』, 제27권 1호, 2021
- 박순성, "한반도 통일과 민족, 국민국가, 시민사회," 『북한연구학회보』 제14권 제2호
- 박영민, "DMZ 군사충돌 사례와 요인 연구," 『공공정책과 국정관리』 제11권 제4호
- 박영민, "김정일 이후 북한체제유지 메커니즘의 작동 체계 연구," 『세계지역연구논총』 33집 3호
- 박영민, "문재인 정부 대북정책의 성공조건," 『접경지역통일연구』 제1권 제2호(통권 제2호), 2017
- 박영자, 조정아, 홍제환, 현인애, 김보근, 『북한 기업의 운영실태 및 지배구조』 통일연구원, 2016
- 박인휘, "비핵평화 프로세스와 대북 관여정책의 지속성: 이론과 정책," 『국가안보와 전략』 제19권 1호(통권 73호)
- 박재완, 심윤섭, "북한의 전술핵무기 개발과 함의," 『한국과 국제사회』 제5권 6호, 2021
- 박종철 외, 『민족공동체 통일방안의 새로운 접근과 추진방안: 3대 공동체 통일구상 중심』 KINU 연구총서 10-08, 통일연구원
- 박종철 외, 『통일대비를 위한 국내과제』 KINU 통일대계연구 2011-03, 통일연구원
- 박해식, "통일 임박시 금융시장 불안 가능성에 대비해야," 『금융브리프』 26권 4호 2017년 2월 17일
- 박형빈, "통일교육에서 민족주의와 다문화주의," 『윤리교육연구』 제31집, 한국윤리교육학회, 2013
- 박형중, "미국에서 북핵 문제 정세 재평가와 정책 논쟁 (2016~2017.2)," 『국가안보와 전략』 제17권 1호(통권 65호)
- 박형중, "북한 시장에 대한 정치학적 분석," 『한국정치학회보』 제46집 제5호,
- 박형중, "북한의 '6.28 방침'은 새로운 '개혁개방'의 서막인가?" 통일연구원 정책보고서, 2012
- 박형중, "정치체제와 부패의 세 가지 모델 : 북한 부패 연구를 위한 이론적 모델의 모색," 『국방연구』 제56권 제2호, 2013
- 박휘락, "6·25전쟁 종전선언의 기회와 위험 분석: 안보의 시각," 『의정연구』 24권 제3호(통권 55호)
- 배정호 외, 『한반도 통일에 대한 동북아 4국의 인식』 통일연구원. 2013
- 배종렬, "김정은 시대의 경제특구와 대외개방: 평가와 전망," 『북한연구학회보』 제18권 제2호
- 백낙청, 『한반도식 통일, 현재진행형』 창비, 2006
- 백승대·안태준, "청소년의 국민정체성이 통일의식에 미치는 영향." 『열린교육연구』 제24권 1호, 2016
- 백학순, "대남전략," 『북한의 국가전략』 세종연구소 북한연구센터 엮음, 한울아카데미 2005
- 변현종, "통일 필요성 논거의 윤리적 접근" 한국초등도덕교육학회 『초등도덕교육』 제53집, 2016
- 변현종, "통일대박론의 비판적 논의," 『윤리연구』 제99호
- 선한승, 『남북한 노동제도의 비교와 노동정책연구』 한국노동연구원, 1998
- 성채기 외, 『북한 경제위기 10년과 군비증강능력』 한국국방연구원, 2003
- 성채기 외, 『북한 군사체제 연구』 한국국방연구원, 2006
- 성채기, "북한의 군수경제와 인민경제 실태," 『김정일의 선군정치와 북한 경제의 전망』 국가안보전략연구소 주최 세미나 자료집, 2009년 10월 26일
- 세르게이 루코닌, 『통일후 동아시아 가치사슬 변화에 따른 러시아의 대한반도 경제협력 전략』 대외경제정책연구원 중장기통상전략연구 16-07
- 손기웅, "북핵문제 해결과 한반도 평화와 통일을 위한 소고," 『접경지역통일연구』 제3권 제1호(통권제5호), 2019

- 송두율, 『통일의 논리를 찾아서』 한겨레신문사, 1995
- 송승종, "종전선언, 정전협정과 유엔사령부," 『한일군사문화연구』 제27집
- 신장철, "바람직한 통일비용 논의를 위한 제언: 독일의 재통일 사례를 통한 함의의 도출," 『한일경상논집』 제73권
- 신창민, "통일비용 및 통일편익," 『분단관리에서 통일대비로』 통일연구원 세미나, 2010년 9월 1일
- 양무진 외, 『북한 비핵화를 위한 전략연구』 통일부 용역 연구보고서 2013년 12월
- 양문수, "북한 정부는 시장화를 관리할 수 있는가", 『통일정책 연구』 제19권 1호, 2010
- 양운철, "베트남 개혁·개방 경험이 북한에 주는 정치경제적 함의," 세종연구소 세종정책브리핑 No.2018-20 (2018.9.21.)
- 양운철, "코로나19 사태와 북한 경제의 불확실성," 세종연구소 세종정책브리프 No.2020-06 (2020.06.10.)
- 엄상윤, "북핵문제와 남북한관계의 상관성," 2014년 북한연구학회 하계학술회의 자료집
- 오기성, "통일교육에서 통일시나리오의 교육적 함의," 『초등도덕교육』 제45집, 2014
- 우상민, 『북·중 경제관계 현황과 전망: 북한의 대중 경제의존도를 중심으로』 KOTRA, 2005
- 유현정, "후진타오 시대 중국의 대북정책과 중북 경제협력 평가," 『세종정책연구』 제6권 2호, 2010
- 윤민재, "세계화시대 한국 사회의 민족주의의 특징과 한계," 『인문사회 21』 제6권 제3호
- 윤철기, "북한경제의 저발전 극복을 위한 대안적 체제전환 모델의 모색: 아래로부터의 체제전환 모델 구상과 북한체제에 적용 가능성 및 성공조건," 『통일문제연구』 제30권 1호(통권 제69호), 2018
- 이 경, "분단국의 통일사례 비교: 한반도에 주는 시사점," 『대한정치학회보』 18집 3호, 2011년 2월
- 이기동, "노무현 정부와 이명박 정부의 대북 접근방식 비교," 『북한연구학회보』 제12권 제2호
- 이미숙, "한국 국방획득정책의 변천과정과 전력증강 방향 고찰: 노태우·김영삼·김대중 정부를 중심으로," 『국방연구』 제60권 제2호, 2017
- 이상근, "역대정부 대북정책 평가 및 새정부에의 제언: 전문가 대상 의견수렴에 기초하여," 2017년 북한연구학회 하계학술회의자료집
- 이상근, "평화체제 담론에 대한 평가와 대안," 2019년 북한연구학회 춘계학술회의 자료집
- 이상민, "2022년 북한 핵미사일 개발 전망 및 군사적 대비 방향," 세종연구소 세종정책브리프, No.2022-05 (2022.03.21.)
- 이상숙, "북한 경제 개혁을 위한 남북 교류 협력 방향," 국립외교원 외교안보연구소 IFANS 주요국제문제분석 2018-52
- 이상신 외, 『KINU 통일의식조사 2020: 주변국 인식 비교 연구』 KINU 연구총서 20-25
- 이석호, 강정인, "왜 통일인가?: 세 가지 통일 담론에 대한 비판 고찰," 『한국정치연구』 제26집 제2호, 2017
- 이선우, "'선군정치'와 '북한식' 경제개혁 간 긴장된 상호동학」
- 이세진, "글로벌 코리아와 통일한국의 비전." 『신아세아』 제18권 2호
- 이영훈, "평화와 혁신의 관점에서 본 남북경협," 『통일정책연구』 제28권 1호, 2019
- 이우탁, "미·중 전략경쟁과 북한의 '사실상 핵 보유국화' 상관성에 관한 연구," 『한국과 국제사회』 제6권 2호, 2022
- 이일형, 강은정, "남북한의 통일편익 추정" KIEP 오늘의 세계경제, Vol.15 No.28 2015년 10월 28일
- 이재westheim, "북한붕괴론과 전쟁도발설에 대하여," 『한반도 급변사태시 과제와 대책』 한국정치학회 충청지회 공동주최 특별학술회의논문집, 1997

- 이정우, "북한 군사력의 평가와 한국의 안보정책 방향," 제주평화연구원, JPI정책포럼
- 이정철, "참여정부의 남북 경제공동체 건설전략 : 평가와 대안," 2007년 한국정치학회 국방학술회의 발표논문, 2007년 11월 22일
- 이종규, 문외솔, "통일한국의 경제정책: 거시경제의 안정화,"『비교경제연구』제24권 제2호
- 이종석,『분단시대의 통일학』, 한울, 1998
- 이종원 외, "통일한국에서의 대량실업 및 인구이동 대응방안,"『동북아경제연구』13(1), 한국동북아경제학회, 2001
- 이중구, 손효종, "북한 주체무기 개념 등장과 의미: 현황과 전망을 중심으로," 한국국방연구원 동북아안보정세분석 2017년 4월 4일
- 이헌경, "한반도 평화협정과 안전보장 프로세스,"『세계지역연구논총』36집 3호
- 이현표, "21세기 한반도 통일환경의 구조 분석,"『북한학연구』제6권 제1호
- 이화준, 노미진, "대북정책과 한국 정부의 인식: 대북인식과 분단인식을 중심으로,"『사회과학연구』제35집 1호
- 이효원, "통일 이후 북한의 체제불법에 대한 극복방안,"『서울대학교 법학』제51권 제4호, 2010
- 인남식, "2011 중동 민주화 운동의 원인, 현황 및 전망,"『주요국제문제분석』외교안보연구원 2011년 5월 24일
- 일민국제관계연구원, "북한의 미래 전문가 설문조사 보고서,"『국제관계연구』제19-2호, 2014
- 임성재, "6.25전쟁의 기원과 성격규정의 함의에 관한 연구,"『북한학연구』제16권 제2호, 2020
- 임수호 외,『통일후 남북한 경제 한시적 분리 운영방안: 경제적 필요성과 법적 타당성』대외경제정책연구원 중장기통상전략연구 16-01
- 임수호 외,『북한 외화획득사업 운영 메커니즘 분석: 광물부문(무연탄, 철광석)을 중심으로』대외경제정책연구원 연구보고서 17~20, 2017
- 임수호, "미국의 대북제재와 경제적 관계정상화 전망,"『한국과 국제정치』제35권 제1호(통권 104호), 2019
- 임재천, "남북관계 세 가지 제약요인과 대북정책,"『국제문제연구』2003년 봄
- 임종인 외, "북한의 사이버전력 현황과 한국의 국가적 대응전략,"『국방정책연구』제29권 제4호(통권 제102호), 2013
- 장규득, "통일은 과연 대박일까 희망적 보고서 잇따라,"『북한에도 인구절벽 다가온다』Midas, 2015년 7월
- 장달중, "김정일체제와 주체비전," 고려대 아세아문제연구소『아세아연구』통권 101호
- 장삼열, "베를린장벽 붕괴 30주년과 한반도 평화통일"『군사논단』제99호, 2019
- 장형수 외,『남북통일과정에서의 해외재원 조달: 주요 이슈와 정책방안』대외경제정책연구원 중장기통상전략연구 15-03
- 전봉근, "2022년 북핵 동향 평가와 북핵 협상 재개 전략: 북핵 동결을 위한 '잠정합의' 추진 방안," IFANS 주요국제문제분석 2022-04
- 전봉근, "트럼프 행정부의 북핵 외교 평가와 바이든 행정부의 북핵 협상 과제,"『국가전략』, 제27권 2호 2021년 여름호
- 정광민,『북한 기근의 정치경제학』시대정신, 2005

- 정성윤 외, "북한체제 내구성에 대한 소고: 비교권위주의적 시각," 『통일정책연구』 제26권 1호, 2017
- 정성장, "북한의 변화요인, 유형과 전망" 1999년 한국정치학회 연례학술회의 발표 논문
- 정영철, "북한에서의 국가와 시장 그리고 사회의 발견," 『한국과 국제정치』 제30권 제1호(통권 84호), 2014
- 정형곤, "독일통일 30년: 경제통합의 성과와 과제," KIEP 『오늘의 세계경제』 Vol.20 No.23, 2020년 9월 28일
- 제성호, "한반도 안보환경하에서 '정전협정'의 역할과 미래관리체제," 『국방정책연구』 제29권 제2호(통권 제100호), 2013
- 조동호, "김정은 시대 북한 경제의 개혁·개방 평가," 『한국경제포럼』 제13권 4호
- 조동호, 이상근, "북한경제 중국예속론의 비판적 고찰," 『국제지역연구』 제12권 제3호, 2008
- 조동호, 『통일 후 북한지역의 예상실업규모』 한국개발연구원, 1994
- 조 민, "대북통일정책 평가와 대안 모색," 좋은정책포럼 주최 세미나 『대북, 통일정책 제3의 길은 없는가?』 발표논문
- 조 민, "새정부의 대북정책 추진방향," 한국국제정치학회 주최 『이명박정부의 통일·안보·외교정책 추진방향』 2008년 3월 12일
- 조봉현, "김정은 체제의 경제 분야 과제와 전망," 『통일정책연구』, 제21권 1호, 2012
- 조상현, "예멘 내전과 남북한 통일교훈 분석: 통합유형을 중심으로," 『중동연구』 제31권 2호, 2012
- 조성렬, "한반도 문제의 해결과 3단계 평화론: 적극적 평화론을 중심으로," 『동북아연구』 제30권 1호, 2015
- 조성렬, "한반도 평화체제 구축에 관한 단계적 접근: 포괄적 잠정협정을 중심으로," 『통일과 평화』 4집 1호, 2012
- 조성렬, 『전략 공간의 국제정치』 서강대학교출판부, 2017
- 조영임, 안경모, "김정은 시대 북한 핵 개발의 국내정치동학: '정당성의 정치'와 '핵 민족주의," 『한국과 국제정치』 제35권 제2호(통권 105호) 2019
- 조재욱, "북한의 시장권력 부패화와 체제안정에 대한 기능적 검토," 『통일문제연구』 제30권 1호(통권 제69호), 2018
- 조철호, "통일비용 관련 통일교육의 방향." 『평화학연구』 제12권 3호, 2011
- 조한범 외, 『한반도 통일의 비용과 편익: 정치·사회·경제 분야』 통일연구원 통일비용·편익 종합연구 2015-01
- 진정미, "남북한 경제협력의 패러다임 전환 연구: 분단경제에서 공존경제로의 전환을 중심으로," 『동북아경제연구』, 제30권 제3호, 한국동북아경제학회, 2018
- 차동길, "'한반도 평화체제' 추진전략 연구," 『한일군사문화연구』 제26집
- 차동길, "북한의 비핵화 전략에 따른 대남전략전망," 『한일군사문화연구』 제28집
- 차문석, "북한의 경제 동학과 잉여의 동선," 『통일문제연구』, 제51호, 2009
- 차성근, "북한 독재체제의 내구력에 관한 질적 연구," 『한일군사문화연구』 제23집
- 차승주, "교과서에 나타난 통일담론에 대한 고찰: 민족주의를 중심으로," 『윤리교육연구』 제29집, 2012
- 차정미, "북한 사이버 위협의 부상: 한국 사이버안보에의 함의," 『통일연구』 제23권 제1호
- 채규철 외, 『양제츠 방북의 배경과 북·중 관계 전망』 국가안보전략연구소 내부 보고서(2007년 8월 21일)
- 채규철, "북·중 간 갈등실태와 관계재정립 가능성," 『국제문제연구』 2008년 봄

- 최규빈, "긍정적 관여를 통한 한반도 평화: 남북경협의 진화와 전망," 『Discourse 201』 Vol. 23, No. 3
- 최수영, 『북·중 경제관계 확대와 대응방안』 통일연구원, 2007
- 최용환, "핵실험 이후 북한의 대외정책 변화 전망," 북한연구학회 2007년 춘계세미나 발표논문
- 최은주, "김정은 시대 북한 경제 제도의 변화 양상과 남북경제협력 방향," 세종연구소 세종정책브리프 No. 2020-09 (2020.07.10.)
- 최이섭, "남북경협 내실화를 위한 경협기업 부실화 대응 방안 연구," 2019년 북한연구학회 하계학술회의 자료집
- 최장집, 『한국민주주의의 조건과 전망』 나남, 1996
- 최진욱, 김진하, 『통일 진입과정에서의 북한 재건 방향』 KINU 연구총서 11-03
- 최창용, 문경연, "국제금융기구의 '이행조건' 분석과 북한 개발협력 시사점," 『국가안보와 전략』 제21권 2호(통권 82호)
- 탁용달, "김정은 시대 북한의 대외 경제: 인식, 정책 그리고 전망," 『북한연구학회보』 제24권 제1호
- 탄홍메이, "한국 정부의 대북정책에 대한 검토적 연구: 김대중, 노무현, 이명박 정부의 비교," 『글로벌정치연구』 제3권 1호, 2010
- 평화재단, "새로운 대북정책 구상과 전략 로드맵』 2011년 평화재단 창립 7주년 기념 심포지엄 자료
- 하상식, "박근혜 정부 대북정책의 특징과 과제," 『대한정치학회보』 22집 4호, 2014
- 하상식, "상생공영정책의 이론적 배경," 『국제관계연구』 제15권 제2호(통권 제29호)
- 한기범, 『북한 정책결정 과정의 조직행태와 관료정치: 경제개혁 확대 및 후퇴를 중심으로』, 경남대학교 대학원 박사학위 논문, 2009
- 한병진, "독재정권 몰락의 급작성과 북한 급변사태에 대한 이론적 검토," 『국가전략』 제18권 1호, 2012
- 한석지, "통일대박의 조건과 전망: 국민적 통일의식 증진을 중심으로," 『세계지역연구논총』 34집 2호
- 함형필, "북한의 우라늄 농축능력, 어디까지 왔나," 『북한』 2012년 12월호
- 함형필, "북한의 핵전략 변화 고찰: 전술핵 개발의 전략적 함의," 『국방정책연구』 제37권 3호(통권 133), 2021
- 함형필, "핵무기 개발과정의 기술적 이해," 『한반도 군비통제』 제40집, 2006
- 합동참모본부, 『북한 대남침투 및 도발 사례집』 2011
- 허문영, 오일환, 정지웅, 『평화번영정책 추진성과와 향후 과제』 통일연구원, 2007
- 현성일, 『북한의 국가전략과 파워엘리트: 간부정책을 중심으로』 도서출판 선인, 2007
- 홍민 외, 『한반도 평화로드맵 실천전략』 통일연구원 KINU 연구총서 17-08,
- 홍민, "북한의 국가와 시장 관계: 위상학적 이해의 가능성," 『전환기 한반도 정치경제의 동학: 구상·정책·실천』
- 홍용표, "남북관계: 50년의 경험과 교훈," 『한국과 국제정치』 제38권 제1호(통권 116호), 2022
- 황장엽, 『개인이 생명보다 귀중한 민족의 생명』 시대정신, 1999
- 황지환, "한반도 평화체제 논의의 귀환: 미국 우선평화 대 병진평화," 『한국과 국제정치』 제35권 제1호(통권 104호), 2019
- 황지환, "핵 포기 모델의 재검토: 남아프리카공화국, 우크라이나, 리비아 사례를 통해 본 북핵 포기 가능성과 한계," 『세계지역연구논총』 30집 3호
- Aidan Foster-Carter, "북한 사회변화를 어떻게 볼 것인가?: 하버마스 위기이론의 적용," 민족통일연구원 편 『북한체제의 변화: 현황과 전망』 민족통일연구원, 1991

〈국외 자료〉

- Barbieri, Katherine & Jack S. Levy 1999, "Sleeping with the Enemy: The Impact of War on Trade," *Journal of Peace Research* Vol.36, No.4
- Charap, Joshua and Christian Harm, "Institutionalized Corruption and the Kleptocratic State," Africa Development, Working Paper, 1999
- Christopher Hill, "No Appeasement for North Korea," Project Syndicate, September 29, 2016
- Darden, Keith, "Graft and Governance: Corruption as an Informal Mechanism of State Control." Yale University Working Paper, 2003
- David Albright, "Future Direction in the DPRK's nuclear Weapons Programs: Three Scenarios for 2020." US~Korea Institute at SAIS 2015, 2020
- David Straub, "North Korea Policy: Recommendations for the Trump Administration"
- Ely Ratner. "If China invades North Korea, will Trump be prepared?" *Newsweek*, December 21, 2017
- Emma Chanlett~Avery & Sharon Sqassoni, "North Korea's Nuclear Test: Motivations, Implications and US Options," *CRS Report for Congress*, RL33709, Oct. 24, 2006
- Gabriel Dominguez, London and Karl Dewey, "North Korea capable of producing up to 60 nuclear warheads, says report," Jane's 360, 10 February 2017.
- Gavan McCormack, "Kim's Country: Hard Tomes in North Korea," *New Left Review*, no.198, March~April 1993
- Haas, B. Ernst, *The Uniting of Europe: Political, Social and Economic Forces, 1950~1957* (Stanford, CA: Stanford University Press, 1958)
- Haass, Richard, "Regime Change and Its Limits," *Foreign Affairs*, July/August 2005
- Jane Harman and James Person, "The U.S. needs to negotiate with North Korea," *The Washington Post*, September 30, 2016
- Keohane, Robert O. *After Hegemony: Cooperation and Discord in the World Political Economy*, (Princeton University: 1984)
- Lindenberger, Thomas. (1999). *Die Diktatur der Grenzen: Zur Einleitung. in: Zentrum fuer Zeithistorische Forschung Potsdam*, Boehlau Koeln
- Michael J. Zagurek Jr. "A Hypothetical Nuclear Attack on Seoul and Tokyo: The Human Coast of War on the Korean Peninsula," 38 North, Oct. 4, 2017
- Mitrany, David, *A Working Peace System* (London: Dxford University Press, 1943)
- Resnick, Evan, 2001, "Defining Engagement," *Journal of International Affairs*, Vol.54, No.2
- Robert L. Gallucci, *Countering the North Korean Threat: New Steps in U.S. Policy*, United States Senate Committee on Foreign Relations, January 31, 2017
- Shibutan, T,. & Kwan, K., *Ethnic Stratification: A comparative Approach*, (NewYork: The Macmillan Company), 1966
- Siegfried S. Hecker, "Lessons learned from the North Korean nuclear crises," *Daedalus*, Winter 2010.

- Sue Mi Terry, "Countering the North Korean Threat: New Steps in U.S. Policy", United States Senate Committee on Foreign Relations, January 31, 2017
- Victor Cha, "North Korea's Perpetual Provocations: another Dangerous, Escalatory Nuclear Test," A Testimony by Dr. Victor D. Cha. Statement before the House Committee on Foreign Affairs Subcommittee on Asia and the Pacific, September 14, 2016
- Victor Cha, "Countering the North Korean Threat: New Steps in U.S. Policy," United States Senate Committee on Foreign Relations, January 31, 2017
- Victor Cha and Robert L. Gallucci, *Toward a New Policy and Strategy for North Korea*, George Bush Institute 2017
- Wendy R. Sherman, May 2016 JoongAng Ilbo~CSIS Forum Luncheon Address: The Honorable Wendy R. Sherman, May 3, 2016
- William J. Perry, "How to Contain North Korea," *Politico*, January 10, 2016
- 姚銀松. 2015. "金正恩執政以來朝鮮軍事改革情況及特点⇨析." 『現代軍事』 9
- 王城素, "四重經濟とは何か", 『北朝鮮の延命戰爭』(東京: 文春文庫, 2001)

〈인터넷 자료〉

- 김영찬, "독일통일 30년을 맞으며…." KOLOFO 칼럼 제520호,
- 독일통일 30년: 동·서독지역의 경제 지표와 동독지역 주민들의 인식, 작성자 ger~pci https://blog.naver.com/ger~pci/222106238882
- [동독인의 독일통일 이야기 11] "발전의 주역에서 통일 후 주변인 … 독일 40·50세대의 슬픔," 2020년 9월 2일 http://www.ohmynews.com/NWS_Web/View/at_pg.aspx?CNTN_CD=A000
- 최윤식, "위기에 대한 공포감이 큰 한국 경제, 미래학자는 어떻게 바라보고 있을까? 『월간 CHIEF EXECUTIVE』 한국능률협회, http://naver.me/xncrizx3
- 한상춘, 『한국경제 또 다른 10년이 온다!』 (한국경제신문, 2019), http://naver.me/5vBYvpDF

지은이 김진무

저자 김진무 박사는 북한 전문가로 활발한 활동을 펼친 권위자이다.
강릉고등학교를 졸업 후 중앙대학교 정치외교학과에서 학사 및 석사 학위를 받았고, 미국 조지메이슨 대학교에서 행정학 석사 학위를, 미국 피츠버그 대학교에서 정책학 박사 학위를 받았다.
한국국방연구원 책임연구위원과 숙명여자대학교 글로벌서비스학부 초빙교수를 역임했으며, 세종연구소 객원연구위원, YTN 객원해설위원, 국방부·통일부 정책자문위원, 국무총리실 정부업무평가 전문위원, 육군·해군 발전자문위원을 지냈다.

통일이 묻고 평화가 답하다
'북한과 헤어질 결심을 해야 평화가 온다'고

초판 1쇄 발행 2023년 7월 14일
초판 2쇄 발행 2025년 1월 15일

지은이 김진무
펴낸이 이창형
펴낸곳 GDC미디어
주　소 서울시 서대문구 신촌로 25, 3~4층
이메일 gdcmedia@naver.com
등록번호 제 2021-000004호
ISBN 979-11-982320-1-4　03340

* 책값은 뒤표지에 있습니다.

※ 이 책은 저작권법에 따라 보호를 받는 저작물이므로 무단 전재와 무단 복제를 금지하며, 이 책 내용의 전부 또는 일부를 이용하려면 반드시 저작권자(김진무)와 GDC미디어의 서면 동의를 받아야 합니다.